明代贵州史全四种整理点校文献集成
贵州省高校人文社科基地贵阳学院阳明学与黔学研究院黔学研究丛书

# 嘉靖贵州通志

（下册）

［明］谢东山◎修
［明］张道◎纂
赵平略 吴家宽 徐万洁◎点校

西南交通大学出版社
·成都·

# 目录（下）

# 贵州通志卷之七

钦差巡视提督学校贵州按察司副使谢东山删正

贵州宣慰使司儒学训导张道编集

学生汤建中、马阳、吴铠、李朴、汪藻、倪世杰、马希龙、孙世贤、任懋忠、胡禾同编

## 第一章　岁　贡

天下生员，补廪以考校高下，应贡以食粮浅深，此定制也！而贵州宣慰司、程番府等学独有兼补轮贡之说，以其有军、民生之杂故耳。然以军较民，其多寡不啻数倍！诚如兼补轮贡之说，则少者独何幸，而多者独何苦耶！然则权一时之宜，卒不可以易一定之制，昭昭也。

### 一、贵州宣慰使司

徐瑢　永乐十七年贡，任直隶南宁县主簿。

萧景　景泰四年贡，任云南嵩明州知州。

邹暹　景泰四年贡，任湖广道州判官。

汤济　景泰五年贡，任湖广蕲水县知县。

李琮　景泰六年贡，升湖广监利县知县。

吴迪　景泰六年贡，任直隶昌平县知县。

谢纲　景泰七年贡，任四川遂宁县知县。

曹旻　天顺元年贡，任直隶常熟县主簿。

姜海　天顺二年贡，任浙江钱塘江县主簿。

孙达　前卫人，天顺三年贡，任湖广武冈州同知。

徐绍　天顺四年贡，任四川眉州判官。

王敏　天顺五年贡，任四川安岳县县丞。

杨祥　天顺六年贡，任四川昭化县知县。
俞亮　天顺七年贡，任四川叙州府经历。
尤杰　天顺八年贡，任云南曲靖府通判。
袁铨　前卫人，成化元年贡。
孙廉　成化二年贡，任浙江平湖县主簿。
越熙雍　成化三年贡，任唐府长史。
包清　前卫人，成化四年贡，任四川井研县训导。
欧玉　贵州卫人，成化五年贡，任四川蓬溪县[1]知县。
刘晟　前卫人，成化六年贡。
茹宽　成化七年贡，任云南定远县知县。
龙海　成化八年贡，任四川雅州判官。
党源　成化九年贡。
罗冲　成化十年贡。
周贤　成化十一年贡。
欧阳英　成化十二年贡。
李纯　成化十三年贡。
张铨　成化十四年贡，任珉府教授。
黄福　成化十五年贡，任广西柳州府经历。
向庠　成化十六年贡，任云南广南府照磨。
汤润　成化十七年贡，任清江府典仪。
曹纲　成化十八年贡，任湖广邵阳县知县。
蒋华　前卫人，成化十九年贡，任四川蜀府纪善。
郭兴祖　前卫人，成化二十年贡，任陕西古浪所吏目。
周昊　成化二十一年贡，任湖广茶陵州吏目。
刘信　成化二十二年贡。
荣珍　贵州卫人，成化二十三年贡，任四川顺庆府训导。
张泰　贵州卫人，弘治元年贡。
金銮　弘治二年贡，任广西安隆长官司吏目。
汤载　弘治三年贡。
桂苑　前卫人，弘治四年贡。
尤可　弘治五年贡。
马淳　弘治六年贡。

① 蓬溪县：原作“蓬虞县”，四川无此县，据弘治《贵州图经新志》改。

张俸　弘治七年贡。
周玺　弘治八年贡。
易绍　弘治九年贡。
黄录　前卫人，弘治九年贡。
黎诚　弘治十年贡。
李鉴　贵州卫人，弘治十年贡。
王杲　前卫人，弘治十一年贡。
汤儒　弘治十一年贡。
王汉　弘治十二年贡。
杨镛　前卫人，弘治十二年[①]贡。
汤轸　弘治十二年[②]贡。
马昺　弘治十四年贡，任经历。
李遵　弘治十五年贡。
易绥　弘治十六年贡。
苟瑚　弘治十七年贡，任判官。
田纯　弘治十八年贡，任训导。
徐通　正德元年贡。
周松　正德二年贡，任检校。
平端　正德三年贡。
周升　正德四年贡，任四川盐亭县训导。
龙霖　正德五年贡，任训导。
彭海　正德六年贡，任知事。
马质　正德七年贡。
曹銮　正德八年贡。
陈銮　正德九年贡。
汤轲　正德十年贡，任训导。
刘樵　正德十一年贡。
高冈　正德十二年贡
何骥　前卫人，正德十三年贡，任训导。
曹源　正德十四年贡，任主簿。
李森　正德十四年贡。

① 十二年：云图本作“十三年”，弘治《贵州图经新志》与本书同。
② 十二年：云图本与弘治《贵州图经新志》均作“十三年”，当是，因弘治十二年已经有王汉、杨镛二人，如果汤轸也是弘治十二年，则弘治十三年就无贡生了。

李宝　正德十六年贡，任判官。
李朝阳　嘉靖元年贡。
何兰　嘉靖二年贡。
刘鹏　嘉靖三年贡，任湖广会同县训导。
张明　嘉靖四年贡，升伴读。
俞淮　贵州卫人，嘉靖五年贡。
张爵　贵州卫人，嘉靖六年贡。
胡溱　嘉靖七年贡，任主簿。
王相　嘉靖八年贡。
赵凤　前卫人，嘉靖九年贡。
张黄钟　贵州卫人，嘉靖十年。
汪槃　贵州卫人，嘉靖十年贡，任教授。
何鉴　嘉靖十一年贡，任训导。
邓毅　嘉靖十一年贡。
张介　前卫人，嘉靖十二年贡。
徐翀　嘉靖十三年贡，升王府教授。
汤表　嘉靖十四年贡，升教谕。
李遇阳　嘉靖十四年贡，升教谕。
张宰　嘉靖十五年贡，升云南石屏州学正。
马廷玉　嘉靖十六年贡，升学正。
沈清　前卫人，嘉靖十七年贡，升教授。
汤绥　嘉靖十八年贡，升教谕。
陈璞　嘉靖十八年贡。
李宪　嘉靖十九年贡，任知县。
吴默　贵州卫人，嘉靖十九年贡，任训导。
雷应时　前卫人，嘉靖二十年贡，任训导。
李松　前卫人，嘉靖二十[1]年贡，任训导。
邓文华　贵州卫人，嘉靖二十一[2]年贡，任训导。
吴民皞　贵州卫人，嘉靖二十二年贡。
汪朝远　贵州卫人，嘉靖二十三年贡，任眉州训导。
汤晨　嘉靖二十四年贡，任训导。

① 二十：原文误作“一十”，据云图本改。
② 二十一：原文误作“一十一”，据云图本改。

余学　前卫人，嘉靖二十五年贡，任安宁州训导。
葛章　前卫人，嘉靖二十六年贡，任庆远县训导。
周南　嘉靖二十七年贡。
马天麒　嘉靖二十八年贡，任綦江训导。
梁崇学　贵州卫人，嘉靖二十九年贡，任平坝卫训导。
王赐恩　嘉靖三十年贡，任沅州训导。
阮云汉　嘉靖三十一年贡。
余润恩　前卫人，嘉靖三十二年贡。
周凤翥　前卫人，嘉靖三十三年贡。
汤建中　嘉靖三十四年贡。

## 二、思州府

施镛　任湖广永州府检校。
杨泰　清浪卫人，任四川叙州知事。
田昂　任广东提举司吏目。
周绶　任四川威远县主簿。
杨昌玺。
沈廷用　清浪卫人，任江西丰城县县丞。
钱鸿　清浪卫人。
孙仲贤　清浪卫人。
向宗礼。
铁信　平溪卫人。
吴胜章　任四川涪州州判，升进贤县知县。
徐文明　清浪卫人。
黄华　平溪卫人。
周廷壁　任四川崇庆州州判。
黄纪。
孙仲武　清浪卫人。
施继表。
石廷玺　任直隶徐州萧县县丞。
戚廷诏　清浪卫人，任四川内江县主簿。
龙廷璋　任四川宜宾县县丞。
甘云　清浪卫人，任直隶建平县县丞。

唐文　清浪卫人，任云南曲靖府推官。
周文。
沈秀　清浪卫人，任广东保昌县县丞。
向宗仁　任北京鸿胪寺序班，升陕西临羌州州判。
田兴恩　任湖广南昌县县丞。
詹良辅　清浪卫人，任泗水县县丞。
傅从舟　清浪卫人。
申恩　清浪卫人，任河南邯郸县县丞。
王钦　清浪卫人，任南京江溥县主簿。
孙锐　清浪卫人。
王堂　清浪卫人，任四川新繁县主簿。
陈琬　清浪卫人。
谭胜恩。
龚甲　任云南赵州学政。
赵昂　任云南嵩明州吏目。
曹俊　平溪卫人，任北京东城正兵马，升四川绵州知州。
周廷珠。
向琦。
向阳　任广西桂林县知县。
张翘　任广东琼州同知。
刘迁乔　任四川射洪县训导。
熊侯　清浪卫人，任南直隶广德州州判。
陶云　清浪卫人。
黄价。
刘廷勋　任四川仁寿县主簿。
张纪　平溪卫人。
董茂　清浪卫人。
孙说　清浪卫人，任苏州府嘉定县县丞。
龚丙　任四川大足县训导。
杨必登　清浪卫人，任四川温江县县丞。
黄表　清浪卫人，任四川江津县训导。
夏升　清浪卫人，任云南呈贡[1]县教谕。

---

① 呈贡：原文误作“承贡”，据云图本改。

孙议　清浪卫人，任贵州赤水卫经历。
吴珏　清浪卫人。
李芳　任四川梓童县教谕。
王律　清浪卫人，任河南云泽县县丞。
罗必明　任湖广湘乡县县丞。
罗能　任山东都司都事。
董蔓①　清浪卫人。
杨胜时　任广东合浦县主簿。
孙儒　清浪卫人。
徐廷瑞　清浪卫人。
杨秀瑞。
张嚣。
杨胜举。
李应祥　清浪卫人，任四川达州训导。
何绶。
赵轩。
孙源洁　清浪卫人。
杨秀宗。

## 三、思南府婺川县附

李濬　任山西尉州同知。
文献　任即墨州训导。
谢瑄　任四川彭水县知县。
覃琛　任桂平县知县。
李斌　任林县知县。
张让　任定水县县丞。
杜徵　任咸恩县知县。
安仲　任绥宁县县丞。
任聪。
李元昌。
李旦　任光禄寺监事。
朱守智。

① 董蔓：万历《贵州通志》作“罗蔓”。

何仅。
谢景成　任罗江县训导。
田理　任广元县县丞。
田守邦　任黔江县主簿。
张理　任浮梁县主簿。
王冠。
李杰　任重庆府照磨。
王训　任夔府推官。
安民　任夷陇县主簿。
李本　任成都卫经历。
张绘　任福建都司知事。
张珽　任澄江府经历。
李昭　任枝江县吏目。
罗黼。
张翅。
张文　任马湖府经历。
李昌　任桃源县县丞。
李演　任宁远县县丞。
成颜。
邵洪仪　任深州吏目。
宋玑。
冉安。
李升荣　任英州吏目。
李冠　任钧州府审理。
刘熙和　任陕西凤翔府照磨。
李召南。
陈晋　任江西乐安县县丞。
黄文。
冉绅　任四川夔州府照磨。
邵卿　任广西全州吏目。
李楫　任直隶盱眙县主簿。
杨世荣。
张升　任四川涪州判官。
韦冕。

李时。
杨冠。
何斌　任鸿胪寺序班。
袁宗伦　任徽州吏目。
晏景　任四川富顺县县丞。
符合。
张凤　任湖广江夏县主簿。
王容　任湖广京山县县丞。
何锐。
冉麒　任江西新喻县主簿。
黄廷　任云南和曲州吏目。
张鹗。
陈道　任江西汾宜县县丞。
陈表　任四川广元县知县。
王端　任云南昆明县知县。
吴魁　任蒙化府通判。
田禾　任云南晋宁州学正。
田稠　任四川邛州学正。
罗祄　任直隶亳州判官。
李琮　任直隶常熟县主簿。
杨实　任陕西鄜州判官。
任珂。
张邦　任湖广麻城县县丞。
谢纪　任湖广南漳县县丞。
田庆懿　任四川犍为县主簿。
安相　任湖广攸县主簿。
张九皋。
李时畅。
申显邦　任四川南充县主簿。
周人　任四川南溪县主簿。
杨思朝　任直隶丹阳县县丞。
杨玉　任四川南宁卫经历。
何孟夏　任广东海阳县县丞。
任瓒　任广西功城县知县。

李萃　任四川叙州府知事。
李敷　任湖广江夏县主簿。
罗襜　任湖广按察司照磨。
戴弼　任四川南溪县知县。
戴璧　任四川富顺县主簿。
罗贤　任湖广藻阳县县丞。
刘魁　任本省普安州训导。
张轲　任陕西同州同知。
田庆远　任河南裕州判官。
傅铭　任湖广竹溪县教谕。
陈嘉祥　任四川罗江县训导。
张辙　任四川宜宾县县丞。
田时霖　任四川岳池县主簿。
田藻。
田时雨。
符有庆。
张珏。
安守成。
汪藻。
田时有。
李萌。
田时若。
任桂。
邹孟儒。
任维翰。
任继芳。
陈嘉卷。
张輨。
邵德元。
申守乾。
邹孟邦。
田兴宾。
龚冲霄。
唐瑞。

## 四、镇远府

杨全　任福建将乐县县丞。
蒋英。
杨聪　任云南澄江府照磨。
石通　任湖广武昌府大有仓大使。
石辉　任湖广蓝山县主簿。
刘文　任云南曲靖府通判。
李才　任云南鹦鹉关巡检。
刘缙　任四川大足县主簿。
田渊　任湖广师宗州吏目。
刘绅　任直隶金吾卫经历。
钟武　任直隶衡水县知县。
罗贵忠　任云南曲靖府同知。
刘富　任云南丽江县县丞。
石忠　任湖广调弦口巡检。
杨通　任湖广随州税课司大使。
王禛。
潘文　任江西临州递运所大使。
何天祥　任广东始兴县知县。
杨翱　任湖广监利县县丞。
聂凤　任直隶吴江县县丞。
潘孟质　任四川成都府知事。
蔡时荣　镇远卫人。
萧宗达　任湖广江陵县主簿。
邵世臣　镇远卫人，任浙江淳安县主簿。
杨銮　任四川荣县主簿。
杨轩　镇远卫人，任湖广麻城县主簿。
江通海。
陈海　镇远卫人。
钟岳　任湖广麻城县县丞。
许承章　镇远卫人，任直隶芜湖县县丞。
郑希周　任直隶婺源县县丞。
史官。

王文盛　任福建延平府知事。
杨彦福　镇远卫人，任直隶吴江县主簿。
刘宪　任永宁府同知。
周尚忠　镇远卫人，任江西南昌县主簿。
杨秀美　任山东鲁府经历。
许仪　镇远卫人，任直隶洞城县县丞。
熊宗周　任云南府学训导。
苏恩　镇远卫人，任江西远州府照磨。
熊宗望　任广东雷州府经历。
谢昌。
杨秀钟　任湖广湘潭县主簿。
白贲　镇远卫人，任云南浪穹县主簿。
杨胜鹏。
张腾遥　任江西建昌县主簿。
周宗旦　任四川绵竹县教谕。
钱嘉猷　镇远卫人，见任户部员外。
安勋。
张鹄　任云南腾越州吏目。
黄科　任云南北胜州学正。
程云汉　镇远卫人，任陕西麟县学教谕。
施秀纬。
蔡时应　镇远卫人。
杨廷玉。
高峦　镇远卫人。
杨启。
杨玗　镇远卫人，任山西曲沃县教谕。
曾国荣。
李沛　镇远卫人，见任直隶合肥县训导。
王文中。
钱永成　镇远卫人，任四川犍为县训导。
郑继周。
尹邦彦　镇远卫人。
杨胜鹍　任广西柳州府学训导。
李溥。

潘举　任湖广浙江河泊大使。
陆和　任湖广麻城县训导。
杨琥。
刘拱辰　任云南曲靖府推官。
王溶。
曾俊。
杨胜。
杨琦　任河南钧州江口巡检。
龙澄　任四川珙县典史。
杨珠[1]　任四川播州宣慰使经历。
杨瑛　任四川千户所吏目。
杨琼　任四川大足县县丞。
杨升。
黄宁　任云南盐课司大使。
蔡玘　镇远卫人，任四川华阳县典史。
谢璿　任直隶仪真县县丞。
杨刚　任四川涪州训导。
董华　镇远卫人，任四川永川县主簿。
陈远　镇远卫人，任广东东莞县县丞。
程珍　任福建归化县县丞。
陈暹　镇远卫人。
钱钺　镇远卫人。
吴鉴　任浙江象山县县丞。
雷音　任广西来宾县知县。
刘忠　任四川通江县知县。
朱珍　镇远卫人。
史富。
贾裕　镇远卫人，任江西新喻县主簿。
许胜　镇远卫人。
曾显　任湖广刘阳县县丞。
周谅　镇远卫人，任广西宁州吏目。
杨杲　镇远卫人。

① 杨珠：云图本作“杨珙”，万历《贵州通志》杨珠或杨珙均不载。

薛安　镇远卫人，任直隶太和县知县。
李裕　任云南楚雄府知事。
欧文德。
杨鉴　镇远卫人。
郑黻　镇远卫人。
王庆　镇远卫人。
杨遇时　任四川綦江县知县。
杨彦祯　镇远卫人，任直隶广阳卫经历。
郑黼　任四川新宁县主簿。
张锐　任四川潼川州吏目。
钟振　任江西抚州府照磨。
黄胜　镇远卫人，任河南信阳州吏目。
施恩　任四川繁县学训导。
周诚　任湖广九溪卫训导。
柴诚　镇远卫人。
施惠　任湖广江陵县县丞。
韩斌　镇远卫人。
王廷玉　镇远卫人，任四川安岳县主簿。
王淮　任云南楚雄府知事。
吴宁　任福建欧宁县县丞。
周鉴　镇远卫人，任河南固始县主簿。
朱纯　镇远卫人。
吴卿。
张铠。
杨秀毓。
曾自能。
王夔。
陈谏　镇远卫人。

## 五、石阡府

赵祥　任光禄寺署丞。
景玉。
王吉　任广东忠州卫经历。

吴宗　任云南五井提举司提举。
杨诚　任湖广驴池洞长官司吏目。
任禄　任广东苍梧县县丞。
杨文　任广西白面墟巡检司巡检。
罗文　任湖广澧州吏目。
任忠。
李禧　任四川雅州吏目。
杨胜　任四川马剌长官司吏目。
杨松　任云南落恐甸长官司吏目。
杨睿。
何政。
丁容。
黎旭　任湖广桃源县典史。
吴慎　任福建邵武府检校。
田暹　任湖广德安府大盈仓大使。
冯旺　任云南安宁提举司提举。
危斌　任湖广澧州吏目。
戴顺　任鸿胪寺序班。
杨源　任云南武定府照磨。
石贞　任湖广天柱所吏目。
杨坚　任云南阿迷州吏目。
胡逊　任陕西洮州仓大使。
周正　任云南按察司知事。
吕敬　任四川成都府右卫知事。
田道　任湖广罗田县县丞。
胡源　任浙江仁和县主簿。
杨纪　任云南顺州知州。
丁圭　任云南安宁州吏目。
吴鉴　任江西广信府知事。
余骥　任广东隆井盐课司大使。
潘才。
苟斌。
吴文。
吴瑢。

安让。
杨胜纪　任直隶庐江县主簿。
吴天祥。
石坚。
安润　任直隶山阳县主簿。
安瀛　任四川大竹县主簿。
杨钟　任云南马蜡司吏目。
安浩　任四川大足县主簿。
杨胜绮　任罗雄州同知。
杨昌福　任四川射洪县主簿。
黎秉中。
杨玘。
石智。
王宗海。
田秀。
王斌。
杨胜麟　任四川盐亭县主簿。
冯本。
覃珞。
戴庆　任四川开县主簿。
杨纯。
汪魁。
王炼。
吴幸。
胡经　任云南鹤庆府通判。
费旦　任湖广汉阳府教授。
吴纶　任湖广永州府检校。
杨必秀　任湖广龙阳县县丞。
杨秀瑜　任湖广麻城县主簿。
杨秀襟　任河南内乡县县丞。
吴怀　任湖广按察司检校。
杨秀春　任四川大竹县主簿。
杨胜荣　任四川青神县主簿。
杨盛　任直隶太仓州判官。

杨贵　任广东英德县知县。
戴纮　任大宁县知县。
杜贤　任江西永丰县县丞。
罗恭　任四川芒部府照磨。
王仪。
王道　任直隶永年县县丞。
朱应乾　任山东茌平县知县。
杨正和　任湖广汉川县县丞。
张文显。
田世荣。
丁凤鸣。
杨栋。
杨再乔。
杨逢春。
吴廷秀。
朱珊。
龙贵。
安重。
熊宗道。
王廷冕。

## 六、铜仁府

杨恕　任四川九姓长官司吏目。
冉兴安　任平夷长官司吏目。
吴刚　任浙江龙泉县主簿。
曾杰。
吴寅　任直隶河间府检讨。
曾靖　任湖广松滋县县丞。
杨寿　任直隶丹阳县主簿。
孙志惠　任南京光禄寺监寺。
龙淳　任四川雅州判官。
单珪　任云南致阜仓大使。
田泰。

向贵。
吴友谅。
吴志广。
王元德。
萧韶。
曾兰。
李端　任云南五弄山长官司吏目。
杨璟。
杨庆。
袁升。
刘丰。
蒋诚　任四川按察司检校。
曾琳　任山东高宛县县丞。
刘瑄　任四川纳溪渡巡检。
罗荣。
曾沂　任广西灌阳千户所吏目。
李玉　任四川安县训导。
杨昌隆　任直隶溧水县主簿。
卢金。
杨胜伦　任直隶吕梁巡检。
龙澄　任湖广宁乡县教谕。
杨轩。
贺游　任云南蒙化府训导。
周著。
李珣。
单瑛。
向宁。
杨恒。
徐富。
萧浚。
李亨。
刘俊。
李盛　任江西浮梁县县丞。
杨林　任广西驯象卫经历。

杨通逊　任湖广长沙县主簿。
杨昌茂。
杨秀瑛　任辰州府检讨。
杨秀珪。
向祥。
杨秀斌　任云南南安州吏目。
罗经　任四川成都卫经历。
吴宁。
蒋琇　任四川邛州吏目。
杨秀椿。
万勇。
杨金。
萧伟。
曾忠　任云南楚雄府经历。
罗纲　任浙江象山县县丞。
刘仁　任广西梧州府通判。
杨凤。
杨光耀。
杨麟　任湖广黄冈县主簿。
杨显　任湖广京府典宝。
蒋珂　任四川大邑县主簿。
张廷桂　任河南南阳府检讨。
杨和。
张珍　任序班。
吴宁　任福建瓯宁县主簿。
吴廷玉　任四川江津县主簿。
杨载。
姚瑛　任四川德阳县知县。
官诰。
龙秀章。
杨光德　任四川夹江县县丞。
罗向仁　任四川开县主簿。
何亨祥　任湖广湘乡县县丞。
蒋俊　任云南千户所吏目。

饶仁　任广西靖江府典宝。
蒋仟。
向思义　任四川南溪县主簿。
罗尚义。
万廷爵。
吴广　任湖广荆州府经历。
王言　任云南安宁州同知。
许九成。
杨秀辅　任四川简州知州。
卢理。
蒋仪　任直隶锡山县主簿。
封缙　任四川梁山县训导。
张濩　任浙江海盐县主簿。
陈时谟　任湖广景陵县县丞。
王相　任四川长寿县主簿。
李自元　任云南嶍峨县县丞。
卢鉴　任南城兵马。
童福　任四川南部县知县。
陈公器　任无锡县主簿。
刘时和。
张胉。
杨秀黻。
杨仁　任四川叙州府检校。
姚翀　任云南南宁县知县。
戴弼　任四川南溪县知县。
蒋俭　任四川峨[1]眉县主簿。
李承恩　任江西鄱阳县县丞。
罗尚文　任四川嘉定州判官。
陈珊　见科目。
饶养中。
曾纶。
杨秀昊　任湖广承天府经历。
王汝翼　任广东吴川县知县。

---

① 峨：底本原作“娥”。

卢德馨。
李承烈。
张凌汉。
汪量。
李凤翔。
万廷皋。
卢瑗。
赵应祥。
杨衡。
王化。
唐永芳。
田兴洛。
杨稔。
曾铨。
黄廷椿。
姚翰。
姚翱。
王正魁。

## 七、都匀府都匀卫附

刘让　任四川江安县训导。
钱金　任四川彭县训导。
杨愚　任典宝。
刘华。
陈恭。
刘全　任湖广南雄府照磨。
雷杲　任湖广黔阳县县丞。
李盛　任云南嵩明州吏目。
贺纯　任广西平乐府推官。
步骢。
胡广。
屠琰。
杨纲。
司纮。

刘骢。

屠峦。

华纲。

张崙。

张达。

雷轰。

邓璘。

陆璋。

温璧。

张聚　任龙州吏目。

李玉　任江西布政司检校。

周全　任云南邓川州训导。

王环。

李宾　任广东海南府知事。

宋允成　任四川大足县县丞。

杨议　任广东玄曜县主簿。

杜源。

贺通　任四川罗江县训导。

潘育清　任云南安宁盐井吏目。

马宽　任云南富州吏目。

文璧　任广东揭扬县知县。

陆显　任清平卫教授。

吴时中　任云南安宁州学正。

钟岳　任湖广永州府学教授。

王绣　任广西结纶州吏目。

王鸾　任广东经历。

杨贡　任湖广宁远县县丞。

郭璋。

徐显　任四川纳溪县知县。

刘文燿　任云南浪穹县教谕。

胡用　任云南通海县知县。

吴时宜　任四川江油县知县。

张羽　任云南姚安州知州。

王政　任广西庆远卫知事。

叶澄　任广东合浦县县丞。
王端　任四川茂州判官。
郁美　任四川双流县训导。
雷时行　任云南浪穹县教谕。
费尚经　任四川铜梁县县丞。
陆宪　任四川忠州吏目。
扶以澄　任四川大竹县主簿。
朱邦彦　任云南布政司理问。
张世文　任湖广珉府审理。
司揖　任广西南安县教谕。
屠显爵　任四川天全招讨司经历。
屠显忠　任安南卫经历。
李塘　任湖广巴陵县教谕。
屠显谟　任湖广石门县教谕。
杨缘　任云南楚雄县教谕。
杨宗文。
江宁。
刘文焕。
张廷琮　任云南临安府通判。
胡申　任四川简州学正。
傅科　任广西荔波县知县。
张完。
王尚忠　任四川内江县训导。
平继先　任云南阿弥州学正。
全学　任四川富顺县训导。
宋环　任广东揭扬县主簿。
屠峤。
傅谷。
房美轮。
谈经　任广西庆远府训导。
钟峦　任云南澄江府训导。
杨琦　任四川江安县训导。
许廷辅　任平溪卫训导。
李钦。

王仲卿。
江文庠。

## 八、程番府

罗志　任浙江萧山县主簿。
洪鉴　任江西饶州府照磨。
方以祥　任四川内江县主簿。
韦用。
程裕。
程源。
罗英　龙里卫人。
顾继祖。
周易　贵州前卫人，任四川綦江县训导。
张怀　前卫人，任湖广襄阳县县丞。
张纶　前卫人，任广东按察司检校。
郭瑞。
朱彻　前卫人，任四川宜宾县主簿。
程润　任四川顺庆府照磨。
强健　前卫人，任湖广蕲州卫经历。
石显璋。
罗绘山　任四川绵州通判。
张金　任江西奉和县县丞。
平鉴　前卫人。
段真　前卫人，任浙江嘉兴县主簿。
曹廉　前卫人。
刘绍　前卫人。
石承凤　任直隶徽州府照磨。
平锳　前卫人，任福建兴化府照磨。
朱镗　前卫人。
林溱　前卫人，任湖广岳州府照磨。
平镜　前卫人，任四川庆符县主簿。
朱臣　任直隶潜山县县丞。
陈禄　贵州卫人。

金铨　前卫人，任云南新化州吏目。
易梁　任湖广衡州府推官。
谌时用　任广东肇庆府检校。
詹惠　前卫人，任云南金齿司学训导。
胡铎　前卫人，任湖广平江县主簿。
尹胜略　任西城正兵马指挥。
周廷用。
邓达。
刘兰　前卫人，任四川安县知县。
萧永春　任云南按察司照磨。
汪鐐　前卫人，任四川仁寿县主簿。
蒲继明　任四川江津县主簿。
戴纶　前卫人，任四川威州学训导。
汤珊　任湖广上津县知县。
郑坤。
张绮　贵州卫人，任广东阳江县主簿。
江瑛　前卫人。
章兰　前卫人。
汪表。
汪杲　贵州卫人，任云南广南府照磨。
吴希周　贵州卫人，任湖广沅陵县县丞。
陈敬　前卫人，任云南阿迷州学正。
胡选　贵州卫人，任湖广江陵县县丞。
李智　任赵府番理。
袁凤翔　前卫人，任云南昆阳州吏目。
石藻　任湖广荆州府知事。
徐第　贵州卫人，任云南云南县知县。
周民望　任直隶凤翔府照磨。
曹軏　前卫人，任澧州王府教授。
周廷辅。
程良玉　任浙江杭州府经历。
袁棨　前卫人，任四川崇宁县训导。
石濬　任四川宜宾县训导。
王从政　贵州卫人，任云南邓川州学学正。

张桂伯　任云南嶍峨县教谕。
王从仁　贵州卫人。
黄永松　任云南阿迷州学正。
李文　任四川温江县训导。
吴从周　贵州卫人。
许承智　贵州卫人。
王满。
张永淮。
顾继贤　贵州卫人。
周书　贵州卫人，任直隶广德州学正。
张洁。
杨文炳　贵州卫人。
程聪。
任惟信　前卫人，遥授教职。
赵鸾。
徐镗　前卫人，任四川荣昌县训导。
周廷翼。
蒋晖。
韦应之。
程武　前卫人。
李宸　前卫人。

## 九、黎平府五开卫附

石彦祥。
吴文海　任主簿。
杨元　任湖广按察司检校。
田良　任山东馆陶县主簿。
杨亨。
石锦。
龙潜。
欧盛。
张琦　卫人，任云南路安州同知。
吴裕。

吴英。
毛鉴　卫人，任四川崇庆州吏目。
尹政　卫人，任酉阳宣抚司吏目。
龙羽。
周玉　卫人。
李清　卫人。
陈道　任四川松潘卫学训导。
鄷仪　任湖广攸县县丞。
彭汉　任绍兴府检校。
王绍　卫人，任双流县知县。
周忠　卫人，任新兴州吏目。
尹仲和　卫人。
张祯　卫人，任广东吴川县知县。
廖志兴　卫人。
董志海　卫人。
高霄　卫人。
赵成　卫人，任长寿县县丞。
董环　卫人，任江西临江府检校。
蒲观　任湖广均州吏目。
史昊　任长沙府检校。
尹进　任公安县县丞。
周瑚　卫人。
杨嵩　卫人。
陈润　卫人。
郑镛　任浙江诸暨县县丞。
杨荣　任浙江诸暨县县丞。
徐富　任湖广澧州吏目。
廖绶　卫人，任四川顺庆府照磨。
杨英　卫人。
金轩　任永定卫学训导。
王崙　卫人，任浙江新淦县主簿。
黄璘　任浙江都司断事。
蒲鼎　任成都府仁寿县主簿。
黄澄　卫人，任广西泉州同知。

高俊　卫人，任思南府推官。
宋桂华　卫人，任浮梁县县丞。
宋秀清　卫人，任江津县主簿。
王昷　卫人，任江西丰城县主簿。
邵暹　卫人。
王锐　卫人，任广东曲江县主簿。
汪杰　卫人，任浙江布政司都事。
曾祥　卫人，任广东肇庆府知事。
徐文宿　任广东肇庆卫吏目。
林凤。
侯宗元　卫人。
汪朝宗　卫人，任浮梁县主簿。
周华　卫人。
高钥　卫人，任广西岑溪县知县。
俞嵛　卫人，任四川合州州判。
杨美　卫人，任广东琼山县主簿。
侯宗道　卫人。
舒显富　卫人，任云南云南县知县。
宋秀松　卫人。
何官。
徐秀　卫人。
朱辕　卫人。
王讷　卫人。
黄珪　卫人。
高镗　卫人。
何如贯。
汪本洪　卫人。
李勋。
石禄。
俞椠　卫人。
任文　卫人。
黄鋆。
蒲茂。
贾爵。

李琦。
张启参。
陈伯纶。
徐盛。
潘应奎。
王哲。
李应。
汪大智。
姚志良　任四川宁番卫训导。
王鼎　任四川垫江县教谕。
马勋　任湖广溪阳县训导。
侯志刚。
胡曰珍。
秦文。
赵璋。
张云汉。
张蕙　任四川乐志县训导。
郭廷珂　任四川西充县训导。
詹天爵。
潘大和。
李楷。
薛大柱。
阮大纶。
谢仕通。
蒋鹄。
齐凤　任广西贵县县丞。
潘玺。
赵愈。
潘大济。
潘文焕。
郁纪　卫人，任渠县教谕。
刘傅　卫人，任钦州判官。
周诰　卫人，任昆明县教谕。
朱轮　卫人。

吴守纪　卫人。
吴鸿序　卫人，任澄江府经历。
吴守绅　卫人。
杨辅之　卫人，任曲靖卫知事。
陈俊　卫人，任巨津州吏目。
杨大用。
张瓒　卫人。
叶文盛　卫人。
汤弼　卫人。
张仲良。
李时　卫人，任铜梁县训导。
戴纬　卫人。
吴师周　卫人。
常绪　卫人。
石仲义　卫人。
万绍武。

## 十、龙里卫

刘绶　任四川犍为县主簿。
王銮　任湖广衡阳县主簿。
戴璘　任广西平翔州吏目。
宋源　任广西江州州判。
王汉。
王道源。
冯祯　任云南阿迷州吏目。
叶盛　任四川庆符县主簿。
王相　任四川遂宁县主簿。
颜洪。
刘永　任山东郯城县县丞。
罗金　任四川纳溪县主簿。
俞鉴　任四川南充县主簿。
李旻。
戴礼　任四川纳溪县知县。

冯辕　任云南临安府照磨。
王相　任湖广荆州府奉祀。
叶景善。
黄孟卿　任广西郁林州吏目。
黄钟　任四川乐至县训导。
叶凤　任湖广黄梅县主簿。
黄璇　任四川新宁县主簿。
俞恩　任四川都司断事司断事。
陆贤　任四川绵州判官。
陈悦　任四川宜宾县县丞。
徐涛　任陕西庄浪卫经历。
王惠　任湖广遂远卫经历。
厉经　任山东单县县丞。
徐自然。
管祥。
谢朝恩　任四川建史县知县。
辅乾　任湖广慈利县知县。
王希佐　任河南柘城县知县。
刘武　任四川蜀府教授。
门俊　任云南浪穹县知县。
王表　任湖广沅州判官。
叶羡　任四川茗山县主簿。
王瑚。
刘用。
沈庠　任湖广安陆县教谕。
徐榛。
张绶。
戴瀛。
伍富。
张贤　任云南广通县教谕。
陈仁。
陆科。
洪钧。
王相。

孙缟。
丘瀚。
李相。

## 十一、新添卫

卢祥。
王纶。
文彦镐　任四川威远县知县。
王浩。
陈爵　任四川江津县主簿。
张淳　任直隶永平县训导。
向智。
佘原　任云南沾益州吏目。
王杰　任四川南充县训导。
吴纲　任四川蕲阳县训导。
王佺　任四川成都后卫经历。
黄伟。
林凤　任山东济阳县县丞。
柳应宿。
张任。
徐镛　任福建泉州府检校。
张梁。
路仁　任四川广安州判官。
向进。
王钰　任四川彭县训导。
杨遵　任四川浮梁县县丞。
宣杰　任四川宜宾县主簿。
胡端　任四川崇庆州吏目。
宋珠　任四川中江县主簿。
赵湘　任四川江津县县丞。
谢士龙　任广东澹州吏目。
王俸　任湖广施州卫经历。
史功　任江西夹江县县丞。

朱俨　任河南伊阳县知县。
史载泽　任四川武隆县知县。
傅暹。
陈恩厚　任云南寻甸府教授。
胡举　任四川泸州判官。
王治　任四川安县训导。
王仕贵　任湖广临湘县知县。
时通　任云南永昌府教授。
史载贤　任四川清神县教授。
王干。
胡崇化。
徐梦鳞　任四川南溪县主簿。
王道成。
王逯　任湖广施州卫教授。
李诏。
雷应。
杨珂。
马为麟。
宋应奎。
姚世雍。
吴政举。
刘坤。
王登。

## 十二、平越卫

钱宏　任湖广荆门州吏目。
徐聪　任云南县知县。
杨铠。
傅信。
姚杰。
杨凯。
丘政。
陈璇。

陈俊　任四川灌县训导。
王杲。
王赞　任云南元谋县知县。
项津　任福建泉州府经历。
萧海　任四川仪陇县主簿。
钱满。
杨相　任广西龙州吏目。
徐纹　任南直隶宁国府知事。
杨时春　任四川大易县训导。
彭辉。
李霁　任湖广善化县县丞。
杨文　任四川汉州知州。
徐清　任云南太和县训导。
陈宾。
姚惠　任直隶高淳县训导。
袁凤　任四川新繁县教谕。
赵衍　任四川梁山县训导。
傅紞　任广西庆远府知事。
张暄　任四川中江县知县。
王志勇　任云南黑盐井吏目。
萧济　任湖广蕲府教授。
徐镒　任四川乌撒府经历。
范钦　任广东琼州府知事。
贾振。
钱山　任云南和曲州知州。
曹序。
李敩　任广西宁远县教谕。
兰继魅　任湖广陵零县县丞。
徐濂。
刘祥。
马章　任云南曲靖府教授。
周绶　任四川合江县教谕。
刘奇。
鲁绣　任云南曲靖府照磨。

彭遵。
彭选　任广西来宾县知县。
唐轩。
徐柯。
刘士克　任云南安宁州学正。
张佐。
李继武　任湖广溆浦县训导。
朱纬。
王道。
戴湘。
刘士林。
杨世元。

## 十三、清平卫

侯庆　任云南和曲州知州。
白玺　任四川江津县训导。
孟炌　任直隶泗州判官。
孙洁　任四川广安州训导。
钱清。
刘鉴　任江西吉水县主簿。
邹淮。
李纯　任湖广保康县教谕。
汪远　任湖广辰州府检校。
张文。
陆贵。
顾渊　任广东儋州吏目。
顾昂　任四川盐亭县教谕。
高翰。
王漳　任直隶清苑县知县。
顾源。
冯桂　任两浙盐运司知事。
欧斌　任广西南宁府知事。
孟埙　任云南呈贡县教谕。

杨富　任四川丹稜县主簿。
司钦　任四川珙县教谕。
郑胜　任湖广南漳县训导。
顾焕　任四川大昌县知县。
张翱。
李昂　任四川潼川州州同。
顾渼　任四川龙州宣抚司训导。
顾桓　任云南元谋县知县。
司本　任湖广溆浦县主簿。
郑坤　任湖广绥宁县教谕。
李蕃　任湖广桃源县主簿。
石金　任赤水卫训导。
扶铎。
单凤　任四川永宁宣抚司训导。
王信　任云南曲靖府教授。
龙济。
孙介。
王相。
王瑄　任云南腾越州学正。
张刚　任河南鲁山县教谕。
石辅　任湖广荆州府训导。
俞荫　任四川洪雅县训导。
莫隐　任四川雅州学正。
孙衮　任云南顺宁府通判。
张翀。
管清。
张举。
陈崇厚。
孔铎。
王世贤。
孙继文。
莫伦。
汪汉。
周懋。

李从商。
李萃　任直隶嘉定县主簿。
金廷瓒　任云南武定府照磨。

## 十四、兴隆卫

狄瑄。
向廷奎　任直隶来安县教谕。
李茂　任四川蓬溪县训导。
陈晟　任四川雅州学正。
周鉴。
尤洪。
张昂　任蜀府典仪。
郑旭　任广西怀远县教谕。
张甫。
谢蕃　任四川长寿县训导。
唐鉴　任四川东川府照磨。
郭政。
解纪。
戚勋　任江西袁州府知事。
金瑛　任湖广溆浦县知县。
李杰　任浙江嘉兴府经历。
萧昺　黄平所人，任四川石泉县知县。
狄嵩　任直隶吴江县主簿。
金仲仁　任直隶定远县主簿。
朱芳　任湖广浏阳县主簿。
吴璘　任湖广弋阳县主簿。
李美　任四川建始县知县。
周符　任湖广江陵县主簿。
韩旸。
郭廉　任湖广平江县主簿。
周镐　任湖广武昌府经历。
张元吉　任四川夹江县主簿。
白宽　任云南县训导。

韩魁。
曹宽　任顺天府检校。
李嵩　任广西桂林府经历。
李聪。
李简　任四川梓潼县主簿。
郑卿。
金鲤　任四川乌蒙府经历。
朱玑　任四川盐亭县知县。
周簪　任四川富顺县主簿。
唐武　任四川邛州学正。
盛才。
周璇　任四川南充县主簿。
李隆先　任湖广武冈州训导。
狄应爵　任四川眉州州判。
狄应朝。
唐朝。
余美。
张文美。
周武卿　任云南赵州学正。
周笏　任都匀府训导。
周等。
金镐。
郭文魁　任湖广九溪卫训导。
郭文华。
王登。
张瑛。

## 十五、威清卫

齐文政　任四川重庆卫经历。
蒋容。
陈钟。
汤志道　任四川铜梁县主簿。
马海。

贺昌。
王信　任浙江海宁所吏目。
朱璇　任四川保宁府检校。
刘济　任广西马龙州吏目。
张锦　任王府引礼舍人。
张论。
师志。
钱庆　任四川南川县主簿。
刘钰。
吴滨　任吏目。
李经　任南京应天府检校。
曾昂　任浙江吴县主簿。
高谦　任四川成都府知事。
汤鉴。
廖文　任江西高安县县丞。
沈諰　任湖广襄阳县县丞。
吕仁　任四川岳池县主簿。
陈弼　任湖广城步县教谕。
涂达　任四川长寿县主簿。
游显宗　任四川眉州州判。
易洪。
汤相　任直隶武进县主簿。
沈信。
焦珍　任浙江西安县县丞。
李相。
翁山　任四川布政司理问。
朱绍　任四川华阳县知县。
杨銮　任四川云阳县知县。
徐相　任四川江油县主簿。
朱环　任清浪卫经历。
魏廉　任云南石屏州吏目。
陈卞　任湖广枣阳县县丞。
佘鸿　任四川建始县主簿。
陈德然　任四川邻水县主簿。

程彩。
易相　任四川璧山县知县。
张议　任云南邓川州吏目。
陈表。
陈侃　任广西江州吏目。
刘镗。
陈廷相。
宋州。
李贵。
湛廷章。
钱万良。
廖继宗。
许时经。
丘岳。
曹一鹏。

## 十六、平坝卫

张昂。
张洪　任四川绵州学正。
张颐。
刘英。
路显　任湖广益阳县主簿。
朱璇。
潘镇　任四川大竹县教谕。
欧炳。
张顼。
钱弋。
童璧　任浙江义乌县主簿。
张顺　任湖广茶陵州吏目。
廖历　任福建永宁卫知事。
李森　任湖广武昌卫经历。
卫绣　任四川垫江县教谕。
徐相　任云南定远县知县。

谢秉秀　任云南沅江府教授。
何韶　任浙江温州府经历。
冯驎　任云南府经历。
徐艾容。
何本贤。
卫国武　任湖广武昌县县丞。
何本洋。
张腾霄。
冯辂　任云南大理府照磨。
卫国宾　任云南广南府经历。
何鸾。
黄铉。
卜纯。
李朝。
邹宝。
谭章。
刘环。
王举。
徐和。
张文明。
谢鲁。
金书。
宋君瑞。

## 十七、普定卫

李资　任湖广溆浦县主簿。
董泰　任四川仁寿县训导。
李源。
景哲　任四川双流县训导。
周显。
邹恂。
曹缙。
金镛。

徐卿。
程经。
程琇。
王永吉。
谢杰。
史鉴。
王忠。
陈宽。
李鼐。
薛祐。
萧镇　任直隶睢宁县主簿。
张棨。
张轩　任直隶舒城县县丞。
潘文　任四川梁山县训导。
张铠　任四川德阳县教谕。
尹清　任直隶无锡县县丞。
刘玉　任主簿。
薛纮　任浙江常山县县丞。
陈魁　任浙江兰溪县主簿。
邓文　任北京户部检校。
邵贽。
杨诚　任湖广武陵县县丞。
景云　任四川剑州学正。
管玺　任四川南溪县主簿。
俞珍　任四川名山县训导。
俞藻　任四川永宁宣抚司训导。
蒋有　任云南镇南州知州。
温轸　任广西苍梧县主簿。
杨凤仪　任云南晋宁州学正。
李滨　任四川永宁宣抚司教授。
李节　任云南腾越卫教授。
侯弼　任河南息县县丞。
王琇。
姚镒。

杜璁　任湖广宁远县训导。
顾机　任陕西安化县县丞。
毛相　任云南呈贡县知县。
陆宾　任广西庆远府经历。
韩文光　任湖广衡阳县县丞。
刘应奎　任湖广平溪卫训导。
马星。
陆观。
叶继。
黄宪。
薛大楹　任四川罗江县县丞。
冯润　任四川戎县教谕。
丁铭　任四川铜梁县训导。
项冕　任四川名山县训导。
俞伦　任陕西寻阳县教谕。
徐复祯　任浙江新城县教谕。
刘贤　任云南曲靖府训导。
孙显。

## 十八、普安州普安卫附

张禄　任石门县县丞。
聂俊　卫人。
洪海　任蓬溪县知县。
黎昱　任崇庆州吏目。
张政。
王瑛　卫人。
杨敏。
花绮　卫人。
陆琎　卫人。
杜荣　任延平府照磨。
张俨。
王珪。
董瓒　卫人，任宜宾县训导。

杨俊　卫人。
王绶　卫人。
吕昂　卫人。
刘宇　卫人，任万州卫所吏目。
花馥　卫人，任荣府典宝。
金虎　卫人。
黎瑄。
史庠　卫人，任楚雄府训导。
李成。
司马庠　卫人，任宜兴县县丞。
洪能。
张举。
洪广。
聂琛　卫人。
周恺。
李敬。
陆英　卫人。
叶英　卫人。
张凤　卫人，任保定府训导。
殷富　卫人。
朱英　卫人。
姜钊　卫人，任神电卫经历。
张钊　任攸县县丞。
刘瑢。
杨珦。
赵裕　任白河县主簿。
杨华　任泾阳县县丞。
何沾泽。
史全　卫人，任腾冲卫经历。
杨彬　任金齿卫经历。
何沾沛　任临安府同知。
张軏　卫人，任沛县县丞。
杨翼之　卫人，任太平县知县。
周密　卫人，任南安州训导。

张奎　任德阳县知县。
叶宗儒　卫人。
吴绍贤　卫人，任清江县教谕。
杨珩。
万善　卫人，任松潘卫训导。
汪泰　卫人。
王绶。
司马公鞮　任袁州府通判。
吴达　卫人。
华恩　卫人，任平越卫训导。
张宦　任成都县知县。
王宗学　卫人，任临洮卫经历。
王邦镇　卫人。
蒋壁　卫人，任教谕。
李佑　任南京国子监典簿。
金釜　卫人，任茶陵州训导。
钱云　卫人，任郧阳府照磨。
杨森　卫人，任普定卫教授。
张时举　卫人，任仪陇县教谕。
沈恩　卫人，任南溪县主簿。

## 十九、安庄卫

顾珍　任训导。
金浩。
胡清。
舒仁。
王祯　任检校。
施鉴。
王经　任县丞。
龙仁。
熊麟。
赵彦良。
李时魁。

谈辅　任经历。
卜敞　任主簿。
张麟。
胡潮　任主簿。
龚志。
李玘。
韩鉴　任吏目。
陈恩。
李钧　任主簿。
周文正。
熊彪　任教谕。
蔡玺。
余训。
伍铨　任吏目。
熊骥　任吏目。
蔡缙。
张拱　任吏目。
程彦淳。
叶蕙。
舒玘　任经历。
龚卿。
李鉴　任四川铜梁县主簿。
张继宗　任教授。
龚逊。
朱相。
熊大伦　任吏目。
胡祚。
徐英　任训导。
熊杲　任教授。
胡赀　任判官。
陈表　任四川资县知县。
陈嘉谟　任学正。
龚相　任训导。
陈才　任训导。

张宿 任训导。
龚敬 任训导。
胡贲 任教谕。
李继明 任训导。
米卿爵。
余秉衡 任训导。
吴山 任训导。
朱卿 任训导。
马应祥。
何臣 任训导。
向儒。
蔡贤。
范絖 任训导。
朱大韶。
朱朝远。

## 二十、安南卫

郭贤 任山东德平县主簿。
陶唐 任南京鸿胪寺序班。
陈芳 任四川昭化县知县。
武威 任四川铜梁县县丞。
孔瀚 任四川长寿县主簿。
林瀚文 任云南楚雄府检校。
宋文玉 任广西灌阳千户所吏目。
萧彦植 任湖广湘潭县主簿。
邹仲武。
闻学 任四川新津县主簿。
唐廷宣 任四川资阳县主簿。
石仲德 任直隶宣城县县丞。
宋元 任四川绵州判官。
陈琼 任河南彰德府照磨。
刘文远 任湖广黄陂县主簿。
王廷瑞 任云南大姚县知县。

陈文俊。
杨相　任四川丹稜县知县。
陈琇。
吴纶　任山东常山县县丞。
穆林　任湖广湘阴县县丞。
刘天祐　任福建崇安县县丞。
陈举。
林秀　任广西临桂县主簿。
石金　任江西瑞州府检校。
陈鉴　任云南昆明县县丞。
陆俸　任湖广长沙县县丞。
应期　任四川大足县教谕。
陈章　任云南浪穹县县丞。
顾麟　任贵州黎平府训导。
宋文奎。
宋文璧。
席聘。
宋良。
陈珙。
陆嵩。
周洪。
张志尹。
阮逊。
潘鸾。
卜相。

## 二十一、毕节卫

韩琼　任四川大竹县主簿。
聂泰　任云南阿迷州学正。
程霄　任陕西韩府经历。
戴冠　任四川铜梁县主簿。
王佑　任龙里卫训导。
李冠　任云南临安府教授。

罗绍良　任四川云阳县教谕。
陈琚　任四川华阳县主簿。
谢绶　任广西苍梧县主簿。
臧仪　任广西马平县训导。
柳营　任四川彭山县训导。
谢月　任广西乐容县训导。
成番。
阮焘。
丘铭。
王轩。
李华。
阮浩。
李衢。
韩楫。
王效义。
陈嘉言。
成士凤。
戴功甫。
彭基。

## 二十二、乌撒卫

赵钺。
殷瑾。
陈芳。
陈以文　任苏州府通判。
荣膺。
戚顺。
李宽。
李荣。
陈辱。
李恂　任云南河西县训导。
鲍鲤　任四川南部县主簿。
杨瑾。

萧瑢。

陈杰。

张翱　任云南楚雄府知事。

赵冕。

谢淳。

徐完。

张禄。

陈序。

王凤。

鲍珍。

朱绘。

吴文郁　任四川合江县主簿。

李金。

戚宪。

熊文秀。

蒋轮。

徐芝　任湖广卢溪县知县。

张勖　任四川丹稜县教谕。

张鹏　任四川纳溪县训导。

薛钦　任四川井盐县知县。

赵峦。

赵遵　任浙江浦江县县丞。

张勤　任宁国县县丞。

陈式　任云南罗次县知县。

王文诰　任浙江山阴县县丞。

许鹏　任四川王府教授。

韩存元。

赵选　任云南昆阳州学正。

张助　任广东灵山县知县。

苏民　任江西弋阳王府教授。

谢廷沛　任毕节卫教授。

王鹗。

余鳌　任云南蒙自县教谕。

毛仲伦。

史略。
陈良选。
祖世奇。
袁洁　任湖广九溪卫训导。
姚大夏。
王世贤。
缪文英。
赵本朝。
王选。

## 二十三、赤水卫

任让　任推官。
潘明。
陈连。
陈琰。
李诠　任县丞。
陈昱。
单钊。
王锐。
陈智　任训导。
杭瑛　任训导。
翁诠。
何文。
党绅。
黄铎。
陈希贤。
于钺。
吴琼。
胡瑛。
史琳。
王澜。
陈淳　任训导。
欧简。

王铭。
陈襄　任教授。
汪经纬。
文旦。
王玺。
陈寰。
徐奕　任训导。
吴暐　任县丞。
卢谕　任主簿。
黄表。
姚浙　任训导。
吴习　任知州。
陈维赞。
李朝阳　任知县。
瞿尚仪　任训导。
龚应辰。
叶宗茂。
胡奎　任训导。
张位。
夏霶。
刘珮。
韦时雨　任教谕。
陈献。
吴峤　任吏目。
李洲。
唐祚。
龚应龙。
高第。
潘文。
刘亶。
丁仪。
王访。

## 二十四、永宁宣抚司附永宁卫

张文郁　任浙江道监察御史。
王贤　任同知。
卢贤　任河南密县知县。
李源　任湖广巴东县知县。
宋铭　任湖广江陵县县丞。
王整　任湖广长沙县县丞。
张本　任直隶江都县主簿。
杨清　任河内县县丞。
罗晟　任湖广桂阳县主簿。
戚祚　任卫知事。
黄敏　任吏目。
赵明善　任浙江严州府检校。
胡海　任吏目。
兰茂　任云南杨林县典史。
罗迪　任云南巡检司巡检。
祁凤鸣　任同知。
毕有诚　任仓大使。
牟贵　任仓大使。
罗信善。
罗信。
张政。
先进。
罗思德。
孙荣　任广西理问。
叶鉴。
马清　任陕西金州吏目。
陈彦宗。
王弼。
雍琼。
何钺　任知县。
傅元昌。
余伟。

叶守贞。
闵辂。
邵敬　卫人，任县丞。
黄庆云　任云南宜良县知县。
姚福　卫人。
张麟　卫人。
王洪　任湖广黄梅县主簿。
冯浩　卫人。
熊安　卫人，任直隶镇江府经历。
白朝宗。
文懋　卫人，任直隶六安州同知。
杨宏　卫人。
沈澜　卫人。
宋轰。
陆瑀　卫人，任直隶芜湖县县丞。
蒋瑄　卫人。
苏启　卫人，任睢宁县主簿。
陈衍　任浙江都事。
庄正　卫人，任湖广邵阳县县丞。
樊俊　卫人，任南京光禄寺署丞。
毕凤鸣。
周廷俊　卫人，任县丞。
雍熙和　卫人，任湖广施州卫训导。
李祥　卫人，任训导。
萧鉴　卫人。
周廷佐　卫人，任四川重庆府训导。
张辅　卫人，任四川潼川州吏目。
杜俊　卫人。
郭胜　卫人，任四川重庆府检校。
宋广　任云南陆凉州吏目。
陆良　卫人。
张禄　卫人，任四川忠州训导。
曾仲仁　卫人，任山西都事。
王佐　任广西陆川县知县。

陶成　卫人。
文奎　卫人，任四川资县主簿。
张�　卫人，任江西永丰县县丞。
卞贤　卫人。
赵逵　卫人。
陆辉　卫人。
陆鸿　卫人。
姚章　卫人，任姚安府教授。
熊达　卫人，任四川宜宾县主簿。
桑梁　卫人。
贾凤　卫人。
张经　卫人。
雷显　卫人，任直隶灵璧县县丞。
方朝东　卫人，任四川巴县县丞。
王贡　卫人，任四川绵州州判。
骆驯　任教谕。
邹孟怀　卫人。
文堂。
张晓　卫人。
曾钦　赤水卫人。
郑崇智　卫人，任云南训导。
张文佐　卫人，任贵州兴隆卫教授。
曾镇　赤水卫人，任四川夔州府训导。
赵卿　卫人。
黄仪　任泯府纪善。
杨仁　任山西蒲州州判。
宋佾。
宋奎　卫人。
李一清。
张密。
骆驭　任四川绵州训导。
何德。
丁世昌　任四川眉州训导。
罗廷价　任四川江安县县丞。

宋友仁。
杨清　卫人，任教谕。
郭忠　卫人。
谢昱　卫人，任四川梓潼县训导。
曾光　卫人，任湖广江陵县训导。
熊应实　卫人，任湖广九溪卫训导。
潘文通　卫人，任四川纳溪县训导。
夏凤池　卫人。
帅辅、杨承裕、周邦赡、王才、谷旸、杨承祐、张孚、闻应龙、杨通、杨实　俱卫人。

## 二十五、偏桥卫

萧禧　任直隶龙虎卫经历。
萧元善。
萧洪　任四川剑州学正。
王宗仁　任直隶溧水县主簿。
钱臻　任四川庆符县知县。
王世美。
薛清　任福建闽县县丞。
陈翊　任广东博罗县县丞。
何澜　任四川梁山县主簿。
何天衢　任直隶高淳县县丞。
赵玉。
何秉奇　任江西新昌县主簿。
唐经。
邓能春　任广西全州判官。
何俊　任广西思同州吏目。
陈谋。
李芳　任直隶黟县主簿。
萧时春　任四川彭水县训导。
吴仲魁　任吏目。
王溥　任云南宜良县知县。
邓祥。

李时经。
萧元济。
李淳。
蒋兰　任四川安居县主簿。
萧时芳　任四川遂宁县训导。
萧时学　任直隶江蒲县主簿。
何成芳　任江西建昌县县丞。
李文科　任主簿。
曹建　任江西信丰县主簿。
孙凤。
宋明。
邓冕。
陈舜。
李永珍。
周万里。
廖然。
曹永龄。

# 第二章 祠 祀

人情狃于祸福而易动，鬼神隐于无形而难知，以易动之情稽难知之理，其不为所惑者无几也！贵州夷俗祭鬼，当其祭时，行者迂避不敢近，近者名曰躐鬼，而拘执之，或以质于官府。岂《书》所谓诅盟，传所谓人神杂揉者，其俗至今犹然耶！然则明典礼以倡之，励禁防以止之。任治民事神之责者，不可不谨也！

## 一、贵州宣慰司贵、前二卫同

社稷坛 在治城西一里。

山川坛 在治城东一里。

厉坛 在治城北隅。

城隍庙 在治城内北。洪武间建，成化间，总兵官南宁伯毛荣重建。

**贵州左布政使萧俨记略：**

国朝之制，内而京都，外而府、州、县之治，皆许建城隍祠。盖《易》曰“城复于隍”也。

京都西南行万里为贵州，界乎辰、沅、滇、蜀之境。我皇明统运，遣大将临征之，始城其地，以居其众，即城北隅创庙，用栖城隍之神。时总戎南宁伯毛公过祠宇，睹其屋瀼弗修①，爰谋于镇守太监郑公、巡抚秦公、巡按戴公洎三司诸公，撤而新之。公既捐己资，吏民响应，财用不匮，不期年而成。

中为殿庭，后为寝室，甃露台，列两庑。前门有屏，周缭有垣，丹雘金碧，与夫肖像绘塑之工，皆极精巧，可谓规模弘壮，足为边境观瞻矣。

役始于成化五年五月，讫工于十二月云。

**副使周凤重修记略：**

贵州东南，苗酋曰乜富架者，据险阻，僭伪号，众至数万，谋不轨，都匀军民骚动无宁岁。疏奉皇上命，巴陵邓公廷瓒以右副都御史提督军务，兼巡视，帅师往征之。弘治壬子秋，公次贵之会城，首谒城隍祠而誓之曰：“予

---

① 屋瀼弗修：弘治《贵州图经新志》作“屋瀼弗修，揭处弗称”。

奉天子明命，来征僭乱，冀神翊佑。”

继而经画刍粮，调度兵马。癸丑秋九月，偕三五同事，刚日出师，奋威深入。贼闻公来夺气，无敢抗敌。遂克坚寨，擒元凶，平群丑。乃郡县其地，军民安堵。越明年，甲寅春暮，全师振旅而还，晋公右都御史，留巡抚贵州。

公以神有默相我师之功，因往谢之。顾瞻殿宇历岁滋久，栋桡坏朽。乃捐己资，委属职，裒材鸠工，凡正殿、两庑、仪门，以及庖湢、墙垣，总撤而新之。又于像设亦加彩绘焉。经始于是年夏五月，落成于弘治八年六月。时镇守太监江公德，总戎都督王公道，暨藩臬诸君目击其事，谓予宜为之记。

予知公之事神不谄，以徼一己之福；神之佑公不私，以惠一方之民。是皆宜以传信于不朽者也，因为之记。

忠烈庙　在治城中。洪武间，都指挥程暹建。

**议略：**

贵州按察司为求言御寇安边事：该按察史王宪题“贵州在城，旧有忠烈庙，系唐忠臣南霁云神祠。洪武初年，本处所建。军民人等皆称其灵感特异，每岁春首风狂，境内常有大火，烧毁民居，及有水旱、盗贼、虎狼、疾疫，求祷于神，无不随应，灵绩昭然。请乞追赐忠烈美谥，定为祭祀，每岁春、秋二祭，于贵州布政司官库支银，买办祭品，令宣慰司正官择日致祭”等因，题奉圣旨，准令翰林院撰文颁给云。

**参议胡拱重建记略：**

荣禄大夫唐忠臣南公霁云，寔大唐之名将也。时景泰初，贵之有苗恃险为乱，宪伯王公宪恳祷于神，以祈阴翊，果获无虞。凡贵之境内，罹水火兵燹之患者，神皆有以相之。公以其事闻，廷敕有司牲牢而时祀之。于时，镇守太监杨公友、杨公贤，都宪张公廉，总戎颜公玉，暨藩臬诸公咸捐俸资，属都阃叶公昱以董治之。神像侍从，采塑俨若，足为景仰。经始于正德丙寅仲春，告成于是岁孟秋七月也。命予记石。

呜呼！祭法曰：圣王之祭祀也，法施于民则祀之，以死勤事则祀之，以劳定国则祀之，能御大灾则祀之，能捍大患则祀之。若此者，皆南公之所毕备焉者也！故纪其岁月，示将来云。

巡抚都御史邓廷瓒诗：

烈烈轰轰此丈夫，艰危志在灭强胡。孤城受敌丹心壮，大厦虽倾赤手扶。
正气满腔凌日月，清名千古振寰区。我持斧钺来霄汉，愿借英风扫叛徒。

阳明王守仁诗：

死矣中丞莫漫疑，孤城援绝久知危。贺兰未灭空遗恨，南八如生定有为。

风雨长廊嘶铁马，松杉阴雾捲灵旗。英魂千载知何处？岁岁边翁赛旅祠。

兵部尚书伍文定诗：

忠孝能全始是夫，不然中土亦林胡。城孤元赖刚肠在，板荡终归大义扶。

气压山潮巍血食，名同巡远振寰区。英灵尚助堂堂阵，唾手天戈靖乱徒。

旗纛庙　在都司内，祀军牙六纛之神。洪武间建。又一在演武场内。

关王庙　有二，一在治城南新添关，一在治城内贡院街。嘉靖三十二年，新建营房以居军士众，因故址修建。

东岳庙　在治城中三牌坊，今改为贵宁道。

真武庙　在治城北。天顺间建。

火神庙　在治城北演武场内。

武侯祠　在治城南门外，旧圣寿寺。正德间，巡按贵州监察御史胡琼改为武侯祠。

**清戎御史席春记：**

易佛宫，崇名宦，胡子知化理矣。

胡子曰："祀典趋渥，民俗睽正。祛是邪慝，弘兹元化，繄观风者是寄。我弗远俗，任之人其谓我何知？任之而玩愒弗力，我其谓人何？吾知之，吾冒为之，人未必尽我尤我，未必弗白于众也！是唯任我。"乃观诸佛刹庙宇，祀典弗载者悉毁之。且曰："毁之重劳，曷稽诸当祀与官署无所者，增饰之，力不费事即功，我其何尽毁矣？"

于学宫得文昌庙，曰："是可为乡贤祠已。"

于城东得泰岳庙，曰："是可为贵宁道已。"

唯名宦祠无可为者，即于城南得南庵，山幽林茂，地爽宇弘，且阙里孔中丞去思碑在焉。曰："名宦祠其无可易是已。"遂撤寺额，去佛像，麾僧徒而人之。乃取合省诸贤宦有功德在民者，置神位祀其中。君子韪之。故曰："胡子知化理矣。"

孟子曰："能言距杨墨者，圣人之徒也。"孟子不得其位，故修言以辟之。则得其位者，当行其道以黜之，得位而黜之者，无闻矣。王化之不行，岂端佛老害之哉？

贵州，古鬼方，高皇帝设宣慰司，建军卫以控驭其地。文皇帝又设藩省以临制之，百六十年余，易夷俗，而文物礼乐与中夏诸大藩等，王化大行矣。

然佛老犹盛，则鬼方者又易趋焉。胡子按兹土，去邪崇正，是之谓得其位、行其道以黜之者哉！奚不可谓圣人之徒矣？

春亦叨按是方，喜胡子知化理矣，故记之。胡子名琼，字国华，闽之延平人。祀是祠者，古今名宦一十六人，刻名碑阴，皆记之。所谓有功德于民则祀之者。御史徐文华力任大艰、克平扰夷，民到于今赖其安，祀之不及，君子事定于身后矣。

**副使刘瓒记：**

自古设官分职，所以为斯民计，其有功德于民者，匪惟懋官懋赏，虽身后犹褒扬而祀享之。然其间不能无差等。故《书》曰："记功，宗以功，作元祀。"贵州古荒服之域，周末始通中国，至蜀汉时，南中诸郡叛乱，诸葛武侯率师徂征，深入不毛，百蛮畏服怀德，所向悉平。遂拜参军马忠为庲降都督以抚绥焉。到今，苗獠诸种事武侯为神明，无间遐迩。公之功德加时垂后者可验矣。汉之后，历唐、宋、元，率皆建官以控制其地，夷民亦不过羁縻之耳。

我皇明奄有天下，设文武官僚，宣布德威，以治以化，百余年来，风俗礼乐，寖埒中州。此固列圣声教之渐被，抑亦臣工摅忠尽职所致也！举报崇之典，司风纪者之当务，宁容缓耶？

正德辛巳，侍御延平胡公琼巡按兹土，黜邪崇正，乃毁南庵佛像，选功德茂著于贵者，从古之诸葛公亮，至今之孔公镛辈，得一十六人，询谋佥同，合祀于其间，扁曰"名宦祠"。复收本庵常住田若干亩，召民佃种，取租緍以供祭。公去，所司于诸名贤不能轩轾，遽以诸葛公神位与诸公伍，并南面，且祭惟羊一、豕一，而币帛笾豆之类咸缺，识者病焉。

嘉靖癸未，巡按侍御姚江陈公克宅于激扬之下，出观民风，便道过此祠，入谒，慨其缺失，乃遗文于瓒，曰："顷见名宦祠十有六贤一座，殊无等级。若武侯，三代之遗才，五百年之名世也！亦并列于众人中，各牌位止书某公某公，而不注号氏，间有姓同者，不知其为谁何。且中间与中堂俱设一碑，非惟不便于骏奔助祭之人，而神道亦为之窒閟矣。愚见：武侯独正南面，余者论其世而参以祭法，孰为劳定国、死勤事，孰为御大灾、捍大患，以类各为一龛，东西分列。"

瓒承公意，即命所司掣去前碑，开辟神道，乃会宪使傅君习，参政郑君锡文、于君湛，参议江君玠，都指挥顾君恩、刘君麟议，佥曰："汉武侯位正独尊，即作元祀之意，宜矣。余以次序之。"

诸葛而下，同时则有若都督马忠之詟服诸夷；在元时有若左丞李德辉之计降鬼国，贵州守张怀德之犯难死节；在国朝有若总兵官方瑛、都指挥马烨戡定祸乱，保障边陲，之五人宜共居一龛，列于旁左西向。有若都御史孔镛、刘丙，总执宪纲，以平庶政；有若监察御史成务、吴讷，风裁雄峻，僚肃度贞，之四人宜同居一龛，列于旁右东向。有若左布政使蒋廷瓒、彭韶，右参议杨廉，或以循良闻，或以清白著；有若按察使吴伯通、副使吴倬，或称其学优才赡，或美其刑清讼理，合一龛，而列于旁左龛之次。又有若宣慰使司儒学教授芒文缜，文章德行，为时范模，独一龛，而列于旁右龛之下。嗣入者增焉。

佥谓惟兹十有五人，固不敢与武侯齐，然皆能树勋立业，而有利泽及民。据祭法咸可从祀外，若先都宪泰敬，宪副李睿、毛科，总兵颜玉，参将张任、洛忠，文德武功，皆表表于当时者，前此遗焉，兹不可以不录。复以类秩之。仍于先后神位，悉注其讳，实诸龛，俾安厥居。居中者不以为亢，侍坐者不以为抑，则名世者与一善可名者等威截然，而祀典为之修明矣。

再议，令所司将本祠临街倾圮门楼，并对门隙地修葺，建盖官房二所，听贾人僦居，月收钱若干缗，以充加增祭需、祭器。

公议详明，复于陈公，报可。白于都御史中丞汤公沐，韪之。时镇守太监杨广、总戎牛公桓闻而亦欣羡之。陈公复属瓒为记，勒诸石。

窃惟名宦之祀，所以显忠良于既往，发潜德之幽光，劝人忠君爱民，建奇勋，垂令闻，关系匪细，可以苟简为哉？陈公此举，补于名教大矣！有官君子，其监于兹，则思齐之，念固自有不可遏者，别求闻由隆古之名臣以仰止，近述远稽，冀不一而足云。

**祭文：**

惟神钟扶舆之秀，应名世之期，树立不同，而同归于正。不鄙谓夷，过化黔荒，或以德表，或以武靖，或以文昭，蛮夷为华。间有大义讨贼，捐躯御侮者，尤为焯焯。考诸祀典而不谬，缘于人情之有孚。

某等奉命守卫兹土，仰高尚论，凛然生气，穆如遗风。今时仲春/秋，庙貌骏奔，尊杯驰献，庶几德馨，永妥厥灵，光启后人。

巡抚都御史熊一漢诗：

兀兀新祠照坞沙，短篱修竹几人家。英贤事业皆名世，何处安攘示翊华。
南去云山多入越，西来桥水暗通巴。我来拜谒逢春雨，开遍祠前古树花。

阳明王守仁诗：

隔水樵鱼亦几家，缘冈石径入溪斜。松林晚映千峰雨，枫叶秋连万树霞。
渐觉形骸忘物外，未妨游乐在天涯。频来不用劳僧榻，已借汀鸥一席沙。

斜日江波动客衣，水南绿竹见岩扉。渔人取网舟初集，野老忘机坐未归。渐觉林间栖翼乱，愁看天北暮云飞。年年岁晚常为客，闲杀西湖旧钓矶。

王训诗：

净度招提旧结茅，地偏应不远尘嚣。山腰倒接城边路，水口斜通郭外桥。深院落花无客扫，空门掩日有僧敲。忘怀好结莲花社，分付山僧早见招。

巡按御史王杏诗：

山村一曲几人家，涧水泠泠抱石斜。饥鸟啄残提树雪，归鸿飞破夕天霞。柳条晴放春无限，梅萼寒回腊有涯。汉相隆中图阵在，齐人何必学囊沙。

林雪稀疏破石衣，偶从仙子到岩扉。缘岩瘦竹寒将住，夹岸疏桃春欲归。鹤翅半宫尘外度，渔舟一叶鉴中飞。何年得脱风埃羁，来向溪头觅钓矶？

副使蒋信诗：

咫尺溪桥卖酒家，挥杯林影日初斜。故人漫惜潇湘[1]月，小盏何辞贵竹霞。欲咏梅花倚江阁，未堪柳色动晴涯。剑南春树应相待，且莫随鸥恋旧沙。

巡抚都御史刘大直《过武侯祠，祠圮，因议修》诗：

胜游怀古哲，汉室中兴功。仙舫联飞鹢，官桥渡落虹。

葵心晴捧日，蝉翼晚吟风。圮宇筹恢复，千秋意气通。

又《谒汉相孔明诗》：

山朝水绕蜀龙祠，松桂森森列羽旗。铜鼓共传遗爱远，木牛那识运筹奇。三分王统犹存汉，八阵天威此变夷。伊吕谟猷将相业，诚心公道更吾师。

又《武侯祠次熊廷尉韵》：

诸葛祠横富水沙，勋猷宇宙几名家。千山时雨弥春色，万壑霜风浸月华。忠信节明光两汉，法恩政要淑三巴。更余神算开唐祚，上将曾闻演六花。

夏国公祠　在治城内南。永乐年建。

**大学士金幼孜记：**

永乐十二年夏五月丁酉，奉天翊运推诚宣力武臣特进荣禄大夫柱国后军都督府右都督镇远侯顾公薨于贵州，时年八十有五。秋八月，讣闻京师，天子辍视朝，遣行人李鉴往祭，诏定谥，议追封夏国公，谥武毅。

---

① 湘：原残，据《黔记》补。

明年春二月，公之子勇、孙兴祖自贵入谢。兴祖祗承恩命，袭封镇远侯爵。既而，泣告于予曰："先祖久镇西陲，义行信孚，边人常愿立生祠，天子可之。今不幸倾逝，将树碑于祠，以著先烈，请为文刻之，以昭示后世。"

予弗获辞，遂序次其平生功业如左：

公讳成，字景韶，其先湘潭人，祖、父皆善武艺。尝往来江淮间，因寓江都，遂家焉。曾祖百四，祖千二，父万一，三世皆追封夏国公，其配皆追封夫人。

公以至顺庚午十二月十六日生于江都之笊篱湾，自幼机警异常儿。既长，涉猎书史，姿貌魁伟，有膂力，善习水骑射。常泛舟北游元都，夜有盗十数，持刃抵其舟，众皆骇愕失措，公独率六人击走之。

元季群雄并起，张士诚僭号泰州，公知其无足为。闻太祖高皇帝自和州渡江，克太平诸郡，行阵整肃，所至市不易肆。公自扬州归附。

从元帅至镇江，公与勇士十二人奋战，直抵城下，无敢当其锋者。会日暮，守将集众执缚至江上，已戮十一人。公奋起，蹴执刀者，仆之以身，转至水次。适遇檿[1]舟者，投之以斧，公得斧，绝其缚。乃溯江而上，遇舟师桑院判，因语众曰，镇江无敌士，可破也。众从之，攻其城，克之。

青军据扬州，公以母故，请往说之使降。即至，主帅置酒，议不协，将害公，公觉之，独托更衣去，微服出城，载母驰归，其从者皆被脔矣。

已而，从中山武宁王徐公攻常州、宁国、江阴，克之。败陈友谅兵于龙湾。每战皆有俘获。甲辰，从征武昌，擒伪汉主理，授凤翔卫百户。乙巳，从开平忠武王取襄阳，克泰州，留守兴化。丙午，攻浙西，破旧馆，取湖州，进围伪吴张士诚于姑苏。吴元年秋九月，下之。公最有功，升金吾卫副千户。

尝扈车驾自汴梁还，御州胶浅，篙师集力不得发。公即解衣入水，以背负舟，大呼，舟随脱以行。即日，授坚城卫指挥佥事。其攻信阳、唐州，所俘妇女以百计，悉访其亲还之。

自平蜀之后，调贵州卫。岁丙辰，蛮人作乱，公率兵，连岁攻破瓮蓬、翁底、洪边、乖西等寨，斩获无算，降土酋王万全，贼首龙小思走死。蛮人自是闻公名，皆心胆震悍，目公为"顾老虎"。

辛酉，从颍川侯傅友德征云南。明年，克普定，诸蛮之地皆平。太高祖皇帝遣中使持赐袭衣、金带，升普定卫指挥使。

自甲子至辛未，凡八年，数受命讨阿黑、螺蛳、尾洒、龙山诸蛮贼，悉破斩之。壬申夏五月入朝，宴赏甚厚，升镇国将军、贵州都指挥同知。未几，

① 檿：《黔记》与本书同，弘治《贵州图经新志》作"檿"。

复征诸蛮，有功。丙子，升骠骑将军、右军都督府都督佥事。

冬十一月，承制充总兵官，佩征南将军印。五开诸洞蛮獠之弗顺者，连战剿捕之，杀获殆尽，其输诚归款者，辄抚绥之，蛮人帖服。

戊寅，还京师。

己卯，皇上提兵肃清内难，所至皆望风款附。公知天命有在，自真定挺身来归，遂承命守北京。竭诚尽力，昼夜不怠，凡备御攻战，莫不有法。

庚辰，升后军都督府都督同知。辛巳，升右都督。壬午夏六月，内难既平；秋九月，论功行赏，公列侯封，食禄千五百石，加赐百金、彩币，颁赐诰命、铁券，仍以其孙兴祖袭普定卫指挥使。

冬十月，公出镇贵州。初，公还京师，蛮人谓公弗复至，相聚出没，剽掠边卫，弗能禁。比公再至，有被拘者，公纵遣之，俾谕诸酋以复来之意。未几，皆相率来见。公抚辑之，且宣布朝廷威德，边人遂安。

戊子夏六月，上念公久处于外，特驿诏还京，赏劳有加。秋八月，复回贵州。时蛮寇皆叛，公遣其子贵州卫指挥同知勇领兵剿绝之。其后，累征诸酋为寇者，擒杀贼首苗普亮、王忠、杨再智等，送京师。

甲午夏四月，还军贵州。公在军中得疾。有命遣医士陈汝正往治之。五月，疾剧，终于镇。

夫人彭氏。子男八，长统，任普定卫指挥使；次铣、铨、锐，卒于难；次勇，为贵州卫指挥同知；次亮，次三胜保先卒，次原。女七，德音、德喻、德善、德柔、德琬[①]、德能、德贞，俱适显官。孙男七，曰再兴，曰兴祖，袭爵镇远侯，曰兴旺，曰长寿，曰福寿，曰普忠，曰普德。曾孙二，重兴、永兴。犹子瞻为蜀府仪宾。

公天性雄勇，有胆略，能料胜制敌，出师攻战，必获万全。虽骁将强寇，莫敢婴其锋，蛮夷协服，边人用康，此其功德彰彰，有不可掩。《礼》曰：“有功德于民则祀之。”则公宜有祠庙，以享祀无穷。古者庙必有丽牲之石，以载烈志勋，昭示万世，是宜序公之盛烈，且为诗刻之，俾岁时荐献于祠下者，歌以祀公。

其辞曰：

天眷皇明，肇造区夏。群雄虎吞，蹀血四野。于穆太祖，显命在躬。壮士如云，欻其承风。公时锐照，奋其膂力。仗剑来归，横行八极。东征西讨，铲锐摧坚。捐躯贯勇，莫之或先。群雄既殄，万方底平。锡公爵禄，光被恩荣。爰托腹心，委以重镇。用辑蛮人，俾安俾顺。太祖宾天，内难继作。圣

---

① 德琬：弘治《贵州图经新志》作“德琬”。

皇提兵，将除巨恶。公知天命，率先效义。乃畀城守，托为心膂。昼夜备御，运筹决谋。圣皇南征，后顾无忧。奸凶既剪，宗社载安。论功锡赏，荣命攸颁。貂蝉玉带，侯国是封。荣及先世，光耀显融。公遄受命，往镇西鄙。摧强抚顺，疆埸攸理。西人畏公，公善用兵。不威而慑，不令而行。靖远绥边，有功赫赫。匪惟有功，而又有德。西人怀公，何以报之？兰殽在登，享祀无期。

正统八年岁次癸亥十一月初一日壬子，皇帝遣贵州布政司左参政严恭赐祭于追封夏国公镇远侯顾成，曰："卿昔宣布威德，于兹南徼，民用信服，永久不忘，请以春、秋致祭，已允所言。英灵如在，其歆承之。"

**勘合碑抄略：**

礼部柔字十七号勘合事，该巡按贵州监察御史杨刚等奏：贵州原系荒地，蛮夷梗叛，不通中国。伏自圣朝，命成镇守，善用军马，相机剿杀，招谕抚绥，边境清宁。后本官在任病故，至今三十余年，蛮夷畏服。本官原建祠堂一所，在于贵州，未蒙祀享。永乐六年六月二十三日，太宗皇帝圣旨："你那祠堂盖起了来，着土官每祭祀你！钦此！"至今尚未举行等因奏。奉圣旨："不必查，准他祭！钦此！"合行本司转行贵州宣慰司支给官银办物，春、秋致祭施行。

**祭文：**

惟公昔承朝命，抚御兹土，威惠兼施，人用永赖，时惟仲春/秋，用伸常祭。

寿亭侯祠　在教场内。嘉靖三年，总兵牛桓建并记略：

前将军汉寿亭侯关公羽祠贵会城者，胜国镇守八番顺元等处万户那怀鼎建，俗尚倚为公社。予镇守又明年，爰谋兴作新祠数楹，祇奉侯。经始夏六月甲寅，讫工秋七月壬子。

因言于众曰："侯绝伦逸群，华夏震愕。及卒，蜀人祠侯惠陵之左，明侯不二其主也。贵、蜀邻，古荆、益，侯古荆守，尝开石西土，祠无不可。前是，那万户创之而寻废，固兴舍有俟于人。自予复之，嗣此必有同志者相翼共以保之。"

文昌祠　在文庙左，今改为乡贤祠。

玄武祠　在都察院总司风纪坊前。嘉靖年间，布政司建。

先民祠　在文庙戟门西，巡抚都御史孔镛建，祀先民功德之著者，汉诸葛亮、宋景阳并李德辉、张怀德，本朝霭翠、芒文缜、王训、易贵诸贤。孔寻诏入，事遂寝。教授戴琰惟勒孔镛像于中，以诸公入名宦、乡贤。

马祖祠　在治城中马军营，俗名为马皇庙。

名宦祠　在儒学内。正德间，御史胡琼以圣寿寺改建。嘉靖间，巡抚都御史徐问修明祀典，易为武侯祠，以祀武侯与傅友德辈，乃移名宦祠于此。后巡抚都御史刘渠因规制卑隘，复拓建焉。

乡贤祠　在儒学内。嘉靖间建。

**巡抚熊一漢记：**

凡感动振作之事，必先所见闻仰慕，不从，而后随以他焉，此机括也。传记言王豹绵驹讴歌之事，夷惠激顽立懦之风，皆能感人成俗，有足取者。

贵州为省，肇自国初，迄今豪杰并出，无异中州。其间显而卿相，隐而耆硕，丰功在朝廷，独行著乡闾，所以感后人、信天下、名祀典者，以予滥竽仕途所见闻，亦不践鲜矣。

嘉靖三年，来抚是邦，问其祀缺然。及临学宫，见有扁“乡贤祠”者，问之，盖御史胡君国华欲行而未成也。因续举其事，行属若曰：“乡贤祀于乡，礼也，而器物弗全，祠宇简陋，失之渎。合而祀，非经也。而踪迹旧至，礼秩不违，若足以格神，但举仇举亲之事，不宜丰啬，以亏名实、辱祀典，承行诸司其慎之。”此大率也。

既而，报者自省城以至府、司、环卫，合之得五十三人焉，意其未尽也。或世远人忘，失考也，又所举或一善一行，未足为全人，公众论也。乃下之提学佥事赵君弘道，萃藩臬三司梁君大用、于君器之辈公议之，得其贤而穷合公议者六人。四川道监察御史思南申公、南京户部尚书清平黄公、辰州府知府贵州易公、通政司右通政普定赵公、巡抚山西右副都御史贵州徐公、和州判官安庄胡公，首祀之。

其议而未合，待延访以进，祀者盖不止此。因为文，以识始末于石，以列祀诸贤行义之实可考于乡者，附诸碑阴，令后来者得以知其故。而诸公平日所以立德立功，回波殿俗之懿，求成其名以开后学者，亦因是而一见也！

呜呼！“高山仰止，景行行止”，不有先哲，孰开后人？后之见者，将感而兴，曰：“不俎豆其间，非夫也。”则斯祠之作，岂为无功？并记。

又诗：

乡贤祠宇接黉宫，今古衣冠仰慕同。徐樨声华腾远域，由余生长在西戎。
春秋蘋藻千年祀，立懦廉顽万古风。我有新诗何处赋，几回吟咏对孤松。

表贤祠　在治城南三里新添关内，为先任按察司副使吴倬建。倬在任，因见贵州站人扛抬之劳，乃议处赎金七百三十一两，买置水田八分，递年收纳粗米三百七十四秤，贮积在站仓，给助各军口食之费。倬去后，站人思之，为立庙以祀公及乡贤。都御史徐公具呈上司批议，于前田内，每年拨米花四十秤，并地租银柒钱办祭品，春、秋致祭。

**嘉靖九年郡人主事汤冔记：**

表贤祠，贵州卫站以祀宪副吴公也。正德辛巳，侍御延平胡公琼撤佛刹之无额者，为名宦祠，括汉武侯而下若干人祀之，公与矣。

岁庚寅，乡致仕教谕党贤、站官仇志善、耆老李滋等以公惠政在站居多，请于中丞维扬叶公相、巡按侍御关内陈公邦敷、清戎侍御丰城陆公梦麟，曰："公讳倬，字克大，浙淳安世家，登乙未进士。成化间，佥吾贵宪事，寻陟兵备副使。剔政蠹，发吏奸，清介刚正，难以殚述。惟吾站役繁剧。旧制未设廪饷，公恻然，欲月人米伍斗。会侍御桂林包公裕按巡兹土，议合，驰疏上闻，报曰可。公又区画赎金七百两有奇，购附近常稔之田若干亩，以助不给。今去公辽邈，吾人思公之惠，谈不容口。夫前乎公者，未必不贤于公也。后乎公者，未必不加志于吾人也，譬之荒垦而开拓之功，实公伊始。按祭法，有功德于民者祀之。吾人岂私公之惠哉！盖民秉之彝，有不能已焉耳。盍就站境立祠专祀，庶吾人慕德之私不替，而公之贤不泯也。"

维时，属宪使严陵王公浚、鹤庆朱公珮核实，佥曰宜。乃议出公帑银若干，缮祠祀之，顺下情也。以是年春三月经始，越阅月竣事。颜其前荣曰"表贤"，属走为记。

走生晚，未弗及见公之盛，然得于乡之父老颇悉，虽不文，奚可辞？夫无好德之心，非人也。爱棠有诗，德政有碑，生事有祠，皆志好德之心也。况舆情之誉，有难以倖致者哉！君子曰："惠之有术，养之有道"，公近之矣。百世之下，此石不泐，欲知公者，盍于此乎征之。乃系之以诗，俾歌以祀公。

词曰：

豸冠绣斧，温温春煦。锡我土田，膏泽伊溥。绣斧豸冠，凛凛霜寒。遗我餱廪，百世不刊。祀事聿修，答公之庥。在晋尹铎，在蜀武侯。硕牲清觞，荐公之堂。惟公降只，云軿翱翔。我稼我穑，系公之力。惟公歆只，享兹饮食。岁月孔长，颂声洋洋。庇我佑我，惟公之庆。

## 二、思州府

社稷坛　在府治北五里。

山川坛　在府治南二里。

厉坛　在府治西三里。

城隍庙　在府治内南。永乐十一年建。成化七年，知府王常重修。

飞山庙　在府治南一里，其神即唐诚州刺史杨再思也，前代封英惠侯，血食此郡。夷人祷之常应。

土地祠　在府仪门外。

五显庙　在府治南。

观音祠　在府前。

火星祠　在府治北山。

乡贤名宦祠　在府治城内。

## 三、思南府

社稷坛　在府治北门外五里。永乐十三年建。

山川坛　在府治南三里。永乐十二年建。

厉坛　在府治北三里。永乐十二年[①]建。

城隍庙　在府治南。成化间建。嘉靖元年，知府李文敏重修。

二郎庙　在府治东。成化间，长官张玉、杨茂同建。

东岳庙　在府治西。长官安洛建，安宇重修。

名宦乡贤祠　在启圣祠前。嘉靖十年，巡按御史郭弘化按行至府，询知郡中名贤申祐死义事，嘉其忠烈，行府立祠崇祀。嘉靖十五年，知府洪价增建房屋，复举名宦乡贤共十一人，呈允上司，请入祠，春、秋享祀，以敦风化，而申公祐居首。

**郡人田秋撰申公事状略：**

公讳祐，字天锡，世居婺川县火炭垭。幼有至性，颖异不群。稍长，补郡庠弟子员。婺川至府，山行五日，每裹粮徒步就学，不倦。常从其父之田，父忽为虎衔去，公挺身持杖，尾击之，虎逸，父免咥焉。

正统辛酉，中云南乡试，入国学肄业。时祭酒李时勉以言事忤旨。枷置国子监门，公首倡六馆诸生伏阙申救，且愿代其死，上并释之。寻登乙丑进士，拜四川道监察御史。

立朝忠谠，多所补益，各道聚会议事，公谈论辄数百言，咸当要会，众皆推让。出按庐、凤等府，所至，进诸生讲论经史疑义。至安庆，诸生私相谓曰："御史贵州人，《千字文》秀才也。"公微闻之，次日，摘"起、剪[②]、

① 十二年：云图本作"十三年"。

② 剪：应为"翦"。

颇、牧用军最精”作题试之，诸生大沮，其精敏多类此。

十四年己巳，英庙北征，公以名御史扈从，至土木，乘舆北狩，遂死之。

文昌祠　在启圣祠后。嘉靖十四年，教授钟添建。

土地祠　在府治仪门东。正德十四年建。

汉寿亭侯祠　在府治西。永乐间建，寻废。嘉靖九年，复建于崖门山左。

英祐侯祠　在府治前。正德五年没于洪水，惟一钟存。嘉靖十三年，长官张镫重建。

川主祠　在府治南。正统间，长官安洛建。成化年间，长官安方重修。

土主祠　在府治东。成化间建，寻废。嘉靖四年，长官张犖重修。

**婺川县**

社稷坛　在县治北五里。

山川坛　在县治南三里。

厉坛　在县治东平门外。

昭化庙　在安峰山上。宋时建。或云神即夜郎王，汉陈立为牂牁太守，阻兵据思邛水，王破之，百姓感之，立庙以祀焉。

**印江县**

社稷坛　在府治东二里，知县颜阶建。

山川坛　在县治西三里，知县颜阶建，

厉坛　在县治北三里。

清源庙　在沿河司南，长官张珏建。

水府庙　在沿河金仙寺左，长官张舜建。

土主庙　在县治西。弘治七年建。

## 四、镇远府

社稷坛　在府治西三里，平冒江侧。

山川坛　在府治东一里，中河山上。永乐十五年建。

厉坛　在府治东三里。嘉靖二十四年，知府任佐改于府河东车家湾。

城隍庙　有二，一在府街东，永乐十四年，推官卢恩建。一在邛水司，通判杨薰建。

飞山庙　在平冒寨。

火神庙　在镇远驿后山。

天妃庙　在玄妙观。

赤崖土主庙　在车家湾赤崖山下。

神马庙　在镇远驿。嘉靖二十九年，知府程𤇍建。

岱岳行祠　在州街。

南岳行祠　在铁山溪，有江楼一间。

汉寿亭侯祠　在卫治东关。嘉靖三十一年，知府程𤇍建。

水府祠　在中河山崖上。嘉靖十九年，通判杨薰建。

文昌祠　在旧儒学内。正统十年，训导王哲建。

诸葛武侯祠　旧在偏桥长官司东二十里，地名高陂，其地四面高山，前临长江，有柏树百十余株，森郁可爱。景泰间，参将安顺建。后江溢，庙毁，木柱堆积，存者围可数尺。天顺年间，守堡指挥陈性重建。规制狭小，中塑像亦与图史所传者类。相传武侯征南，欲凿瓮蓬洞以通漕运，尝驻扎于此。至今父老犹指某处为将房，某处为马厩，瓦坠地者犹厚寸许云。嘉靖二十九年，知府程𤇍于本府州街择地立祠。

前湖广按察司佥事沈庆诗：

祠庙荒凉岁月深，数椽重建大江浔。左军见说劳三顾，南虏传闻畏七擒。
讨贼未酬安世志，鞠躬不负托孤心。高陂山畔斜阳里，荐藻频频表寸忱。

知府周瑛诗：

万树鸦声送夕曛，孤祠独对大江滨[①]。伯图先识炎纲正，国势终成鼎足分。
伊傅胸襟明日月，轩黄行阵布风云。相材将略畴能比[②]，一瓣心香特地焚。

**知府程𤇍记略：**

汉诸葛忠武侯英烈，在边徼尤为显著。镇远徼之蕞尔者，古有祠焉。盖仰侯之英烈而祀者。祠在偏桥司江之崖，去府六十里，岁久芜秽，祀典亦缺，君子憾焉。

嘉靖丁未岁，𤇍守是邦，以师旅方殷，未克遑及。越明年戊申，乃得许指挥迁之隙地，遂立祠以祀侯。为堂三楹，中塑侯象，俨然如在也。堂之前为坊门，曰“天下第一流”，胡致堂之赞侯者也。坊右为静学轩，静以修身，俭以养德，侯之学也。轩在崇冈下，由轩而上，为门，为坊，为书房。曰龙冈深处，曰龙冈书屋。侯未出时，学于南阳卧龙冈，故此书屋亦曰“龙冈”。

---

① 独对大江滨：《翠渠摘稿》作“寂寂倚江渍”。

② 畴能比：《翠渠摘稿》作“寡俦侣”。

冈上茅亭者，草庐意也。轩南为房三楹，守祠者居焉。东为铺舍，西为土地祠，仍旧也。

又明年己酉，而工告成，白于中丞三洲李公。公曰："祠可也，宜有常祀。"乃命支公帑，岁举二祀。

白于侍御峨山张公，公曰："礼成矣，守祠者宜有常食。"乃檄支公廪，月给三斗。是则祠不为虚建矣

## 五、石阡府

社稷坛　在府治西三里。

山川坛　在府治东一里。

厉坛　在府治东三里。

城隍庙　有三，一在府治内南，一在葛彰司，一在龙泉司，成化二十二年重建。

川主庙　在府治东。

少师庙　在府治西。

东岳庙　在府治南。

五显庙　有二，一在府治西，一在龙泉司。

## 六、铜仁府

社稷坛　在府治北。

山川坛　在社坛南。

厉坛　在府治北。

城隍庙　在府治东北。成化间，知府周铨建。后李资坤复增左右六司。

飞山祠　在东山之麓。

川主祠　在府治西。

晏公祠　在渔梁江岸。

武侯祠　在府治内。

英佑祠　在府治东。

## 七、都匀府卫同

社稷坛　在府治西。

山川坛　在府治东。

厉坛　在府治北。

城隍庙　在府治东北隅。永乐初间，都指挥使陈原建。

清源庙　在府治东山之麓。洪武二十四年，指挥黄镛建。

关公庙　在府治北隅。

吉祥庙　在府治中。

五显庙　在府治后街。洪武二十四年建。

旗纛庙　在卫堂东。

文昌祠　在儒学后山。天顺间建。

## 八、程番府

社稷坛　在府治东一里。

山川坛　在州治南一里。

厉坛　有八，一在府治西一里，一在金筑司，一在小程司，一在方番司，一在韦番司，一在洪番司，一在卢山司，一在木瓜司。

城隍庙　在府治内西隅。

关公庙　有二，一在府治内南隅，一在卢山司。

五显庙　在府治内西北隅。

龙王洞庙　在府治西十里。

名宦祠　在府治内西隅。

土地祠　在府治仪门左。

南公庙　有二，一在卢山司，一在木瓜司。

天王庙　有三，一在方番司，一在韦番司，一在洪番司。

东岳庙　在小程司。

白马庙　在方番司。

土主庙　在金筑司。

## 九、黎平府

社稷坛　在府治西半里许。

山川坛　在府治南一里。

厉坛　在府治北一里。

城隍庙　在府治内西。永乐间建，天顺七年，知府杨纬重修。

诸葛武侯庙　在府治内东南。

旗纛庙　在五开卫后。

飞山庙　在府治东。五代梁时，靖州杨再思刺诚州，死而有灵，士人祀之，宋封英惠侯。旧在靖州飞山，洪武十年，迁建于此。

## 十、永宁州

社稷坛　在州治东。
山川坛　在州治东。
厉坛　在州治北。
城隍庙　在打罕寨西。洪武十六年建。

## 十一、镇宁州

社稷坛　在州治西。
山川坛　在州治东。
厉坛　在州治北。
俱洪武间建。

城隍庙　在州治东。洪武十六年，同知赵贵建，寻废。弘治十一年，署州事吏目刘琮改建于本州治南。

龙王庙　在十二营司东一里，龙潭之侧。

## 十二、安顺州

社稷坛　在州治西。
山川坛　在州治东。
厉坛　在州治北。
城隍庙　在州治南。

## 十三、普安州

社稷坛　在州治西南一里。
山川坛　在州治南一里。
厉坛　在州治南一里。
城隍庙　在州治西。永乐间建。
土主庙　在州治西，本境内之主。
五显庙　在州治西北隅。
三官庙　在善应桥东。
五官庙　有二，一在州治街北，一在卫北门街西。

## 十四、龙里卫

社稷坛　在卫治北一里。
山川坛　在卫治南一里。
厉坛　在卫治北一里。
城隍庙　在卫治东。洪武三十一年，指挥贾禄建。
旗纛庙　在卫治后。洪武二十四年建。成化十一年，指挥贾武重修。
文昌祠　在文庙东。

## 十五、新添卫

社稷坛　在卫治西二里。
山川坛　在卫治外南三里。
厉坛　在卫治外北二里。
城隍庙　在卫治东。洪武二十五年建。
旗纛庙　在卫治北。洪武间建。
关王庙　在卫治北。
五显庙　在卫治北。

## 十六、平越卫

社稷坛　在卫治西。
山川坛　在卫治南二里。
厉坛　在卫治北。
城隍庙　在卫治内西。洪武二十二年建。
旗纛庙　在卫治后。
关王庙　在卫治北。正统间建。
二郎庙　在卫治东南。弘治年间建。
祠山庙　在卫治东隅，成化五年建。
灵观庙　在卫治外。永乐十三年建。
马皇庙　在卫治北。
文昌祠　在儒学右。天顺间建。嘉靖三十年，兵备赵之屏改建。

## 十七、清平卫

社稷坛　在卫治西一里。

山川坛　在卫治南二里。

厉坛　在卫治北。

城隍庙　在卫治西。

旗纛庙　在卫治后。洪武间建。

李王庙　在卫治中。天顺八年建。

晏公庙　在卫治西北。景泰八年建。

关王庙　在卫治东南。天顺五年，都指挥王聚建。

龙王庙　在卫治南四里，龙王山上。

马祖庙　在卫治东。景泰八年建。

文昌祠　在儒学左。成化八年建。

蔡公祠　公讳潮，字巨源，号霞山，浙江临海人，贵州布政司左参议分守都清。正德丙子，本卫有炉山夷贼之叛，夺城甚急，公适丁其变，慨为己任。时有同官者促公避难。公曰："如我去，则无清平矣。"遂留与守。乃积粮饷、选兵卫、修城堡，官储不足，以私俸益之。间有死于锋镝者，公则亲临吊慰。与卫人共患难者三载有余，其所以保障生灵，赖公经济也。后公转迁，合卫无老少莫不流涕，不啻若慈父母之去。已，遂写公像识之。嘉靖二十四年，卫人共捐金帛，立祠祀焉。

**郡人布政使田秋记略：**

生祠非古也。《记》云：以死勤事，以劳定国，能御大灾，能捍大患，则祀之。故岘山表叔子之灵，宣城著谢公之姓，是也。清平卫蔡公生祠之作，其亦此与？

正德十三年，清平县苗夷作乱，据香炉山以为巢穴，凭陵远近，动摇藩省。清平其切近，盖门庭之寇也。贼拥数千之众攻城，公适以少参分守其地，内无劲卒，外鲜强援，止以数百守城之兵，画地分障，运奇设谋，擒其桀黠，散其党与。不数日，贼俱引去。阖城老幼得再造，皆公之恩也。

未几，公迁去，民不能忘，乃为生祠三楹于城中，肖公像于中，饮食必祭，且私之曰："此吾清平之罗池柳侯、潮阳韩公也。"

祠成三十年余，为嘉靖庚戌，麻城喻九山以公高弟，佥宪贵阳，道经清平。谒祠下，见礲碑尚未有词，征记于秋。

秋惟公在贵凡八九年，不鄙夷其地，所在多品题、建置。公之去贵三十年矣，而贵人思公德泽者如昔。公以贵参议升福建参政，转河南右方伯，人方仰其柄用，乃抗疏乞休，时论高之焉。

## 十八、兴隆卫

社稷坛　在卫治南二里。成化间建。
山川坛　在卫治北一里。成化间建。
厉坛　在卫治北一里。洪武间建。
城隍庙　在卫治东。洪武间建。
寿亭侯庙　在卫治东。洪武间建。
旗纛庙　在卫治后。洪武间建。
关王庙　在卫治内东。洪武间建。
文昌祠　在儒学西。弘治三年建。

## 十九、威清卫

社稷坛　在卫治西。
山川坛　在卫治东。
厉坛　在卫治西。
城隍庙　在卫治内。
旗纛庙　在卫治西北。
关羽庙　在卫治南门内。
灵官庙　在卫治内东北隅，指挥焦琴建。

## 二十、平坝卫

社稷坛　在卫治南一里。
山川坛　在卫治东一里。
厉坛　在卫治北。
城隍庙　在卫治内东南。
旗纛庙　在卫治后。
关羽庙　在卫治内东。
真武庙　在卫治南，沙作站内。
灵官祠　在卫治内南。

## 二十一、普定卫

社稷坛　在卫治西北二里。
山川坛　在卫治东二里。

厉坛　在卫治北一里。

俱洪武间建。

城隍庙　在卫治内南。洪武十五年建。

旗纛庙　在卫治后。洪武十五年建。

关王庙　在卫治内东。洪武十五年，安陆侯吴复建，后毁于火。景泰间，都指挥郭贵重建。

五显庙　有二，一在卫治东北隅，洪武十五年，安陆侯吴复建。一在卫治北，洪武十八年，都督顾成建。

汪公庙　在卫治内南青龙山之巅。永乐二年，指挥王辕建。

玄坛庙　在卫治内北。永乐九年，指挥顾兴祖建。

龙泉庙　在卫治西一里，龙井山上。嘉靖三十年建。

二郎庙　在卫治内东北。洪武十五年，安陆侯吴复建。

马皇庙　在卫治西南隅。

晏公庙　在卫治内北。洪武间，都督顾成建。

岳王庙　在卫治东。

七圣庙　有二，一[1]在卫治内南，一在城内西，永乐二十年建。

总管庙　在卫治内东。永乐二年，都督顾成建。

萧公庙　在卫治内东，通灵桥边。

龙王庙　有二，一在卫治北隅侯家泉，一在双井泉边。

真武庙　在卫治南关外。

乡贤名宦祠　在儒学内。

文昌祠　在卫治东北小街。嘉靖二十一年建。

东岳庙　在卫治内东。永乐十一年，指挥顾兴祖建。天顺七年重修。

灵顺祠　有二，一在卫治内东南，永乐十年，指挥同知李杰建。一在南关外，父老因火灾故创建。

## 二十二、安庄卫

社稷坛　在卫治西门外。

山川坛　在卫治南门外一里。

厉坛　在卫治北门外，真武山后。

城隍庙　在卫治内。永乐间建。

旗纛庙　在卫治北，演武场内。嘉靖二十二年建。

① 一：原文误作“十”，据云图本改。

东岳庙　在卫治中。

昭灵庙　在卫治南。

通灵庙　在卫治西。

关羽庙　有二，一在卫治南，一在查城站内。

五显庙　在卫治西。

三圣庙　在白水堡内。

关索庙　在卫治南四十里。昔年，关索领兵征南到此，有神应，后人遂立祠庙于山颠之上祀之，因名。

**郡人推官胡宝记：**

按：将军旧传汉前将军羽之子，忠勇有父风。建兴初，隶丞相亮南征，遣戢略诸要害，恩信孚兹土，世祀之。

国初通道，都督马公跻是岭，有祠，奉木书汉将关索。公曰："圮哉！何以系西南世思？"遂令加葺，具军礼事祀。疏上，诏置守御所，名称坐是不易，庙貌血食，亦惟无斁，繄将军之灵哉！

繄我朝设险守国，讵适然也哉！夫礼失求诸野，史阙考诸俗。俗起以义者，礼也。野亨于同者，史也。况将军父子戮力刘氏，间关忠愤，继之以死，古所谓以死勤事，以劳定国，非欤？虽秩祀西南固宜。百余年来，居人雨阳、兵疫必以告，惟曰有征，弗靖者悔祸，惟曰有神。呜呼，此非有功德于民者欤？惟求永祀兹土亦宜。

正统时，麓川夷拒顺，靖远伯王公师行以告凯，还，命所人拓其祠宇，毋仍陋，是故有感之者。昨戊子，武定夷亦拒顺，旋复殄平，大司马松月[1]伍公归，登诗帛告成事曰："繄所人其亟图诸石，以表志先烈毋坠。"

辛卯八月，碑始成，大夫士与有劳焉。适侍御松崖郭公至，命宝核实载文，从士请也。夫崇节历忠，顺人望，以昭禋典，休哉，君子之心之德，宝何说之辞，然亦罔敢以不典诬神。呜呼！将军不朽者，其在兹乎？既为记，乃赋乐诗，俾所人时祀以歌。

诗曰：

将军烈烈匡刘炎，血忱膂力秉塞渊。
祖宗四百一发悬，咄彼逆党仇所天。
不归孟德归孙权，渠能守死节靡捐。
父王忠勇将军全，丞相义声将军先。

---

① 松月：原本"月"字不清，云图本作"松习"，据《黔记》作"松月"，因伍文定号松月，松滋人，故从《黔记》。

跃马奋戈如龙骞，夺隘破关功无前。
险哉此岭襟喉颠，指麾不杀弭腥羶。
去思血食年复年，至今人记马跑泉。
皇明通道偃櫜鞬，马公祝册昭云轩。
帝命汝庀西南边，西南久思兮息肩。
翁姥拜舞神无言，飒飒灵风来灵筵。
击神鼓兮羞牲牷，菁茅酹兮静无喧。
山草猗兮山花然，愿丽神保人罔愆，
恩威霆雨消蛮烟。

桂洲夏言诗：
云岭千重拥翠螺，将军祠庙郁嵯峨。
金戈铁马何年事，玉玺朱函此地过。
西望险如秦道路，南征只[①]为汉山河。
艰难远适悲游子，感激[②]临风发浩歌。

## 二十三、安南卫

社稷坛　在卫治西门外。

山川坛　在卫治南二里。

厉坛　在卫治北门外。

城隍庙　在卫治内西。洪武间，指挥梁海建。嘉靖二十三年，指挥王威等重修。

龙神庙　在卫治南鸦关上。洪武二十九年，梁海建。

关王庙　在卫治南门外。洪武间，梁海建。

川主庙　在卫治东关外。永乐间建。

旗纛庙　在卫治后。

乡贤名宦祠　旧未建，提学蒋信行卫创建于启圣祠左。

## 二十四、普安卫

城隍庙　在卫治内卧牛山之阳。

武安王庙　在卫治北门外。

真武庙　在卫治南郭内。

① 只：《夏桂洲先生文集》作“苦”。
② 感激：《夏桂洲先生文集》作“慷慨”。

龙王庙　在卫治南郭外。
三官庙　在卫治北门外，十字街西。
晏公庙　在卫治城隍庙左。
旗纛庙　在卫治后。

## 二十五、毕节卫

社稷坛　在卫治西二里。
山川坛　在卫治南一里。
厉坛　在卫治北一里。
城隍庙　在卫治内北。
三官庙　在卫治内东。
东岳庙　有二，一在卫治内西，一在卫治外东关坡。
旗纛庙　在卫治后。
英济庙　在卫治内东，祀蜀将关羽。洪武间，指挥柳楫建。

**国子监谢观记略：**

尝谓"生当封侯，死当庙食"，此英雄豪杰立志之言。然非大有功业，足以表著于天下后世，则不能致此。若汉寿亭侯关云长，膂力过人，慷慨有大节。少游恒山，与刘备遇，志同谊合，遂以兴复汉室为事。后守荆州，广土练兵，以图中夏。比长驱入洛，操至议徙许避其锋。不图汉运竟移，有志未就而陷。其英灵留于天地，将无往而不在。自汉迄今，祀者益众。凡有叩者，应如桴鼓。

洪武十五年，天兵定南诏。明年班师，同知柳楫谓众曰："曩征姚安，祷于神祠，曰：'若得捷，当撤敝而新之。'翼日，集旅奋进，忽反风涨尘，彼皆昏瞀失措，遂馘其渠首，全师而还，若有阴相者。宜因余力建神祠，使人有瞻仰，神复扬灵兹土，而予亦毕姚安之愿。"佥以为宜。

爰差谷旦，载度载营，择地取材，设像崇严。自是，凡欲祀者皆得骏奔致敬。工成，倩予纪其事云。

四圣庙　在卫治外东。
三圣庙　在卫治外东。
双忠庙　新志名旌忠庙，在卫治外北三里，响水河岸。
惠济庙　在卫治外东北二里，前有龙潭。
五显庙　在卫治内谯楼东。
五龙庙　在卫治外南三里。
文昌祠　在文庙左。

## 二十六、乌撒卫

社稷坛。
山川坛。
厉坛。
城隍庙　在卫治东。洪武间建，都指挥陈武重修。
旗纛庙　在卫治后。
梓橦庙　在儒学后左。
五显庙　在儒学后右。
关王庙　在卫治内北。
萧、晏二公庙　在卫治东关上。
灵官庙　在卫治北凤岭山中。嘉靖二十九年，指挥陈谟建。
寿亭侯祠　在卫治南门外一里。嘉靖二十七年，本卫致仕知县陈式重修。
三官庙　在卫治南关内。嘉靖三年，本卫善士新建。

## 二十七、赤水卫

社稷坛　在卫治南一里许。
山川坛　在卫治东一里许。
厉坛　在卫治北。
城隍庙　在卫治内西南隅。洪武间建。
旗纛庙　在卫治后。洪武间建。
关王庙　在卫治内北。永乐间建。
文昌祠　在卫治西。元大定间建，永乐间重修。
五显庙　在儒学左。
三官庙　在卫治南一里许。
五龙庙　在卫治南关内。
五圣庙　在卫治南关外。
晏公庙　在卫治南。
忠义庙　在卫治西南二十里，清水铺侧，郡人以四川行都司都指挥张祥御寇，战死于此，建以祀之。

## 二十八、永宁卫

社稷坛　在卫治南一里。
山川坛　在卫治北一里。

厉坛　在卫治西一里。

城隍庙　在卫治内北。洪武间，指挥杨广同宣抚禄肇建。

旗纛庙　在卫治后。洪武间，指挥杨广建。

川主庙　在卫治西。洪武间，同知李固建，指挥俞填重修。

五龙庙　在卫治西门外。洪武间，指挥柯铭同同知高通建。

东岳庙　有三，一在西门外，一在江门峡，洪武间，同知庄源建。一在西北六十里天生池河岸，永乐间，同知戴亮建。

关王庙　在司治后。洪武间，指挥俞填建。

五显庙　在儒学左。洪武间，僧人尹僧奴建。

萧公庙　在西门外。

晏公庙　在西门外。洪武间，指挥俞填建。

乡贤名宦祠。

## 二十九、黄平守御千户所

社稷坛　在所治北门外。

山川坛　在所治南。

厉坛　在所治西门外。

城隍庙　在所治内南。洪武间建。

旗纛庙　在所治后。洪武间建。

## 三十、普市守御千户所

城隍庙　在所治内东。

旗纛庙　在所治后。洪武间建。

# 贵州通志卷之七[①]

① 贵州通志卷之七：原书无，据全书体例补。

# 贵州通志卷之八

钦差巡视提督学校贵州按察司副使谢东山删正

贵州宣慰使司儒学训导张道编集

学生汤建中、马阳、吴铠、李朴、汪藻、倪世杰、马希龙、孙世贤、任懋忠、胡禾同编

## 第一章 寺 观

自二氏入中国，而金刹琳宫、缁衣黄冠遍天下矣。我国家非赐敕不得建寺观，非受度不得为僧道，至其为名，则曰祝圣寿、报国恩焉，故不可废也。

### 一、贵州布政司、宣慰司

大兴寺 在治城中。元至正间，庐陵商人彭如玉建。洪武二十年，长沙府游僧南宗重建，殿宇宏敞，国有庆典，每于此设绵蕞焉。僧纲司在其后。先年，遵奉敕谕，颁有大藏经典，通共六千三百五十卷，以玉碗金佛镇之，见存寺匮中，俱以千字文为号，每号或十卷，或十二三卷，皆漆函、绫壳、牙签云。

**四川按察司佥事时季照记略：**

大兴寺在贵城之中。元至正间，江西庐陵道人彭如玉来创精舍，奉普庵祖师释氏法教。后士僧真贤嗣其业，拓故址，建大雄殿、毗庐阁，庄严设像，遂名大庆寺。本朝洪武四年，贵款附，立军卫戍守之，渐知向慕，寺名益显。

二十年，长沙沙门南宗游方至寺，苦行修持，悉心葺造，构四天王殿、山门、寮舍，重塑三宝、毗庐诸佛及观音、地藏、十八罗汉等像，并五十三参于壁。傍植松柏，外缭垣墉，焕然增美。相其成者，其徒圆智与有力焉。

总戎镇远侯顾成尝以来历启于蜀王殿下，改赐今额。复选可嗣宗者性空补其处。空造僧堂，延纳同袍。

永乐二十年，都指挥李正言于总戎公，谓寺居兹土，实祝祈道场，遐迩瞻仰，首席不可久虚。乃物色平越卫圆通寺慧智，俾领寺事。

八年，宣慰使复举智赴京，奏准设僧纲司，就授都纲。贵州僧有官有署，昉于智。

智首营丈室三间，为栖禅之所。购大藏经一部，六千三百五十余卷，为钞以贯计，凡二万有奇。又于大雄殿之前，甃以石台，缭以石栏，作两壁廊庑各有十五间。

智白于总戎公及李正曰："寺幸苟备，缺者钟耳。"遂相与集赤铜七千五百斤，鸠工铸镛，仍架重屋于廊左。

智以寺之创建不可无文以纪其事。余以巡历屯田抵贵，常诣寺瞻礼，智请予记，以传永久焉。

巡抚贵州都御史孔镛诗：
贵州城北市桥边，路入招提别有天。
千尺危楼齐日月，百年古殿锁云烟。
老禅独坐三生石，游客谁参一指禅。
圣泽普施丰五谷，便教龙卧井中泉。

永祥寺　在治城内西南隅，旧名潮音。成化间，镇守太监郑忠重建，并请敕赐今额。

**勘合碑抄略：**

贵州等处承宣布政使司为请颁寺额事，准礼部柔字三百三十九号勘合，该镇守贵州太监郑忠奏称"贵州城内西南隅旧有观音堂一所，系洪武初年创建。本处官吏师生于此延祝圣寿，咸共瞻仰。但年久岁湮，日就圮坏，不足以妥神。忠自备钱物，变易木石，及令寺僧劝募义财，雇倩夫匠，修理完备。未曾请主[①]护持禁约"等因。奉圣旨："该部知道。"该礼部议覆题。奉圣旨："都准他，与做'永祥寺'。钦此。"合行本司，转行郑忠钦遵知会施行。

本寺常住田亩数：
一分大小三十五丘，坐落摆沙寨，田粮一斗。
一分大小九丘，陆地大小四块，坐落南门河湾边，田粮一斗五升。
一分大小三十四丘，坐落莫乃寨，田粮一斗五升。
一分大小二十五丘，坐落十五里屯大路，田粮一斗。

---

① 主：原文不清，据云图本补。

没官田二分，大小八十八丘，共二十六块五分，起科粮米一石四斗一升七合七勺五抄。

一分大小十亩，坐落中曹。

一分大小一十六亩五分，坐落麦召坝。

水田二分，随田口食粮米一石九斗。

都御史叶相诗：

黄叶西风客思悲，偶从禅衲坐多时。楼台百级青天近，禾黍千村紫障迷。
尘想暂能忘佛地，勋名谁遣动边陲。徘徊不觉归舆晚，更置流光负酒卮。

吟怀长负簿书堆，暂谢尘羁此地来。香篆伴僧严佛戒，云山随我入诗材。
千林霁色浮天远，万壑寒声动地哀。但使诸番能乐业，不妨携酒上崔嵬。

碧云萧寺暮天遥，松桂花阴晚见招。风细小堂才听法，月明荒戍更闻刀。
尘机半日真怜息，虏气千山未许骄。同侣旧游今远隔，瑚珊鸣珮紫宸朝。

山川黄落又残秋，尘事关心人易愁。绝塞望穷乡信杳，长廊行尽梵香浮。
水云护榻怜僧定，秔稻盈畴喜岁收。更莫谈兵负明主，尚留恩泽在南州。

都御史刘彭年诗：

上方风雨信山门，老衲庄严苦行存。内典慈悲元化俗，中官结构也祈恩。
已谙因果同桴鼓，遍谕夷罗合讨论。我亦随缘欣有助，独残般若欲忘言。

总兵李璋诗：

原野萧萧落木悲，琳宫风动九秋时。禅机在我能参破，仕路真谁了不迷。
剑气敢夸高北斗，烟尘喜见净边陲。讴歌满听收成乐，此日何妨更举卮。

晚霞红树锦成堆，诗思撩人望里来。仗钺戍行嗟老大，误恩边镇愧非材。
空门每笑论三昧，清世谁还赋《七哀》。怪底翛然远尘俗，上方兀在白云嵬。

梵宇浮空眼界遥，清风徐似可人招。千山气肃开秋瘴，四塞时丰静夜刀。
率土尽知归大统，殊方谁复恃天骄。安危敢道庸虚力，荡荡恩威荷圣朝。

客邸光阴岁岁秋，筹边谁暇动乡愁？几年青鬓经霜点，一寸丹心向日浮。
清境偶从闲处息，尘机才到静中收。凭高远拭登监目，望尽行云是帝州。

郡人汪庆诗：

暇日闲游到上方，白云深锁老僧房。几枝桂影摇晴照，四望山光带夕阳。
城外溪流时漱玉，阁中金鼎夜焚香。内臣请敕今犹在，永镇招提万古长。

知府龙翔霄诗：
为怜民命堕颠崖，揽辔西游一壮哉。未信圣途迷实见，试分禅榻扣如来。
台荒杂雨花还落，秋杪凌霜菊自开。听到鹧鸪声送暝，燕云湘月渺予怀。

圣寿寺　今改为武侯祠。

御史余振才诗：
上方潇洒近清都，车骑登临喜见呼。云际飞来峰独秀，石根流出水何纡！
烟霞环护小蓬岛，天地生成真画图。倾倒玉缸须痛饮，隔林斜日叫提壶。

按察使刘福诗：
春雨初收试省耕，水边萧寺可人情。数声牧笛风林晚，一叶渔舫石濑平。
醉倚曲生扪笑口，坐讴诗将破愁城。天[1]连铜鼓流云静，清籁依稀作鼓鸣。

通化寺　在治城八里洪边。成化间，宣慰宋然建。

郡人陈文学诗：
城北招提十里遥，山门阒寂草[2]萧萧。天花疑傍云花落，柏子频移衲子烧。
晨磬声随松雨[3]度，午茶香引桂风飘。杖藜徐步闲登览，无限尘心昼自消。

龙泉寺　在治城北八十里，地名大乖西。元大德辛丑，安抚使苟彬建。名曰云泉寺，以其地有三泉，俗呼三台井。成化间，宣慰宋然改今名。

永安寺　在治城北二里宅溪，宣慰衙门前。

弥陀寺　在治城八十里杨郎堡。

兴教寺　在扎佐司北。

崇真阁　在治城北二里，宅溪道傍。郡人王春率众建。

水月庵　在治城北三十里，乌当江中。

大道观　在治城中。元至正间建。旧名崇真，洪武间重修。道纪司在侧。钦奉敕谕，颁降大藏经典，□万□千□百□十卷，每用千字文为号，以漆函、锦幅、绫壳、牙签。今被典守者废去，止存□千□。

崇圣观　在治城北八里洪边。天顺间，宣慰宋昂建。

都御史孔镛诗：
贵阳佳境说洪边，云满青天水满田。持节偶来巡视处，清风万道散狼烟。
肩舆十里到洪边，绿水青山别有天。道士不知何处去，空留一榻傍云眠。

---

① 天：原文作“大”，据弘治《贵州图经新志》及《黔记》改。
② 草：云图本缺此字，《黔记》同本书。
③ 松雨：原文误作“松两”，据《黔记》改。

## 二、思州府

崇林观　在府渡前南岸。

## 三、思南府

瓮溪寺　在府治西南六十里。
圆通寺　在府南蛮夷司东，长官安乐建。弘治间，长官安宇、李谷重建。
龙泉寺　在府治北一百五十里。
金华寺　在府治西北四十里。
华严寺　在府治西，今废。
玄天观　在水德江司北，长官杨茂建。
玄帝观　在府治北鼓楼上，长官杨茂建。
常乐寺　在府治北十里。唐建，为福常寺。宋赐名中胜院。本朝改为常乐寺。年久圮废，惟遗碑文一道，钟一口。
金仙寺　在沿河司左。
沿丰寺　在沿河司东。宋时建。年久废圮。嘉靖元年，里人何文林重修。
云台观　在沿河司北，先废。嘉靖十年，长官冉朝佐重建。

### 印江县

西岩寺　在县西五里。宋时建，后废。嘉靖七年重建。
观音寺　在县治西。
三清观　在县西四里。宋乾德间建。

### 婺川县

铜山寺　在县西五十里。
观音寺　在板场坑。永乐间建。
玄帝观　在观音寺左。

## 四、镇远府

吉祥寺　在府治西。洪武二十二年建。宣德十年重修。
镇江寺　在卫西关。
平宁寺　在偏桥司。
北极宫　在府西关。
真武观　在府东。洪武二十一年建。

玉虚观　在府治南。
玄妙观　在府治东。永乐间建，天顺间重修。
平宁庵　在卫治南。

## 五、石阡府

观音寺　在府治南，在葛彰司。[①]
钦道寺　在府治北。
圆通寺　在葛彰司东。
隆安寺　在龙泉司东。
长栏寺　在龙泉司内。

## 六、铜仁府

铜佛寺　在府治西，有铜佛三座，不知何代所制，郡之得名以此。
观音寺　在府治西，长官李椿建。
广化寺　在平头司东。
白云寺　在乌罗司北。
东山寺　在府治东。正德十年，参议蔡潮建。

## 七、都匀府

观音寺　在府治中。洪武间，指挥黄镛建。永乐间，都指挥陈原修殿增像。
三清观　在府治东。弘治间建。
高真观　在府治东北。
玉皇阁　在高真观内。

## 八、程番府

西山寺　在府治西。
太平寺　在府治东一里。
万寿寺、观音寺　俱在金筑司。
大雄寺　在上马桥司。
国泰寺　在小程司。
弥陀寺　在卢番司东。

① 石阡府应有两个观音寺，弘治《贵州图经新志》载：“观音寺，有二，一在府治南，今废；一在葛彰司。”此处，两个“在”字前，均应缺一“一”字。

槐花寺　在方番司左。
西胜寺　在洪番司。
菩提寺　在卧龙司。
普化寺　在小龙司。
清明寺　在罗番司。
报恩寺　在金石司。
天龙寺　在卢山司。
圆通寺　在木瓜司。
华山寺　在大华司。
白云庵　在金筑司三十里。
真武观　在卧龙司。
东岳观　在小龙司。

## 九、黎平府

观音寺　在府治西。洪武十九年，总兵周骥建。
北极观　在府治东。
玄真堂　在府治东。
南泉庵　在府治东南。

山西举人王淳诗：
闻道南泉寺，秋来试一登。山窗围野色，宝阁照孤灯。
寥落悲游子，清虚忆老僧。石床时坐卧，风景似金陵。

玉皇阁　在府治东。

## 十、永宁州

观音寺　在慕役司。洪武间建。

## 十一、镇宁州

万安寺　在十二营司境内。

## 十二、安顺州

开元寺　在州治南。
观音寺　在宁谷司治前。

## 十三、普安州

大威寺　在州治西北，本州习仪之所。

兴福寺　在州治东捧诰山下。

东陵寺　在卫治东门外，笔架山下。

永丰寺　在新兴驿左。

普照寺　在新兴站北郭外。

清隐寺　在亦资孔驿左。

玉真观　在安笼所玉泉山下。

西陵庵　在卫城南普济泉左。

## 十四、龙里卫

龙山寺　在卫治东。洪武二十六年，指挥贾禄建。成化二十三年，指挥贾武重修，增山门、禅房。

紫虚观　在卫治东。永乐七年，指挥贾禄建。

## 十五、新添卫

兴福寺　在卫治北。永乐三年建。

真武观　在卫治北。洪武中建。

## 十六、平越卫

月山寺　在卫治南二里。洪武二十一年，指挥戴旺建。

镇宁寺　在卫治西七十里，地名杨山，即杨义司也。

观音寺　在卫治南。成化十年，按察司副使吴立建。

五云寺　在卫治北四十里牛场军屯。

回龙寺　在卫北八十里乾坪，一望平川，去二里，叠障层峦，有一崖穿过如城门，因名“穿崖”，后改今名。

高真观　在卫治南福泉山上。洪武二十二年，指挥张信建。层台突起，下控曲江，后有张仙浴澡池，因名福泉楼。戊申七月，回禄重建。

总兵杨仁诗：

真玄奇观枕崇岗，暇日登临喜欲狂。拜斗亭前山似画，浴仙池内水如汤。

隆平虎变风流远，嘉靖龙飞景运昌。落落壮怀增感慨，倚天长剑吐寒光。

刘良贵诗：

石乱溪中水，天空郭外山。檐高飞鸟倦，洞古伏犀闲。

极目临穷壤，狂歌动笑颜。断桥梅影瘦，人立画图间。

## 十七、清平卫

胜寿寺　在卫治内。永乐初建于城外，因毁于寇。天顺元年，指挥王聚改建于此。

玄真观　在卫治北。天顺七年，指挥石宣建。

清泉庵　在卫治西。弘治八年建。

## 十八、兴隆卫

善化寺　在卫治南门外。洪武间建，又名观音寺。

月潭寺　在卫治东三十里东坡堡侧。正统八年，指挥常智建。

**教授王训记略：**

贵与楚邻封，当两疆之界曰“东坡”。由道左入，跻攀林麓，仅百武许，有飞崖倒悬。巑岏巧怪，盖天成也。傍有崆峒，邃不可入。而一泉清冷，自半崖出，奔流平野，居人饮焉。

自置兵卫，隶贵曰“兴隆”，隶楚曰“偏桥”，而周道由之。由是来者、往者，以观以游。间有学佛者结庐，号“普陀[①]岩”，去就无定迹。

正统间，游僧德斌来营寺址，名曰“月潭”。时都指挥常智为卫兴隆，倡众募财，首建正室，中塑法象，金碧丽美，茂林修竹，环拥芳翠。遂有闻于四方。

正统己巳，诸夷为乱，掠地攻城，妖烽所及，悉为煨烬。斌乃誓死弗去。寇至，兀坐殿侧，大呼曰：“愿杀我于郊，勿秽佛宫也！”寇皆聚观诟笑久之，乃舍去。寺赖以存。

已而，命将出师，声罪致讨，自庚午至己卯，历十载，而寇悉平。中使太监阮让以监军过临，尤爱山水，乃为营室两翼。而兴隆卫指挥使李信重建山门，规制尽美。

训以事经隆城，千户王纲辈以事白训，请记，遂记之。

兵部尚书程信诗：

水正澄兮月正晴，波光月影两相平。波因月色光偏洁，月藉波光色更明。

形自无前元一气，名从有后别双清。东坡暂驻三军节，聊向源头一濯缨。

① 普陀：原文误作“普弛”，据《黔记》改。

巡抚邓廷瓒诗：
偶从古刹寻遗踪，乱峰削立摩苍穹。幻出南海释伽景，移来西竺兜率宫。
过客题诗刻湘竹，老僧入定巢云松。门前流水更清澈，仙源似与银河通。

御史王鉴之诗：
每约春晴祠里游，来时风雨满征裘。半空宝刹云中见，一脉方泉石罅流。
竹色满窗侵酒斝，梅花几点落花瓯。只因方外无尘鞅，消尽胸中万斛愁。

副使沈庠诗：
半空苍翠结楼台，石磴盘迂接上台。景象只疑非世有，画图真信是天开。
却怜好处无僧占，何幸常时有客来。我欲细看留数日，试将清气洗尘埃。

佥事罗昕诗：
晦雨经旬负胜游，喜逢晴日拂衣裘。偶寻僧寺扪萝入，更过陀岩[①]看雪流。
一点禅心如宝月，百年尘梦息金瓯。松门静掩棕榈影，不入前山画角愁。

提学蒋信诗：
我为君吟君试歌，冥鸿归借海风多。青天老大凭谁柱，一笑浮烟满薜萝。

副使赵之屏诗：
欲买僧家种福田，挂冠高卧早归禅。悔从鹤背来沧海，喜傍龙津到洞天。
山日移云松石下，行人堕泪鹧鸪前。看花对酒不复饮，片片愁心逐水烟。

御史王杏诗：
林端百尺影孤楼，微翠妆成景象幽。三岛烟霞缘石结，两间星月傍檐浮。
涧流续续来飞练，谷响闲闲送过驺。却笑定僧深处住，不知尘世有悲愁。

行人夏言诗：
月向潭中静，泉从云外流。寺门通径窅，楼阁傍岩幽。
扫石还留偈，凭轩一散愁。偶来得奇赏，忘却入遐陬。

御史沈教诗：
书院东坡麓，空堂翠欲流。林移云盖迥，潭印月华幽。
远岫迎还送，闲禽乐不愁。何当恣奇赏，及此岩之陬。

按察使郑絅诗：
一宿东陵寺一楼，雷声终夜斗溪流。岩排古树青常合，云拥危峦瘴自浮。
往事有怀徒抚剑，十年此地几鸣驺？人间儿女怜今夕，说尽牵牛万古愁。

① 岩：原文作“严”，据弘治《贵州图经新志》改。

## 十九、威清卫

崇宁寺　在卫治内西。宣德六年，僧白云建。正统六年，都指挥佥事张贵重修。

观音寺　在卫治南。弘治五年，卫人朱英、翁志等建。

崇真观　在卫治内西。永乐二年，千户夏通建。

## 二十、平坝卫

永福寺　在卫治南。洪武中建。正统十四年，寺僧清聪重修。天顺四年，指挥何瑛重建。

**卫人通判卫兰[1]记略：**

平坝卫城西南百步许，有山巍峨，材木蓊郁。洪武中，卫耆有好佛者，相度其地，堪为佛宫。乃剪薙榛芜，平伐木石。建庵堂三间，塑佛像于中，名曰永福寺。居民遇有疾苦，恳祷皆应。

正统己巳，有僧清聪自滇南来，住锡其间。见堂宇倾圮，乃因常住之财，再加劝募鼎建，作大佛三尊，外立山门，周以垣墉。历十余稔，复见敝坏。

景泰丙子，贵州当道以永宁卫挥使何瑛来掌卫事。不数年，城池、廨宇、庙学、街衢，咸一新之。又以永福寺乃习仪庆祝之所，遂捐俸为倡。今住持僧清聪与善信张福瑞等，劝募檀越，卜日营造。

经始于庚辰季春初，告成于季夏末。筑台三尺，建佛殿五间，更为僧室、山门，凡十余间。展辟左右地几亩，比之旧治，加百倍矣。都阃王公、金公属予记其事。因大书于石，以志其创修之始末云。

观音寺　在卫治西一十五里。

玄真观　在卫治西。

## 二十一、普定卫

圆通寺　在卫治南白虎山上。洪武十八年，指挥顾成建。后有孤峰屹立，上建石塔以为镇。永乐六年，重建观音阁、大雄殿。天顺五年，镇守太监郑忠重修，殿宇、廊庑、房舍，悉为增置。

**巡抚贵州都御史秦敬记略：**

普定卫圆通寺创始于洪武十八年，重修于永乐六年，皆镇远侯顾成之力

---

① 兰：原文不清，据《黔记》补。

也。乃今六十余年，风雨摧圮。

天顺四年冬，镇守贵州中贵郑忠统兵征讨西蛮酋，驻兵普定，见寺将废，意欲修之。既而，执讯获丑，班师以还。即捐己资，倡率僚属，完而新之。又买田数亩，以供寺僧常住。且寺又为祝延圣寿之所，公请记，故并及之。

寺有藏经殿，永乐间，十二营长官萧贤建。捐资购藏经六千三百五十余卷，为六柜，《法华经》为二柜。

崇真观　在卫治内。洪武二十九年，指挥顾成建。正统九年，指挥王斌重修。

清泰庵　在卫治内东。

善法庵　在卫治西二里，普定站内。

石佛庵　在卫治东二十五里，阿若铺西。昔人凿石佛于上，岩下前建法堂。成化十六年，镇守云南太监钱能改建，殿宇、僧房、廊庑、山门皆备焉。

## 二十二、安庄卫

列峰寺　在卫治北。洪武二十二年，指挥陆秉建。

观音寺　在卫城二十五里，白水堡西，有白云塔一座。

云陵寺　在关索岭所城内北。

紫霄观　在卫治南，后有紫霄楼，新建。

高真观　在卫治南。

玄天宫　在卫治北真武山上。

玄真观　在关索岭所城东。

紫云庵　在双明洞侧，都指挥司德芳建。

晓峰庵　在卫城北二十五里，山林幽雅，泉流清洌，屯内士人李瑄建立。

三教堂　在北口堡内。

## 二十三、安南卫

南峰寺　在卫治南关内。洪武中建。

玄灵观　在卫治东一里。

高真观　在卫城南一里，玉枕山上。

## 二十四、普安卫

永丰寺　在卫城六十里新兴站内。

## 二十五、毕节卫

普慧寺　在卫城东一里，前有福泉，旧名福泉寺，正统间赐今名，朝贺于此。

灵峰寺　在卫城西五里，云峰山上。

开化寺　在卫城东一十五里。

般若寺　在卫城东五十里。

涌泉寺　在通津门内。

崇真观　在卫治南一里。嘉靖戊子，芒夷叛，毁。甲午，道人熊珊二募工重修。

即心庵　在卫治东北一十里。

大梅庵　在卫治西十五里。

东庵　在卫治内东隅，日久倾坏，指挥李志重修。

西庵　在卫治内西隅，日久倾坏，指挥李志重修。

三教堂　在常德街。

## 二十六、乌撒卫

能仁寺　在卫治东。洪武二十年建。

杨慎诗[①]：

摇扇才经赤水日，披毡忽逢乌撒天[②]。眼看渫云且未霁，足蹑弱泥殊不前。
天时人事莽牢落，乡梦客愁纷纠缠。古来路难宁有此，形影相吊徒皤然[③]。

百年身世苦辛行，九日登临感慨生。鸿雁未传滇海信，茱萸偏动蜀山情。
空庭露白群鸦散，古木霜黄独鹤惊。尊酒相思摇落地，江湖不隔梦归程。

观音寺　在卫治东一里。

真武观　在卫北一里。

龙泉观　在卫治东北凤岭山上。嘉靖间，指挥陈武建。

孙继鲁诗：

陆海秋增色，云山翠列屏。赤松餐坠露，黄石炼修龄。
草木摇新落，龙泉发旧硎。登高如历井，鹏徙论南溟。

① 此诗《太史升庵遗集》题作“乌撒苦雨”。
② 《太史升庵遗集》句后有注：“谚云：乌撒天，常披毡，三日不下雨，便是真神仙。”
③ 形影相吊徒皤然：《太史升庵遗集》作“杨歧阮辙徒潸然”。

## 二十七、赤水卫

观音寺　在卫治东北隅。洪武二十年建。

高真观　在卫东门外。景泰四年建。

## 二十八、永宁卫

万寿寺　按：元成宗真元间，永宁路达鲁花赤总管府总管雄坐、同知蔡润、府判雄君璧、别驾杨廷时、释教普珍建立于马口崖下。我皇明永乐间，宣抚奢苏、同知戴亮奏迁于城西河岸旧仓基址。正德间，同知王凤仪重修。

崇福寺　一名定水寺，在卫治南门外，二水合流，寺居于中。洪武间，土官奢尾建。正德间重修。

郡人参议陶心诗：

方外曾闻别有家，寒藤古木入云赊。翠深薇色芙蓉秀，香远檀烟枳壳花。钟乳未成丹灶药，月圆先试竹炉茶。百年尘世须臾事，反照频移塔影斜。

蕙莲寺　一名永弘庵，在城西南十里，宣德间，僧人渊源建。

陶心诗：

竹密萝深一径过，松坛晴护白云多。风清石涧弦鸣瑟，露重岩花锦制蓑。玄鹤似怜形共瘦，青山应笑鬓双皤。浮生为问同胞客，廊庙江湖意若何？

观音庵　在城河岸瓦窑坝上。永乐间，土官奢苏建。

梦缘庵　在城北十里洪崖之麓。洪武间，僧雪山建。

宝峰庵　在城西十五里唐帽山上。永乐间，僧人悟真建。

普化庵　在卫治南六十里，落卜堡里山上。永乐间，僧人妙缘立。

文昌宫　在卫治宝真山上。洪武间，本卫指挥俞璵建，即道纪司。正德间，土官同知王凤仪重修。

## 二十九、黄平守御千户所

宝相寺　在所治东二里。元至元间建。洪武间重修。

福智院　在所治内西，宣德间建。

普陀庵　在所治内。

## 三十、普市守御千户所

普化寺　在所治西南八十里。永乐间建。

# 第二章 宫 室

宫室于政匪关，而志亦载之者，以壮观而寓感也。夫贺成室者，有轮奂之祝；记登楼者，有忧乐之思。矧控制诸夷，观瞻所系者乎？是故无者不可增，而有者亦不可毁也。

## 一、贵州布政司、宣慰司

上帝临汝堂　在都察院内，都御史王学益建。公余，集诸生课业于此。

皆春亭　在都察院内。成化间建。

都御史孔镛诗：

台西亭子最清幽，雅称休衙日唱酬。艳冶四时浑是景，芳菲一片不只秋。

词翻白云多新调，辔揽青骢作壮游。更喜兵民如挟纩，载歌清穆播皇猷。

筹亭　在都察院内。弘治间，都御史钱钺建。

有斐堂　旧名至公堂，嘉靖三十二年，监察御史宿应麟以堂前有竹二丛，易今名。

澄心亭　在东察院内。宣德八年建。

**御史邹鲁记：**

贵州行台后旧有澄心亭，前监察御史杨君刚隶书揭诸楣。岁乙巳，鲁奉命南按，驻骢之暇，燕坐其中，抚景[1]兴慕，有以知杨君盖致究于澄心之学也。因为之发其意。

夫心学不传久矣。自危微精一之授受，博约克复之讲明，寥寥数千百载，濂洛关闽，诸儒迭兴，浚源导流，而后心学复明。迄今又三四百年，中间得此者几何人耶？

于戏，心学岂易言哉？虽然，人禀天地正大刚明之气以生，其理则具于心而应于物。无古今，无圣愚，无内外，无将迎，尧、舜、周、孔之心，不待澄而自无不澄者也，汤、武、颜、孟澄之，而后澄者也。桀、纣、跖、蹻，放其心而不知所以澄之者也。

圣人未易及，下愚不足言，贤人不可希乎？希之之要，莫过于澄心；澄

① 抚景：弘治《贵州图经新志》作“抚亭”。

心之要，莫先于主敬。敬则澄，澄则定，定则虚，虚则明，明则照。是故当喜而喜，不以我喜；当怒而怒，不以我怒。凡有感触，随物应兴。不然，欲求善应天下之事，是犹反鉴而索照也。

《易》曰："贞吉，悔亡。憧憧往来，朋从尔思。"其是之谓与？世之君子，于此苟有得焉，庶几不愧于读孔孟之书，而所以尧舜其君民者，亦不外是矣。一旦出而仕也，不得入阁，以尽格心之功，则愿入台，以任言责之寄。盖自三代而下，格心之学不传，惟台官一路，可以上通天子之意。大言入，则天下受大利；小言入，则天下受小利。言行道亦行故也。台官之寄，其重如此。非澄吾心，而无所私，其言未有不失之矫亢，而能入者鲜矣。况纲纪攸司，百僚是肃，喜则赏，怒则刑，清则扬，浊则激，低昂屡变，又乌能各中其则哉？此心学不可[①]不加之意焉耳。

杨君之意，亦善且大矣。继自今者能一追思以私淑其志，则丰采所至，朝廷自尊，于是职乎奚愧？谨记以俟。

御史施山诗：

柏亭小小竹青青，时有幽人漫适情。物我闲观浑自得，乾坤静探妙无声。
一真不扰红尘远，万虑潜消白昼清。莫道客怀无好处，光风霁月此中生。

活泼亭　在东察院内。嘉靖间，御史宿应麟改建，内有四□铭：

日之出兮东方明，日之中兮四海光。君子慎德修政兮，无怠无荒。
南风之薰兮解我忧，南风之燠兮纵我游。君子中正和平兮，不刚不柔。
日之西兮俄而宅，日之入兮天地黑。君子省身悔过兮，无反无侧。
北辰不动兮天之枢，列宿顺布兮旋四隅。君子笃恭简默兮，若虑若无。

都御史刘彭年诗：

万里要荒增客况，幻添杰构迥尘间。南阳庐好身犹隐，西蜀亭成志本闲。
合并官曹玄圃地，相兼乡园赤城山。破除防检邀清赏，展意烟花不待关。

副使蒋信诗：

名园迥占东城曲，杰构新开细竹间。应受旭阳生霁景，若教飞翠伴吟闲。
傍花柱史程明道，筑室邦侯陆象山。谁谓旅怀劳破遣，满亭风月鸟关关。

宾阳亭　在东察院内，活泼亭右，御史赵大佑改建。

凝翠亭　在察院内，活泼亭左，御史赵大佑改建。

虚受亭　在察院内。正德间建。

---

① 不可：原文作"所以"，欠通顺，据弘治《贵州图经新志》改。

**御史王杏有记：**

贵州察院厅西南隅，有隙地数亩，旧构亭焉，颜之以无极，而取图书仪象八卦勒之窗扉间，以佐其义。鲤湖子始至而观之，莞然曰：“博哉，是有见于道之无穷者也，勒之窗扉是矣。窗扉之外有真太极焉，日与呈象而效法，而顾假焉以勒之，得非迹其似以状其真乎？博哉，是有见于道之无穷者也。”

是岁秋八月，霖雨连旬，檐楹将圮。鲤湖子命工规度，因其旧而缉新之，逾月而功成。退食之暇，时或眺玩，则见层峰叠嶂，献秀效奇。若拱者，若立者，若参对者，若狮象之踞而齿牙峻峭者，若凤凰之翔于千仞而芭彩蹁跹者，若龙驯虎卧而俯以听者，若三军阵立而戈矛剑戟尽见其锐者。此得其形胜者也。

千芳万卉，呈巧售能，有夭者，有乔者，有葩然者，有苍苍而摇者。有若蛇虺之卧于幽壑，而鳞甲崚嶒者。有若结辕于九曲之衢，而车盖轩轩者。有若宾朋聚首，而雍容以相先后者。有若瑶宫神女，粉白黛绿，以争妍取怜者。此得之物类者也。

清风徐来，则爽籁齐发，有如笙、如簧、如琴、如瑟，以协八音之奏者。明霞朗霁，则真境咸开，有若翠、若红、若碧，以杂五彩之陈者。皎月婵娟，光影摇动，有若仪、若跃、若跽、若揖，以备两阶之舞者。

岂惟是哉，聚而有矣，倏焉而无。动而感焉，阒焉而寂。有形者，有形形者。有物者，有物物者。有声色者，有声声而色色者。孰主张是？孰纲维是？盖不必假以勒之，而阖辟古今，充然具足，果何由以致此乎？

夫莫非室也，藩垣障焉，突奥限焉。则物无自而入焉，亦安受之？惟兹亭也，其中洞然，其外朗然，悬构于乾坤上下之间，四维八面，廓廓如也。是故有不触触者，斯遇；有不遇遇者，斯道。乾坤坎离，在在能感。木金水火，物物咸备。仅容膝之一区，而万有之缤纷赜乱，有一遗焉者哉？夫是之谓虚也，夫是之谓虚受也。

鲤湖子喟然叹曰：“渊乎，吾是以知太极之无尽藏也，吾是以知仪象八卦之若是其广且大也，高而虚焉，尚足以尽天下之理。观风者而以虚受人，开广聪明，以不忝于九重耳目之寄，将不在兹乎？是义也，直惟近取诸亭而已哉！”遂题之曰“虚受”而书之，以此以自况。后之览斯亭者，且以为何知[1]？

淇园亭　在察院内，御史王杏建，并[2]铭：

贵阳察院退食有别台，台之前有沼，沼旁有竹。鲤湖子寓目焉，构亭于

① 知：当为“如”字之误。
② 并：原文不清，据云图本补。

左，题之以“淇园春色”，而铭之曰：

中通而理，外贞而斐，彼其之子，谁不尔韪？虽然，飙风摇动，当之者弛，吾惧尔随焉而靡也。刀镓精铦，迎之者毁，吾惧尔触焉而圮也。子将何以自免哉？慎所操以相时，爱所生以待死，矜而不争，中立而不倚，庶几乎君子之履。

鉴水亭　在察院内，御史王杏建，并铭：

鉴水秋光，鲤湖子构亭于台池之右，而额焉者也。额之，直欲以惬清赏已哉。铭曰：

纤钜物，莫尔眩，惟尔克明妍媸，物莫尔怒，惟尔克公，公以生明，明以表公，藻鉴空空，夫谁与同？嗟乎！察见渊鱼，惟曰不祥。皎皎自任，适足尔戕。其或翳者弗撤，澄者靡扬。风荡波激，潢秽茫洋。则公也，明也，尔亦何能，以有常耶，是故失焉者，小过焉者，矫如其所止。斯可已矣。

资政楼　在察院内东。嘉靖三十一年，巡按御史董威建。

**云贵清军御史赵锦记：**

政者，正也。正诸己而已矣，非有待于外也；求诸心而已矣，非有假于物也。然古之君子，《诗》《书》、六艺之文，琴瑟珮玉之具，未尝去于其身者。凡以游优渐渍，习其心于高明光大，纯正和平之中，而不使其有非僻之干也。以其高明光大、纯正和平之心而施之于政。是故其虑焉而皆得，发焉而皆中，化之行也，至于移风易俗，民日迁善而不自知。

后世士者，急于自售，而上之用之也不能及其成。既其得志于时，则钩抉以为明，袭取以为功，簿书期会之是问，威福盛丽之是穷，诞然自以为是，而于古人正心、修身以为化理之源者，不复知所从事也已。

盖古人以其既成之学而施之于政，所以涵养其心者，又未尝须臾而忘。后世之学，既已异于古人。而比其从政，又益驰其心于纷扰邪僻之地。呜呼！此古今人材政理之所以不同，而治忽之所由以分也。

侍御董君既为藏卷之楼，复因其隙地为楼于卷楼之北，而西向，以翼于院之左。既成而登，迴拔回合，旷远靓深。其外苍峦秀壁，环峙而挺出，长林深谷，挟景而含光。与夫烟云之杳蔼变迁，群鸟之飞鸣上下者，皆在于几席之内。处于中，真若神仙隐士飘然于烟霞泉石之外，而忘其在于城市官署之间也。

君得之而燕于是，取国朝典制，古今经史图籍，列置于中，而以其暇余游息于此。或微吟远睇，以寄其萧散之怀；或定虑凝神，以观其冲穆之体。

及夫意有所触，事有所感，为之踌躇四顾，默坐潜思。而其既得之也，则又考诸经史图籍典制，以求协于至当。盖久之而其心日进于高明光大、纯粹和平之中，而施之于政，如方圆之有规矩也，曲直之有绳墨也。于是名其楼曰“资政”之楼，而以状属予记其事。

予惟董君之学，其初涵泳于其庠序者，余二十年，既底于成矣。今为御史，出按一方，其所激扬注措，又严毅深厚而有体，可谓沛然有余裕者。而君尤自视欿然，所以涵养其心者甚具而不忘如此，此古人之用心，今世之所稀，而仅见于今也。予尝与君处，悫乎其志，温乎其容，其尤不可及者，见人之善，诱掖奖劝，惟恐其不及于成也，则君之得于涵养者，不其深与？君按贵，以治绩闻。先是，理盐政于浙，浙之人至今怀之，此不著著其求诸内者，以见君政之有所本，而并予之所感者寓焉。君名威，字重夫，河南信阳人，以进士为今官。

卷楼　在察院内，资政楼左，巡按御史董威建。

**清军御史赵锦记：**

侍御董君按贵之二年，为楼五楹于院之东偏北向，而命之曰“卷楼”。凡中台所下，藩臬、州郡所上，与夫历政所遗之卷牍簿书皆聚而藏焉。既又虑其聚之多也，则为分类以别之，序年以顺之，标目以章之，而总其凡以待来者。于是上下百余年之事灿然可考而知焉。其年予以清戎至贵，楼适成，而相与登焉。

董君以告予曰：“贵州，西南夷服也，国家盛德远被，制置始同中土。然府史之徒，不能自备而取足于湖、蜀之人，其官府之卷牍比于中州，亦往往不具。而具焉者，则以府史之去来无恒也，又往往散亡而不存。事有待征而信者，贸贸焉莫之所从，上下交病。而其大者，土官之争疆夺职，遂起兵端；武胄之承袭荫秩，致淆国典。是政之不可以无卷牍也，而贵为甚焉。院之左廊，旧为卷库，其制卑隘，岁久至不可容，而势复卑下缺露，上下所腐坏以尺许。予始至，顾而叹焉，未有以更也。而每至于检阅，则恒病之。故事，武臣应袭，而父祖有狱，则上其词于部，以为予夺。乌撒卫指挥周臣者，祖以事调云南百户。邢文秀者，其父狱而毙。既而，并亡其牍。二人诉之累岁，而几于弃之矣。予阅之，惟院牍具存，而二人因以不失其旧。予感焉而叹曰：‘幸其存者而复弃之，后之为臣、为文秀者，可胜叹与？况其重于是者，或贻地方之祸与？’兹楼之所由作也，相于院之左得隙地，而稍崇其基，因材之旧，而出赎金以足其费。于是去卑即亢，而缺者以完，兹楼之所由成也。既成而迁，则为之分类，为之序年，为之标目，又累月，而其凡始有所总而可稽。以予成之难，而忧其后或至于坏也，子其为我书之。”

锦闻而叹曰：“周之制，至其叔世，而其详不可得闻，以诸侯恶其害己而去其籍也。况至于今巧伪滋烦之世乎？今之任者，视公家之事若传舍然，知所从之者难矣，而况能事为之制，曲为之防如此乎？推君之志，守君之法，岂惟贵之人永有攸赖，虽之天下可也。而其忍有坏之而不守者乎？”遂序次其事与其语，书之石，以为记。

观颐轩　在东察院内，御史王杏改建。

南山阁　在西察院内。弘治十二年，太监杨友建。旧名三圣阁，嘉靖三十一年改。

乐射亭　在西察院内。弘治十二年，太监杨友建，今废。

东园君子亭　在总兵府内左。嘉靖间，总兵官沈希仪建。

后乐亭　在总兵府内，总兵官沈希仪建。

对泉亭　在总兵府内左。

东胜台　在总兵府内对泉亭上，俱总兵官沈希仪建。内置钟鼓，以节晨昏。巡按御史赵大佑题曰“全龙伟观”。

紫微堂　在布政司经济堂后。景泰五年建。

**四川右参政周瑛记[①]：**

古者国君治事之所，其前曰路寝，其后曰燕寝。路寝公也，所以治事；燕寝私也，所以退休[②]。今制，官府有前堂，其古之路寝耶？有后堂，其古之燕寝耶？作前堂以治事，所以致劳也；作后堂以退休，所以就逸也。一劳一逸，古之制也。

我太祖高皇帝统一寰宇，建十三布政司以分理天下事。其军马、其财赋、其刑法，各置大僚以掌之，势相颉颃而不相下，所以矫前代方镇尾大不掉之弊，而措天下于乂宁之域也。

贵州本夷部，高皇帝时以宣慰使田氏分领其地。永乐十一年，田氏违命，治兵相攻，无臣子礼。文皇帝怒之，乃籍其家，削其官[③]，建布政司以备一藩之制。初，诸宣慰多暴慢无礼，至是俯首帖服，惴惴不敢动。百年以来，诸贤良相继为治，其政渐敷，其俗渐移。官府次舍，以渐修理。

---

① 本文题目《翠渠摘稿》作“贵藩重修后堂记”。

②“古者国君”至“所以退休”:《翠渠摘稿》作“古者国君居室之制，其前曰路寝，其后曰燕寝。路寝公也，治事之所也；燕寝私也，退休之所也”。《黔记》同本书。《翠渠摘稿》与本书相校尚有较多异文，小异之处，不一一出校。

③ 文皇帝怒之，乃籍其家，削其官:《翠渠摘稿》作“文皇帝恶之，削其官，乃籍其家”。

弘治六年春，吴兴张公孟介[①]由贵州按察司按察使擢本司左布政使。一日，徘徊廊署，顾参政刘君敬之、周君懋德，参议韩君文亮、陈君朝美[②]，谓曰："吾藩财赋、人民，视中州诸藩不及三之一，然而犄角形势，控制苗獠，以通西南朝贡道路，其地至要也。今前堂如制，而后堂隘敝殊甚，其何以集谋议、广忠益而合筹策之公？又何以布筵席、举觞爵，而伸燕好之私？某不敏，愿与图之。"

皆曰："鲁叔孙婼讼于留所，馆虽一日，犹修葺其墙屋，及去，如始至焉。今吾人实官于此，而衙宇不治，宜如公之所言者。"

时天子大聚兵境内，以讨都匀诸夷，公念使司财赋所出，朝檄暮输，有不暇为。既而群丑受首，境土廓清，公喜曰："乃今可以有为。"

因以其事告于镇守太监江公、巡抚都御史邵公、巡按御史王公[③]。皆曰："宜如制。"乃约稍入而节缩之，取彼与此[④]，计工授程，陶土为瓦，烧石为灰，取栋梁榱桷于群木所宜，建后堂若干楹，东西厢房若干楹，堂庭之中，与屋之前后往来又若干楹。后堂之广与前堂称，为高视前为不及，而修过之。其制雅雅言言，坐以谈公，列以序私，无不可者。

初，居民十数家，漫入省垣内，与群吏杂处。公曰："民与吏混淆，奸慝曷去？"乃授之直，俾择便地以居，即其处为左右二参政廨舍，又分其余以为诸吏舍。至是，以堂言之，则前后之制备；以居言之，则内外之分严。公又命筑长垣环绕于司，如居所谓牙城焉[⑤]者。其垣下甃石，上覆以瓦，高厚长大，牢不可拔云。

经营于弘治七年夏五月，告成于岁秋八月，凡縻白金若干两、粟若干石，邦人皆若不知公有所为焉者。既落成，众谓古人兴作，皆有所纪志，况此为工最钜，恶可以无述？乃走使蜀藩，属瑛纪其事。

始，瑛待罪镇远府，于公为属吏。客有过吾郡者，谈方今人物，谓公威而不暴，明而不察，简而不烦，有古人风度，则其所抱负者深矣。抱负深者发泄大，然则今日之事业，其昔日之素蕴耶？探公所有而推之，厥施未艾也，岂但制一藩而已哉！爰书诸石，用以纪前绪，且以卜勋。

同乐亭　在布政司后。弘治三年建。

---

① 张公孟介：《翠渠摘稿》作"张公廉"，《黔记》同本书。张廉，字孟介。

② 参政刘君敬之、周君懋德，参议韩君文亮、陈君朝美：《翠渠摘稿》作"参政刘君肃，参议韩君镛、陈君奂"。《黔记》同本书。

③ 镇守太监江公、巡抚都御史邵公、巡按御史王公：《翠渠摘稿》作"抚按诸公"。

④ "因以其事"至"取彼与此"：此段文字，《黔记》仅用四字"佥谋既同"。

⑤ 焉：《翠渠摘稿》作"为"。

**左布政使张诰记：**

南京兵部亚卿恒山王公文振先以贵藩左方伯陟总内台，奉玺书巡抚滇、贵。公在贵，时边廷宁谧，乡井丰登，当岁稔人和之余，正乐以斯民之日。乃于弘治己酉新正作亭藩堂后山之上，名曰“同乐”，志在民也。

故公冗之暇，辄与大参钟廷芳、林允吉，少参邓弘中、吴仲伟，小酌斯亭，寓同乐也。一遇好天佳日，竹林兢秀，花卉争妍，四美二难之并具，辄便邀按察使张孟介，宪副柳文粹、吴克大[①]，宪佥李时泰洎藩僚，会饮斯亭，尽欢半饱，其同乐也何如？然斯会也，无丝竹之乱耳，无歌舞之荡情，射中奕胜，止觯文余。且肴核之陈，不过鸡黍、蕖藿、园蔬、野蔌而已。酒数之行，不过三行、五行、七行而已，肴非俭也，酒非靳也，在情不在物也。在乐斯民之乐，而不在乎酒也。

是岁三月，王公有滇南之行，而予以蜀按察使代其左辖，亦尝与孟介、廷芳辈暨后任大参郑叔亮、沈元节，宪副汤元之，少参吴廷璋，宪佥詹体诚[②]诸僚友会于斯亭，酒肴亦如前数，情真意厚，其同乐也又何如哉？

是则王公与余及群僚之乐，非乐乎山水花木间也，乐乎全贵之民，边靖时丰，而寓之酒也。文僚武属，吏卒生徒，咸知群公会饮而乐，而不知所以乐其乐也。上既乐下之乐，下亦乐上之乐，上下一体，臣民一心，太公之道也。欲一省之治也何有哉？

虽然，乐者忧之伏，忧者乐之倚。《诗》曰：“无已太康，职思其居。”《传》曰：“乐以天下，忧以天下。”然则万乘之主，三[③]公之卿，台宪方岳，与守令及百司之执事，亦皆当如范希文所云，“先天下之忧而忧，后天下之乐而乐”也。

弘治辛亥春，余亦叨拜总宪之命，往代王公之任，廷芳设饯予于斯亭也。于是乎记之。

观德所　在布政司内。嘉靖三十年，左布政使李涵创建。

后乐堂　在总宪堂后。

止善堂　在文明书院内。

敬宽堂　在正学书院内。

远俗亭　在提学道内，今改为澄心亭。

---

① 柳文粹、吴克大：弘治《贵州图经新志》作“柳文粹、陈季同、吴克大”。

② 詹体诚：《黔记》中有古其然，字体成，与张诰同时在贵州做官，任佥事，当是其人。《黔记》中无詹体诚其人。弘治《贵州图经新志》作“上体成”。“上”当是“古”之误。亦不载詹体诚其人。

③ 三：原文作“二”，据弘治《贵州图经新志》改。

**阳明王守仁记：**

宪副毛公应奎名其退食之所曰“远俗”，阳明子为之记曰：

俗习与古道为消长，尘嚣混浊之既远，则必高明清旷之是宅矣，此远俗之所由名也。然公以提学为职，又兼理夫狱讼、军赋。则彼举业词章，俗儒之学也；簿书期会，俗吏之务也。二者公皆不免焉，舍所事而曰“吾与[1]远俗”，俗未远而旷官之责近矣。

君子之行也，不远于微近纤曲而盛德存焉，广业著焉。是故诵其诗，读其书，求古圣贤之心，以蓄其德而达诸用，则不远于举业词章，而可以得古人之学，是远俗也已。公以处之，明以决之，恕以行之，则不远于簿书期会，而可以得古人之政，是远俗也已。苟其心之凡鄙猥琐，而徒闲散疏放之是托，以为远俗，其如远俗何哉！

昔人有言：“事之无害于义者，从俗可也。”君子岂轻于绝俗哉？然必曰无害于义，则其从之也为不苟矣。是故苟同于俗以为通者，固非君子之行；必远于俗以求异者，尤非君子之心。

九思堂　在按察司内。宣德间，按察使应履平建。

肃边楼　在按察司门之外左。成化间，按察使卢秩建，为谯楼，今易扁曰“极高明”。

**翰林院侍讲李永通记：**

天下之事，得人则兴，不得人则废，理势然也。仰惟圣朝统御寰区，大凡公署营建，率有典则。厅堂之外，复树谯楼，设鼙鼓，定更漏，警晨昏，禁奸宄。令曰：一更三点，行有禁；五更三点，行弛禁。是知谯鼓之设，政教号令所关，非以国为家，图惟致理之深者，曷克注意于斯？

贵藩去京师几万里，唐宋以前，或为鬼方，或为夜郎，即苗羿杂处，习俗朴陋，殆与中州夐异。至元，则日刮月劘，渐知向化，始建八番都元帅府，统制部落，纪律颇严，官属略备。暨我国朝，服之以威，化之以德，风俗丕变，粗知礼义之习。

洪武四年，废元帅府，升宣慰司为宣慰使司，以隶蛮酋。五年，设都司以隶卫所。永乐十一年，始设布政司以控制疆土。十八年，设按察司以清理刑狱。于是，上下有统，大小有序，规模制度，悉与中州大藩同辄矣。宪司之建，几六十载，厅堂、廨舍，寝以周完，独谯楼未尝建立。

成化七年，金川卢公秩自湖广宪副，擢掌司事。振扬风纪，劾贪抚善，

---

① 与：《王文成公全书》作“以”。

期年之间，刑清讼简。虽荒村野落之民，靡不沾被膏泽。理讼之暇，恒以建谯楼为心，第因兵戈扰攘，生民艰食，不遑及此。

成化十年，时和岁稔，百度兴举，乃谋诸寮佐宪副西蜀刘公本、宪佥安福周公重，佥以为然。遂发长府之藏，而又捐其饩廪，鸠工构材，营创谯楼于司门之左。时宣慰使安贵荣、宋然等咸谓职在治属，各出白金若干，以赞修理。廉宪公躬董厥事，因时制宜，上不扰官，下不劳民。

经始于成化乙未冬十一月，徂丙申春正月落成。梁栋巍峨，气像耸拔，斗拱翚飞，凌逼霄汉，百余年来未之有也。又以其余凿石栏以障，周围设门屏，以蔽内外，廨舍覆茅，易以陶瓦，庭除芜秽，砌以坚石，增修吏舍六十余间，以居吏员。宪台雄壮完整，寔足以骇人心，日形诸称叹，而自有不容已者，非卢公忠勤之至，何以致此！

工既毕，遣人以书币征文记之。予喜其营建之美，公署之完，遂纂叙始末，勒诸坚珉，以图传示于永世焉。

宪使[①]卢秩诗：

宪台雄建肃边楼，楼上风霜总是秋。形拱北宸蛮雨歇，势凌南极瘴烟收。凭高每压山川气，柔远常怀社稷忧。最喜遐荒净如洗，倚栏偏好望神州。

郡人王佐诗：

雄建危楼控斗南，珠帘高揭拥晴岚。肃边自有经纶策，罇酒何妨日笑谈。

君子斋　在布政司分守道内。

育英堂　在儒学内，今废。

讲堂　在儒学内。正统间，副使李睿、教授王训建，今废。

观德堂　在儒学射圃内。

**巡抚都御史延陵徐问记：**

贵学射圃之阤，莫知其年。予至，乃付所司，除其荒芜，易倾为夷，取材于废，创建观德亭三楹[②]。阅月，工告庀，乃树臬表道，张侯设楅及弓矢，俾诸生同而习焉。讫，乃申告之，曰：古者男子生，桑孤蓬矢六，以射四方，期其所有事也。盖卿大夫[③]乡饮酒礼必于是乎行之。天子制：诸侯、卿大夫贡士，必于是乎取之。是故，志正体直，所以立礼也；揖让雍容，所以和乐也；隽多不侮，所以居德也；绎志定鹄，所以序伦也；习于泽宫，比而与祭，所

① 宪使：原文不清，据云图本补。

② 三楹：《山堂萃稿》作“四楹”。

③ 盖卿大夫：《山堂萃稿》作“盖射为六艺之一，而散见于《仪礼》《周官》《戴氏记》，其言意义详矣。诸侯燕礼，卿大夫”。

以择士也；正发而固，持纯而执算，则御与书、数亦兼之矣。射之义亦大矣哉！

自夫持志而出之以礼，文之以乐，重之以节序，成之以敬让，终事而退，弗愆于仪，非强毅贞干者不能行也，故其德可以观焉。昔孔子射于矍[①]相之圃，使子路延射，既警以偾军亡国之戒。及公罔之裘杨觯，又勉以孝弟、好礼、修身、俟死之规[②]。其辞严，其义确。数千载而下，读者如新，反而求之，可与立矣。贵为边镇，武胄所尚惟主皮，而士之学则不在是也，故举古之为学者[③]导之，俾知所向焉。

澄心亭　在提学道。

天监堂　在至公堂后。

文衡堂　在天监堂后。

明远楼　在贡院内。

宾阳堂　在龙岗书院内。正德三年，余姚王守仁建，并记：

传之堂东向曰“宾阳”，取《尧典》“寅宾出日”之义，志向也。宾日，羲之职而传冒焉。传职宾宾，羲以宾宾之寅而宾日，传以宾日之寅而宾宾也。不曰日乃[④]阳之属，为日、为元、为善、为吉、为亨治，其于人也为君子，其义广矣，备矣。内君子而外小人，为泰。曰“宾”，自外而内之，传将以宾君子而内之也。传以宾君子，而容有小人焉，则如之何？曰：“吾知以君子而宾之[⑤]耳。吾以君子而宾之也，人其甘为小人乎哉？”为宾日之[⑥]歌，日出而歌之，宾至而歌之。歌曰：

日出东方，再拜稽首，人曰予狂。匪日之寅，吾其怠荒。东方日出，稽首再拜，人曰予惫。匪日之爱，吾其荒怠。其翳其噎，其日惟霁；其晌其雾，其日惟雨。勿忭其晌，倏焉以雾；勿谓终翳，或时其噎。噎其光矣，其光熙熙。与尔皆作，与尔皆宜。倏其雾矣，或时以熙；或时以熙，孰知我悲！

何陋轩　在龙冈书院内。正德间，王守仁建，并记：

昔孔子欲居九夷，人以为陋。孔子曰：“君子居之，何陋之有？”

予以罪谪龙场，龙场在夷蔡之外，于今[⑦]为要绥，而习类尚因其故。人

① 矍：《山堂萃稿》作“瞿”。
② 规：《山堂萃稿》作“防”。
③ 学者：《山堂萃稿》作“射者”。
④ 乃：原文误作“易”，据《王文成公全书》改。
⑤ 之：原缺，据《王文成公全书》补。
⑥ 之：原缺，据《王文成公全书》补。
⑦ 于今：原文误作“于全”，据《王文成公全书》改。

皆以予自上国往，将陋其地，弗能居也。而予处之旬月，安而乐之，求其所谓甚陋者而莫得。独其结题鸟言，山栖羝服，无轩裳宫室之观，文仪揖让之缛。然此犹淳庞质素之遗焉。盖古之时，法制未备，则有然矣，不得以为陋也。夫爱憎面背，乱白黝黑，浚奸穷黠，外良而中螫，诸夏盖不免焉。若是而彬郁其容，宋甫鲁掖，折旋矩矱，将无陋[1]乎？夷之人乃不能此。其好言恶詈，直情率遂，则有矣。世徒以其言词物采之眇而陋之，吾不为然也。

始予至，无室以止。居[2]于丛棘之间，则郁也。迁于东峰，就石穴而居之，又阴以湿。龙场之民老稚日来视予，喜不予陋，益乎比予。予尝圃于丛棘之右，民谓予之乐之也。相与伐木阁之材，就其地为轩以居予。予因而翳之以桧竹，莳之以卉药，列堂阶，辩室奥，琴编图史，讲诵游适之道略具，学士之来游者，亦稍稍而集于是。人之及吾轩者，若观于通都焉。而予亦忘予之居夷也。因名轩曰“何陋”，以信孔子之言。

嗟夫！诸夏之盛，其典章礼乐，历圣修而传之，夷不能有也，则谓之陋固宜。于后，蔑道德而专法令，搜抉钩摰之术穷，而狡匿谲伪，无所不至，浑朴尽矣。夷之民方若未琢之璞，未绳之木，虽粗砺顽梗，而椎斧尚有施也。安可以陋之？斯孔子所为欲居也欤？虽然，典章文物，则亦胡可以无讲。今夷之俗，崇巫而事鬼，渎礼而任情，不中不节，卒未免于陋之名，则亦不讲于事耳。然此无损于其质也。诚有君子而居焉，其化之也盖[3]易。而予非其人也，记之以俟来者。

君子亭　在龙冈书院内，余姚王守仁建，并记：

阳明子既为何陋轩，复因轩之前荣，架楹为亭，环植以竹，而名之曰“君子”。

曰：“竹有君子之道四焉，中虚而静，通而有间，有君子之德。外坚而直，贯四时而柯叶无所改，有君子之操。应蛰而出，遇伏而隐，雨雪晦明，无所不宜，有君子之时。清风时至，玉磬珊然，中《采齐》而协《肆夏》，揖逊俯仰，若洙泗群贤之交集。风止籁静，挺然特立，不挠不屈，若虞廷群后，端冕正笏，而列于堂陛之侧，有君子之容。竹有是四者，而以君子名，不愧于其名。吾亭有竹焉，而因以竹名，名不愧于吾亭。”

门人曰：“夫子盖自道也。吾见夫子之居是亭也，持敬以直内，静虚而若愚，非君子之德乎？遇屯而不慑，处困而能亨，非君子之操乎？昔也行于朝，今也行于夷，顺应物而能当，虽守方而弗拘，非君子之时乎？其交翼翼，其

① 无陋：《王文成公全书》作“无为陋”。
② 居：原文不清，据《王文成公全书》改。
③ 盖：原文误作“益”，据《王文成公全书》改。

处雍雍，意适而匪懈，气和而能恭，非君子之容乎？夫子盖嫌于自名也，而假之竹，虽然，亦有所不容隐也。夫子之名其轩曰‘何陋’，则固以自居矣。”

阳明子曰：“嘻，小子之言过矣，而又弗及。夫是四者，何有于我哉？抑学而未能，则可谓云尔耳。昔者夫子不云乎：‘女为君子儒，无为小人儒。’吾之名亭也，则以竹也。人而嫌以君子自名也，将为小人之归矣，而可乎？小子识之。”

阅武堂　在教场内，练武于此。

观艺堂　在教场内，旧名演武堂。

**按察司佥事赵渊记略：**

嘉靖三年三月，巡抚都御史南海熊一瑛到镇甫七日，往会川师，底定芒部。多士叩马告曰：“我贵州自洪武迄于弘治，征不廷者五，动罔不利。正德以还，凡六征，多不利[①]。今复有兹役，演武堂为之祟也。堂故址踞子午向，弘治末，有谓骑射与堂背者，遂改置西偏申向，今愿窃以复也。”乃会参将杨仁，总戎牛桓，镇守内监杨广，御史刘廷簠、江良材，布政使梁材，按察使于鳌，参政于湛、叶相，副使潘鉴、王浚，参议朱璠、杨仪，佥事刘彭年、朱珮、龚亨，都指挥顾恩、刘麟、李宗佑言，人人同。

越明年，爰卜十一月十一日经营始，不逾月，而旧贯焕如也。当是时，黠酋安万镒暴死，其弟安万铨缚逆酋陇政以献。又阿沙霸之变，垂三十年，亦一洗而空之，多士谓若鬼神相之者，则兹堂之设，殆非细故也。无何，御史钟卿密、施山、周煦至，咸韪之焉。

江良材诗：

许国无他只此心，踏穿云树万重岑。观兵自觉军容盛，耀德缘知帝泽深。
惭负先声山岳动，疮痍延颈福星临。若教卷甲归农亩，肘后何须斗大金。

郡人训导越升诗：

烟柳朦胧曙色迷，月痕微映垒门西。云开玉帐阳乌见，风震雕戈铁马嘶。
兵卫周遭严虎豹，旌旗摇飏拂虹霓。请看大将春蒐处，万队貔貅号令齐。

谯楼　在治城内，宣化坊北，即元故城。成化间，太监郑忠重建。高五十尺，周五十步，敻出闾阎，俯瞰一郡。上置壶漏钟鼓，以节晨昏。

**尚书白圭记略：**

贵州本穷荒之域，自入版图，百十年间，彬彬郁郁，与中国无异，而钟

---

① 不利：原文作“下利”，据云图本改。

鼓楼迨今未有建置。前都知监太监涞水郑忠作镇于兹，历十五年，是为成化之癸巳也。公访求故址于城之北隅正街，盖前元尝为顺元都元帅府所建土城之楼。国初，展其城于今北门，而陵夷其废址。乃谋于巡抚宋钦、总戎都督吴经、巡按侍御梁泽，都、布、按佥以为然。

遂经始于是年四月八日，讫工于明年五月七日也。楼基以石为台，高六尺，周方一十六丈有奇，虚其中以为通衢，屋重其檐，通高五丈有奇，广与之等[①]，而深则杀其五之二焉。公于前期以值购得赤金三千斤，命工冶其精纯，铸为大钟者一，以牛革制为大鼓者四。又以白金二镒走使滇南，募匠制为铜壶漏。俱以良旦悬钟置鼓于楼，而奠壶于其下。自是暮鼓晨钟，更漏有准，节候不爽，昼夜分明，远近之人，莫不耸观而趋听焉。

总戎吴公以为是役之成，不可无述，乃假其弟锦衣千帅孟章，求予为文，以纪其岁月，于是书以告诸将来者。

忠顺堂　在治城北二里，宣慰安贵荣建。

世禄堂　在治城北，宣慰宋斌建。

无边风月楼　在治城北八里，文士宋昱建。

郡人东楼顾璇诗：

风满帘栊月满楼，无边风月入怀幽。九天仙籁清听耳，万里蟾光豁望眸。

琴韵乍来松影动，窗纱先透桂英稠。几回珍玩浑无寐，十二栏干独倚周。

会景亭　在洪边山上。宣德间，宣慰宋斌建，今废。洪边胜景有八，曰“翠屏旭日”“绣岭晴霞”“北庄绮陌”“南谷璚林”“环溪素月”“鉴沼清风”“马陇灵源”“螺岩飞瀑”。一登此亭，则八景俱在目中矣，因名。

贞松亭　在治城南，圣寿寺后。宣慰使宋然建，今废，址存。

去思亭　在治城南，圣寿寺前。弘治间，郡民为巡抚都御史孔镛去后建，以识遗爱。中有去思碑。

郡人王佐诗：

买石南山刻去思，不忘仁政洽边夷。虽然埋没寒烟里，也作南州堕泪碑。

迎恩亭　在治城东南一里，为郡人迎送之所。

副使王经诗：

送迎偶得片时闲，风景撩人亦解颜。老去投簪思绿野，兴来拄笏对青山。

形忘牝牡骊黄外，名愧阳秋可否间。旅况不知京国远，五更犹梦入朝班。

---

① 等：原文误作“算”，据弘治《贵州图经新志》改。

主事夏言诗[①]：
东郭官亭草树间，玉杯绿醑[②]照离颜。使华遥傍[③]云千里，旅梦孤飞月万山。杨柳新桥山色[④]里，芙蓉南崦碧溪间。殊方送客劳贤主，薄劣真惭奉使班。

知府冯世雍诗：
冥鸿东徙大风间，离亭红树生秋颜。沾衣片片野桥雨，入望重重荒徼山。汉使锦袍飞鸟外，洞庭乡梦乱峰间。黄尘暂寄海溟羽，赤日遥瞻鹓鹭班。

圆通阁　在永祥寺内。成化间，太监郑忠建。

王佐诗：
高构岑楼礼竺皇，日烘金碧射虚廊。
晚来廊外天风起，吹落昙花满院香。

我对亭　在永祥寺后，旧在西察院内。

正德间，清军御史席春诗：
奇峰矗矗跨金鼇，欲染烟云峙彩毫。
独坐小亭无一事，对君终日续《离骚》。

折柳亭　在治城西三里，广济桥西，今废。
驻节亭　在郡城北一里，郡人迎送之所。
迎翠亭　在治城北门外里许。嘉靖七年建，以为迎送之所。中植竹木花卉，四时交翠。

**右布政王大用记略：**
贵南襟全楚，北枕滇、蜀，故有交饯公宇二，而道出九驿者独缺焉。迩者爰卜郭外左百武许，有冈隆然，背大麓，俯平墅，四山环秀。乃经乃营，有堂翼然。夹室庖湢，若拱若护。障以重门，缭以周垣。竹卉列植，园径区分。视昔鼎立规制殆过焉。是维元戎牛庸庵捐所有出师之供。总镇杨渊洽，都宪袁静庵，侍御施龙湖、周弓冈共是其议为之也。工始于嘉靖丁亥十二月，越明年戊子四月告成。四公相与后先而落成之。是为记。

读书台　在治城北二里许，白崖山半，郡人王训归隐时所筑。台下累石作院，凿池，杂植花卉，有琴案棋枰，皆假石为之，训常与客游咏于此，今废。

---

① 此诗《夏桂洲先生文集》题为"贵州镇巡诸公饯别新桥官亭次刘亚卿南峰韵"。
② 绿醑：《夏桂洲先生文集》作 "锦席"。
③ 使华遥傍：《夏桂洲先生文集》作 "妆旌遥去"。
④ 山色：《夏桂洲先生文集》作 "秋色"。

万卷楼　在治城北，郡人易贵建以藏书。

东楼　在治城内，隐士顾璇建。

**都御史孔公镛记：**

东楼者，贵阳顾良玉氏所居之楼也。良玉，常之锡山人，其祖从戍贵阳，遂家焉。好善乐施，天资明敏，凡医卜诸书，靡不淹贯，贵人称之为顾百会先生，以其兼众善而多能也。良玉早从庭训，习进士业，后以亲老侍养，不求闻达。居家，吟咏尤精，于绘事工。尝过忠烈祠，遇遗一匣在地，开视之，皆金银首饰，遂收之。少需，失者至，尽归还之。失者请分其半，良玉固辞而去，见者咸义之。晚年尤好黄老之术，乃于私第之东偏构一楼以居，名曰东楼。乃求翰林俞大有书“东楼”二字扁楣间。凡士林之能言者，皆歌咏之。良玉复求余言以记。

余与良玉同吴产也，故不辞。乃询良玉曰：“楼之名东者，非以日出于东，东乃震方，震为生物之良，于时为春，于人则为仁也，仁主乎生物，凡人所居之处必面东，而取生物之气也。”

良玉曰：“然，予惟居戎伍中，而其心志未始不在山水之间也。吾居东楼之上，八窗洞达，狮峰拱于前，铜岭环于后，南接垂虹之桥，北对丽谯之阁，此楼之大观也。朝于斯，夕于斯。或对景而言，或开卷而读。佳客至，或以琴，或以棋、以觞、以咏，足以怡情而遣兴。而凡楼外所接之物，色者足以娱目，声者足以谐耳。徜徉于日，而不知老之将至也。”

余复曰：“谈者以贵阳之景在东楼，而擅其景者在良玉一人耳。窃尝闻之，贵之重门高第，鳞次云接，不数十年间，一则倾圮为墟，一则巍然如昔，其故何哉？盖由其实之不同也。虽然，彼擅势位之重者，尚不能终远而居。良玉一隐士耳，又无势位之可恃，乃独作此楼，尚思保有之，不亦难哉！为良玉后者，尚当知彼之非固有而不可常，而求其固有而可常者。固有莫如实德，可常莫如实行，其所以求之之道，莫如实学。三者修焉，可以隐，可以行，可以养身，可以显亲，可以遗后。此其所保者大矣，独东楼乎哉！”

良玉曰：“善。请书诸简，归为子孙劝。”

玩易窝　在龙场驿，阳明王守仁建，并记：

阳明子之居夷也，穴山麓为窝而读《易》其间。始其未得也，仰而思焉，俯而疑焉，函[1]六合，入无微，茫乎其无所措，孑乎其若株。其或得之也，沛兮其若决，瞭兮其若彻。菹淤其出焉，精华其入焉，若有相者，而莫知其

① 函：原文误作“亟”，据《王文成公全书》改。

所以然。其得而玩之也，优然其休焉，充然其喜焉，油然其春生焉。精粗一，外内[1]翕，视险若夷[2]，而不知其夷之为厄也。于是阳明子抚几而叹曰："嗟乎！此古之君子所以甘囚奴，忘拘幽，而不知其老之将至也夫！吾知所以终吾身矣。"名其窝曰"玩易"，而为之说曰：

夫《易》，三才之道备焉。古之君子，居则观其象而玩其词，动则观其变而玩其占。观象玩辞，三才之体立矣；观变玩占，三才之用行矣。体立，故存而神；用行，故动而化。神，故智周万物而无方；化，故范围天地而无迹。无方，则象辞基焉；无迹，则变占生焉。是故君子洗心而退藏于密，斋戒以神明其德也。盖昔者夫子尝韦编三绝焉。呜呼！假我数十年以学《易》，其亦可以无太过已夫[3]！

停骖亭　在治城东，巡按御史江良材建。

## 二、思州府

望龙阁　在府城后山顶。

望江楼　在府渡口，知府李允简建，苗毁。

迎恩阁　在府治西二里。

盘龙楼　在府北，往都素司石阡大路，屈曲环包，如盘龙，故名。推官徐纲建，因以为隘。

长亭　在府治南，推官徐纲立，因以为隘。

## 三、思南府

济江亭　在府江南。正德六年，蜀冠方四作乱，太参朱玑、知府宁阅创。

**都御史徐节记略：**

思南，贵藩属郡也，去省城千余里，牂牁要路，山川险阻。离郡治数百步许，一水潆流，名曰乌江，发源夐远，出自广西泗城州，入流程番府，沿于省城，下通于涪，达于江。深百余丈，阔三百余步。回湍汹涌，两岸逼狭，难于建桥，惟设桐槽小舟渡载。凡商贾行旅之经涉，与夫官吏师生之迎送，咸毕集于此。

时值四川强贼方四等流劫本府并石阡龙泉坪等处，荼毒生灵，所司告急。

① 内：云图本作"内内"，衍一"内"字。《王文成公全书》同此本。

② 若夷：二字原缺，据《王文成公全书》补。

③ 太：《王文成公全书》作"大"。

镇巡重臣奉命调兵进剿。檄贵州按察使朱文瑞于是府驻扎，调度兵粮，纪验功次。

时当三伏，酷暑炎蒸，江水泛涨。披坚执锐之士，肩担输运之夫，行抵江岸，人多船寡，渡载不前。立候移时，汗流如雨，渴饮潢潦，动成瘴疠。公甚忧悯，遂措置工料，行委经历周凤起、巡检胡训文、驿丞安襄、土舍安歧凤等，共董厥事。

于是江渡拓石二亩，竖亭三间，两傍翼以耳房，周匝筑墙，设以门屏。扁其亭曰“济江”。俾往来者得以休息。又造大船若干只，拨水手若干名，撑驾[1]兵粮。仍令所司多造斛面，差官监视，人免稽留，途无嗟怨。于是兵饷足用，士气倍增，将校协力，勇于追战。以故兵威大振，逆贼破胆，余党潜遁，居民得安，官军凯还。

所司以亭不可无纪，公以记属予，用垂不休。予故备述建亭恤民之由，并督讨贼之效，载于石。俾后之经是亭者，知夫所自云。

谯楼　在府治内西，长官安洛建。

东鼓楼　在府治左。嘉靖六年，知府祝亨同土官张犟新建。

西鼓楼　在府治右。景泰间，土官安洛、李林建。

井亭　凡一间，在府后堂莲池东畔。嘉靖元年，知府李文敏建。旁后插柳、栽竹。每夏日，公余退食，则绿阴交映，清风徐来，亦郡斋之胜地也。

### 印江县

澄清楼　在县治右街。嘉靖九年，知县颜阶新建。

聚英楼　在县治左街，知县颜阶建。

### 婺川县

三桂亭　在县治内。

桂花亭　在县治内。

## 四、镇远府

显允堂　在卫治都察院行台内。

筹边堂　在都察院行台内。

俱嘉靖二十八年，巡抚李义壮建。

同心堂　在府治内。

---

① 驾：原本作“旭”，不通，据云图本改。

**知府李文祥记略：**

镇远府治，旧在镇阳江南。宣德元年，知府颜泽迁今治。中为正堂，左为经历司，右为照磨所，左右翼为六房。中道为戒石亭，亭之外为门二焉。其规制宏伟矣。后风雨震凌，水火交作，堂制浸失其旧。成化间，知府沈公熊请征商补造正堂，未竟，以忧去。徐公虔踵治之。凡三年，而堂始落成焉。

弘治元年，莆田周公瑛来知府事。一日，贰守何君骐、节推杨君钦与今通守杨君复生相与请，曰："堂名久虚，非有待于公耶？"公遂题曰"同心堂"。盖有勗也。四年，公东归，文祥来送之，公谓曰："同心堂未有记。微子无以发予义。诚为一言，是予所以处二三子也。"

文祥窃惟天下之事成于同而败于异，古今一致也。公以是名堂，其义不亦远乎？其说不亦大乎？盖公所谓同，非同于欲，同于理也。故君子不患事之难成，而患心之难同；不患心之难同，而患己之难克。使不役于智，而牵于私，从容审其终所以异者，反求其始所以同者，因天下之理，处天下之事，吾见一日二日，万几其中，裕如也。若夫相与周旋于是堂之上，睹其名，思其义，求以臻其效，则诸君子当自力焉。

六梧堂　在府治内，知府程爋建。

怀周堂　在府署内。

知府罗凤诗：

我昔筮仕初，莆阳谬司理。郡有翠渠翁，佚老清湖涘。
翁惟人中龙，时同寡伦拟。公余辄请益，幸不为翁鄙。
三年挹光风，过从月凡几。及我受代归，特赠《镇阳记》。
补缀成完编，亲书十五纸。忆当拜嘉时，相谓偶然耳。
讵知廿载后，量移与翁似。事既有先几，随翁聊尔尔。
独愧庸劣姿，无能趾翁美。名堂寄遐思，羹墙恒仰止。

德礼堂　在同心堂后，程爋铭曰：

德无常师，敬以持己。礼有定体，宜民而已。贤哉印冈，德礼名堂。道之齐之，嘉言孔彰。吾奚以礼？吾奚以德？先圣是遵，前修维则。

澄江阁　在玄妙观。

临清阁　在中河洞。

守望亭　在西城上。嘉靖三十年建。

有斐亭　在玄妙观竹园。嘉靖三十年，程爋建。

岁寒亭　在玄妙观石崖下。嘉靖三十年，程爋建。

茅亭　在忠武侯祠冈上。嘉靖三十一年，程爀建。

演武亭　在演武场内。

周瑛诗：

百年难得好怀开，野酌山歌傍将台。村落无期留客醉，管弦有意[①]送春来。雪消波影侵诗幕，云破山光落酒杯。今日四郊无战垒，可追周雅赋台莱。

天一亭　在九曲冈上，半山坳内，千户杨栋建。

济川亭　旧在沙湾渡口，今改建永固通津楼，旧亭移分司前隙地，扁曰“石屏巨镇”。

复古亭　在复古关上。

油榨关亭　在油榨关。

碑亭　在平宁寺。

九曲关亭　在相见河南岭。

望云关亭　在相见河西岭。

三永碑亭　在城西。

拙冥亭　在府治后圃，知府周瑛建。

君子亭　通判杨薰建。

竹柏双贞堂　在玄妙观内，知府程爀改建。

德馨楼　在府治东。

拱辰楼　在卫治内，都察院行台内，嘉靖二十八年建。

大和楼　在北极宫内。

云贵前门楼　在东关。

定西楼　在西门。

永安楼　在永安桥。

永固通津楼　在沙湾。

以上俱嘉靖三十一年程爀建。

养正楼　即今社学，程爀建。

鼓角楼　在府治前。成化十七年，知府徐虔建，今废。

得晖楼　在府治西，今废。

石崖书屋　在府治后圃。成化二十年，知府周瑛建，今废。

① 有意：原文误作“落意”，不通，据弘治《贵州图经新志》改。

**记[①]云：**

成化甲辰，自南京礼部郎中出守抚州。丁未，改镇远。镇远在古荒服之外，是为蛮獠出没之冲，盖夷郡也。余[②]来，既治邸舍以居，乃别作室于石崖之上，以为读书之所。而别作室[③]，以图静也；作室而依石崖，据形胜也。室前跋石而台之，题曰“读骚台”，怀古也。台左凿岩石以登，题曰“云根岭”，书僻也。石岩书室总据形胜，而台与岭皆书室所有也。

居夷作事艰，故规制皆就简，室为崇仅盈丈，修视崇加尺有二，广倍于崇加尺有三，台之崇之修皆与室同，广不及室七尺。岭自平地至台，凡五折，其崇与台等，其修视崇倍之。夷民寡词讼，财赋易完[④]。每平居，夷獠受约束，木契箭刻不驰，皆暇日。暇则坐室中，读吾竹厨所有书，或挟楚骚读台上，时上下往来于岭，甚适也。

客问曰：“子年迈矣，尚占毕未已乎？”

余曰：“天道备于圣人，圣人心术寓于书，而《易》《诗》《书》《礼》《乐》《春秋》，皆书之大者，读书则有以会[⑤]圣人心术精微之蕴，而天道可得，以是而立三纲，以是而秩五常，以是而酬庶物，天地所以位，万物所以育，皆是道也。恶可不读书？”

客曰：“《骚》之为辞，风雅之变也，昔人尝谓醇儒庄士，或羞称之，子何以《骚》为哉？”

余曰：“《骚》之辞可议，《骚》之心，直与日月争光。昔者屈原有为国之忠，有叙事之能，不胜上官靳尚之谗，是以有江南之放。故其为辞，跌宕怪神，怨怼激发。然其爱君忧国之心，皆出于至诚恻怛，有不能以自已者。后读其辞，察其心，尝为原流涕矣，又乌可不读《骚》？”[⑥]

客曰：“书之益于人也如是，《骚》之感于人也又如是，吾乃今始知室与台不虚也。”[⑦]

客退，因镌于石[⑧]，以树于台于岭，复备述其事，以记于室。

---

① 记：《翠渠摘稿》题作“石崖书室记”。
② 余：《翠渠摘稿》作“予”，下同，不一一出校。
③ 而别作室：《翠渠摘稿》作“读书而别作室”。
④ 财赋易完：四字《翠渠摘稿》无。
⑤ 会：《翠渠摘稿》作“探”。
⑥ 此段《翠渠摘稿》多有异文，现录《翠渠摘稿》中于此，以对照：“《骚》之辞怨怼激发，可议，《骚》之心，可与日月争光也。当时怀王不知原矣，襄王又不知原矣。后世因读其辞而得其心，固有为原流涕者，此予所以深悲之也。”
⑦ 此段《翠渠摘稿》有异文，现录《翠渠摘稿》中于此，以对照：“先生之言，有以破予荒哉！吾乃今始知室与台不虚作也。”
⑧ 因镌于石：《翠渠摘稿》作“因取所以立名以镌于石”。

读骚台　在石崖书室前，今废。

卧羲轩　在府治内，今废。周瑛建，有记：

府署，事有堂，其退寝有轩，天下通制也。《学记》言，藏修复言，游息游息，所以节其劳也。惟宦与学，为理有二乎哉？

镇远夷部，已为郡，新造，凡事草创未备。宣德初年，郡守颜君泽始建堂署。颜君披荆棘，立栋宇，以授后人，厥功茂矣。

后五十三年，为成化戊戌，火发府中，而署毁焉。于是郡守沈君熊、徐君虔相继兴复，以为今署，虽制度高伉，而官府稍入，无从致赢。所以功力不敷，而弊坏继之。瑛来，府署后有弊屋三间，不可以入，未几仆矣。

窃以为堂室并作，功之备也；劳逸有节，政之宜也。况前人有作，吾其敢废乎？乃为收拾余材，增补不足，作小轩一间。轩之址为台，高尺有二。环台为沟，以承溜。溜穿台下而东出焉。轩高一丈二尺，广三高之二，修不及高二尺，三面为窗，虚其南以达于堂。轩之外，筑垣以绕之，正中植花竹果木，左右植蔬。每开北窗以望，而石屏山巍然正立，其清气可掬也。因号其轩曰“卧羲”。

客曰：“何居曰？人心惟无为，乃可以有为，昔陶彭泽尝偃卧北窗下，清风飒至，自谓羲皇上人。当是心。公心无萦凡世间，穷通得丧事，无一可动其中者。推公此心，使得所资以行其志，必能辑吴定郧，扶晋蹶宋，长沙公事业可继，柴桑巾车可无驾。荆轲之味，可不见于篇策之间矣。”

曰：“某庸人也，何足以知此。”

君子居　罗凤建，今废。

有诗：

尼父值周季，乃欲居九夷。圣心谅有在，或人安得知？
矧兹过化妙，所向无不宜。此邦古荒裔，自昔惟羁縻。
及我丐休日，投畀当西陲。郡治倚若窟，屋圮墙仍颓。
苗服杂毡毳，方言更侏㒧。众人评鄙陋，而我何敢辞。
不闻陶唐世，土阶共茅茨。忠信与笃敬，可俾蛮风移。
我惭希圣徒，随寓当安之。佳名揭楣宇，庶用存箴规。

拄笏轩　罗凤建，今废。

独啸亭　周瑛建，今废。

儗岘亭　今废。

罗凤诗：

儗岘亭开四望通，傍岩结构对群峰。
夷方自远中华地，玄教犹存太乙宫。
漠漠阴霾连宿莽，霏霏晴雪落长松。
沧浪一曲知音少，世事真成过耳风。

## 五、石阡府

明时楼　在府治前。成化十六年，知府余志建。

**儒学教授王宣清记略：**

石阡昔为长官司，所治因其不率。永乐十一年间，设府治，以控制之。建置不一，更代靡常，难以悉举。成化乙未冬，予承乏石阡教事。仰瞻府治，惟治事厅一所，后则太守宅也。六房虽设，而吏典散居于外。门无所禁，行人若通道，诚不足以具瞻万民而壮观于一郡也。刻漏未制，更筹未明，晨昏莫知其节。

成化己未秋，濉阳余侯由名进士拜官秋台，升守是郡。视事之余，徘徊增叹，即以其事达于巡抚都御史，得请。遂于明年庚子捐俸为倡，推府胡公协志赞襄。措置经营，不逾三月，厥功告成。栋宇巍然，规模轮奂，更漏分明，庶事修举。若夫肇造吏舍以居吏典，重脩文庙以严祀事，激劝士类，扶植善良。吏畏其威，民怀其德。又侯之实绩也，并记之，以示于后。

宧适轩　在府治内。成化二十年，知府祁顺建，并记：

成化壬寅，予自江右藩司来知石阡郡事。郡属贵州，在京师西南七千里外，古夜郎牂牁之域，朝廷使有罪者居之。盖欲其尝险阻，履忧危，而省躬思咎也。幸今天下承平，四夷百蛮，罔不从化。而贵州自入职方百有余年，民乐耕稼，士知问学，顽梗之俗变为衣冠礼乐久矣。

石阡地[①]阻而僻，其民朴而少争，贡赋易完，宾客罕至。吏于是者，无迎送之劳，无催征之迫，无狱讼之扰，而山水登临之乐乃兼[②]有焉。是故仰而观山，则适乎目；俯而听泉，则适乎耳；优游于诗书、文艺、觞咏之间，则适乎心。出入起居，动作食息，盖无往[③]而不适也。盖务繁华者必于都会之邦，志幽静者必于穷僻之境。

---

① 石阡地：《巽川祁先生文集》作“石阡为郡”。
② 兼：云图本误作“无”，弘治《贵州图经新志》《巽川祁先生文集》均同本书。
③ 盖无往：原文作“无适”，据《巽川祁先生文集》改。

吾从仕中外二十余年，都邑之雄富，人物之盛丽，固尝览之矣。然或朝谒之拘，或宣理之勤，所职有兵事[①]焉，有钱谷焉，有讼牒焉，凡耳目之所接，心思之所及者，皆是事也。簿书期会之余，则宾客往来之交也。当其冗剧之际，虽欲放情物外，求一日之适，何可得邪？兹获脱彼之劳，安此之佚，自适其适，而忘[②]其有罪之忧，上之为赐也大矣。昔之人有居清华之秩，而以烦剧妨其赏适为怪者，夫彼此不能两兼，而赏适尤吾性之癖矣，失乎彼，得乎此，夫可[③]谓之不遇邪？虽然，吾不敢以己之适而忘悔艾之心，亦不敢不思己之所以适而忘图报上恩于万一也。于是，名其退食之轩曰“宦适”，且为之记，以自观省焉。

## 六、铜仁府

思堂　在府治西，铜人小江之上。

授时楼　在府治前。成化五年，知府杨显嘉建，即谯楼也。

镇夷楼　即府之东城楼也。嘉靖十二年建。

大观楼　在东山岭，知府李资坤建。

澄江关　在东山下，参议蔡潮建，今废。

观德亭。

## 七、程番府

何陋亭　在府治后圃，知府汪藻建。

**汪仲成记：**

程番，汉牂牁故地，陋也。民杂仲苗居之，亦陋也。地陋，人陋，而亭以何陋名焉，盖出于地与人之外，而非可以陋拘者，名斯称情也乎？亭建于汪公藻，其间修造不一，如王公念、陈公则清，时皆修于茵之东隅，至林公春泽肇造于中，额如故。孔子曰：“君子居之，何陋之有？”亭之所由名也。

守斯土者，言忠信，行笃敬，则在我弗陋，人将感而化之。否则，人虽弗陋，而吾之心与番之地、番之人一也，只见同归夫陋也已矣，亭之名与夫所以名之之义阙如也。忠信、笃敬，是即所谓君子，而能行蛮貊之邦，其亦何陋也已！是故地也人也，陋也，亭弗陋也；亭陋也，守斯郡者弗陋也；守陋也，守之心弗陋也。充其心而至于弗陋，忠信、笃敬矣，斯则可谓君子。

---

① 兵事：《巽川祁先生文集》作“甲兵”。

② 忘：原文误作“志”，据弘治《贵州图经新志》及《巽川祁先生文集》改。

③ 可：《巽川祁先生文集》作“岂”。

将必易夫所谓苗仲，而斯地风俗亦丕变焉，何陋之有？固不特名夫亭也已矣。

呜呼！与是亭者，某君子也，某否也，或为亭增辉焉，或为亭作羞焉，斯名也，彰彰矣，陋不陋之分见矣。亭不足泥也。虽然，亭中立后园，一登临间，青山在色，绿水环声，披清风，耽明月，四时景象，无一不收览者，此则亭之弗陋也。以君子居之，名斯称情也乎！庸序之，以为后守土者告。

知府龙翔霄题：

郡斋西畔一亭闲，暇日锄荒暂解颜。

圣训敢忘忠信化，杞忧徒博鬓毛斑。

旋培花竹堪招月，低着藩墙好看山。

隐几偶来成独卧，又飞魂梦到乡关。

双井泉亭　在府治内。

旌善亭　在府治左。

申明亭　在府治前。

来宜亭　在府治东一里，知府陈则清建。

德政堂　在府治内，知府汪藻建。

宾阳楼　即东门楼。

通西楼　即西门楼。

南薰楼　即南门楼。

拱极楼　即北门楼。

## 八、都匀府

玉皇阁　在府治东门，即高真观，都指挥陈原[①]建，指挥胡俊重修。

谯楼　在府治内东山上。弘治十二年，副使阴子淑以是楼有鼓无钟，乃移观音寺钟悬于上，晨昏钟鼓之制如备。

## 九、黎平府

忠敬堂　在府治内。嘉靖四年，知府祝寿建。

思政阁　在府治内。嘉靖年间，知府祝寿建，林益改名“后乐”。

抚绥堂　在府治内。嘉靖十六年，林益建。王璧扁名。

积放亭　在府治内。嘉靖二十四年，王璧建。

---

① 陈原：原本作“陈厚”，弘治《贵州图经新志》作“陈原”，全书有陈原，无陈厚其人。《黔记》亦只载陈原，未见陈厚其人。本书他处亦只有陈原，而无陈厚，故改。

观亭　在湖耳司东，士人为宋名贤程子山建，遗址尚存。

去思亭　在靖州南门外。嘉靖二十一年，靖州参将周于德为知府孙继鲁去任，黎民思之，建此以识遗爱。中为去思碑，绘像于上，仍为记。

## 十、普安州卫同

天风亭　在州治西北。

北门楼　即普安卫城楼。洪武间指挥王威建。

通明阁　在武安王庙。

太清殿　在武安王庙后。

## 十一、贵州卫、贵州前卫

俱见宣慰司。

## 十二、龙里卫

鼓楼　在卫治东南。永乐间建。

南楼　在卫治南，即通化门楼。

竹石山房　在龙山寺。

## 十三、新添卫

肃远楼　在卫治北，即北门楼。洪武间建。

## 十四、平越卫

威武楼　在卫治南门。

福泉楼　在卫治北门。

俱正德间建。

礼斗亭　在高真观内，乃仙人张三丰礼斗处也。

知府魏文相诗：

仙真胜迹古城隈，礼斗台空罩碧苔。云散玉泉龙已化，风清松谷鹤重来。大还岁月浑无恙，沧谢乾坤任劫灰。我欲忘机学蝉蜕，丹厓倚槛独徘徊。

兵备副使赵之屏诗：

飞湍正抱游仙台，松秋闲云日日来。老我百年还海岳，梦君几夜到蓬莱。钟声初断僧归竹，酒兴半狂月上梅。忽送子规新舌软，边城岁暮起人哀。

## 十五、清平卫

谯楼　在卫治东。正统间，指挥石宣建。后毁，嘉靖间，指挥王世臣重修。

## 十六、兴隆卫

云泉阁　在卫治中。

武陵陈洪谟诗[①]：
客怀千里此登楼，俯瞰琳宫路更[②]幽。一脉泉香从地涌，千层石罅自天浮。
参禅有分来尘鞅[③]，抚景无端曳使驺。虽欲寻芳[④]最高处，羽书骚绎使人愁[⑤]。

龙湖施山诗：
振衣百尺古僧楼，坐向山窗四望幽。老洞天开云气淡，寒潭水静月光浮。
欲攀绝壁凌层汉，又对斜阳促去驺。万树奇观观未尽，几回勒马不胜愁。

松月伍文定诗：
贵东苔迳閟林丘，亭午西迁暂系驺。潭影静涵云影碧，鸟声时应水声幽。
秋生小阁无双地，月到中天第一州。为拟北还重憩日，黄花香里喜丰收。

守庵杨春芳诗：
万山岩畔忽登楼，云影泉声分外幽。泉近龙湫当户落，云移古壁傍檐浮。
故乡杳杳飞征雁，长路萧萧鸣去驺。何日沧浪歌孺子，江湖廊庙迥添愁。

箬溪道人顾应祥诗：
石壁穹窿半倚天，停骖午炊更攀缘。可堪远地重为客，欲向幽岩一问禅。
寺对澄潭涵夜月，风摇古树落云泉。追思往昔经过处，屈指而今十五年。

南楼　在卫治南。

郡人布政周瑛《南楼春晓》诗：
百尺危楼倚碧霄，登临佳景值春朝。桃花点点飞红雨，柳树依依锁画桥。

---

① 此诗《高吾静芳亭摘稿》之卷三题为“兴隆东坡寺次韵”，题下有二诗。诗前有小序：“一名月潭寺，兴隆东三十里，当湖、贵之交，松竹环布，寺后仅百武，有飞岩倒悬，巑岏空旷，下可容百人。而垂珠滴乳，若人鬼、龙蛇、山水诸品，极其巧怪。旁有一洞，深不可窥。又有泉自半岩流出，冬夏不竭。地之幽胜奇绝，中土罕见。与吾楚之三游洞相埒焉。远在荒服，惜乎！”

② 更：《高吾静芳亭摘稿》作“转”。

③ 参禅有分来尘鞅：《高吾静芳亭摘稿》作“探玄有象劳神斧”。

④ 寻芳：《高吾静芳亭摘稿》作“题诗”。

⑤ 《高吾静芳亭摘稿》有小字注：“时香炉山用兵。”

一水护田烟浪绕，四山耸翠雪痕消。远听牧笛兼渔唱，尽是康衢击壤谣。

世恩堂　在卫治中，指挥李信建。

## 十七、威清卫

振武楼　即卫城南门楼，上置更筹，以警晨昏。

## 十八、平坝卫

雄边楼　即卫城西门。

## 十九、普定卫

朝天楼　即卫治东门楼。洪武十九年建。
镇夷楼　即卫治北门楼。洪武二十一年建。
怀远楼　即卫城西门楼。洪武十九年建。
鲸音楼　在崇真观内，上县钜钟。
永安楼　即卫治南门楼。洪武十九年建。
东角楼　在卫治东。
南角楼　在卫治南。
西角楼　在卫治西。
接津楼　东水关。
云津楼　西水关。
南津楼　南水关。
俱洪武间鼎建，永乐间修建。
演武亭　在卫治北，即教场也。
观风亭　在圆通寺，白虎山上。嘉靖丁酉，巡按御史杨春芳建。

副使韩士英诗：
孤山如釜不成峰，徐步登临亦在空。极目乡关云尚远，伤心民瘼岁常同。
看花跃马新郎得，振武扬威此镇雄。更欲行春楼上去，无才深愧与观风。

巡按御史赵大佑《易观风扁为万壑云烟》诗：
青畦一迳度丹梯，憇静真恬老衲栖。香影诸天凌市隘，绿绕平野映城低。
华昙龙去留僧钵，午夜钟吟发曙鸡。共道三生双树里，病夫萧散漫留题。

花宫俗远绿阴封，上乘谁留只履踪。好鸟惯看山客到，片云常与梵王供。贪趋尘路驱羸马，欲借禅林制毒龙。半晌梦回支遁榻，振衣去抚石台松。

峨山张雨诗：

劳碌东南无了日，风尘西北欲何之？将军铁马斜阳道，丞相朱旗五月师。功业好逢明圣主，人生那复少年时。临高不是新亭客，玉露金茎有所思。

药师殿　在圆通寺内。天顺五年建。

毗庐阁　在圆通寺内，白虎山半。成化十七年建。

千佛阁　在圆通寺内右。成化六年建。

龙华阁　在圆通寺内左。嘉靖二十八年建。

善法堂　在普定站内。永乐六年，本站百户孙敬建。后因毁于火，正统二年，敬之孙让，天顺六年，让之孙铭，相继修建。

石佛堂　在卫治东二十五里，阿若铺西。孤峰独秀，岩洞宏敞，前人凿石佛于岩下，前建茅宇。成化十六年，镇守云南太监钱能修建。

## 二十、安庄卫

瞻云楼　在卫治东。洪武二十二年，指挥陆秉垒石为台，建楼其上。重檐三叠，下辟四门，以通往来；上置钟鼓，以节晨昏。

普安士人杨彝诗：

危楼高架碧云天，每为瞻云倚画栏。万树浮岚团晚翠，八窗微雨作春寒。嘉游仙驭随丹凤，曾弄琼箫驾彩鸾。想得公余清暇日，不妨拄笏卷帘看。

朝阳楼　即卫城东门楼。

永清楼　在卫城南门上。

镇夷楼　即卫城西门楼。

迎恩楼　即卫城北门楼。

永思堂　在卫治中，指挥陆京建。

列峰亭　在卫治北，列峰寺内。

止亭　在马跑泉上。

## 二十一、安南卫

南谯楼　在卫治南门上。

迎祥楼　在卫治南门上。

俱洪武二十七年建。

贵州人越升诗：
峰峦环合绕山城，突兀高楼耸太清。
雅称桓伊来弄笛，好教子晋坐吹笙。
笑陪月姊非无侣，卧听天河落有声。
袖里封章何日上？凭栏几度望瑶京。

## 二十二、毕节卫

谯楼　在卫治中，指挥李奂建，日久倾坏。正德间，指挥朱衣重修，扁曰“雄镇边陲”。

水城楼　在通津门外。

角楼　在卫治东南，日久倾坏。嘉靖间，指挥李志重修。

演武亭　在卫治南二里，演武场。

鼓亭　在演武亭下。

迎恩亭　在卫治二里，为迎送之所。

## 二十三、赤水卫

寿乐堂　在卫治内，指挥王谦建。

宣威楼　即卫治北门楼。洪武间建，成化间重修。上置鼓角，为寅夜之警。

监察御史王鉴之诗：
城上高楼百尺悬，城中新爨万家烟。白崖西去开罗甸，赤水东来入蜀川。
岭树重云千里月，夕阳孤箐数声鹃。花明柳媚春如锦，仿佛江南别样天。

## 二十四、乌撒卫

平政楼　即卫城南门也。洪武间建，成化间重修。上置更筹，以节晨昏。

## 二十五、永宁卫

钟楼　在卫治内西山上。洪武间建。

鼓楼　在卫治内北。洪武间建。

## 二十六、普市千户所

保和楼　即所城东门楼。永乐间，千户孙山建。

## 二十七、黄平千户所

保障楼　即所城南门楼也。洪武间建，成化间重修。

# 第三章 坊 市

表厥宅里，日中为市，于传有之。风善利用，于是乎赖焉。然而前代木妖之警，古人勿扰之戒，不可不知也。

## 一、贵州宣慰使司

泮宫坊 在文庙前。

育英才坊 在文庙前左。

弘文教坊 在文庙前右。

与国咸休坊 在治城南门内，为夏国公顾成题。

抚安坊 在都察院前左。

节制坊 在都察院前右。

贞肃坊 在察院前左。

激扬坊 在察院前右。

总司风纪坊 在都察院前右街口。

三藩保障坊 在总府前左。

万里干城坊 在总府前右。

康阜坊 在布政司前左。

式是南邦坊 在布政司三门内。

接台拱极坊 在布政司大门内。

西南重省坊 在布政司前左。

风纪坊 在按察司三门内。

振武坊 在都司前左。

肃政坊 在按察司前左。

弼教坊 在按察司前右。

风宪坊 在治城中，为都察院经历朱璧题。

进士坊 在治城东，为布政秦颛题。

治安坊 在治城内，宪司右。

都宪坊。

方岳坊 在治城南。

俱为都御史徐节题。
天开文运坊　在贡院门前。
何天之衢坊　在贡院街中。
贡院坊　在城南大街。
腾蛟坊　在贡院前左。
起凤坊　在贡院街。
绣衣坊　在治城南门外小街，为御史徐节题。
进士坊　在治城南门外大街，为进士俞玑题。
进士坊　在治城南，为进士黎逊题。
和宁坊　在城南分守道前。
安阜坊　在宣慰司前左。
通和坊　在宣慰司前右。
世禄坊　在治城南，为夏国公顾成建。
父子经魁坊　在治城南门外，为举人汪懋、汪度题。
西南重镇坊　在城南门外，霁虹桥前。
骢马绣衣坊　在丰济仓前，为御史顾坚题。
世恩坊　在治城北门外普定街，为博士范冠题。
进士坊　在治城北门外，为进士汤昺题。
柱史坊　在治城中，为御史王惟孝题。
绣衣坊　在治城北门外普定街，为御史钟程题。
翰林坊　在治城中，为翰林赵维恒、孙裒题。
进士坊　在大兴寺前，为进士朱壁题。
学宪坊　在忠烈桥前。
迎恩坊　在治城南门，接官亭前。
驻节坊　在治城东。
龙飞第一科坊　在治城中，为壬午科举人建。
武胄英华坊　在城隍庙前，为举人卢洲建。
龙门第一步坊　在治城中，为乙酉科举人建。
三桂坊　在总府前，为举人王敏、郑华、周鸾建。
斗宿腾辉坊　在察院前，为丙子科举人建。
瀛洲联步坊　在察院左，为戊子科举人建。
汇征才杰坊　在治城内，为辛卯科举人建。
文明嘉会坊　在治城中，贡院左，为丁酉科举人建。
庚子举人坊　在谯楼前。

群鶱翔霄坊　在治城内，为癸卯科举人建。
登崇俊良坊　在治城中，为丙午科举人建。
曲江春色坊　在治城南，为己酉科举人建。
贞节坊　在治城北门外，为举人胡骥妻陈氏建。
接武坊　在治城北门外，为举人尤善建。
贞节坊　在治城中，为舍人龚璟妻袁氏建。
先声万里坊　在治城北门外，即演武场前门。
滇贵通衢坊　在治城东门外。
威武坊　在治城北门内。
贞节坊　在宅溪，为民人刘冕妻谢氏建。
五马坊　在治城北，为知州李辅题。
文英武秀坊　在治城北门外，为举人陆纪建。
擢秀坊　在治城内，为举人叶茂建。
亚元坊　在治城北门外，为举人杨樊建。
辕门彩凤坊　在治城北门外，为举人郑鸾建。
进士坊　在治城中，为刘秉仁建。
贵阳形胜坊　在治城南门外二里许，高连山上。
宾饯坊　在治城北二里。
贵州驿坊　在治城北门外。
蜚英坊　在治城北门内，为举人李升建。
科第传芳坊　在治城北门外，为寺副詹恩建。
贵竹清风坊　在治城北门外，为同知范府建。
掇科坊　在治城西，为举人胡然建。
振扬威武坊　在都司二门内。
旌义坊　在治城北门外，宋宣慰宅前。
参政坊　在治城北二里，宣慰宅前。
帅府坊　在治城南，为总兵杨仁建。
豸史坊。
进士坊　在贵宁道前，为都御史徐节建。
馆驿前市。
风宪坊市。
四牌坊市　在治城内，百货聚焉。
三牌坊市　在治城丰济仓之右。
谯楼街市　在治城内北。

马荣街市　在城南门外大街。
十字街市　在治城北门外。
小十字街市　在治城内东。
洪边巷口市　在治城北。
南市　在南门内。
北市　在北门内。
凤鸣桥市　在北门外。

## 二、思州府

承流宣化坊　在府前。
旬宣坊　在府前左。
肃振坊　在府前右。
都宪坊　在府东城外，为都御史侯位建。
文光坊　在文庙前，为举人傅汝舟建。

## 三、思南府

圣旨坊　在府治南，为旌表义士安濂建。
承流宣化坊　在府治前。
腾蛟坊、起凤坊　在府学大成门左右。
儒林坊　在儒学左。
泮宫坊　在儒学右。
双桂坊　在府治左，为举人申祐建。
鲲化坊　在府治南，为举人安康建。
登科坊　在府治北，为举人王纪建。
蜚英坊　在府治南，为举人田显宗建。
登云坊　在迁善桥，为举人石泉建。
登俊坊　在府治北，为举人吴溥建。
飞黄坊　在府治南，为举人周邦建。
彩凤鸣阳坊　在府南，为举人安孝忠建。
青云得路坊　在府治右，为举人田谷建。
进士坊　在府治南，为田秋建。
绣衣坊　在府治南，为御史申佑建。
都谏坊　在察院左，为都给事中田秋建。

宣化坊　在沿河司治前。
迎恩坊　在司治东。
牧爱坊　在司治北。
承宣坊　在婺川县治前。
镇宁坊　在思仁道前右。
五马坊　在县西，为知府邹庆建。
继芳坊　在县东，为举人邹奭建。

## 四、镇远府

振扬风纪坊　在察院南。
世科坊　在永安桥，为举人何天衢、何碰、何驯、何矼等建立。
鲲鹏继化坊　为历科举人时顺等建。
泮宫坊。
风化本原坊　在儒学前，程爀建。
世牧坊　在儒学东，为通判杨薰立。
登云荣遇坊　在儒学西，为推官杨再春建。
桥梓腾芳坊　在永安桥对河，为举人熊祥、熊宗吕父子建。
天下第一流坊、卧龙冈坊　俱在忠武侯祠，程爀建。
拔秀坊　在吉祥寺西，为举人李懋建。
进士坊　在州街，为进士熊祥建。
保爱坊　在镇远县前。
英灵坊　在城隍庙。
镇江禅林坊　在镇江寺。
岱岳行祠坊　在州街。
小有洞天坊　在中河洞。
凌玄洞坊　在七间屋洞[1]。
万壑云烟坊　在七间屋洞，御史赵大佑题。
大胜堡坊、武定坊、靖边坊、永定坊　以上四坊俱各哨堡前。
沙湾市。
州街市。
辰州市　在桥口，贩卖鱼盐。
南京市。

---

① 洞：原文为“同”，据云图本及本书下文改。

江西市　在驿前。
饶州市　在相见堡。
抚州市　在驿前。
普定市　在西关。
东关市　在县东。

## 五、石阡府

魁秀坊　在学前。
仁怀坊、义制坊　在府左右。

## 六、铜仁府

承流宣化坊　在府城南。
铜江通济坊　城南。
江通云梦坊　城东。
山接蚕丛坊　在府城西。
儒林坊　在学西。
宪台坊　府城西。
经元坊　为举人刘时举立。
保厘坊、振肃坊　在行台左右。
府前市。

## 七、程番府

儒林坊　在学前。
贵阳藩屏坊　府前。
千里提封坊　在府前。
金吾坊　为兵马尹胜略建。
集福坊　在府东。
尊贤坊　在府学左。
育材坊　在府学右。
尚义坊　在府西。
永安坊　在府南。
新民坊　在府北。
世恩坊　在大龙司。

世禄坊　在韦番司。
太平坊　在木瓜司。
迎恩坊。
世守坊　在程番司前。
继勋坊　在卧龙司。
安阜坊　在金筑司。
世牧坊　在小龙司。
康乐坊　在上马司。
禹服封疆坊　在府前，知府龙翔霄建。
牛场市。
府前市。

## 八、都匀府卫附

儒林坊　在儒学前，兵备副使吴倬建。
镇夷坊　在南门大街，兵备吴倬建。
承流宣化坊　二坊在府治左右通衢，知府杜礼建。
贞烈坊　在城东后街，为陈昱妻马氏立。
登科坊　在城南门大街，为举人金溥立。
折桂坊　在南门大街，为举人袁伟立。
贵省易元坊　在南门大街，为举人钟祥立。
学正坊　在南门大街，为国学学正房坚立。

## 九、贵州卫、贵州前卫

与宣慰司同。

## 十、龙里卫

弘文坊　在正街。
威武坊　在正街。
安宁坊　在城南。
折桂坊　成化间，为举人谭珪立。
跃龙门坊　弘治间，为举人徐锪建。
狗场市　在大平伐[1]长官司门首。

① 大平伐：原文误作“太平伐”。

虎场　在平伐长官司十里。
蛇场　在蛇场堡七里。

## 十一、新添卫

双凤坊　在城内中街，为举人吴鲸、吴鲲建。
经魁坊　在卫治中街，为举人姚世熙建。
鱼化天池坊　在卫治西街，为举人向廷信建。
腾蛟起凤坊　在卫治北。
腾蛟坊　在站内西关，为举人徐敷政建。

## 十二、平越卫

尚书坊　在城南外，为尚书黄绂建。
都宪坊　在城南。
郧国公坊　在城南一里，为隆平侯建。
登云坊　在城南门外，为举人叶廷建。
雄飞万里坊　在城东，为举人周经建。
肃清坊　在城南内。
观风坊　在城南门察院前。
云贵通衢坊　在城东。
圣旨坊　在城东南，为节妇军人李庸妻徐氏建。
都匀间道坊　在城东三十里。
东关市。
卫前市。

## 十三、清平卫

澄清坊　在分司左。
桥门擢秀坊　为张汉建。
御史坊　为王木建。
青云接武坊　为孙瀚一门建。
解元坊　为孙应鳌建。
冬官坊　为侯问建。
秋官坊　为李夔建。
龙门一跃坊　为莫清建。

## 十四、兴隆卫

方伯坊　在城南门外，为布政周瑛建。
儒林坊　在学前。
腾蛟坊　在学左。
起凤坊　在学右。
魁科坊　在城中，为周瑛建。
进士坊　在右街，为进士周瑛建。
麟魁坊　在右所街，为举人周希默建。
魁元坊　在城内，为举人周希谦建。
登科坊　在后所街，为举人李斐建。
文英坊　在前所街，为举人罗璇建。
世科坊　在城西，为举人周竽建。
南关市　在南门外。
北关市　在北门外一里。

## 十五、威清卫

太和坊。
淳化坊　在南门外。景泰间建。
站市。
驿前市。

## 十六、平坝卫

经魁坊　在城西街，为举人卫兰建。
文魁坊　在东南小街，为金荣建。
高跃龙门坊　在城外中关，为赵纶建。
飞黄坊　在城东街，为张清建。
鼓楼街市。

## 十七、普定卫

迎恩坊　在卫城东门内。
永安坊　在卫城南门内。
怀远坊　在卫城西门内。
镇夷坊　在卫城北门内。
寅宾坊　在卫西。

成功坊　在卫东。
藩秀坊　在卫南。
威远坊　在卫北。
崇勋坊　在城内北。
世禄坊　在城内南。
咸熙坊　在城南关外，为指挥顾兴祖建。
澄清坊　在城南分司前。
儒林坊　在城东儒学前。
贞烈坊　在城内南，为旌表安陆侯吴复淑人杨氏建。
贞烈坊　在卫城内西，为旌表黄氏建。
贞节坊　在卫城内，为旌表裴氏建。
鸣阳坊　在卫城南，为举人许钟建。
进士坊　在卫城南，为进士赵侃建。
文英武秀坊　为举人娄敬建。
步蟾坊　为举人吴宣建。
世科坊　为举人赵谷[1]建。
丛桂坊　为举人娄绣等建。
世及登科坊　为举人潘时建。
步青云坊　为举人方惠建。
彩凤鸣阳坊　为举人景鸾建。
科第传芳坊　为举人薛潮建。
锦衣坊　在城内。
科第重光坊　在城西大街，为举人汪大量、汝含建。
登科坊　在城北，为举人潘大武建。
荐沐纶恩坊　为工部员外郎潘瑞建。
通政坊　为赵侃建。
恩光坊　为举人薛鉴建。
邦家之光坊　为举人谢秀建。
鹏飞霄汉坊　为举人夏祚建。
进士坊　为汪大章建。
科贡双荣坊　为举人李淮建。
进士坊　在卫城南，为梅月建。

① 赵谷：原缺“谷”，据《黔记》，普定卫在吴宣与娄绣之间的举人是赵谷。故据补。

司空坊　为工部主事潘瑞建。
亚科坊　在城北，为举人潘鎏建。
肃边坊　在兵备道门外。
纶音褒宠坊　在城北。
邦伯第坊　在城北，为知府潘时建。
奕世第科坊　在城内，为举人薛大栋建。
宪台坊　在察院门外。
南市。
北市。
十字街市。
局前街市。
马场市　在城东门外一里。
牛场市　在城东门外。

## 十八、安庄卫

麟经首选坊　在西门外，为举人卢祯建。
步云坊　在北口堡，为举人张宏建。
登云坊　在南门外，为举人胡裕建。
鸣凤坊　在南门外，为举人范箴建。
斐英坊　在西门外，为举人萧济建。
文英武秀坊　在城内东，为举人吴钺建。
青云得路坊　在南门外，为举人方明建。
登瀛坊　在城内，为举人谈济建。
澄清坊　在察院前。
儒林坊　在儒学右。
一方巨镇坊　在关索庙左。
演艺坊　在北门外。
显扬坊　在西门外。
十字街市　在卫西门。
蛇、鼠二场　在白虎山下。
江龙场　在卫城南四十里。
马场　在狼洞。
猪场　在卫城北一十五里。
牛场　在关索岭东。

## 十九、安南卫

咸熙坊、永安坊、宁远坊、治政坊　俱在卫治前。
亚元坊　在卫治西，为举人杨培建。
登云坊　在卫治东门外，为武志高建。
迎恩坊　在东门外。
边隅重地坊　在卫治南。
南市。
北市。

## 二十、普安卫州附

中和坊　在北门内。
清泰坊　在北门内。
武安坊　在十字街。
通滇坊　在十字街。
崇礼坊　在南郭。
云程步武坊　在北郭。
科甲联芳坊　在十字街。
宣化坊　在州治街。
教民坊　在州治左。
腾蛟坊、起凤坊　俱在学前。
振肃坊　在察院左。
进士坊　在驿前。
云水奇观坊　在碧云洞前。
狗场市　十字街。
猪场市　在州治东十五里。
龙场市　在州治前。
虎场市　在安南所。
马场市　在安笼所。

## 二十一、毕节卫

寅宾坊　在东门内。
崇明坊　在南门内。
秩成坊　在西门内。
控朔坊　在北门内。

观风振纪坊、贞度肃僚坊　俱在察院前。
振扬威武坊　在南门外。
广惠坊　在城隍庙前。
迎恩坊　在南关外。
义路礼门坊　在儒学前。
掇科坊　为举人吴珍建。
经魁坊　为汪琮建。
瑞麟坊　为李藻建。
文英武秀坊　为陈益建。
青云接武坊　为王麒建。
光裕坊　为举人马运立。
登云坊　为熊世英建。
丛桂坊　为历科举人建。
康衢市　在南门外。
迎恩市　在东门内。
东关市。
南关市。

## 二十二、乌撒卫

风厉坊　在分司左。
观风肃纪坊　在察院右。
甲科岁荐坊　在卫治前。
麟经魁选坊　为举人姚震建。
鸣世登科坊　为举人姚大濩、大英建。
桥梓联芳坊　为举人张翀、张勍建。
鸣凤登科坊　为举人张效、张勑建。
御史坊　在后所，为缪文龙建。
敕封御史坊　为知县缪良玉建。
解元坊　在东关，为浦仲良建。
鼠场市、马场市 俱在北门外一里。

## 二十三、赤水卫

兴贤坊　在学前。
升天衢坊　在学右，为举人王恕建。

凌云坊　在大街，为举人周鼎建。
文英坊　在卫右，为举人徐谏建。
翀霄坊　在小街，为举人陈表建。
鸣世清音坊　在卫左，为举人冯褫建。
飞腾坊　在小东街，为举人沈琮建。

## 二十四、永宁卫

振肃坊　在分司左。
扬武坊　在卫治前。
忠贞坊　在本司，为宣抚奢爵立。
育英坊　在学右。
威远坊　在十字街。
五马坊　为知州邵昱立。
文英武秀坊　为举人朱溥立。
一林丹桂芳　为举人陶辅、陶金、陶心、陶泉、陶璞、陶登建。
夏官坊　为兵部郎中陶心立。
秋官坊　为刑部郎中周昺立。
青云飞步坊　为举人谢礼立。
进士坊　为进士周昺立。
进士坊　为赵维垣立。
翰林坊　为赵维垣立。
折桂坊　为举人樊珍立。
西关市　在小西门外。
西门市　在西门内。
北门市　在大北门内。
仓前市　在大军仓前。
司前市　在下桥迤东。
东门市　在大东门内。
东关市　在站中。

# 第四章 惠 政

《周礼》:“大司徒以保息六养万民，是曰惠政”，后世则文具而已。噫，岂惟文具而已，又有从而贼害之者焉。夫我无惠政以养其生，听其自为生可也。又从而贼害之，不亦甚乎?

## 一、贵州布政司、宣慰司

预备仓 在治城内东。成化间，都御史陈俨建。

养济院 在治城内南。弘治间，巡按御史包裕建。

贵州卫站仓 本站军余旧无粮饷，副使吴倬区画茴银七百三十一两，置买水田八分，每年收获粮米三百七十四秤，分给各军站。人感其恩德，请立表贤祠，以祀公及郡人巡抚徐节云。

贵、前二卫营房、四关并教场俱备，皆嘉靖间当道节建也。

**嘉靖三年，提学佥事赵渊记:**

古者寓兵于农，军孰与不足?近世歧而二之，弧矢日繁，故天下军数，在宋初，十仅得三，五季残之也。独我国初得十，元驱之也。宋治平或过焉，召募无禁也。我正统迄今，不啻治平，而乃亡去六七，边卫滋甚，盖其弊有不可胜言者，将谁责乎?夫国恃军，故军先。军恃食，故食先。军冗者食蠹，此司马文正所谓治平忧也。军缺者国虚，此丘文庄所谓今日忧也。且天下之变，卒然以起，军不足而民应之，势也。乃以为军先残十百而弗之问，是弃之已。杀一军者罪其长，奈之何十百民之命不足当一军哉?此则渊所深悯者也。时可忧，此民可悯。文庄诸贤所论列而今制听之者，又具在也。故择而措之，存乎其人。

嘉靖二年冬，清军御史贵溪江公良材甫入贵境，会征芒部，贵军苦不足。叹曰:“吾责也。”乃亟檄境内外诸司，煦之、束之、核之、摘之，各以其职事事。于是逃者、亡者、匿漏者，不半年而至种种，盖遗庐无几矣。

既而曰:“额难遽足，弊难顿除，剧贯难驱，流民可悯。附洞寨者易鼓变，聚妻孥者无去心。食以绝伍之食，食不蠹;策其新豢之力，力必奋。此其徒之愿，自古一。今制所为听也。”于是，不逾年而至者又踵踵。

盖居无庐矣。则又曰:“吾其营之。”乃斥本院缗钱，檄境内缘城郭闲壤，并手交作，人授几楹焉。而其役则自贵、前二卫始。城之东属贵，凡若干楹。其南属前，凡若干楹。东有优士亭，亭上为阁，面长塘，背方沼，花木鱼鳖，取次可赏。官不与财，众不与力，居者不与心，赏者不与谋。眼前突兀，知非昔贵，而施罗老幼相戒保首领以稍纾吾侪之所忧所悯者，将不在兹欤？

于是，镇守太监杨广，总兵官牛桓，三司方伯杨惟康，廉宪徐赞、于鳌，大参于湛，宪副潘鉴、王浚，佥宪成周，都阃顾恩、刘麟，相与砻石焉。而后先具白于巡抚都御史熊一渼，巡按御史刘廷簠、钟卿，密授渊以简，莫辞也。

渊惟天下事，莫大于文武，公方经纪学校、养子弟，而于兹役复恳恳，此其志谓天下苟有可为者必为之，不复顾，而其材沛然，将无不可者。庸讵知夫他日不有赞太平、弥乱略者出于其间耶？因为论次如右。客有鼓太平辞者殿之，且异其词曰：

昔无粟，今日食官仓。
昔无庐，今日住官房。
皇恩如天，公泽如江。
安饱死曷忘，子子孙孙守边疆。
我愿太平日鼓腹，夜夜开门亦何妨。
风尘风尘我弓强，射马擒王敢谁当？
君不见，杜陵广厦千万间，宰相材志空尔长。
又不见，傅老河北十万人，京东草树年年芳。
只今有道四夷守，安不忘危引杯长。
引杯长，小亭琴声抱池光。
我歌我舞我商量，青天白日一肝肠，青天白日一肝肠。

惠民药局　在布政司前。

**嘉靖三十一年，左布政使李涵建议略：**

边方夷民遇有疾病，止知土俗做鬼，其于医药，略不通晓。其愚而无觉者不知取药，觉而无力者不能取药，均之坐以待毙，甚可哀也。本司因此量给官银，收买药饵，于司前空地建立药局，设内外两科，委官一员以主之。凡有疾者，必亲身自告，医学审其轻重，视其缓急，投以方药。有力者量取其价，无力者即捐以药，仍立月报文簿开报。市买药材用度不足，则请于官，权宜区处。因置大铁碾一副，大、小药刀二把，中样药柜二个，乳钵一副，药筛一副，石磨一副，石臼杵一副，以供局用。在局医生二人，仍月给银米焉。

纸场　在渔矶湾。先是，养龙坑、都匀土民造纸极粗恶，止堪作稿，其咨呈本纸，俱出浙江、江西诸处商贩。官府逐年派市民为纸户应官，甚病苦之。嘉靖三十二年，巡抚都御史刘大直廉其状，乃召募浙江、江西纸匠数人，于渔矶湾濒水制造各色纸，仍拨市民子弟习学。于是，纸之精良、价值，遂与中州等矣。

## 二、思州府

预备仓　在城隍庙右。

养济院　在府治南。

## 三、思南府

预备仓　有七，一在南平仓后；一在水德司北；一在蛮夷司厅右；一在沿河司，弘治间建，今废；一在朗溪司左。

养济院　有二，一在兵备道东；一在山川坛西，今废。

### 婺川县

预备仓　在县治右，知县熊价建。

养济院　今废。

### 印江县

预备仓　在县治北，知县曾赞建。

养济院　在县治西二里，地名龙塘，知县颜阶建。

## 四、镇远府

养济院　在城隍庙东。

## 五、石阡府

预备仓　有五，一在府治后；一在石阡司右；一在苗民司北，今废；一在葛彰司前；一在龙泉司左。

养济院　在府治北，今毁。

## 六、铜仁府

预备仓　有七，一在旧府治仪门内左，正统四年，知府萧和[1]建。十四

① 萧和：云图本及弘治《贵州图经新志》与本书同，万历《铜仁府志》《黔记》均作“萧和鼎”。

年，毁于苗。成化三年，杨显嘉重建。嘉靖二年，方宸重修。嘉靖三十一年，改建于府治东。一在铜仁司。一在省溪司。一在乌罗司。一在平头司。一在万山司。

惠民药局　知府宋锐、魏文相以申明亭改建。

养济院　在铜江书院左。

漏泽园　在府治西十一里。

## 七、程番府

预备仓　在府治内。

养济院　在府治内。

## 八、都匀府

预备仓　在府治内。

养济院　有二，一在府前，一在卫治南隅。

## 九、黎平府

预备仓　在府治西。成化七年，湖广巡抚吴琛建。

## 十、镇宁州

预备仓　在州治南。

## 十一、安顺州

预备仓　在州治内。

## 十二、普安州

预备仓　在州治内。

养济院　在卫治内。

## 十三、龙里卫

预备仓　在卫治右。

养济院　在卫治北。成化七年，巡抚都御史秦敬建。

## 十四、新添卫

预备仓　在卫治东。
养济院　在卫治内东。成化七年建。

## 十五、平越卫

预备仓　在卫左。成化间建，今废。
养济院　在卫治西。洪武二十二年建。

## 十六、清平卫

养济院　在卫治北。

## 十七、兴隆卫

预备仓　有五，一在重安堡，一在兴隆站，一在东坡堡，一在重安哨，一在长岭屯。
养济院　在卫治东。成化间建。

## 十八、威清卫

预备仓　在站内。
养济院　在卫治东南，指挥高节建。

## 十九、平坝卫

养济院　在卫治内北。

## 二十、普定卫

预备仓　在卫治西，普定站。

## 二十一、安庄卫

预备仓　在卫治内右，今废。
养济院　在卫治东门内。成化二十一年建。

## 二十二、安南卫

预备仓　在卫治前，嘉靖五年毁，今改建于卫治右。

养济院　在卫治前。嘉靖十三年，经历曾璠建。

## 二十三、毕节卫

预备仓　有二，一在卫治后，一在站内。

## 二十四、乌撒卫

预备仓　在卫治左。

养济院　在卫治东。

## 二十五、赤水卫

预备仓　在赤水仓内。

养济院　在卫治东门内。

## 二十六、永宁卫

预备仓　在卫治南门内。

养济院　在卫治东北。

漏泽园　有四，一在大东门外，一在小东门外，一在南门外，一在西关外。

# 第五章 古 迹

《黍离》兴悲，九原增叹，亦以世变时移，有足感者矣，故志之。

## 一、贵州布政司、宣慰司

藏甲岩　在治城内西南隅永祥寺下，俗名鬼王洞。汉王志英武过人，而貌陋，军中呼为鬼头，官至校尉。从诸葛武侯征南，擒雍铠过此，藏盔甲以镇服百蛮。故老相传云，尝有人秉烛入洞，盔甲俨然挂岩壁。欲取之，辄有蝙蝠如鸦，扑灭其火，岩中啾啾有声，遂惧而出。

都御史邓廷瓒诗：

将军随侍武侯来，瘴雨蛮烟万里开。兜鍪洞中尚英烈，虹光夜夜照三台。

废大万谷落总管府　在治城北一百二十里。宋开宝八年建，嘉定间移建于郡城内。

废乖西军民府　在治城北一百里，地名大乖西。皇庆元年建，以土官阿马知府事，佩金符。

废洪边州　在治城北八里。至元间建，隶八番罗甸宣慰司。

废龙章州　在治城北二十里，元置。俗讹为“陇上”。

废大罗州　在治城南二十里，元置。俗讹名“大罗街”。

废瓮蓬县　在治城北四十里，元置。今为瓮蓬堡。

废小罗县　在治城南，元置，寻废。俗名尔溪街。

废白纳县　在白纳长官司西八里，曰躬蛾寨。元置，寻改中曹白纳长官司。

废鸭水县　在治城北一百六十里鸭池河，元置。

已上州、县隶顺元路。

废骨龙等处长官司　在治城北六十里，元置。

废陆广等处长官司　在治北一百五十里，元置。

废底窝紫江等处长官司　在治城东北一百五十里，元置。

废曾竹等处长官司　在治城西北八十里，元置。大德七年，顺元同知宣抚事阿重尝为曾竹蛮夷长官，以其叔父宋隆济结诸蛮为乱，弃家朝京师，陈其事宜，深入乌撒、乌蒙，至于水东，招谕木楼苗猪，生获隆济以献。

已上长官司俱隶八番顺元宣慰司。

将台　在治城西狮子山上。洪武初，总兵官傅友德筑台于上以阅武，遗址尚存。贵阳八景曰“狮峰将台”即此。

石田　在治城南二十五里。相传昔有隐士习黄白冲举之事甚笃，忽有道士从假牛耕石田种玉，隐士与之。方耕治，隐士妻来索牛，道士怒，遂舍之。至今，石上耕治之迹宛然。俗名鬼打耙。

水西故城　在治城西北二百五十里。本朝初所筑，垒门尚存。

仙人篱　在治城北八十里高崖之上。故老传云昔有黄冠结屋其上。今篱尚存，历岁不腐。

## 二、思州府

废都素府　在府治北七十里。元初置，寻废。

废丹川县　在施溪司。唐置，属夷州。

废丹阳县　在黄道司。唐置，隶思州。

废台蓬若洞住溪等处蛮夷军民长官司　在都坪峨异溪司南。元置，本朝洪武二十五年省。

废野鸡坪等处蛮夷军民长官司　在黄道溪长官司西。元置，本朝洪武五年省。

废务程龙鳌坪长官司、废岳溪都坪长官司　二司俱在黄道司西，俱本朝洪武二十五年省。

废平溪等处蛮夷军民长官司　在府城东北五十里。元置，隶都云军民府，今废。

珠砂坑　四十八面，在施溪司，昔有重臣督其课以贡，寻改折秋粮二十三石，弛其督。坑犹存。

白崖　在府治西五里。高峻难登，中有空洞。远望洞门前有棺柩，时闻乐声或其声，相传为仙迹。洞下有深潭，产金星、银星二种石，缙绅取以为砚。

宝塔　在府治南十里。高三丈许，相传昔因洪水漂流至此，弗去，至今土民庵以祀之。

## 三、思南府

思州故城　《元志》云：去今思州百八十里，即今镇远府。然考之事云，云唐有天下，田氏始祖名克昌者，陟巴峡，卜筑于思州。又按：宋度正亦云，游涪陵，因黔中访黄鲁直旧游处，每闻士友言田氏济忠义。则此城疑近蜀中，恐即今武隆、彭水之地，或即沿河司所谓城子头是也，或云在婺川。未详孰是。

古牂牱郡城　在府治西，即汉末伏时所保。《唐史》云：牂牱国，武德中改为牂州，寻改牁州。境内有石门、高连二山，今贵州宣慰司境内山名有曰石门、高连者。况思州之地，自古至今，迁徙不一，而《方隅胜览》亦云：思州郡非古城。又《唐书》称："罗甸，牂牁蛮也。"《五代史》云：辰州西千五百里为牂牁。今思南去辰州不千里。况唐以思州为内郡，而以牂牁为羁縻，则牂牁郡城不在思南明矣。岂所谓牂牁古城者，特郡夷未服时所保，既伏之后，西徙贵州乎？或曰：石门山即崖门山也。皆未详是否。

废费州　后周宣政初置。隋开皇中于州治置涪川县，唐武德间移治蒙笼山。

废溱州　唐贞观中置，州治荣懿县，及领扶欢、夜郎等四县。天宝初，改溱溪郡。五代时沦于蛮，宋政和间复置，宣和间废。

废庄州　隋分牂牁郡立南寿州，唐改庄州，隶黔中郡，永徽间废。

废城乐县　《元志》云：在府西百五十里。唐武德中，招慰生獠置，属思州。始筑城，人歌舞之，遂名。贞观中改属费州。县西百五十里有涪陵水。

废扶阳县　《元志》云：在府西北八十里。隋于扶水之北置县，属庸州。唐属费州，宋废。

废扶欢县　在府治西南二十里。唐置，属溱州。县东有扶欢山，故因名。

废多田县　在府治西北四十五里。唐武德中置，属思州。贞观中，改属费州。宋废。县北有浮禹山。

废宾化县　隋置，寻废。唐武德中复置，后同州废。

废安夷县　唐置宁夷县，隶夷州，后废。宋政和中复置，隶思州。宣和间废为堡，隶黔州。

废思王县　在府治南，水路三百里。唐武德中置，属思州，后废。

废思邛县　在府治东南三百九十里。唐开元四年，开生獠置，后废。

以上地里俱据元置[1]，而《新志》地里无考。

天井池　古池也，在府治西北百四十里。池甚深阔，水且清澈，大旱不竭，久雨不溢。相传有龙宅其中焉。

仙迹　在龚滩江边盘石上，足迹二，长可一尺，相去五六尺余，指甲肤

---

① 元置，据下文，当是"元志"。

文，宛然具备，正如人行泥地者。

天生桥　在府治南五十里。有石如桥，水流其下。洞门高敞，诚天设也。

## 四、镇远府

废思王县　在府东南八十里，思邛山西。唐元和置。故老相传，汉陈立为牂牁太守，阻兵保据思邛水，汉将夜郎王将兵数万破立于此，抚安百姓。时人思慕，遂名思王县。

废思邛县　在府东南九十里。唐真观四年置，隶思州宁夷郡。宋省入婺川、安夷。

废洛浦县　唐置，隶夷州，后废。宋政和中复置，隶思州。宣和间废为堡，隶黔州。

废定安县　元置，隶镇远沿边溪洞招讨司，寻废。

废永安县　同上。

废德珉蛮夷长官司　在府治南。

废晓爱泸洞赤溪等处长官司　在府治东。

废卑带洞大小田等处长官司　在府东七十里。

已上三司俱元置，隶思州军民宣抚司，今废。

古观音石像　在府治东观音岩上。

瓮蓬洞石刻　瓮蓬第一洞，有巨石立水中，刻云："在山形势已仁威，何必趋车占水湄？为汝碍舟呼匠者，少须一客[1]即平夷。"旁刻云："都梁唐中立作，时大德丁未四月也。"今详此诗，盖恶此洞石[2]阻截水道，舟不得进，欲凿去之也。

元帅府故宅　在中河山上。

元帅府废城　在中河山半里，遗址尚在。

废金容金达蛮夷长官司　在府治东八十里。元置，隶思州，今废。

云根岭。

翠渠诗：

迂回开岭路，历落见云根。白日山川暝，春风花木繁。
兴来常独往，坐处辄忘言。万古此天地，幽怀谁与论？

---

① 少须一客：弘治《贵州图经新志》作"少顷一客"，《黔记》作"少顷一刻"。当依《黔记》为是。

② 洞石：弘治《贵州图经新志》作"巨石"。

壶中丘壑　在镇阳读骚台东。

## 五、石阡府

废义州　在龙泉司北，义阳山下。
废明阳县　在龙泉司西。
废绥阳县　在今龙泉司西北。《唐史》云：县有绥阳山。
废鸡翁县　在龙泉东南鸡翁山下。
废洋川县　在苗民司南洋溪山下。
废夜郎县　在葛彰司西六十里。唐置，隶夷州，宋改隶珍州，元废。

## 六、铜仁府

仙人题柱　在平头著可司之翁蓬寨。详见《仙释》下。
废万安县　在府治西，铜仁大江之左。唐置，隶锦州庐阳郡，宋废。
废常丰县　即万安县。唐天宝初置，寻改为万安。
废德明洞长官司　在府治西北。元置，隶思州安抚司。今废。
废乌罗府　在乌罗长官司。永乐十一年建，正统四年废。
废铜人大小两江口等处蛮夷长官司　元置，隶都云定云等处安抚司。

废勒舍长官司　元置，寻废。正德末年，人于山洞中拾获本司印一颗，篆文八画，与本朝篆文不同。见贮府库。

废省溪坝场长官司　宋置，隶思南宣慰司。洪武年间，改隶乌罗府，寻改今属。

废提溪等处蛮夷军民长官司　在张家寨，去司治十里。元置，本朝改隶乌罗司。

废太平溪金场　永乐十三年置，宣德八年停革。
废龙泉葛泽长官司　宋置。今孟溪堡其故址也。
废榕溪栀子坪长官司　元置，寻废。

## 七、程番府

废南宁州　在府治南三十里。宋置，为羁縻州。

废定远府　在府治南二百二十里。元置，领桑州等十州，朝宗[1]等十一县，今废。

---

① 朝宗：原文为“朝筑宗”，衍一“筑”字，据弘治《贵州图经新志》改。

废古筑县　在金筑安抚司南一百里。元置，隶金筑府，俗名占羊县[①]，今废。

仙人足迹石　在卧龙司境内，石上有迹，如人足形。

## 八、都匀府

废合江州　在府治东南二百五十里。宋置，为羁縻州。元因之，隶两江溪洞思明路定云府，寻废为长官司。

废陈蒙州　在府治东南一百里。宋置，为羁縻州。元因之，隶两江溪洞思明路定云府，寻为长官司。

废定云府　在府治东一百五十里，元置。

废麻峡县　在麻哈州南，元置。

废都云县　在都匀司西十里。元置，今废。

废都云洞长官司　在都匀司东。元置，隶新添葛蛮安抚司。弘治六年，改都匀长官司，徙今治。

废都云桑林独力等处长官司　在府治西二百里。元置，今废。

废都镇麻乃等处长官司　在府治北七十里。元置，今废。

## 九、黎平府

诸葛营　有二[②]，一在府治东北三百里古州乐昌界，一在府治北八十五里新化长官司界。相传以为诸葛武侯南征时立营于此，遗址尚存。

废古州八万军民总管府　在府治北八十里欧阳长官司南。元置，今废。

废新化府　在新化司治西北。永乐十一年置，寻废。

废铜鼓长官司、废五开洞长官司　俱元置，属都云定云等处安抚司，今废。

废上黎平长官司、废诚州富盈等处长官司　俱元置，属新添葛蛮宣抚司，今废。

## 十、永宁州

诸葛营　有二，一在红崖山上，一在盘江上。世传诸葛武侯南征，屯兵于此。

马跑泉　在关索岭畔。索，羽之子也，从丞相亮南征，开道，过于此，渴甚，忽所乘马跑地，泉涌出，军士以济。

---

① 占羊县：《黔记》作“古羊县”。

② 有二：原误为“一”，据云图本及下文改。

## 十一、镇宁州

普定故城　在十二营司东南二十里。洪武十四年，大军克平普定府，暂立此城以守御之。十五年，征南将军傅友德徙于今卫治，而故城遗址尚存。

## 十二、安顺州

废习安州　在西堡司北浪伏山下。元置，隶普定府。今废。
废普定县　在州治西。元置，隶曲靖宣慰司普安路，寻省入安顺州。

## 十三、普安州

废附唐县　在州治南一百里黄草坝。
废平夷县　在州治西一百二十里，今为云南平夷卫。
废盘水县　在州治东盘江之上。
已上三县俱唐置，隶盘州。

废永山县。
废石梁县。
废罗山县　在州治西[1]一百里香罗山。
以上三县俱元置，隶普定路。
普安旧城　在州治东三十里。

## 十四、龙里卫

冗刀山古营　在平伐司西南八里。《元志》称夷酋保郎[2]宋末时聚兵于此。
废龙里州　在卫治西。元置，隶八番罗甸宣慰司。寻废。
废龙里县　在卫治东南五十里。元置，隶龙里州，寻省入平伐长官司。
废唻耸古平长官司　在卫治东十里。元置，隶新添葛蛮安抚司。本朝洪武初废。

## 十五、新添卫

废瓮城都桑长官司　在卫治西南二十里。元置，隶新添葛蛮安抚司，今废。

---

① 西：原文误作“四”，据《黔记》改。
② 保郎：原文误为“保即”，据《黔记》及本书卷九人物传改。弘治《贵州图经新志》作“保狼”。

## 十六、平越卫

废三陂地蓬等处长官司　在卫治东南三十里地蓬铺。元置，隶新添葛蛮安抚司。今废。

## 十七、清平卫

废恭溪望城崖岭等处长官司　在卫治东南三十五里。元置，隶新添葛蛮安抚司。今废为望城堡。

## 十八、威清卫

铜鼓山　在卫治西四十五里。相传蜀汉诸葛亮征南，于此获铜鼓，因以是名。又父老云：山有洞，洞藏武侯盔甲在内。先代有可入处，今石门榛芜，人或临之，蛇蜂交集，不可复入。每值阴雨，闻者如铜鼓铿然作声。

## 十九、平坝卫

营盘　在卫治东六里。世传诸葛南征，曾此驻兵。宽敞约一里许，有试剑石尚存。

## 二十、普定卫

观星台　在学后仓右，有一小坡，其形如台。传闻诸葛于此观星。

诸葛营　在卫治西十里，旁有枪币泉。耆老传闻，汉诸葛亮尝驻兵于此，营垒尚存。

赵府判德政碑　在卫治东十五里，安顺州六寨。正统九年，副使李公睿闻而录之。

废普定府　在卫治东南隅。元置，洪武十八年废。今地为兵器局。

## 二十一、安庄卫

诸葛营　在卫治南四十五里狼洞屯侧。相传诸葛南征，屯兵于此，遗址尚存。

## 二十二、安南卫

安南旧城　在卫治南三十里江西坡上。

## 二十三、毕节卫

梁王台　在卫治东北一里。元梁王出镇云南，过此所筑，遗址尚存。

武侯碑　在卫治北一百二十里，地名上坝。相传诸葛武侯南征时所立，岁久莫能辨。

## 二十四、赤水卫

废层台卫　在卫治东南一百里，即前千户所。洪武初建，寻废，留兵千户守之。今为层台站。

## 二十五、永宁卫

永宁旧城　在卫治西八十里渔漕溪北，即元永宁路旧址也。洪武四年筑，五年，移今城。

旧蔺州　在卫治东一百八十里。唐元和初置，有碑，即唐朝坝，今剥落。

米利城　在卫治北八十里。有大田，常无水旱忧，米谷成熟，故名。

关索石　在卫治南二十里大道之旁。故老云：昔关索南征，恶此石截道，以戈椎击之，石破为二，一留道旁，一飞堕道东，因名落石。今刀痕宛然。

# 第六章 丘 墓

## 一、贵州布政司、宣慰司

贵国宋忠宣公墓 在治城北一百二十里，地名祖蒙。公名阿重，元大德间平宋隆济有功。卒，葬于此。

何宣慰墓 在治城东一里。何亡其名，前至元时为八番顺元宣慰使，有善政。卒，葬于此。

义友十墓 在治城北二里。故老云：至元末，贵阳夷猓叛，十人结义，保障乡里。既卒，列葬于此。今十冢累累相传，惜其名不传。

本朝张参将墓 在治城西。参将名任，天顺间，以都督佥事右参将镇守贵州。卒，奉敕葬于此。

徐公墓 在忠节冈后，都御史徐节墓。节有廉介。卒，奉敕谕祭。

## 二、思南府

宋少师思国公田祐恭墓 在婺川县归义乡西山之原。按：田氏妫姓，世为京兆人。来居于此，世为土酋长，有功兹地。宋朝请郎通判黔州事于观撰墓志铭，以表其贤。

## 三、黎平府

宋徐知府墓 在新化司东南。相传云宋辰州知府姓徐者，因入洞招抚蛮人被害，弃尸河内。日逐下流，夜复上流，人皆惊异，遂收葬之。

## 四、平越卫

本朝隆平侯墓 羽士张三丰点葬，在城南一里，即张信之母也。

## 五、普定卫

本朝镇远侯顾公墓 在治东四十里。

赵公墓 吏科都给事中赵侃，卓有廉名，寻升通政使。卒，赐葬于此，有谕祭。

### 六、永宁卫

元仙婆墓　在乌降山下。故老相传，昔有老妪名满道，笃于道行，善知休咎，人多就决焉。后卒，葬于此。

## 贵州通志卷之八

# 贵州通志卷之九

钦差巡视提督学校贵州按察司副使谢东山删正
贵州宣慰使司儒学训导张道编集
学生汤建中、马阳、吴铠、李朴、汪藻、倪世杰、马希龙、孙世贤、任懋忠、胡禾同编

## 第一章　名　宦

南国甘棠之爱、东人衮衣之思，尚矣。汉、唐而下，泽施一方，名垂后世者，亦代不乏人，然其人可偻指而数也。贵州地本夷荒，号称难治，始之开辟，终之拓充，功在地方，卓乎不可泯者，亦多有之。表而出之，所以为劝也。

### 一、贵州布政司、宣慰司

**周**

庄蹻　楚顷襄王弟，王命为将，略地黔中，西至滇池，而贵州之地始通中国。

**汉**

唐蒙　武帝拜蒙为中郎将。始见夜郎侯，谕以威德，西南夷遂附，建牂牁郡。

李恢　后主时封兴亭侯。牂牁乱，与丞相亮分道南征，为蛮所围，恢以计绐之，围守稍缓。恢出兵大破之，追奔逐北，南至盘江，东接牂牁，与亮声势相连。境土平定，恢军功居多，加为安汉将军。

马忠　建兴三年，丞相亮拜忠为牂牁太守，抚育恤理诸夷，甚有威惠。为人宽济有度量，处事能断，蛮夷兴爱。及忠卒，莫不为之流涕。后遂为立庙以崇祀焉。

### 唐

韦华　唐贞元中，为剑南西川节度使，抚绥西南，威令大著。

段文昌　穆宗朝为西川剑南节度使，政尚宽静，间以威断，不专任也。群蛮震服。长庆二年，黔中蛮叛，文昌使一介开谕，蛮即还。

### 宋

宋景阳　真定人。开宝八年，累官至宁远军节度使。时广右诸蛮作乱，诏景阳率师征之。悉定广右，复进兵都云、贵州等处，西南以平。诏建总管府于大万谷乐等处，授景阳宁远军节度使、都总管以镇之。景阳抚绥劳来，甚得远人之心，而柳州、庆远之民多归附，其苏、赵、周、高、兰、蔡、南容七姓者，举族附焉。卒，赠太尉，谥忠成。朝廷录其功，俾子孙世爵兹土，即今宣慰之始祖也。

胡舜陟　绍兴七年，以待制帅邕州，领市罗甸马事，招徕有方，夷人归之。终岁获马四千二百匹。上谕诏而褒赏其功焉。

### 元

阿里海牙　畏吾人。至元间为平章政事。降八番罗甸蛮，以其总管文龙貌入见，以宣慰司、八番、罗甸等处，并置安抚以镇之。

刘继昌　至元时，为两淮招讨司经历阿里海牙遣，招谕西南诸夷。继昌不避险远，深入不毛，谕以威德，而八番顺元及两江溪洞皆降附，遂郡县其地。

李德辉　潞县人。元中，罗施鬼国既降复叛，诏云南等路合兵讨之。时德辉以左丞被命，在播州，遣张孝思谕降，其酋阿察密熟德辉名，即身至播，泣且告曰："吾属微公来，死且不降。今得所归，蔑有二矣。"德辉乃奏改鬼国为顺元路，以其酋为宣抚使。后有谮德辉受鬼国马千数者。世祖曰："是人虽一羊不妄受，宁有是理耶?"遂不听其谮。

张孝思　至元中，为左丞李德辉偏裨，招降叛夷，功著边徼。

速哥　至元十九年，为顺元等路军民宣慰司宣慰使，经理诸蛮，得其归心。后迁河东、陕西等路万户府达鲁花赤。夷酋赴阙留之，遂降八番、金竹、百余等寨，得户三万四千，悉以地为郡县，置顺元路金竹府，贵州以统之。东连九溪十八洞，南至交趾，西至云南，咸受节制。为西南名臣第一。

也速答儿　都元帅纫磷之子，智勇类其父。为四川西道宣慰加都元帅。至元时，罗氏鬼国亦奚不薛叛，诏以四川兵会云南、江南兵讨之。至会灵关，亦奚不薛遣[1]先锋阿麻、阿豆等将数万众迎敌。也速答儿驰入其军，挟阿麻、

① 遣：原文误作"追"，据《黔记》及弘治《贵州图经新志》改。

阿豆出，斩之，亦奚不薛惧，率所部五万户降。

斡罗思　至元二十六年，置八番罗甸宣慰司，首以斡罗思为宣慰使，进嘉议大夫。时诸蛮叛服不常，斡罗思讨平之，乃立安抚司以守焉。二十八年，平杨都要，进等中奉大夫，赐虎符。后官至四川行省平章政事。卒，赠光禄大夫、益国公。

刘国杰　女直人。入中国，改刘姓。貌魁雄，善骑射，胆力过人。元贞初，为湖广行省平章政事。大德五年，罗鬼女子蛇节反，乌撒、乌蒙、东川、芒部诸蛮从之，皆叛，陷贵州。诏国杰将诸夷兵，合四川、云南、思、播兵以讨之。贼兵劲利，且多健马[①]，官军战失利。国杰令人持一盾，布钉其上。俟战合，即弃盾伪遁，贼果逐之。马奋不能止，遇盾皆倒。国杰鼓之，贼大败。既而复合。众请战，国杰不应。数日，度其气衰，一鼓破走之，追奔数十里。七年春，擒斩蛇节、宋隆济、阿女等，西南夷悉平复。

张怀德　大德间，为贵州知州。值土官宋隆济反，攻贵州。时治平既久，兵备废弛，众心汹汹无措。怀德募民壮，合官军千余，喻以忠义，人殊效死，军势颇振。然众寡不敌，力战被擒。贼欲降之，怀德大骂，不屈而死。郡人表其战地曰“崇节”。

移剌四奴　蒙古人。至大间为万户，湖广省乖西带蛮阿马等入寇，遣移剌四奴及调思、播土兵，并力讨捕。枢密院以移剌四奴备知事势缓急、地理要害，乞听其便益调遣，制曰可。已而寇平，足称斯举。

何成禄　皇庆中，为教授。富文学，饬容止，训迪诚恳。郡中文美，勃然以兴。又尝迁建学舍，而以故址创书院。勤于所事如此。

乞住　至顺初为八番顺元宣慰使。有惠政，而武略亦过人。尝命将兵讨云南，武功茂著。

那海　至顺间任云南行省都事。忠勤，辞令夐出。等夷乌蒙土官禄余叛，省遣那海奉诏往谕，禄余拒不受。俄而，贼大至，那海因与力战。及晚，乌撒兵入顺元境，左丞帖木儿不花御贼，那海复就阵宣诏招之，遂遇害。

冯士启　为八番顺元府经历，裨赞帅幄，多良谋，时人贤之。后官至礼部尚书。

完泽　至正间任八番顺元宣慰使都元帅。奉宣德意，怀柔远人，境内康乂。今都司乃其所建之帅府也。

范汇　至正间，任宣慰副使，奉宣德意，而文学政事闻于当时。郡中纪载，多其手翰。

---

① 健马：原文误作“健焉”，据弘治《贵州图经新志》改。

廖志贤　至正间，任教授。启迪多方，号称善教。

**本朝**

郑彦文　蔚州人。仕[①]元为万户。入蜀，居彭城，因家焉。平蜀，率土官首先归附，授贵州宣慰。招集民夷，卓有善政。洪武六年，调潼川知州。未几，仍改宣慰，从征云南。后有功，升工部右侍郎。

傅友德　洪武初为颍川侯。将兵征西南，威惠并著，夷獠降附，边境以宁。

马烨　洪武初，置贵州都指挥使司，以烨为都指挥使。时边方初附，烨政令明肃，时称为马阎王。贵州诸卫城堡并驿传、铺舍、桥道，皆烨创建，极其坚固雄伟。其他攻击抚循之绩，尤为茂著。论者以为开创贵阳，功居第一。后坐事，南人至今惜之。

顾成　状貌魁杰，有膂力。洪武八年，授贵州卫指挥佥事。十四年，寻升普定卫指挥使。二十九年，升右军都督府都督佥事，充总兵官，讨水西叛夷，累功升镇远侯。又拓筑贵州城，规模宏壮。其他修创学校、置建官司，皆有显绩，垂于不朽。边人为立祠，肖像祀之。及卒，朝廷命有司岁时致祭，追封夏国公，谥武毅。详见祠堂记。

程暹　自沧州卫指挥使升贵州都指挥使。是时，夷民初附，边备草创，暹因事制宜而经略之。又请建学为教，文事武备之功多矣。寻以疾卒，边人思之不置。教授黄远有送行序。

芒文缜　临川人，任国子学正。洪武二十六年，开建贵州儒学，以文缜为教授，训诲有方，人始知学。两典文衡，为时所重。

蒋廷瓒　美须髯，有器量。永乐初，以行人讨平思州、思南叛寇，升工部侍郎。十一年，开设贵州布政司。朝廷以廷瓒素谙夷情，转本司左布政使。凡衙门建置、刑政沿革，莫不竭力为之，时称循良。

成务　永乐初任御史，振扬风纪，绰有能誉。十一年，开设贵州按察司，超升按察使。风裁凛然，宪度画一，边方以肃。

周农圃　嘉禾人，永乐间任贵州驿丞。博学能文，虽居小官，亦屑尽职[②]。有诗集行于世。

吴讷　宣德三年巡按贵州，一道肃清，百度整饬。然又著意于学校，诱掖后进。尝注《小学直解》行于世。

吴亮　宣德间任总兵，号令严明，士卒畏服。子经，成化间继镇兹土，有父风。

---

① 仕：原文误作“任”，据《黔记》及弘治《贵州图经新志》改。

② 职：原文作“躲”，同“我”，不通，据弘治《贵州图经新志》改。

易节　宣德间任左布政使。宽猛得宜，抚字有道，夷民归之。

王询　正统间巡抚贵州。蛮夷畏服，边尘不生。后改国子监祭酒。

杨廉　宣德间任参议。操行端洁，抚绥有方。自谓关西苗裔，常不失清白之守。寻卒于官，果如其言。

范循　正统间自御史升按察佥事，执法不挠，监司巨擘。

侯琎　泽州人。公勤智勇，文武兼资。正统间，以兵部侍郎征云南麓川，平。又以贵州平越、清平等处苗贼攻围城池，道路阻绝，命督征，升尚书。功垂成而卒。云、贵两省军民至今企慕之。

蒋琳　景泰间巡抚贵州，公廉刚果，锄恶扬善，恩威丕著。尝讨平清水江叛苗，迁建布政司，卓有治效焉。为时能臣。

王训　贵州卫人。博学知兵，诗文雄伟。时年十八，上《保边政要八策》，宣庙嘉纳之。宣德乙卯中试。正统间，以都督吴亮荐，授儒学训导。教法严整，文化以兴，足以绵蕞后来，蓍龟多士。先是，郡学制度草创，训与副使李睿极力营建，与中州等。正统十三年，麓川思仁发叛，尚书王骥揔师讨之。辟训往佐，卒获罪魁。十四年，苗獠攻围新添、平越等卫。尚书侯琎亦辟训赞画。不阅月，围顿解。论功升教授，训强仕。时当道累列荐，皆引避。晚以子官推封武略将军，卒年八十。有《寓庵文集》三十卷，并《孙子注解》传于世。

李睿　正统间任副使，刚毅有为，政教兼举。又鼎建庙学，凡百器用、堂宇皆备。诸属郡卫，旧无学校，睿请遍建。边方文教之兴，皆睿之功也。

张锐　正统间任都指挥。有才术，知大体。为政几三十年，始终如一。

宋有文　天顺间，巡按贵州，激浊扬清，剔奸摘伏，人不敢干以私。

陈宜　成化间，巡抚贵州。怀柔远人，军民畏服。升兵部侍郎。

李贵　本姓苗氏。天顺间，以总兵官镇守贵州，赐姓李。谋略义勇，为世称重。时贵省苗夷抢攘弗靖，同太监郑忠极力抚捕，未久而谧。忠亦多智有为，孜孜以便民为志，尝修创境内桥道，及建桥与谯楼，制壶漏以明时节，葺祠庙以求福民，奏增乡试举人名额以劝后学。郡人为建生祠焉。

秦敬　成化间，巡抚贵州，恩威并著。及去，境内父老携其壮稚，攀送流涕，不忍舍去。

杜铭　成化初为按察使，听讼平恕。后官至刑部尚书。

宋钦　成化间，巡抚贵州，光明正大，不尚苛察，夷汉向慕，边务以清。

陈俨　巡抚贵州，抚绥有方，民得安业。尝讨西堡叛寇，境内帖然。寻升工部左侍郎。

孔镛　成化间，巡抚贵州。宅心仁恕，政不苛刻。暇以文自适，境内山水多经品题。后升工部侍郎，郡人立碑，以识去思。

吴禋　成化间，任参议，性狷介，政严明。参藩几十年，始终不逾其守。

徐珪　成化间，任按察使，从容和裕，狱多详谳，政宽而集。后升左布政使。

王诏　成化间，任左布政使，度量汪湫[1]，政尚恺悌，列郡化之，民以宁谧。

王鉴之　成化间，巡按贵州。正己接物，不倚于法。时都匀蛮弗靖，鉴之深入其境，喻以德意，遂降款，穷黩之害，人幸不及。

彭韶[2]　成化间，任左布政使。博学能文，奉公守法，政务清简，吏悦民服。官至刑部尚书。

李孟晊　成化间，任佥事。美丰仪，有器识。寻升云南副使。

刘本　成化间，任佥事。持正不阿，恬退贞洁。未久，致任而去，人多思之。

周孟中　成化间，任佥事。文学政事，两有可称。

黄镐　成化初巡按，适苗贼煽乱，南陲道梗。镐简精锐千人，斩苗贼一人，进至镇远。躬擐甲胄，与贼战，败。时清平、兴隆皆被贼围，而平越尤急。镐被围平越九月，士卒掘草根、煮皮甲以食。镐多方招抚诸蛮，劝谕赈济。朝官军项背夹攻，大破群贼，始解围去。在贵三年，凡五十三疏，皆见嘉纳。《闽志》已收入人物。

萧俨　成化间，任左布政使，请颁郡学乐器，增解额，俱赐俞允。所集有《大明风雅广选》，梓于贵。

黄珂　弘治间巡按。有风裁，然持大体，不为峻刻。仕至兵部尚书。宸濠奏求护卫，坚执不署，时人称以为难。卒，谥简肃。

吴倬　弘治初，任按察佥事。倜傥敢为，严而宽恕。尝巡部郡，见学校廪饩不继，士之宾兴者贫不能行。倬区画多方，积泉货以贸学田，迄今肄业劝驾，两得其资。又以贵州诸站堡军士递运劳苦，无廪饷为请，月给食米三斗。复为购田以分给之。而境内桥梁路道，皆辟建一新，及讨平清、都叛夷。

刘元　弘治间，任左布政使。宅心仁恕，公廉有为。裁省冗费，民以宁谧。自奉甚约，每饭惟蔬菜而已，人称"青菜刘"。寻以内艰去。清白之名，震于境内。

钱钺　弘治初，任按察使。持己廉正，御事明决，振肃纪纲，敷施德惠，而尤注意于学校，奖率人才。制乐舞生衣冠带履凡二百六十四事，以供春、

① 汪湫:《黔记》作"汪浩"。
② 彭韶：原文作"彭诏"，误。《黔记》有《彭韶传》。据《黔记》、弘治《贵州图经新志》及本书他处改。

秋祭祀，礼文秩然。寻升佥都巡抚山东，进右副都御史，巡抚河南。十二年，贵苗寇儆扰边纪。公以旧职巡抚贵州，选将练兵，丰储缉垒，遣裨廉察渠魁巢穴，皆捕之。一平普安，再平东苗，三平西堡，皆由庙算制之，不假兵力。惟都匀苗寇最称桀骜难制，公经略有道，边尘以宁。行者以夜继日，无寇盗之忧。且增修学舍，以为诸生肄习之所。又为社学，以训武弁之子及民间幼稚。造的澄河石梁，辟射圃。居一二年间，百废具举。

包裕　弘治间，巡按贵州。用心平恕，宽猛适中，断狱多平。修建养济院，存恤孤老。时号知务。

邓廷瓒　弘治间，时程番府治初辟，而铨部举瓒出守。方草创之初，而夷民梗化，瓒至，多方抚谕，始受约束。凡城郭、庙宇、廨舍，皆以次兴起。寻升贵州巡抚，适黑苗久叛，瓒奉命征讨，不假兵戈而党恶拔除。所上保民十事，俱蒙下部议行。始设都匀府，麻哈、清平州、县，皆瓒所建白也。

陈全　任按察使，政尚平易，裁决如流。寻升云南布政使，父老攀送，请留只履，以识去思。全以所挥扇畀之，众珍藏焉。贵士夫遂有“遗扇清风”之咏。

吴伯通　弘治初任按察使，明决刚毅，宪制严肃。寻暇辄召郡学诸生讲议经旨，多所发明。政教兼举，人共称之。

张廉　弘治初，任按察使，刚正勇决，临事不烦。寻升贵州左布政使。弘治八年，升都御史，巡抚贵州，边情政理稔谙无疑，甚为一方倚重。

张诰　弘治三年，任左布政使。守经据正，藩政秩然。

王一言　弘治七年，巡抚贵州。贞白严重，吏民奉法。常修治行台，以肃政令。

丁养诰　弘治九年，巡按贵州，锄奸权，通壅遏，边人为之苏困。尤笃教事，修治学宫，一时韪其知务。

张淳　弘治间，巡按贵州。倜傥有为，平普安夷，功著于边徼。

汤全　弘治间，任按察副使。严毅和缓，宽猛适中，吏民爱而畏之。

罗昕　弘治间，任按察佥事。方正老成，见称于时。寻升广西副使，边人思之不忍置。

钟蕃　弘治间，任左参政。严毅洁修，政尚简静，吏民安之。

吴瓖　弘治中，任左参议。果敢有为，政誉宣著。

周宏　弘治中，任参政。庶事不苛，人用安阜。

张抚　弘治中，任左布政使。政尚严肃，而廉白之操，阖境畏之。

郭绅　弘治间参政。器宇朴雅，德政四溢，有长者风。《袁州志》已收入人物。

阴子淑　弘治间，任兵备。军政整肃，威震苗夷。谈笑擒[1]王向、阿仇二豪酋，诸夷为之慑服。

刘丙　正德间，任按察使。正大明爽，谳狱详慎，一时吏畏民安。已入祠祀。

徐文华　正德间巡按。适阿贾、阿札之变，文华多方筹画，不假兵戈而蛮尽平。至今贵之人谈乖西事者，皆称其功德云。

席书　正德间，任提学。性嗜静，学问根本周、程。时阳明王守仁谪居龙场，延至文明书院以训诸生。暇则就书院与论学，或至夜分。自是，贵州士人知从事心性之学者，皆二先生倡之也。官至礼部尚书。卒，谥文襄。

王守仁　正德间，任龙场驿丞。至龙场，于驿畔辟小庵一所，终日默坐其中。时集夷人老幼，亲狎教导之。于是，夷人乐从，乃为构屋三间处之，匾曰“何陋轩”。时宣慰安万钟雄长一方，多骄蹇状。先生每遗书，委曲讽谕，示以祸福及忠义大致。钟亦佩服，就规矩如良有司。贵之诸生，无远近，皆裹粮从之游。督学席书尝延至文明书院，训多士，而自与之论学，尝至夜分。守仁卒妙悟宗旨，上接孔孟之传，实由此玉成之也。

姚谟　正德间，任按察使。守正持廉，笃意政教，暇课诸生业。士民被化，至今思之。

蔡潮　正德间，任参议，分守新镇道。时清平炉山苗乱，潮居卫，积粮恤众，克戡大乱。士民思其功德，立生祠以祀之。见《清平卫志》。

胡琼　正德间巡按。贵民信巫，好祭鬼，琼禁止之。凡祠庙，非祀典宜载者，悉毁焉，一时民风大变。至于惩总兵昌佐之贪婪，抑中官王海之豪横，则又其大者。用是，豪猾屏息，地方安宁。

方琴　潼川州人。正德间，任儒学训导。性耿介，博学工诗，与郡人汤轸、王佐为诗会唱酬。二人一日请次冯海粟《梅花百咏》，且戏约不逾五日。琴如期而诗成，皆妥帖豪宕。侍御胡琼面试《菊有黄花赋》，亦援笔立就。胡击节称赏，谓其真得唐人体制。未几拂衣去。士大夫至今贤之。

刘廷篚　嘉靖间巡按。清苦谨严，执法不挠。匹马双旌，遍历荒徼，发奸擿伏，一时畏若神明。

赵渊　嘉靖间，任提学。温和清苦，以身率人，作新士类，取苗獠子弟，衣冠习礼，一时向化。已入祠祀。

张庠　任兵备。有端方，有智略。治都匀，赏罚必信，号令严明。岩埋、丰宁先后叛乱，谈笑擒二贼首，而地方宁妥。居都匀未半载，而道不拾遗，

① 擒：原文误作“桥”，《黔记》作“禽”，通“擒”，据改。

户不夜闭。去任之日，府卫士民奏留至再。该部议赏白银一百二十两，未蒙起用，士人至今思之。巡抚贵州都御史刘士元荐章略云："迤东兵备张庠，初握宪兵，甫逾半载，每图边务，计出万全。谈笑取岩埋，诸夷慑服。忧勤制桓贼，一鼓成擒。伟烈一般，长城有赖。邮马忽传去职，边民尽塞通衢，卧辙攀援，愿言借寇，荐贤为国，岂忍含章云。"

徐问　嘉靖间巡抚。惟以教化为务，择郡中耆老之贤者，以为约正、约副，每遇朔望，集郡邑老稚申明旌善，讲读律法，一时民用丕变。是时，都匀土酋蒙钺煽乱，转输征调，军民甚苦，问多方筹略，旋就克擒。所著《读书札记》遗于贵焉。

杨最　嘉靖间，任按察使。刚正敢为，廉明执法，人莫敢干以私。官至太仆寺卿，抗言国事，卒。

徐樾　嘉靖间，任提学。讲明心学，陶镕士类。取夷民子弟而衣冠之，训迪谆谆，假以色笑。盖信此心此理，无古今、无夷夏，苟有以兴起之，无不可化而入者，非迂也。

刘大直　嘉靖间巡抚。性严密，甘清苦。初至此地，极力整顿，立保甲、保长法，教民自相防检，规劝为善。土人不知纺织，为制器具，延工人教之。清屯田、练士卒、省驿递劳费，惠政不一。在任六阅月而卒，地方老稚咸思之。

## 二、思州府

### 本朝

崔俊彦　永乐间，任知府，时府治初创，彦俊抚绥叛亡，周旋冒险，勇于为政，法制整备，境赖以安。在任一十八年，功绩茂著。

彭伦　永定人。成化中，以都督佥事参将镇守清浪等处地方，折冲御侮，功著一方。

王常　成化间，任知府。处心公平，莅事勤敏，修葺废坠，创建城池。

张介　成化间，任知府。敦实老成，政体谙练，修治郡学，亲为讲授，士习一新。

张柱　赋性刚直，莅政循良，禁止淫巫，作兴学校，士民共德之。

唐贤　推官。持身廉洁，佐政勤明。御史郭弘化收入祠祀。

李允简　持正守廉，初莅郡事时，即征调镇筸诸苗，奉军门委督运饷、纪功、筑城。还府三日，诸苗佯顺，竟入城抢掠。劫允简入寨，简坐堂上，正色詈骂，乃持之去，中路投厓而死。有司以其事闻，诏下，追赠旌异。郡人为祠祀之。

## 三、思南府

### 唐

冉安昌　为招慰使。以务川当牂牁要路，请置郡以抚之。后思、夷等州境土之辟，夷民之附，皆自斯举始。

### 宋

庞恭孙[①]　为运使。筑思州旧州，治务川，因山川控扼，建一基四堡以备要害[②]。

### 本朝

何辙　景泰任知府。怀柔远人，政平讼理，兴利除害，迄今民犹颂之。

王南　成化间知府。才智颖敏，不挠于物，恤孤教士，尤拳拳焉。又尝重缉府事、学校，民不知扰。

李悦　莆田人。成化间，任儒学教授。学识弘博，尤精于《易》，每为诸生讲授，朝夕不倦，至今皆其所传。已入祠祀。

金爵　弘治间知府。宅心仁恕，敷政近民。因观袭弊，革除横征。立五年四空之法，以便编徭。士民怀其恩惠，已入祠祀。

罗璞　弘治间知府。长于政事，尤擅文名。重建府治，作兴学校，修筑城垣。已入祠祀。

宁阅　正德间知府。廉慎刚果，文武兼资。时蜀贼方四大聚入寇，民皆携负逃避。公廉知之，慨然以死守自任，且率民兵亲御弓马，深沟高垒，尽力防御，贼竟不得入。后又因镇筸苗夷经过劫掠，阅主议剿扑之，地方赖以保全。升任之日，士民攀留涕泣，不忍舍去。已入祠祀。

周举　嘉靖间知府。存心公直，剖决如流，狱无淹滞。尤善作人，政暇召诸生讲论，发明经旨，多所仰赖。已入祠祀。

### 婺川县

王纬　嘉靖间，值流贼行劫，乡村骚动，逼近县治，邑中士民，空城而逃。纬乃遗嘱二子曰："孔曰成仁，孟曰取义。读圣贤书，所学何事？"长男道："平务在殷勤。"次男道："中必要成名。我死慷慨，惟尽我心。"令各去。独持印坐堂上，誓与城同存亡。贼闻之，亦引去，县赖以全。

---

① 庞恭孙：原文误作"庞茶孙"，据《黔记》、弘治《贵州图经新志》及《宋史》改。

② 一基四堡：《黔记》、弘治《贵州图经新志》均作"一寨四堡"。

## 四、镇远府

**汉**

陈立　成帝时为牂牁太守。讨平寇乱。又徙守巴郡及天水。治绩为天下最。汉主赐以黄金四十斤。后入为左护军。

**本朝**

颜泽　永乐十一年，初设府治，以泽为知府。勤政恤民，秩满，民保留复任。宣德元年，泽奏以谢家寨为府治，开设衙门，建立学校，政绩尤多。

张英　宣德间知府。刚介有为，政事修举。

刘善　正统间知府。才优学赡，政教兼举。公暇进诸生，讲议经史，竟日不倦，多所造就。

黄鉴　宣德间通判。学识材干俱优，以礼义率民，民俗丕变。

王叙　成化间知府。事神恤民，两有佳政。

沈熊　成化间知府。孜孜政理，尝迁建学校、府治。

徐虔　继前守沈熊，亦多美政。

李嵩　成化间，任知府。奉公守法，以忠谨称。

周瑛　成化间知府。富文学，勤政事。常拟本府前逼大河，后逼高山，参错广轮，丈不满百。每苗寇入境，自高临卑，势难固守。奏西迁三里，地名平冒。事虽未允，识者韪之。及议合府、卫以却外夷，立城池以固门户，复城堡以保居民，分镇兵以扼咽喉，复盐利以节民财，节冗官以纾民力，皆康济一方之妙策，惜未见之施行。又尝编修本府志书，采摭最备。升四川布政司参政，转布政使。奏疏见《经略》。

徐彰　永乐间，任府同知，政有遗爱，社稷诸坛，皆其所建。

刘武臣　正德间知府。爱民不扰，亲课诸生。军民为立生祠祀之。

**施秉县**

李圭　天顺间知县。多才智，善抚绥，迁县治，居民安之。

刘宇　成化间知县，以能干称。

## 五、石阡府

**本朝**

李鉴　永乐十一年，任知府。初设府治，创制立法，导民变俗，九载给由，民不忍舍。

胡信　庐陵人。正统间，任知府，色温气和，志贞才赡。正统己巳，苗寇猖獗，四境绎骚，渐逼府治，众皆避。信曰：“吾受命守此土，吾去，则百姓无以为主，宁死不可去也。”已而贼至，信率兵悉力御之，城破被擒，不屈而死。论者谓信始执正以守，终执正以亡，有巡、远之节。

杨荣　任知府，律己以廉，爱民以德。一新府治，百废渐兴。考满，升本省左参政。

余志　成化间，任知府，疏略有为，政绩明著。

祁顺　成化十九年，以江西左参政改任知府，才智丰敏，有守有为，尝著《石阡府志》十卷。及他制作，皆伟丽为时重。

康颓　以评事改任推官，有能声。

杨彬　正统间，任府经历，勤于赞画，寻以忧去。民请留之，服阕复任。

刘清　山东人。成化十三年，以刑科给事中迁府经历，寻以课最，升山西代州判官。

周冕　南昌人。宣德间，以汉府纪善改本府照磨，文章、政事俱优。

吴衡　揭阳人。永乐十三年，任本府教授，时初设学，衡能振起文教，诱掖士类，在郡二十年。

汪藻　藻先仕京师，值中官汪直、王越乱法，开边衅，藻首劾之。时有“半朝汪”之称。及知本府，老成威重，卓有政声。都匀兵变，有功焉。

任仪　弘治间知府，赋均讼理。普安兵变，督饷有功。寻以亲艰去。民为立去思碑。

## 六、铜仁府

### 唐

南承嗣　范阳人，霁云子也。为清江郡太守，多善政，时巡夜郎、牂牁，溥沛恩德。南人以承嗣父为唐忠臣，而承嗣又多政惠，故所在皆建霁云庙祀之。或曰：霁云死而为神，主南岳，故南人祀之。

### 本朝

田载　北平人，永乐十一年，为本府知府。时初设府治，载能尽心职业，创制立法，咸有可称焉。

阳显嘉　成化间，任知府，有为有守，夷民畏服，常修建府治，民不告扰。

周铨　成化间，任知府，慈而能断，政教两集，尝建庙学，增广生员。

尧卿　成化末，任知府，性恬政简，民甚宜之。弘治九年，致仕而去。

王恕　知府，时苗夷猖獗，请举兵大征，官冗粮多，地方困惫，停采金课，至今士民得免采办之苦、冗官之费，皆其力焉。

驰九垓　仁寿人，弘治间推官。清白慈祥，有长者风。诸苗作乱，垓入贼巢，多方抚处，卒寝其变。

赵和　鹤庆人。任训导，造士多有成就。各长官司疏留三任，乞休之日，行李萧然，至今人皆思之。

## 七、程番府

### 元

刘继昌　至元中，以两淮招讨司经历招降西南诸番，官其酋长，番境以宁。

### 本朝

邓廷瓒　成化十二年，初设府治，以廷瓒为知府。披荆棘，创府治，勤劳不怠。然又抚治开导诸夷，使奉约束，其循良有足称者。

汪藻　成化间，以兵科给事中任知府，严毅刚果，民夷畏服。尝拓筑郡城，迁建府治，规画工费，不烦于民，政暇诣儒学课诸生。边郡风俗、官府之美，皆藻为之。

何垕　正德间知府，驭民以宽，弥盗以武，郡人至今思之。已入祠祀。

## 八、都匀府

### 本朝

何福　洪武间，以平羌将军讨平都云，开建官司，筑城戍军，功著边徼。

黄庸　洪武间，任都匀卫指挥同知，号令政事，边人称其能。

陈原　直隶定远人。永乐初，任卫指挥佥事。伟丰仪，富材气，善谋能决，民夷率服。正统末，寇围城，人相食，原罄私产赈济，城赖以全。历官都指挥使，守都匀地方，年八十二，卒于任。

丁实　合肥人，任卫指挥使，以武功升都指挥同知。成化初，征落卜茹，死于锋镝。朝廷嘉之，以孙晖为都指挥佥事。

屠升　直隶仪真人，任卫指挥使。读《尚书》，且有武略，以功升都指挥佥事。子玺嗣职，有诗名。

许衍　吉水人，成化间，任卫学训导。有学行，勤于诲人，在任十五年，致仕。

杜礼　弘治间，任知府，廉明仁恕，兴学化名[①]，举不烦于有司，平叛贼，有功于地方焉。

---

① 化名：当是“化民”之误。《黔记》作“化夷”。

李广居　宜宾人，成化间，任儒学教授，问学渊源，勤于训诲，本府《易》教，由广居传焉。

## 九、黎平府

**后周**

周行逢　为节度使，蛮夷率服，寻卒于任。

**五代梁**

杨再思　以左仆射为诚州刺史。有遗爱，及卒，民庙祀之。

**本朝**

黄恭　任知府，才优智敏，政惠远治。正统十四年，府境诸苗弗靖。恭募民兵，足馈饷，以征以守，境土用安。又能得苗民之情，诛赏攸当，远近畏服。数年间，苗民不供常赋。天且旱，土田不毛，公私告困，恭辍己资为用，事赖以济。苗平之后，白骨堆野，恭皆为之掩瘗。良德美政最多。景泰四年，加二品禄，九载满去，民不忍舍。

刘行政　景泰初，任推官。智勇过人，勤政不怠。府境自正统末，苗寇猖獗，所在啸聚，攻劫城堡。行政力以抚捕自任，提兵四出，亲冒锋镝，或深入巢穴，谕以顺逆福祸。不半载，远近畏威怀德，投戈效顺，地方以安。

胡宗政　任府经历，有干济，多谋略。先是，西山獞、苗互相仇杀，渐出劫夺，祸及平民，当道委他官抚治，数年不解。宗政至，请行。遂冒险深入，为辨其曲直，且申谕以威德，至今獞、苗相得，不敢扰边，皆其功也。

杨纬　嘉靖间，以员外升知府，建学校，增广生员。凡祀典坛壝及仓库之类，悉皆修举，寻升山东参政。

孙继鲁　嘉靖间，以淮安知府改任，秉公持廉，锄强遏恶，颇以所长夸人，亦豪士也。

## 十、永宁州

**本朝**

张融　洪武六年，任本州同知，创立法度，建州治，抚绥有方，人皆悦服。

叶泰　宣德中，任知州，莅政恺悌，夷民畏服。

陈佐　正统间，任知州，沉静端谨，庶事修举。

## 十一、镇宁州

**本朝**

赵贵　洪武十六年，任本州同知，抚摩有方，因俗成政，不规然泥于法制，民乐趋事，不后期。其本州创建，贵力居多，仕于其土者今尚则之。

黄琳　任知州，以身率人，部落向慕。

萧显　任知州，政尚宽平，工草书，政暇率缙绅游览境内胜概，且吟咏，寻升衢州府同知，迁福建兵备副使。

## 十二、安顺州

**元**

赵将仕　延祐四年，为普定路军民总管府判官。立学校，明理义，通商贾，芟恶植善，政绩大[①]著。阴阳学正罗进为撰德政碑记。

**本朝**

彭蠡　洪武十六年，任州同知，创制行政，聿有条理，吏民悦服。

刘肇　景泰中，任知州，宅心惠爱，治事端谨。秩满，部民男妇哭送盈道。

夏祈　任知州。梗介有守，处事公平。

李腾芳　任知州。爱人下士，政务修举。西堡夷民生拗，自洪武以来不供粮差，腾芳慑之以威，怀之以德，始皆就约束，如编民焉。

## 十三、普安州

**本朝**

王威　许国公志之子。洪武间，以荫授安陆侯，迁安南卫指挥使。二十五年，调守普安。令严政宽，事和而集，创筑卫城及诸公署，不加呵责，但计日料功，赏其勤者，而堕者自劝。《旧志》称其有“综理之才”“弘毅之度”云。

不帖杰　安南所副千户。骁勇多谋，尝以计破贼，及擒其渠魁，边境用谧。

陈忠　卫指挥佥事，骁勇过人，训练有法。正统间，从征麓川，身先士卒。攻击旧大硬寨，奋不恤身，殁于锋镝[②]。事闻，朝廷赐祭。

华升　故广德侯华高之玄孙，任卫指挥使，掌篆三十余年，威德兼著，军民悦服，寻升云南都司都指挥。

---

① 大：原文误作“太”，据弘治《贵州图经新志》改。

② 镝：原本误作“敌”，据云图本改。

陶文靖　宣德八年，任知州，长于裁决抚字，遐迩交誉。

王徽　成化初，授刑科给事中，以言事迁普安州判官，克修厥职，民夷向化。

徐世用　刚直不挠，锄强抑暴。夷酋安巩固久不归顺，世用施以德教，谕以威权，巩固自是稽首遵约束，不复恣横矣。

张澜　陕西人，才优政善，雅重斯文，升后，民咸思之。

## 十四、贵州卫、贵州前卫

俱与宣慰司同。

## 十五、龙里卫

**本朝**

王玺　洪武二十三年，任本卫指挥佥事，忠直刚勇，为时所重。

王信　永乐二十一年，任本卫指挥佥事，征广西马平县，死于锋镝。广西人重其义勇，立庙祀之。

## 十六、新添卫

**本朝**

孙礼　正统间，任指挥使，勤于政理，为时称重。

史昂　任指挥使，练达政治，军民帖服。

严胜　任指挥同知，才干威望，出于等夷。每巡征，屯营之处，夜闻虎鸣，去则不尔，时人以“严老虎”称。

## 十七、平越卫

**本朝**

王先　洪武间，任指挥佥事，智勇谋略，一时无右，蛮夷畏之，不敢犯其锋。

毛胜　宣德间，任指挥使，智超迈，边防以宁。天顺间，以功进爵南宁伯。

郭英　五开卫人，正统间，充贵州参将，作镇平越。威德兼行，诸夷畏服。非警急不废诗书，时称儒将。

李山　国初从征，累著战功，为宜兴卫指挥同知。后以事降调本卫指挥佥事，寻卒于官。太祖高皇帝遣官赐祭，优恤其家。

刘璇　任千户，累功升都指挥，清慎老练，好儒能诗，所著有《竹亭退隐》《琅玕百咏》等集。

李珩　兴国人。弘治间，任儒学训导。行修学富，改儒学，置祭器，启迪有方，士论至今称之。

黄琼　桂林人。正德间，任儒学教授。行古学优，辞气器正，士论高之。

## 十八、清平卫

**本朝**

司铎　河南人，洪武二十四年，开设卫治，任指挥佥事，创置公署，筑建城垒，以能政闻。

石宣　卫人，任指挥使，读书好礼，廉公有为，兵民咸服。事嫡母贾、生母韦，以孝称。官至都指挥佥事，惜登用未竟其器而早卒。

## 十九、兴隆卫

**本朝**

胡质　六安人。洪武二十二年征南，留守本卫指挥。筑城池，建公署，开屯田，抚士卒，功绩至今不泯焉。

萧琳　永乐初，任指挥佥事，以廉干推举掌卫事，勤慎有为，重修卫城及公署，人不告劳，卫人至今思之。

权安　正统间，任指挥使，性俭素，而勤于政理。御属吏严而不苛，为时名将焉。

李文祥　麻城人，弘治初，以兵部主事迁本卫经历，刚介有为，且富文学。寻卒，人共恤之。

## 二十、都匀卫

**本朝**

司整　三河人，成化间，为都清守备，适土舍蒙理、罗普鲊变，整振扬威武，未几，理、鲊授首，远迩苗酋闻风悚慑，郡人至今思之。

## 二十一、威清卫

**本朝**

张贵　正统间，任指挥同知，有胆略，累从征讨，多树勋庸。正统十四年，苗寇围城，贵与指挥贾镛分率精锐，出其不意，败之。贼奔溃，不再犯。教授杨懋以将才荐，升都指挥。

张晟　成化间，任指挥同知。多读书，尚气节，尤长于诗，后以征西堡功升都指挥佥事，出守都匀推佥，阃政皆有可称。

刘翀　正统间，任百户，谋议出众，为人所服。从征麓川，冲冒矢石，出入敌阵，奋不顾身，卒斩渠魁老丑，累官至指挥佥事。

张琳　四川人，正统间初置卫学，任训导。训诲有方，士沐其教者甚多。

罗鼎　益阳人，弘治间，以贵州宣慰司学训导署本卫学事，勤于启迪，弦诵一振。又以庙学倾败，乃捐俸给迁建焉。

## 二十二、平坝卫

### 本朝

金桂　庐州人，正统间，任卫指挥使。正大刚果，军政修明，以功升都指挥佥事。

何瑛　河南人，景泰间，自永宁卫指挥使改本卫。廉慎公勤，材谋出众，城池、廨宇、祠庙、道衢，皆修治一新，寻升都指挥佥事。

## 二十三、普定卫

### 元

赵将士　普定总管府通判，立学安边，政平讼理，夷人畏服，树德政碑以颂之。

### 本朝

吴复　庐州人。洪武初，以安陆侯充副将，克服普定，遂留镇焉。信赏必罚，蛮夷畏服，创置城池[①]、公署、驿传、祠庙，为时能臣。

顾成　性严毅，有武略。洪武初，以指挥佥事克普定，留任本卫。攻击怀来，屡著殊勋。历升镇远侯。

张信　洪武中，任指挥佥事，家世孝友，处同寅协恭，尤好以礼下士，精通战略。后以武功封隆平侯。

顾勇　成之子，善智略，有威武，累官都指挥佥事。正统间守备普定，兵民畏服。寻征麓川，殒于锋镝。

顾兴祖　成之孙，莅政严明，百废修举，成卒，袭镇远侯爵。

## 二十四、安庄卫

### 本朝

陆秉　凤阳人，初授宁国卫指挥佥事，洪武二十二年[②]，奉命领军开建

---

① 城池：原误作“城地”，据弘治《贵州图经新志》改。

② 二十二年：弘治《贵州图经新志》《黔记》同，云图本作“二十三年”。

安庄卫，遂留守焉。秉武略、政事俱备，在任十年，军民怀服，辟屯田九万五千余亩。三十三年，升贵州都指挥，寻朝京师，卒于道，敕葬开封[①]。

萧伯辰　清江人，洪武二十八年，任卫经历。学优才赡，政绩大著，寻升兵部侍郎。

李斌　凤阳人，任指挥佥事。简练有方，屏翰以立，在任二十年，上下宜之。

周节　临淮人，任指挥佥事，持重有为，尤善射骑。

## 二十五、安南卫

**本朝**

梁海　洪武二十一年，领军开创安南卫。二十七年，既迁卫治，城垒、公署，皆草创未备。海谋度规画，以次葺之，劝督有方，士卒趋之，不知其劳云何。城治一新，军民至今赖之。

洛忠　贵州前卫人。以都指挥守备威清以上诸卫。米鲁之变，忠彻夜巡城，城赖以全。

杜纯　南充人，正德间，任儒学教授。多学问，规模严肃，士气一时丕振，当道延至文明书院教诸士，兼掌宣慰司学印。所著有《三试集》。

## 二十六、普安卫

**本朝**

杨芳　贵州卫人，以都指挥守备威清以上诸卫。米鲁之变，城池得以保全者，芳之功也。

## 二十七、毕节卫

**本朝**

傅友德　洪武十四年，以颍川侯总兵平乌蒙禄肇，功成，建毕节卫，筑七星关，威惠垂于不朽。

汤昭　洪武间，以指挥从征西南，而毕节卫治城池、道路，皆其修建。

孙隐　永嘉人，正统间，任卫学教授。老成敦实，文藻伟赡，诸士倚为模范。部使者余祯，奉法不谨，隐论列之，罢去。当时称为敢言。

---

① 开封：原文误作“闻封”，据弘治《贵州图经新志》《黔记》改。

## 二十八、乌撒卫

**本朝**

蔡礼　和州人，永乐间，自贵州前卫指挥改本卫，掌卫事。宣布恩威，申明教化，军民信服。又缮治城池，修葺公署，其伟绩不能尽述。

赵颙　正统间，任指挥，才器刚勇，善抚士卒。从征麓川上江，奋战而死。朝廷遣祭，以表其忠。

## 二十九、赤水卫

**本朝**

丁祥　正统间，任指挥佥事，心志和平，练达政务。治卫事五十余年，老稚咸颂其德。

王谦　成化间，任指挥，公正有为，军士咸服。修葺卫治、学校、诸祠，凡百废坠，无不兴举。时宣慰安氏与安抚奢氏弄兵争地，谕以德威祸福，其争遂息①。且又剜股进羹，母疾即起。

李端　天顺间，任指挥。宽裕有容，久参卫政，上下咸称。

## 三十、永宁卫

**宋**

刘光义　乾德间平蜀，以威德著。请置永宁路以控羿罗之夷，边纪克序，部落获宁焉。

**本朝**

吴珍　正统间，任指挥佥事。兵政茂著，寻征麓川，身先士卒，鼓噪入阵，擒四象以归，升指挥同知。景泰间，羿獠啸聚，逼犯卫城。珍募精锐，躬率出击，斩俘其众，城赖以全。

安琦　天顺间，任指挥同知，善抚士卒，人用悦服。六年，大坝山都掌叛，远迩绎骚，几至失守。琦率锐卒，巡逻要害截杀，贼势顿挫。都掌称为虎将。寻随总兵官李安进讨，命琦先探虚实，深入危险，至落卜茹遇贼。琦马陷于泥中淖，犹挽弓射杀七八贼，以援兵不至被害。卫人至今称勇。

桑盛　指挥。敏于政事，上下交称。推握卫符，蔚有时誉。天顺间，大坝山都掌叛，总兵官李瑾讨之，盛率偏将以从，累画进止方略，瑾接以殊礼，

---

① 其争遂息：原本作“悉”。《黔记》谓“谦深入夷垒，喻以礼法，因为分疆，乃各散去”。弘治《贵州图经新志》谓“因为分析，遂皆罢兵释怨”。故“悉”是“息”之误，遂改。

间用其言，往无不捷，以功升都指挥佥事，守备永宁等四卫，边务渐序，不试五兵，卒于官。

李文忠　曹国长公主子也。洪武中拜曹国公，征永宁，筑城建卫，以靖远夷，边人至今仰思之焉。

曹震　洪武中，以景川侯征南夷，凿永宁河以通舟楫，人赖其利。

杨广　洪武中，以指挥从征永宁禄肇，智勇运谋，甚为时帅所重。今永宁城皆其所筑也。

柯文显　孝感人，成化间，任宣抚司训导。动遵礼法，虽燕处不异衣冠，一时人物多造就。

## 三十一、黄平千户所

**本朝**

张朝　洪武八年，初设所治，以朝有才智，自贵州卫千户改黄平所。军政修举，蛮夷畏服。

朱暹　正统间，以前卫指挥掌本所事，令肃政平，兵夷按堵。

## 三十二、普市千户所

**唐**

高崇文　元和初，率兵平蜀，诸夷归顺，因置蔺州以统之。

**宋**

刘光义　见永宁卫。

**本朝**

杨成　洪武间，以副千户建置所城，开辟道路，遗迹犹存。

# 第二章 人 物

忠信不择地而有，豪杰不待教而兴。故大禹出于西羌，少连出于东夷。矧山川之所钟毓，教化之所渐磨，如今日贵州，而谓无人可乎？稽诸往迹，验之乡评，固彬彬然有可数者矣。

## 一、贵州布政司、宣慰司

### 汉

济火 为牂牁帅，一名济济火，善抚其众，时闻诸葛武侯南征，通道积粮以迎。武侯大悦，遂命为先锋，赞武侯以平西南夷，擒孟获。及归，克普里犵狫氏所与争，拓其境土，武侯以昭烈命封为罗甸王。即今安氏之远祖也。

### 唐

赵国珍 牂牁酋长赵君道[①]后裔也。天宝中战有功。阁罗凤[②]叛，宰相杨国忠兼岭南节度使，以国珍有方略，授黔中都督，征南诏。护五溪十余年，天下方乱，而此部独宁。仕终工部尚书。

阿珮 开成元年，为罗甸鬼主，率土内属，会昌中封为罗殿王，世袭爵。

### 五代唐

宋朝化 为牂牁清州八郡刺史。使唐，贡方物，仪矩卒度，时人贤之。

普露 为昆明大鬼主、罗甸国王。当乱世，知慕中国，率其九部落，各遣入贡。

### 宋

普贵 一名宇归。五代末为罗甸国王。宋太祖开宝中，招降西南夷，以诏书谕普贵曰："予以义正邦，华夏蛮貊，罔不率服。惟尔贵州，远在要服，先王之制，要服者来贡，荒服者来享。不贡，有攻伐之兵，征讨之典。予往年为扶播南杨氏之弱，劳我王师，罪人斯得，想亦闻之。有司因请进兵尔土，惩问不贡。予曰：'远人不服，则修文德以来之，穷兵黩武，予所不忍。'寻

① 赵君道：原作"赵君"，据弘治《贵州图经新志》及《黔记》改。
② 阁罗凤：原误作"闻罗凤"，据弘治《贵州图经新志》及《黔记》改。

乃班师。近得尔母子[①]状，知[②]欲向化，乃布兹文告之，尔若挈土来庭，爵土人民，世守如旧，予不食言。故兹制旨，想宜知悉。”普贵遂纳土归顺，仍赐王爵[③]，以镇一方。

宋万明　景阳十七世孙也，性端重，有勇略，以荫授总管。乾道丙戌，西南蛮为乱，命左卫将军王益与万明讨平之。戊子，加万明经略安抚使、都总管。

宋永高　万明之曾孙，亦以荫拜官。嘉定庚午，诏永高招南夷，以功升贵州经略安抚使、镇南都总管。

### 元

阿画　一名阿拂，普贵之后。至大元年授武略将军、顺元等处军民宣抚使，袭带原降虎符。泰定间，赐名帖木儿卜花，升中奉大夫、护国侍卫、亲军都指挥、八番沿边宣慰使。至顺元年，加授资善大夫、云南行省左丞。后以征伐有功，授昭勇大将军，佩三珠虎符、顺元八番等处军民宣慰使，加龙虎大将军，封顺元郡罗甸侯。卒，赠济国公。

宋阿重　永高之玄孙也。九龄而孤，部族分散，及长，即以先业为己任。世祖至元十二年，西蜀、南诏平，阿重仗剑来归，燕赏优渥，拜同知、安抚使，寻迁武略将军、安抚使。大德辛丑，转明威将军、同知顺元安抚使，佩三珠金虎符，俾于贵州置顺元等处军民宣抚司。始革大万谷乐总管府。甲辰，其叔隆济结诸蛮为乱，阿重弃家朝京，陈其事宜。命湖广、河南、四川三省守臣刘二拔都会云南省兵讨之，久而未平。阿重躬提所部，直捣其阵，擒以献阙。升怀远大将军、顺元等处军民宣慰使。寻加昭毅大将军、靖江路总管，佩三珠金虎符、荣禄大夫、平章政事、柱国、顺元侯。疾，卒，赠贵国公，谥忠宣。

### 本朝

霭翠　阿画之后，有牧民才。仕元，为四川等处行中书省左丞，兼顺元等处宣慰使。洪武初归附，授怀远将军，世袭宣慰使。

宋钦　阿重孙，旧名蒙占歹。元时，以平寇保境功授昭勇将军、八番顺元等处宣慰使都元帅，加镇国上将军，兼四川等处行中书省参知政事。洪武初，同霭翠归附，赐今名，授怀远将军，世袭宣慰使。有善政。

宋诚　钦之子，洪武十年嗣宣慰使，赐三品冠服，十五年入朝。太祖嘉

---

① 母子：弘治《贵州图经新志》同，《黔记》作“父子”。
② 知：原文误作“如”，据弘治《贵州图经新志》及《黔记》改。
③ 王爵：原文作“土爵”，据弘治《贵州图经新志》及《黔记》改。

其忠诚谨慎，授亚中大夫。亲御宸翰制诰文予之。曰：“黔中之地，诸夷杂处，汉姓同居，御其方者，非德足以化顽，勇足以捍侮，则官守不宜。况历代命世守者，必初从之义笃，竭忠勤之不辞，方膺是任。如或不然，曷能居其地，驭其民？尔诚[1]之父，当朕命将西南，经理斯土，首以义从，固膺是[2]任，永保世禄。今命尔袭父前勋，当抚恤诸夷，选能御侮，以安是方，则于尔嘉。”

张任　初为指挥佥事，骁勇有材略，尝遇虎，据林鸣吼，众莫敢撄，任独持枪刺杀之，时遂称为“莽张”。正统间征伐，累功升右军都督府佥事，充参将。卒，赐祭葬。

顾勇　镇远侯成之子也，忠勇廉能。正统中，为贵州都指挥同知，从征麓川，力战而死。朝廷谕祭褒之。

宋斌　永乐间守职，恬澹而寡默，政尚清静，号淡斋，卒于官，民至今称慕之不置。

洛宣　正统间征麓川，攻鬼哭山，身先士卒，竟死于锋镝之下。诏赐祭，加其子官二级。

王辂　前卫人，为贵州都指挥佥事。正统间，征麓川战死，谕祭有“才勇”之褒。

越升　博学能文，尤长于诗，以经明行修，举授播州宣慰司儒学训导。卒于官。

宋昂　贵州宣慰使。好学攻文，守廉持俭，爱民礼士，惟日不足。苗民有弄兵者，昂必自咎于政，不加诛责，以故政治旁洽，边鄙辑和，又多收致经史以崇文教，时人称其循良如文翁焉。

陈铣　前卫千户，仪度修整，博雅文翰，多积奇书以自娱。尤好吟咏，时人目为秀才陈，有《醉乡诗集》遗于家。

秦颙　官参政，履正奉公，旬宣不怠，谦牧之德，尤为乡邦所重。

朱暹　前卫千户，少尚儒雅，善于词令。正统间，副使李睿以将才荐，暹力避不就。尚书王骥征思仁发，至金沙江，暹以利涉之策进，公用其言而深器之。班师，授武德将军。

佘生　前卫人，少好文雅，善骑射，有勇略，累从征讨，自部卒而官至指挥佥事，卒年八十四。弘治初纂修《宪庙实录》，有司尝以[3]其绩上之。

詹英　资性颖敏，豪迈不羁。为教谕，执师道，条约肃然，时用兵麓川，英画策以闻，且劾主司之过，英庙以英有识，俾赞军事，英辞不就，士论高之。

---

① 诚：《高皇帝御制文集》作“宋某”。
② 是：《高皇帝御制文集》作“斯”。
③ 以：原缺，据云图本及弘治《贵州图经新志》补。

李顺　前卫人，官至都指挥佥事，有能名，雅尚恬退，不以利害自拘。尝守备安平道，调度有方，鼙鼓不警。后致政还，开葵轩以延儒绅，时出词调，丽藻焕发。优游三十余年，寿八十卒。

俞玑　明敏多学，且忠厚慎密，居官廉洁有为。惜大用未究而卒。

陈晟　前卫人，敦礼尚义。正统间，南蛮入寇，公廪不继，晟输粟足之，授七品散官。景泰初，又输银百两以助军，事闻，赐敕奖之，世复其家，年八十而卒。

易贵　幼聪悟出群，长而性通朗刚正，淹该载籍，为文善序事。筮仕于官，崇学校，恤民隐，遇事明而能断，不怵于势利，有古循良风。归田，杜门校书十余年而卒。所著有《竹泉文集》十五卷、《诗经直指》十五卷。

徐节　官至山西巡抚，廉能公谨，善誉四达。正德间，为逆瑾所忌，遂致仕归，家无余资，天下想闻其清节。后瑾诛，屡征不起，卒年八十有六。嘉靖元年纂修《武庙实录》。有司以其事闻，赐以谕祭。所著有《蝉噪》等集传于世。

汪澜　官至嘉定知州。事继母至孝，处异弟尽友。族人有流落夷方者，冒险以收还之，且为之立业，略无吝色。一时乡邦贤重而视效焉。

孟震　谦厚和平，虽接五尺之童，亦未尝简礼，甘清苦，操持严正。两典文衡，六任教职，皆有贤声，浙之士夫有《六学先生传》以颂美之。

杨禬　德性淳谨，行谊端方，中试后因亲老不忍违养，亲没，始出仕。其庶母遗四弟俱幼，皆抚成立，尽以资产分之。及知新宁县事，值流贼破残之余，多方招抚安集之，士民怀德。解组之日，行李萧然。家居训子，不入公门，年八十余卒，《新宁志》已入名宦祠祀。

越英　性刚方正直，平生无一戏言惰行。从叔宦湖南，家口流落，英间关尽归之。年已二十八矣，发愤读书，七年，中云南乡试。初任衡阳教谕，升蜀泸知州，好善嫉恶，守正不阿。弃官归，教子孙，以道义济族人之贫乏，劝乡人以勤俭，为乡里所畏服。卒年八十余。泸人之在贵者，相率为文以吊祭焉。

杨仁　博学能诗，有操守，历官总兵，多平抚之绩，至于擒蒙钺，剿阿向，又其除患之大者也，故众皆贤之。

洛忠　官至清浪参将，早孤，事母极孝，神奇英迈，勇力绝人。平都、清、普安苗酋，保全安南诸城，信义威德，慑服夷獠。母疾，侍进汤药，衣不解带，遍祷庙神，稽颡北辰，愿以身代。母卒，哀毁逾礼，葬时，秋雨连旬，至期晴霁，事毕，复雨如初，人以为孝诚所感。事闻，巡按徐文华令有司厚礼旌异之，已入祠祀。

胡璋　官至迤西参将，视卫篆二十余年，仁爱忠勇，军士怀服。叛恶安铨乱，璋时守备普安，防御有方，士民不为所扰，卒成收复之功。及除杨桥湾劫贼，捕获洪俊解官，而地方多所仰赖。然其谨厚之德，尤为人所颂念。

范府　少颖敏出群，二十领乡荐，以亲老就巴县，教诸士，多所造就。时巡抚林见素有事蓝鄢，征至军门赞画，奇之。寻升知遂宁县事，历重庆同知。所至咸有政声，蜀士人唱和称扬，民间有父母之思。未四十，以礼归，与郡中父老结诗社为乐，年六十余卒，乡人贤之。

## 二、思州府

### 元

刘贵　宣抚司人，以忠顺授本司同知，平易近民，绰有善誉。

黄原铭　才智出入，民夷亲附，以荐任沿江安抚司安抚。

### 本朝

党宗仁　洪武初，以才干任思州宣慰司佥事。

## 三、思南府

### 汉

尹珍　武帝时，从汝南许叔重受五经，还牂牁，以教授其乡，于是南域始知学。

### 宋

田祐恭　思州人，生有明识，为蕃部长，愿为王民，挈土内附，遂建思州，以祐恭为守，后子孙世官焉。

### 本朝

申祐　官御史，刚正不阿，勇于弹劾，从跸北征，死于土木之难。

邹庆　学识醞藉，累官姚安知府，惠政洽民，得名于时。

安康　廉勤公谨，兴学爱民，任官时，六月祈祷，以致飞雪，是岁丰稔，人皆异之。

吴溥　颖敏博学，毅直敢言，旧府庠生月廪三斗，溥援例奏请如中州制，士民至今仰之。

## 四、镇远府

### 元

杨绍先　至正间，以荐授本府同知，政声大著。

**本朝**

田仁智　元末为总管，团兵保境，人民以安。本朝吴元年举土内附，授思州宣慰使。

杨忠顺　元末为总管府同知。洪武初，以总管田仁智诣军门送款，时嘉其识。

何瑄　以荫授本府同知，沉毅刚果，熟知边事。正统末苗叛，偾军杀将，道路梗塞，瑄领土兵游击，寇难用平，累拜文绮之赐。

杨瑄　忠顺之后，以荫补本府通判，累著军功。成化三年，茅坪盗起，瑄力战而死，事闻，赠奉议大夫、本府同知，赐宝钞六百贯，彩段三表里，仍录一子入监读书，依例出身。

杨载春　笃志好学，弘治间中云南乡试，袭祖土通判职，屡征有功。嘉靖四年奉勘合，载春既中乡试，准原任加俸二级，授正六品职事，进阶文林郎，貤封父、母、妻。

## 五、石阡府

**汉**

尹珍　汉威帝时，牂牁人珍自以居于荒裔，不知礼义，乃从汝南许慎、应奉受经书图纬，学成，还乡里教授，于是南土始知学焉。

**元**

安德勇　多智术，有勇力，至元间，以功授葛彰司长官。

杨政德　至正间保障有功，授葛彰司副长官。

**本朝**

朱珏　洪武初，以军功授思州千户所镇抚。

王显文　洪武间，以忠勇称，授思州千户所百户。

戴璧，□□。[①]

## 六、铜仁府

**本朝**

李渊　尚文学，多能事。洪武五年，率众归附，授本司长官，政绩名于

① 戴璧：原文缺，万历志亦载其人，而缺内容。《黔记》有《戴璧传》，但谓其为印江人，不知是否同一人。录以供参考：“戴璧，印江人。嘉靖间以贡任富顺主簿。谦恭孝友，不愧古人。常寓燕邸，同旅病甚，璧亲尝药饵，顾念益虔，同旅得不死。且同寓甚久，相对如严宾，其惇厚类如此。学宪谢公东山闻其人，尚慕之，及按部，璧已逝矣，遂檄所司迎祀。”

一时，迄今民犹称焉。

杨政　仕元为省溪坝场司长官，警敏多智。洪武间归附，授省溪长官，以能闻。

杨政华　仕元为大万山苏葛办等处长官，严斥堠，守境土。洪武间，西南内属，仍以华为大万山长官，忠诚为民所重。

杨世雄　元授忠翊校尉、乌罗长官。洪武间内附，诏仍其职，子孙世袭。

## 七、程番府

**宋**

龙汉珗　牂牁酋也，雄长诸部，授南宁太守，至道八年入贡。

**元**

龙方零　汉珗后，至元中为小龙番部长，民夷悦服，境土晏然，后以经历刘继昌荐，授安抚使。

程延随　至元中为番民长，率所部归附，授程番安抚使。

洪延畅　洪番酋长也，平易近民，不事侵攘。至元中授安抚使，政治循良，远民快睹。

龙文求　汉珗后，世为卧龙番长，部落强盛，世祖以为安抚使，授虎符[①]。

龙延三　汉珗后，世祖时为大龙长，能以恩信抚其众，因刘继昌招抚，遂率所部归附，愿为王民。

韦昌盛　韦番司人，慷慨不羁，善于子民，归附后，升方番安抚使。

石延异　石番人，为部长，能率众抗敌，境内赖以无事，授安抚使，子孙嗣之。

卢延陵　卢番人，为卢番安抚使，有惠政，民多思之。

**本朝**

密定　金筑安抚司人。洪武初年，率土归附，朝廷嘉其忠，授安抚，子孙嗣之。

## 八、都匀府

**五代晋**

尹怀昌　以雄杰为都匀酋长，天福五年，率其属十二部附于楚。

① 原书此处有错简，下应接原书第339页，今改正。

**本朝**

雷杲　知浪穹县。恩威兼著，九载致政，穹民立去思碑以颂其德。

屠峦　知江夏县，与中官构隙，改芦山。时天全招讨高继恩、杨世仁结党，欲并芦山，乃合围城，峦守御有方，城赖不陷，立遗爱祠以祀之。

## 九、黎平府

**宋**

杨通蕴　诚州人，才雄一时，众举为长，开宝中举州内附。

杨通宝　通蕴弟，美仪度，善辞令。开宝中送款京师，太宗命为诚州刺史。

杨�　通宝子，淳化元年，贡土锦、蜀马、犀角，求嗣父职，太宗以�得民心，许之。

## 十、永宁州

**本朝**

杜仲任　普定府人。洪武初，以荐任慕役长官司副长官，招怀安集之政，甚为夷民所仰。

程士贵　本州人，洪武初，荐任顶营长官司长官，保民靖边，有政绩[①]。

## 十一、镇宁州

**本朝**

萧杰　洪武初，任十二营司长官，子惠部落，境内康义。子贤嗣序，卓有父风，人皆德之。

薛福寿　本州人，洪武初，任康佐司长官，乃能安集流散，抚字困穷，民始复业。

于成　本州人，任康佐司副长官，时州民窘于征赋，逋窜者多，乡寨空虚，田亩荒废。成多方招徕，俾安生理，宽复租徭，民戴之如慈母。

## 十二、安顺州

**本朝**

阿窝　洪武十四年，率众归附，授本州土官通判，安集人民，时称能吏。

顾真佑　永乐间，以才干荐任宁谷长官司副长官，政令不苟，民人信服。

---

① 原书后文错简，下应接第337页，今改正。

温伯寿　普定府人，洪武初，以才干授西堡长官司副长官。招抚夷民，谕以威德，强横不庭者，皆纳款输诚，时称其能。

## 十三、普安州

### 元

益智　普山土酋也，有权略，善驭众。元祐四年归款，授怀远大将军、曲靖宣慰使，掌普安路总督事，终于官。

那邦　益智孙，袭祖职，以功升云南行省参知政事，仍领路事。元季兵乱，保障境内，民以宁谧。其妻适恭，本朝命为知府。

### 本朝

史铨　苦志笃学，老而不倦，读书为文，以义理为先，不事浮藻。历任教职，俱有成绩。致仕归，以先辈自居，后生小子见之肃仪，寿终，乡评归之。

司马璋　历官清白，居家勤俭，耿介自守，有古人之风焉。

## 十四、贵州卫、贵州前卫

俱与宣慰司同[1]。

## 十五、龙里卫

### 元

保郎　平伐司人。宋末边寇蜂起，疆土骚乱，募保郎集兵民保障村寨，后元以功授安抚使，有惠政。

### 本朝

贾武　成化间以荫授指挥，练达有为，兵政修举。

王信　指挥佥事，英烈骁勇，随镇远侯顾兴祖克剿广西柳州马平县，因杀贼阵亡，郡人立祠，以时奉祀，龙里诸夷号为“老虎王”。

## 十六、新添卫

### 宋

宋胜　父永高，嘉泰初克服麦新等处，以胜守其地。嘉定中，授胜右武大夫、沿边溪洞经略使。胜卒，其子聚袭。

---

① 原书后文错简，下应接第341页，今改正。

**元**

宋朝美　胜曾孙，父捉巴蛮夷都总管，朝美累官新添葛蛮安抚使。

**本朝**

王通　春融简重，累著军功，自指挥升至都督佥事，镇守清浪，改镇贵州都匀，辟土地以置郡县。已而，引年勇退，时论高之。

文彦镐　知威远县事，弭盗安民，政绩大著，坐事去官，部民为之号泣。

## 十七、平越卫

**本朝**

张信　卫人，居家孝友，莅官忠勤，好礼下士，为时所重，后以功封隆平侯。

赵信　百户。骁勇善战，胆力过人，以武功官贵州都指挥佥事，奉敕守备平越等卫地方，苗民畏之如虎。

黄绂　立身正大，历官至布政使，转都御史，升南京户部尚书。见崇祀省学乡贤祠。

杨文　任东乡时，流贼通境劫掠，文多方筹画，卒擒首恶，保固城池，寻升汉州知州，历官一十八载，轻囊以归。

## 十八、清平卫

**本朝**

王聚　自千户累升贵州都指挥佥事。刚方谋勇，为时所重，推掌都司事，凡十五年，政令凛然，边防以立。

孙钦　千户。治家莅政，皆有法程，后官至指挥同知。

何振　千户。才艺忠勇，志存报国。正统间，香炉山苗寇不服，振亲至其巢，晓以逆顺。苗质之，寻放还，时人壮之。

杨升　指挥。武而能文，尤尚吟咏。

李纯　孝友温恭，笃志力学，捐俸赡族，抚育遗孤，不事华靡，有古君子之风。历宦三庠，以身立教，去任既久，人犹思慕。

侯问　官至太仆卿，负俊才，胸襟磊落，德行政事，人咸称之。

王木　赋性严毅，制行端庄，为名御史。余见墓表。

孙重　谦抑简默，以俭质自任，不言公事，耻闻人之过失。余见墓表。

邵鉴　刚方清苦，守正不阿。贵州初建科场，鉴以都指挥督工，经[1]始规模，得其区画。及守备铜仁，惩奸摘伏，苗人畏服，至今尤敬仰之。

## 十九、兴隆卫

### 本朝

常智　宣德间，任本卫指挥同知。桓毅拳勇，直德不回。修创学官，营缮城垒，劳绩多著。

周瑛　卫人。性疏敏，多才学，以进士任秋官主事，升员外郎，出知临安、衡州二郡，转太仆卿，参广东省政，升广西右布政，敭历中外，德政洋溢。已而引年，优游林泉，清节益励。尝出资修建卫学。所著有《兴隆卫志》二卷。

## 二十、平坝卫

### 本朝

卫兰　卫人。聪敏豪侠，善谈兵论文，听者忘倦，以为乡荐优等，通判衢州府，伟著政绩，如其志云。

## 二十一、普定卫

### 元

容苴　大德中授普定知府，时蛇节、宋隆济等作乱，容苴率众效顺。容苴殁，其妻适姑复能宣力戎行，遂改府为路，而以适姑为总管，佩虎符。

### 本朝

王铭　任指挥。骁勇善骑射，正统中征麓川，升指挥同知，寻战殒于阵。朝廷嘉其忠，进子泰官一级。

王斌　任指挥使，廉介公平，莅卫政三十余年，后以军功升都指挥，卫人仰之不置。

郭贵　任指挥同知，机敏能事，以荐升都指挥，守备普定等六卫，累功升都督。奉敕充参将，镇守贵州迤西地方，桴鼓为之不警，寻终于镇。

陶英　任百户。从征广西、麓川、东苗、草塘四十余处，累功升指挥使，后调征山都掌，出哨路，不意遇伏，力战而死，赠都指挥。

赵侃　忠谨鲠直，授吏科给事中，升都给事。时政得失，军民利害，累

① 经：原文缺，据云图本补。

形章疏，率见举行。升通政司通政，兼掌诰命事，终于官。朝廷赐以谕祭。

孙铎　学博经史，尤善训诂，屡辞征辟。尝典卫学，训迪勤谨，士以科第进者，多出其门。巡按御史沈衡复辟署贵州宣慰司学，自著诗文以送之。

汪钟　居官谨严，吏胥畏惧，力辨冤狱，弥盗赈荒，后进阶一级，乡人重之。

胡淮　在任爱民，造士捐俸，筑城修学。归家教子，睦族助邻。嵋峨亦志入名宦。

汪大章　幼年称为奇童，至二十，联登科甲。历官廉介，不阿逆瑾。所经宦处，皆入名宦。宣慰司学亦崇祀乡贤。

李淮　文章德教，两有可称，七疏乞归，终身无议。

薛潮　才行兼全，动止不苟，燕居正襟危坐，事母每有顺颜。

潘时　廉介自持，访获私盐即与贫民代纳，俘获岑猛，左江以安。归家，座右书“不愧屋漏”自警。教子侄成名。

韩钰　持身方正而廉平，恳乞休致，囊箧萧然，归来，不履公门。

## 二十二、安庄卫

**本朝**

陆京　卫人。刚直孝友，好学能诗，官至云南都指挥同知。

陆正　京之子，文才武略，时辈所推，累官云南都指挥同知，政令严明，部伍敬畏，不敢慢。

陆卿　明敏好学，累试不第，承其父职，以功升贵州都指挥佥事。政誉洋溢，巡抚都御史吴诚荐守临安，累征夷寇，升都指挥同知。复奉征都匀，未就绪而卒。子儒魁伟特立，有父风烈。

胡裕　官和州时，御寇安民，大有功德。归家清苦，见重乡评。

## 二十三、安南卫

**本朝**

吴庸　清修雅饰，器宇宏远，官至贵州都指挥。既致仕，复以荐起，征都匀、清平叛寇，矍铄领兵，数出数捷。凯旋奏绩，赐俸，赡之终身。

## 二十四、毕节卫

**本朝**

唐谏　本卫指挥佥事，以功升贵州都指挥佥事。才勇过人，兵政克举，又尝请以居第建学，得命，复捐己资益之。其详见教授孙隐所撰学记。后征麓川战殁，朝廷命有司祭之，加其子官一级。

唐正　谏之子，以父死国事，加授都指挥佥事，慷慨敢为，有父风致。

林晟　读书好士，孜孜不倦，官至都指挥，后以子罪连坐罢官。优游林泉，寄傲诗酒，年八十余而卒，所著有《墨庄诗集》藏于家。

## 二十五、赤水卫

**本朝**

张伯安　卫人。读书好义，以孝友清俭为时所重，后以子官封监察御史。

张谏　伯安子也，富文学，有雄思，任监察御史，风裁凛然，累官太仆卿，以廉能闻。

陈迪　任监察御史时，侃侃立朝，弹劾不避权要，寻卒于官。

朱谦　任监察御史及江西按察佥事，贞度修举，人畏之不敢犯。

## 二十六、永宁卫

**本朝**

李福　永乐间，以本卫骑卒从征交阯，能以智勇生擒渠寇黎澄，槛送中军，论功超升交州右卫指挥佥事。赐以文绮、宝钞、金带、冠服。

王敞　性颖才捷，由进士歇历中外，多政声。

陶心　少秀颖敏捷，弱冠领乡荐，任兵部员外。正德间，圣驾欲南狩，心率同列上章留之，忤旨，罚跪二日，笞数十，几毙。后升云南少参，年七十而终。

# 第三章 贞 节

观人者，不于常而于变；责备者，不于妇人而于男子。处变而不失其常，身为妇人，而有大丈夫之行，亦难矣。《诗》三百篇，止录一共姜，《春秋》二百四十二年，止录一伯姬，非以其不可多得，而足以为劝故耶？

## 一、贵州布政司、宣慰司

奢香 宣慰使霭翠妻也。洪武初，相其夫输忠，率土归附，贡马万匹。未几，霭翠卒，其下有欲挟之作乱者，奢香不从。朝廷知之，谕使入见，奢香乃赴京。太祖高皇帝嘉其诚款，命中官引入内宫见太后，与语，大悦，赐珠冠、钑花、金带并彩段、筵宴，复颁诰封贤德夫人而归。

刘氏 宣慰使宋斌母也。洪武间，地方初附，民物凋瘁，累岁逋赋，而有司催科，不少假贷，民不堪命。刘氏躬至京师，以其情闻，免之。且命宴于谨身殿，复有珠冠、金带、彩段、白金、楮镪之赐。时水西土官妻奢香为帅臣[①]所挫，其下有欲挟之为乱者，上命刘氏召之。刘归，奉宣慰意，奢香即偕子妇奢助，因刘之京纳款。地方以安，皆刘之功也。进封夫人，以寿卒。

陈氏 贵州卫千户夏玘妻。玘丧，陈年尚幼，哀毁如礼，葬毕，窃整衣冠，闭户自缢。景泰间，表其门曰“贞烈”。

张氏 宣慰司举人越淳妻。年二十七岁，淳丧，无子，痛毁几绝，以死自誓。孀居二十年，卒年五十，葬附夫侧，有并蒂梅实生冢上，士林多称咏之。

孔氏 贵州卫小旗陈通妻也。通以正统末御寇被害，孔年二十二，累欲求死，不可得。乃毁容屏饰，养姑陆氏。姑终，营葬祭，哀感闾里。抚遗孤祥成立。贞操洁行，始终一致。弘治初，巡按御史包裕以其实闻。

陈氏 郡士徐资妻。正统间，都清苗叛，资从征力战，为贼所杀。陈惊恸，绝而后复苏，乃坚志守节，抚教遗孤节，登进士第，擢监察御史，历升山西都御史，封陈恭人，寿八十终。合葬资冢。佥宪周孟中题其岗曰“忠节”。御史王鉴之为之记云。

李氏 贵州都指挥同知洛宣妻。宣征麓川战殁，时李年二十有二，子经

① 帅臣：原文误作“师臣”，据弘治《贵州图经新志》改。

在襁褓，守志不二。抚经成人，亲携赴京袭职。每教经以忠孝大节，且以清苦自励。经卒，李又抚其孙忠，以绍厥绪，时人贤之，封夫人。

陈氏　王辑妻。

董氏　朱晟妻。

耿氏　王哄妻。

李氏　易纶妻。

汪氏　袁春妻[1]。

袁氏　贵州前卫舍人龚璟妻。适璟五载而璟丧，袁哀毁，死誓不嫁，抚孤俨成立。孀居七十五年，人无间言，事闻，旌表其门，曰"贞节"。

陈氏　贵州前卫举人胡骥妻，年十四适骥，二十七而骥丧。誓死守节，终身不二。抚孤成立，辛苦万状。有司以其事闻，命下，仍命有司立坊，旌表其门，年至九十七岁而终。

刘氏　贵州卫指挥芳之女，名慧芳[2]，未字时，母病，医药莫能疗，刘能刲股为羹以进，母疾随瘥。后适千户朱宣。年方二十三而朱丧，抚孤守节，誓无他志。有司请于抚、按二司衙门，给扁旌表之。

李氏　生员刘增妻。增丧时，李年二十八岁，抚孤恒成立，守节五十余年。嘉靖间，有司以其事闻。命下，立坊旌表。

谢氏　宣慰司民刘冕妻。冕丧，谢年十九，死誓不嫁，孀居五十余年。嘉靖间，有司以其事闻，命下，旌表其门曰"贞节"。

商氏　庠生范序妻。序丧，商年二十七，守节，抚三孤皆至成立，孀居四十余年，内外无异议。抚按屡有旌奖，以表其门，惜未经奏闻，商氏卒[3]。

王氏　宣慰司生员汤车妻。车丧，王年十八，抚遗腹子，绩纴以养舅姑，终始无议。有司以事申于抚按衙门，立碑于门以表之。年六十余而卒。

范氏　詹恩妻也。恩丧，范年二十余，矢志守节，终始一致，有司请于抚按衙门，立坊旌表之。

## 二、思州府

范氏　郡民徐万谦妻，年三十九。

戴氏　省祭徐万显妻，年二十八。

---

① 自"陈氏，王辑妻"至"李氏，易纶妻"：弘治《贵州图经新志》亦载，与下文龚璟妻袁氏合为一条："又王辑妻陈氏、朱晟妻董氏、王哄妻耿氏、易纶妻李氏、袁春妻汪氏、龚璟妻袁氏皆以贞节称。"

② 慧芳：弘治《贵州图经新志》作"慧贞"，当是。其父名"芳"，女儿当不会又以"芳"为名。

③ 商氏卒：前文作"商氏"，不可考，故存此。

余氏　吏徐鹏妻，年二十。

三妇皆一家居也。值铜苗攻府，掳去，不受污辱，遂相挽没于河。后有司请于巡按御史宿应麟，各给扁以表其门[①]。而一时与难者，若经历卢蕙妻宁氏、府吏蒋辉妻涂氏、张自秉妻何氏，仓倅闻变，各投河死。监生杨胜举妻姚氏、生员李士元妻徐氏，各不受污辱，竟死于锋刃。节义有足征者也，因并录之。

## 三、思南府

李氏　民人朱庸妻。年一十九岁而庸卒，遗腹一子，誓节居孀，坚不可夺。家甚贫苦，纺绩度日。嘉靖十年，有司申请抚、按三司，立石旌表，卒年七十二岁。

石氏　民人李宣妻。年二十七岁，宣丧，遗子绽、次族，俱尚襁褓。石织纴抚育，绽寻夭殁。或劝其再嫁，石曰："尚有此孤，何可弃也？"守节四十年，教授钟添询诸生得状，荐之巡按衙门，旌以礼币。

## 四、镇远府

汪氏　郡人何瑛妻。瑛丧，汪年十九，子骏未晬，矢志独居，抚骏以成。里人上其实而旌表之。

何氏　郡人杨昌文妻。昌文丧，何年十七，遗腹生子胜昭，何誓不再嫁。纺绩以育其子，贫苦万状，终不二心。有司表其事焉。

刘氏　郡人罗溶妻。溶丧，刘方少年，家贫无资，姑年高无侍，刘辛苦奉养。数月，生遗腹子宏，乃力教以诗书。有司以其实上之而旌表焉。

何氏　邛水司长官杨政松妻。政松丧，何年尚少，守节教子銮。年至七十余，抚按核实旌奖。

钟氏　土舍杨铎妻。生子载芳。铎丧，钟年二十，矢志守节[②]。后载芳

① 范、戴、余三节妇《黔记》与万历《贵州通志》均有记载。但三人的年龄有异，《黔记》载："思州府范氏，徐万谦妻，年二十九。戴氏，省祭徐万显妻，年二十七。余氏，吏徐鹏妻，年二十二，三氏同居。值铜苗攻府，掳去，相挽投河死。御史宿应麟旌表曰'一门三节'。"万历《贵州通志》载："范氏，郡民徐万谦妻，年二十九。戴氏，省祭徐万显妻，年二十八。余氏，吏徐鹏妻，年二十二，三氏遇铜苗攻府，掳去，相挽投河死。巡按御史宿应麟旌表曰'一门三节'。"三人的年龄、旌表方式，三书所载，互有异同。

② 钟年二十，矢志守节：此句原在"载芳亦丧"句后，且无"矢志守节"，误。万历《贵州通志》此条记载为："钟氏，土舍杨铎妻，生子载芳。铎丧，钟年二十，矢志守节。后载芳亦丧，甘贫守孤孙振……"据改。

亦丧，甘贫抚孤孙振，享[①]年至七十余，卒，有司以其事上抚按，扁其门曰“苦节”。

钱氏　土同知何承宗妻。承宗丧，钱时年二十五，绝嗣守节。事闻，抚按扁其门曰“青年苦节”。

## 五、石阡府

王氏女　名伽蓝，父王英任云南驿丞，回至府界杨寨遇贼，英年老不能逃避，被害。伽蓝年十九岁，贼执驱以行，欲污之。伽蓝励声骂曰：“吾父既为汝所害，恨不啖尔肉，尚敢更为不道耶！”贼强逼之。又骂曰：“宁同父死，不共贼生。”骂不辍口，贼怒而害之。

## 六、铜仁府

刘氏　名辰秀，刘仁次女。年十六，同仁任梧州，卒于官，榇还至平乐府江，值猺獞劫舟，刘恐为贼所污，乃挽父之二妾张、郭，同投水死。巡按御史萧端蒙以其事闻，诏下，旌表其门曰“清流三烈”。

## 七、程番府

龙氏　长官程鉴妻。鉴丧，龙年二十，抚育庶子昊，以承父官，孀居四十余年，内外略无间言。

方氏　长官龙升翱妻。翱丧，方年十九岁，抚遗腹子衮承父爵，孀居四十余年，内外并无间言。

## 八、都匀府

马氏　本卫指挥佥事陈昱妻，封恭人。夫病将殁，马具命妇冠服诣祠堂曰：“夫妇之道，生同室，死同穴。今夫将死，妾复何依，虽生何为？”又泣拜其姑，亦以此言，姑惧，编请其夫之僚，大小毕至，劝以勿死，累日。及夫卒，马悲泣，尽以家务属于其姑，曰：“夫妇义重，分在必死”。众见其诚切，不敢深拒。遂入室，闭户自缢。事闻，诏表其门曰“贞烈”。

包氏　仲民女也，归军士刘进。进以父挽运将归，往迓之，溺死。包闻之，往求其尸，负归，谓邻妇曰：“吾年二十二，无子，岂能再事人乎？”入夜自缢。于时，副使吴立嘉其贞烈，为营扩冢合葬之，具以事闻，参议李芳为之传。

---

① 享：原文误作“亨”，据万历《贵州通志》改。

秦氏　所镇抚秦斌女，年十六，适百户石玉之子珍。永乐十八年，珍上京袭职而卒，秦年二十，誓守女节，养姑至孝，年七十四卒，始终无玷。乡邻白于当道，具实上闻。

王氏　生员屠班妻。班丧，王年二十，抚遗腹子，终身无玷。有司以事呈巡按衙门，扁其门曰“贞节”。

赵氏　卫军人郭秀妻，同夫从戍本卫。后秀采薪溺水死，赵亦奔水，见者救之。既归，悲号不已，以死自誓，亲邻与之防守益密。不逾月，防者少懈，遂自缢焉。

## 九、黎平府

高氏　卜寿妻。初，寿以罪充五开卫军，高随之，勤苦纺绩。寿疾，临终谓高曰：“吾死，汝可再适。”高不忍，泪下如雨。及寿殁，殡葬旬日自缢，时年二十九，卫人莫不称之。

姚氏　卫镇抚姚毅女。许聘舍人詹华，未适，父母俱死。兄鼎招华入赘，三年，华卒，无子，时年二十五。遂不茹荤酒，终身焉。

李氏　百户唐英妻。卒时年二十，且公姑早逝，孤苦无依，虽至饥寒，终无愠色，抚育子成立，年至五十二而终。

## 十、镇宁州

杨氏　本州十二营僰人杨太女。祖仕元，为普定府通判。洪武十四年，天兵南征，安陆侯吴复时为裨将，留镇普定，闻杨聪慧，有志操，以礼聘之。十六年，侯薨，杨哀毁几至灭性。翌日，沐浴更衣，于灵几后自缢而死。事闻，赠“贞烈淑人”，仍于父家表其门。

## 十一、贵州卫、贵州前卫

俱与宣慰司同。

## 十二、新添卫

吴氏　本卫舍人王达妻也。年十九而寡，敬事舅姑，坚持妇节四十余年，贞白精励[①]。

① 贞白：原文误作“贞曰”，据云图本改。

## 十三、平越卫

徐氏　军人李庸妻。正统十四年，夫与苗贼战，亡，徐年二十五，子时用始三岁。都指挥赵信欲夺其志，以配卫卒，徐以死自誓。守节四十余年，且善事舅姑，殷勤教子。事闻，诏表其门“贞节”。

廖氏　军人周清妻。夫丧，廖年二十七，无子，姑老家贫，纺绩终养，坚志守节，莹然无瑕。

丘氏　军人蹇玉妻。玉丧，丘年二十二，遗子方七月，抚孤守节，终身不改。嘉靖间，抚按旌表其门曰“贞节”。

## 十四、清平卫

赵氏　卫人漆大亨妻。大亨丧，赵年二十，无子，自缢以殉，本卫尝以事闻。

李氏　都指挥石宣妻。宣丧，李年二十四，守志不移，杜门，操行始终无玷。寿七十三而卒。

白氏　千户王雄妻。雄丧，白年二十，子辅方一岁，誓不再嫁，育辅成人，以袭夫职，年六十六而卒。

郭氏　千户王保妻。保丧，郭年二十八，无子，母族屡欲夺志，郭以死自誓。纺绩给日，贫苦百状，不变其守，众称之。

王氏　舍人周德妻。德丧，王年二十九，抚遗腹子鼎成立。有司事上抚按，旌励其节。

杨氏　生员赵仁妻。仁丧，杨年二十三，子杲甫三岁，杨誓死不嫁，教子成立。抚按屡有旌奖，年五十六而卒。

## 十五、兴隆卫

王氏　百户吴灉妻。灉丧，王年二十二，姑怜其少，欲令改嫁，王请养姑，誓不再醮，守节四十余年。弘治六年，事闻，旌表其门曰“贞节”。

张氏　举人朱玉妻。玉丧，张年二十一，素有贤德。及玉丧后，张哭三日，绝而复苏。乃慨然曰：“妇人从一而终，吾夫既殁，吾何生为!”遂具衰麻，自缢而死。

郭氏　本卫千户兰诲妻，诲赴京袭荫，卒于途，郭年二十[1]，家贫守节，绝无瑕玷，年六十六而卒。

---

[1] 二十：原文误作“一十”，据万历《贵州通志》改。《黔记》亦载郭氏，但未载其夫亡时郭氏年龄。

## 十六、威清卫

蒋氏　蔡俊妻。俊丧，蒋年二十，誓不再适，抚遗腹子琳。躬勤纺织，清苦坚持，守节三十三年。里人以事上闻，旌表其家。

张氏　魏政妻。政从征永宁，死于王事。张哀毁几绝，时年二十五，以贞白自守。抚二子纲、纪，以纲荫父职，寻卒，复以次子纪袭之。纪以功升贵州都指挥，里人每称其守节、教子之贤。

李氏　生员易铠妻。铠丧时，李年尚少，抚遗腹子成立，孀居苦节，内外无间言。有司以其事闻，命下，立坊旌表之。

陈氏　庠生林玉妻，以勤俭相夫，崇饬儒业。玉丧，陈年二十，无子，事舅姑，誓守节不再醮，余六十年。有司请于抚按衙门，旌表之。

李氏　庠生易镗妻。镗丧，李年二十余，守节抚遗腹子成立。有司以其事闻，命下，立坊旌表之。

郎氏　卫人沈琇妻。琇丧于寇，郎年二十，誓死守节，抚孤成立，终身无玷。有司请于抚按衙门，旌异之。

## 十七、平坝卫

陈氏　千户梁武妻。武丧，陈年二十七，服丧过哀，安葬如礼，誓不再嫁。成化七年，有司以其事闻，命给米养之。

朱氏　卫人刘纲妻。纲丧，朱年二十余，誓不再嫁。有司以其事闻，命给米养之。

## 十八、普定卫

黄氏　青宛人王二妻。随夫戍普定，行至夷陵，夫死于虎。黄年二十四，携幼子间关至贵，誓守节。有司以事闻，命下，立坊旌表其门。

裴氏　王召保妻。随保戍普定，保丧，裴年二十四，哀痛尽礼。舅姑死，竭力营葬。抚遗腹子，终始如一。有司以其事闻，命下，立坊旌表其门。

邹氏　崑山人邹思明女。洪武初，思明戍普定，邹甫五岁，随母居乡间。长，适同里人吴文荣，乃奉母历万里之险，至卫省其父。未几，父调征当行。文荣谓邹曰："涉远来省侍，始得会，岂忍父去，吾请代之。"遂慨然往，已而，亡于阵。邹年二十一，感夫之义，哀毁几绝，父母勉谕之，誓死守节，孀居四十七年，未尝忘哀。有司以其事闻，命未下而邹已卒，事遂寝。

景氏　卫人马彪妻。彪丧，景年二十二，子伟甫五岁，誓节守之，抚及成立。有司以其事闻，核实而景卒。

叶氏　百户陈玘妻。玘丧，叶年二十，子二，长甫六岁，次月余。玘随师征讨，劳苦成疾，归而益剧，语人曰："吾死无憾，但恐妻不能守，弃子他适。"妇闻之曰："汝勤王事而致疾，天必眷佑，设死，我必[①]不独生。"未几，而玘乃丧，叶哀毁尽礼，偃卧自刎。众往视之，血渍枕席，举家惶怖，傅之以药。妇曰："我必死矣，但抚我幼子，以立陈氏门户。"遂绝。

顾氏　指挥时仁妻。适仁未一年而仁丧，遂守节不嫁三十一年，已经奏闻旌表。

赵氏　卫人毛鼎妻，鼎丧，赵年二十，誓不再嫁，惟纺绩以事翁姑。已经各衙门移文奖异，年八十四而卒。

## 十九、安庄卫

沈氏　舍人李晟妻。晟丧，沈年十八，抚遗腹子元孀居。以功升指挥。元死，孙宗生始一月，沈又育之，以荫先职。有司以其事闻。

易氏　舍人张御妻。御丧，易年十九岁，抚子经袭其祖职。人尝怜少寡，欲更其志，易执刃以死誓。有司旌之。

殷氏　军人朱训妻。训丧，殷年二十七，子官方三岁。其兄悯其穷苦，而欲夺之，殷以死自誓。有司旌奖六次，年九十而卒。

黄氏　指挥倪鸾妻。鸾丧，黄年二十六，抚子世爵荫爵，孀居四十。有司累次奖劝。

## 二十、安南卫

唐氏　舍人何俊妻。俊丧，唐方少艾，父母、舅姑皆欲更志。唐曰："人之所以异于禽兽者，以其有节义尔，吾宁死不再事人。"守节三十年，皎然无瑕，有司以其事达于部使者。

## 二十一、普安卫

范氏　应袭舍人柳升妻。升未仕，疾丧，子甫一岁，及长，教以诗书，常以忠孝为谕。终身人无非言，年七十而卒。子承袭，后功升都指挥。其孙之文，死于王事，乡人称为忠孝之家。

岳氏　军士石有才妻。才丧，岳年二十五，遗孤七岁，聋跛疾笃，岳纺绩抚育，岳父母相继疾亡，乃备棺礼葬。有司嘉其节孝，以事闻，已经巡按赵大佑旌异，仍拨户丁一名供祀。

---

① 必：原文误作"心"，据《黔记》改。

蒋氏　卫人王铎妻。铎丧于米鲁祸，蒋年二十四，啮指自誓，不再适人。寿六十四而卒。

## 二十二、毕节卫

蔡氏　林晟母，有志行。正统末，苗夷普奴叛，围毕节。城中官军皆调征平越，而晟亦守备贵州，城中无一可恃。蔡散家资，募精兵，并仆登城拒守，凡三月。寇无所得，解去，蔡率众蹑之，寇大溃。又发私廪，以赈贫穷，时称女将军。

阎氏　生员李林妻。林丧，阎年十九，断发自誓，守节四十余年，乡人重之。

徐氏　生员罗琛妻。琛丧，徐年二十三，子云方十日，遂以死自誓，纺绩抚子，守节四十余年。有司屡以实闻。

## 二十三、乌撒卫

吴氏　军人吴惟允女，聘军士李贞，未嫁，而贞调戍金齿，竟亡不返。父母将改嫁之。女曰："吾为李氏聘，即李妇也，誓不他适。" 引刀断发，守节五十九年。有司以其事闻，诏表其门曰"贞节"。

杨氏　生员陆廷富妻，廷富丧，杨年二十四，誓不他适，孀居五十四年，洁然无玷。有司以事上抚、按，旌表其门曰"贞节"。

## 二十四、赤水卫

章氏　军人聂贵妻。贵从征交阯，及行，嘱章善事其母，曰："设吾不生还，终养，勿再适也。"后果卒不还。章守制奉姑，纺绩以营生，操志益坚。景泰三年，事闻，旌表之。

欧氏　生员陈琢妻。琢丧，欧年二十，家贫无子，勤女工，以供姑养，姑有疾，吁天刲股以进，姑疾因愈。事闻抚按，优免人丁侍养。

## 二十五、永宁卫

封氏　卫人闵焕文妻。焕丧，封年二十一，丧葬尽礼，誓不再醮，以养舅姑。孀居三十年，洁然无玷，有司常上其实。

杨氏　军人伏文贵妻。贵征交阯，死于阵。杨年二十六，子成方二岁，孀居，誓不适人。成长，亦以征贵州叛夷战殁，其妇毕氏亦守节不嫁。天顺间，有司以"妇姑全节"上之。

谢氏　军人张贵妻。贵丧，谢年二十四。其母欲更嫁之，谢守节不二，年六十卒。

马氏　指挥侯英妻。侯丧，马年二十，誓死守节，抚遗腹子宇以袭夫职。始终无玷，乡里称之。

胡氏　舍人孙贤妻。贤疾笃，胡祈天割股，为羹以进，贤卒不起，哀毁，守节四十余年。

邹氏　镇抚雷震妻也。震丧，邹年二十五，守节终始一致，乡人贤之，年至七十余卒。

沈氏　卫人雷霖妻。霖丧，沈年二十。守节不二，孀居四十年，卫人称为“雷门双节”。

梁氏　卫人夏时妻。时丧，梁年二十四，子礼甫二岁，梁抚育成立，守节四十余年。有司以事请于当道，扁曰“贞节”。

# 贵州通志卷之九

# 贵州通志卷之十

钦差巡视提督学校贵州按察司副使谢东山删正

贵州宣慰使司儒学训导张道编集

学生汤建中、马阳　、吴铠、李朴、汪藻、倪世杰、马希龙、孙世贤、任懋忠、胡禾同编

## 第一章 孝　义

《周礼》:“行有六而孝居其先，德有六而义居其一”，一人诚得其一端，一端诚得其一事，虽其行而未至、偏而不全，亦足以振颓风而敦薄俗，此志孝义之意也。

### 一、贵州宣慰使司

汪胜宗　贵州卫人。早孤，家贫，事母至孝。母卒，负土成坟，庐于墓侧，昼夜哀号，乡里称之。巡按御史叶泰以其事闻，命未下而卒。

朱璥　贵州卫人，嗜学能书，早丧母，事父以孝闻，父尝剧疾，璥尝粪以验甘苦。及父卒，刻木为像，事之如生。有司以其事闻，命未下而卒。

段达　前卫人，父病痹挛，起居饮食皆达亲视之，夜寝榻下，闻謦咳转侧，即起扶持。日则负出外庭，招乡长相与谈笑，且具饮食以为欢。如此者二十余年。及父卒，哀毁逾礼，时人呼为段孝子云。

陆绪　前卫人，事亲弗懈。亲卒，庐于墓侧，亦以孝闻。

马端　宣慰司人，善事母。母偶疾，思鲤为脍。端旁求之，至南隍，忽一鲤跃出潦中，持归供母，病遂愈。人以为孝诚所感。景泰间，东苗悖逆，端又捐资，输粟百石以给军饷，成化间，奉敕旌异。

王轼　贵州卫人，与弟辙友爱深笃，同居七十年，终始无间。一门化之，怡怡如也。

刘继宗　贵州卫指挥，早孤，事母至孝。母卒，哀毁几绝。武职例无三年丧，独宗开俸守制，衰绖三年。既葬，奉神主于中堂，晨昏定省，如事生焉。有司请于抚按衙门，扁其门曰“孝子”。年七十余终。

陈钝　前卫人，生员。天性纯笃，心行善良，事亲孝。嫡母足疾，艰于行动，钝旦夕负以起居，劳瘁甚至。母卒，哀毁逾礼。将葬，天雨连旬，钝仰天号泣，果获晴明，葬毕复雨。人以为孝诚所感。未几，亦卒。正德间，有司以其事闻，下部议：孝子已死，无追赠例。事遂寝。

周升　宣慰司人，任训导，性慈孝。成化间，其父为宣慰司耆老，入处翁郎克渡地方夷情，因中岚瘴。时升方弱冠，亟往视之，病几绝矣。升刲股为羹，灌之，乃复苏。夷人见之，皆为感叹，事因以平。

## 二、思州府

刘惠　清浪人，本府生员。父患痈，医谓秽净方可施药，惠日吮之。度父不起，遂乞衣巾终养。及卒，哀恸几死，居丧尽礼。葬后，庐于墓侧。一夕，邻家失火，将延其舍，惠心不为动，火亦寻灭，人皆异之。事闻，抚按给扁悬门以旌异之。

## 三、思南府

安濂　轻利尚义，弘治间，郡邑荒旱，人民饥死甚众。濂出米一百石[①]，赈济饥民，全活颇多。有司以其事闻，赐敕旌异之。

张翚　嘉靖年间，郡有蜀寇之变，翚领土兵破贼，备尝艰险。事平之后，人颇惜其赏不偿劳云。

## 四、程番府

龙见　金筑司人，府学生，居省城。嘉靖二十二年，弟龙起夏浴于河，将溺，见闻之，往救，不暇解衣，赴水救之，起得生，而见竟溺矣。有司以事闻，抚按扁其门曰“友爱”。

## 五、都匀府

李琰　卫人，事嫡母宋氏以孝闻。母疾，亲侍汤药，衣不解带者两月，疾革，割股和羹以进。及卒，哀毁逾礼，内外称之。

---

① 一百石：原文误作“一有石”，据云图本改。

屠璁　卫人，多学尚礼，幼娶徐氏，生子方一岁，妻卒，璁不再娶，年八十一而终。兵备副使阴子淑扁其门曰“义夫之家”。

## 六、平越卫

徐胜　修身齐家，绰有典则，百口同居者五世。弘治初，有司以恩例赐羊酒奖劝，具实以闻。

## 七、清平卫

李源　性至孝，父疾病，源尝粪甘苦，以占吉凶。父愈，人皆称其孝感。后官至都指挥佥事。

金章　少孤，善事母，母忽病，气绝逾日，章呼号吁天，请以身代，母复苏。

## 八、威清卫

钱达　性至孝。父病笃，彷徨无措，乃吁天刲股，和药以进，父病果愈。郡人皆称其孝。

## 九、安庄卫

李瑄　忠实乐善，与弟玉友爱，庭无间言。子姓法之，三世同居，乡人称重。

## 十、安南卫

姚余　卫镇抚也，果毅有膂力。洪武间，安南寇乱，西平侯经过，择护送者，以余清道先行。至盘江冷饭场与贼遇，军伴以众寡不敌，促之逃。余曰：“受将令而退避，宁为丈夫乎？”遂奋勇追之，戮三人，贼急，并力向余，因遇害。西平侯以其事闻，命有司给米三十石、布三十匹，恤其家，仍令青山司长官蔡思敬赍祝文致祭焉。

## 十一、普安卫

盛全　军士，家贫。母病，乃诣庙祷神，刳腹取肝，死而复苏，持归，和羹进母。众闻，走视之，庙壁间书“盛全为母”四字，盖恐死后累及他人也。有司嘉其孝，给医药以治，母子俱获全。

车辅　新兴站百户。弘治间米鲁乱，乃率兵死拒，后贼万余逼辅归顺，辅乃手刃七贼，被箭而死。是日昼晦，人皆谓辅之灵气也。

柳之文　守备指挥，素有勇略，为时所称。时铜苗弗靖，抚按檄取领兵进哨。贼来劫掠，众皆惊溃，文仗剑言曰："彼独非命，何乃畏之，敢有先逃者斩。"后贼大至，文手刃数贼，四无援兵，竟亡于阵。未几，贼首龙许保就擒，鞫之，贼曰："石参将不要钱，柳守备不怕死，吾是以就擒耳。"总督、抚按议于铜仁立祠以祀之。

## 十二、乌撒卫

赵启、赵哲　二人兄弟也，友爱甚笃。其父年老，命启承袭指挥使爵，二子逊让，终身不袭，乡人义之。

## 十三、永宁卫

王璠　幼孤，事母至孝，因母疾而学医。医精而母疾愈，母寿九十，而璠亦七十余矣，孝心一致。母卒，哀毁逾礼，斩衰三年。又能友爱其弟。嘉靖间，蒙抚按衙门嘉其孝，赐以冠带，仍表其门。

陈永定　百户，膂力过人，善于骑射。宣德八年，调征松潘有功，升千户。正德四年，领军征剿思仁发，鼓噪奋进截杀，贼众，遂遇害。人咸惜之。

# 第二章 隐 逸

圣人之道不必仕，不必不仕，惟其时而已矣。人固有抗志云林、无心轩冕者，盖其才可以仕而不仕，虽其不仕，而居乡善俗，不为无益于时者也。其去奔走沉迷，不知止足者，不啻远矣。

## 一、宣慰司

王璘 贵州卫人，号樵隐。性耿介，博通经史，善于诗词，隐居不仕，取予一芥不苟。开家塾以教郡子弟余五十年，从者甚众，而材官名将往往出其门焉。所著有《樵隐杂稿》藏于家。

宋昱 宣慰昂弟，性颖敏，恬静多学，诗格清丽，操行雅饰，所著有《联芳文集》。

朱宪 前卫人，修身隐居，不求闻达。正统间以贤良举，不就。蜀献王闻其贤，招致于国，未几辞归。

汪成 贵州卫人，能文攻诗，隐德弗耀，为乡闾所重。有《讷庵诗》五卷藏于家。

顾璇 贵州卫人，能诗文，善绘事，潜德弗耀，一时缙绅名公多礼敬之。巡抚都御史孔镛常往造其家，且为作《东楼记》。

王佐 前卫人，谨厚笃实，博学好礼，尤工于诗，不愿仕进，与郡中贤达者为诗会唱酬。曾纂修《贵州旧志》，有诗文传于世。

## 二、思南府

李明荣 性质朴，好读书，居东溪，年九十余，未尝一至城市，为乡闾楷式。尤惇友爱，教五子及玄孙，凡四世不分居。正德间，流贼方四乱其处，肆虏掠，村落俱被害，独其家以忠厚尚义素闻免，虽贼亦知之如此。

王蕃 读书尚义，安贫守正，自号一瓢。工篆、隶，善写梅，为诗清新飘逸，老而益工，当时名公多与交游。所著有《一瓢文集》。

唐楚善 耕读勤俭，赡财赈施。宗族不能嫁娶丧葬者，楚善喜助之，年七十余，生一子，及见二孙，人以为阴德所感。寿九十七。

尚安政 性惇朴，耕读为业，颇知诗文，未尝轻入城市。寿一百一十二岁卒。

田显文　性方严，质实好施，不计家贫，笃学主文，老而不倦，恬退谦抑。年至八十余卒。

## 三、清平卫

陈楷　修身慎行，能文工吟，开馆受徒，多所造就。

王铨　博学不仕，隐居终身。

周纲　博学工文，隐居不仕，时称南坡先生。

## 四、乌撒卫

潘子安　性颖敏，诗文清丽，尝游滇、蜀，多所著作，累荐不就。所著有《清啸集》传于世。

吴颂　与弟吴预博学能文，隐居教授子弟，信从者众。

## 五、赤水卫

吴济　学行俱优，为一时尊重。正统间，卫庠缺教，巡按包公征以布衣署学事，凡五年，而克尽厥职，士类悦服，罔敢怠忽。

## 六、永宁卫

谢武　性纯厚，多读书。少业医，游青城山，遇异人授以医诀。武随会晤，活人甚多，且不择贫富。年七十四，无疾而卒。自号“忙庵居士”，颇有著作。

# 第三章　仙　释

神仙、释氏之说，虚空无证，学者讳言之。然二仪浩荡，万汇纷纭，未可尽以为无也。自古为二氏之学者，必置身于寂寞无人之境，而后庶几于有得。以贵州之地迥山深，固宜餐霞面壁者于此择而取之也。

## 一、贵州布政司、宣慰司

南宗　长沙沙门也，尘网蚤脱，悉志禅宗。洪武间，游脚至贵阳，募建大兴寺，推演内教，感化者多。示寂荼毗，得舍利焉。

刘明德　本司人，少遇异人，授以火雷秘法，呼召风雷，奔走神鬼。戒行清厉，尤为时重。后端坐而卒，时人以为尸解。

彻空　蜀僧也。正统间来住郡潮音寺，机锋警敏，尤精于诗，亦清峻。后复蜀，称寂示偈，唯以振宗风为要。

林春　钱塘人也。父文中，永乐时以高道征[①]，寻坐谪戍贵阳而卒。春性赋敏捷，才长身伟，敕遣受业于真人周思德，尽得其醮汞祷祈之法，而行之以诚，多所感召，卒年九十二。子宣有才行，书法遒劲，隐居以终。

箬笠僧　不知何许人。成化间，戴巨笠抵郡大兴寺，郡士罗玉藏修寺中，僧见之曰："子何勤苦如是？吾有术能为银，助汝齑粥。"乃取铜、锡杂置炉中，顷刻化为银。罗意欲传其术，僧曰："此不足学，败尔业矣。"后不知其所往。

拜经和尚　名兴宗，大理人，住持永祥寺。诵《法华经》，每字一拜一木板籍[②]，岁久，木[③]为之穿。四十年未尝下山，其戒行端谨类此。镇守太监郑忠重之，为建寺，请额曰"永祥"。年七十，自刻卒期，鸣鼓告众僧而逝。

碎尘　云游僧也，卓锡青崖谷精寨观音庵以居。确守戒律，不妄接人，诗律古淡，有世外之风。

## 二、铜仁府

鬻蓰道人　不知何许人。宋开宝间，郡瓮蓬寨人杨再从崇尚仙学。一日，

① 征：原文误作"彻"，据弘治《贵州图经新志》改。
② 木板籍：弘治《贵州图经新志》同此本，《黔记》作"木板"。
③ 木：原本误作"不"，据弘治《贵州图经新志》及《黔记》改。

有丐者携草莛一双诣再从，索金五两鬻焉。再从意欲买之，其妻不从。道人掷莛于地，化为双鹤，冲天而去，道人亦不知所往。但[1]见门柱上有诗曰："新打芒鞋巧又牢，五两黄金价不高。杨君不听妻儿语，从我蓬莱走一遭。"其字以水洗之不去，刀刮之益显。柱至洪武十四年方圮。

## 三、平越卫

张三丰　不知何许人，以洪武间来寓高真观。与指挥张信善，卜以吉地于城南月山寺右，曰："此地葬后必有封侯之贵，世禄之荣。"后信果以奇功封隆平侯。奉命修武当山，偶逢三丰，顷尔莫知所往。遗有本卫地脉诗五首。

远远长龙自北来，脉流城右建僧台。
前峰凹处堪为冢，若葬真泉步玉阶。

此即隆平侯张信葬母有验。

离却盘龙一里余，其形宛若下江猪。
膊后尾前堪作穴，角其姓者佩金鱼。

此即参议杨遵葬母有验。

金钩挂帐锦峰堆，帐下清流三复归。
识此这条沟上穴，女殷男贵秉权威。
飞凤投江穴在头，龙泉虎嶂两朝流。
东隅宾列连峰秀，阴穴阳居万里侯。
不前不后只于中，也没堆峦也没峰。
坦坦四阳平落地，若能葬后位三公。

以上三穴至今未有识之者[2]。

## 四、兴隆卫

广能　正统间，卓锡月潭寺，清规不玷，禅诵勤苦。尝当昼诵经，有虎入寺，僧行惊走，能不为动。虎登堂见能，遂去。或问曰："师有道乎？"能曰："《华严》力也，吾有何道？"因戒众隐其事。岁己巳，苗夷寇兴隆，且欲劫寺，众僧皆逃避，亦请能行。能曰："吾辛勤结构此寺，誓与之同存亡。"独守不去。已而寇至，欲杀能。能曰："幸戮吾于外，毋污此佛地。"贼义而

① 但：原文作"俱"，不通，据《黔记》改。
② 三穴：原文误作"二穴"，据云图本改。

释之，且戒同暴毋毁寺，寺赖以全。寇退，众问之，曰：“《华严》力也。”详见寺碑。

## 五、平坝卫

曾至坚　湖广人，有道术。天顺间，以诖误系械京师，值大暑，朝廷命祈雪，以皇城为限。夜半，上觉寒，开豹房视之，飘飘遍地。次日，命中官出验，城外略无雪迹，因免死，改戍本卫。木石幻妄，符至即除。呼霆祷雨，刻期必应。终日闭门诵经。一日，召其徒曰：“谨守吾法。”遂坐而逝。

## 六、普定卫

一天　字常胜，曲靖人，住本卫圆通寺，戒行峻洁，人所崇重。

悦禅　杭州人。云游住圆通寺，有戒行，善化导愚迷，人多礼之。退居清泰庵，年九十，景泰元年五月终。四年二月出殡，启龛化之，形容宛然如生，人皆称异。

## 七、安庄卫

无名僧　永乐间，游脚至白水堡观音寺，言貌谨愿。用砖垒塔于寺后，坐其中，与千户丁昱等约曰：“吾入塔，尔以砖灰锢塔门，明年今日开塔，内有声始启之。”如其言，僧果危坐自如，异香馥郁，容貌愉怿，众咸异之。后不知所往，其塔尚存。

# 第四章 迁 谪

自昔贤人君子，得罪当时，窜身远地者多矣。然他人以为不幸，而其人自以为幸，贺益能也。其人或自以为不幸，而一方之人以为幸，喜过化也。志迁谪。

## 一、贵州布政司、宣慰司

王守仁　余姚人。正德间，以兵部主事任龙场驿驿丞，有《居夷集》传于贵。

杨僎　临安人。嘉靖间，以给事中任布政司添注理问。

刘养直　内江人。嘉靖间，以给事中任布政司添注照磨。

王学孔　安福人。嘉靖间，以给事中任都司经历。

## 二、镇远府

周琉　应城人。嘉靖间，以给事中任镇远县典史。

## 三、新添卫

张原　三原人。正德间，以给事中任新添驿驿丞。

陈邦敷　三原人。嘉靖间，以御史任新添驿驿丞。

## 四、兴隆卫

李文祥　麻城人。弘治间，以兵部主事任兴隆卫经历。

## 五、都匀卫

陆灿　苏州人。嘉靖间，以给事中任都镇驿驿丞。所著有《三泉文集》行于贵。

## 六、普安州

王徽　南京锦衣卫人。成化初，以刑科给事中任普安州判官。

## 七、安庄卫

刘天麒　桂林人。正德间，以御史任安庄驿驿丞。

# 第五章 流 寓

乾坤同逆旅，男子志四方。士大夫流离侨寓者，在在而有也。然皂帽在辽阳，而居民悉化；乌皮在锦里，而野老相亲，夫岂不善？若夫不能化之，又从而诧之；不能亲之，又从而嗔之。是僻地为纳污藏疾之所，而土人有鸟惊鱼散之忧矣。

## 一、贵州布政司、宣慰司

### 宋

冉琎　播州人。与弟璞俱有文武材，隐居蛮中，尝同游贵阳，观山川险易，若有所营。时人莫识，以为景纯之流。后仗策谒余玠，为画城钓鱼山之策，人始知其异。

### 元

张禧　东安州人。至元十七年，从右丞刘深征八百媳妇国，师次顺元，与叛蛮宋隆济等力战而殁，赠宣忠秉义功臣、资善大夫、湖广等处行中书省左丞、上护军，追封郡公，谥武宣。

塔海　蒙古人。由进士为嘉定路同知，有善政。天历中，顺元永宁夷猓弗靖，驿传废弛，使命阻绝。蜀省檄塔海往谕之，深入遐荒，申以信义祸福，诸酋遂慆然遵奉期约。不两阅月，驿骑云集，传舍一新，寻升罗罗斯宣慰司同知。嘉定人立去思碑以颂之。

### 本朝

陈迪　云间人。工诗文，洪武初谪戍贵州。境内佳山水，多经品题，而碑碣纪载，亦多其笔，流布传诵，至今不泯。

伍建　上虞人。洪武初，登进士第，慷慨有大志，以言事谪贵阳。工诗能文，所著有《木庵诗集》。

易楚诚　字大信，吉水人。洪武间，父游贵阳，岁久，老且病。楚诚侍养不倦。父尝盛夏思冰[1]，楚诚泣天致恳，已而，大雨雹。又尝病疡，医欲得兔髓和药。楚诚求之野，偶有群鹰攫一狡兔，争食之，持归付医，疾以旋

---

① 冰：原文误作“水”，据弘治《贵州图经新志》改。

差。有司上其事，固辞曰："此非吾诚所致，偶相遇耳，不愿以是得名。"事遂寝。乡人至今称之。

廖驹　字致远，顺昌人。宣德间，谪贵阳，有诗名。宣慰使宋斌延教诸子。有《强恕斋诗集》若干卷行于世。

## 二、思南府

**宋**

夏大均　政和间，蕃部长田祐恭被诏入觐，拜伏进退，不类远人。徽宗异之，问其故。对曰："臣门客夏大均实教臣。"上悦，厚赐之，拜大均保州文学。

## 三、石阡府

**唐**

李白　流夜郎时过此，盖石阡即唐夷州，夜郎在其境内。《方舆胜览》载蔡宽夫诗话云："太白之从永王璘，世颇疑之，《唐书》载其事甚略，亦不为明辨其是否，独其书自序云：'半夜水军来，浔阳满旌旃。空名适自误，迫胁上楼船。从赐五百金，弃之若浮烟。辞官不受赏，翻谪夜郎边。'以此观之，则太白岂从人乱者哉？"

## 四、都匀府

**本朝**

廖驹　闽人。宣德初，从戍都匀卫，以诗名于时，累荐不就，号强恕先生。

## 五、黎平府

**唐**

王昌龄　以江宁县丞左迁龙标尉。龙标，今龙里司龙标寨，乃唐叙州潭阳郡，龙标县故地也。李白以诗遗之曰："杨花落尽子规啼，闻道龙标过五溪。我寄愁心与明月，随风直到夜郎西。"盖龙标居五溪上游，去夜郎不远，故云。

**宋**

程子山　高宗时以忤秦桧谪居渠西，土人为作观亭，今在湖耳司境上。

## 六、安顺州

**本朝**

张伯裕　山东诸城县人。洪武间，举贤良方正，保举到部，除授陕西童关县知县。因梗直不阿，奉法守己，谪安顺州吏目，遂因家焉。

## 七、普安州

**本朝**

杨彝　字宗彝，号万松，余姚人。洪武中，为闽之长泰县主簿，其子坐谪，携家戍普安。宗彝弃官，伏阙献诗，自陈诗曰："臣本山中一布衣，三年从宦在京畿。功名有志嗟何晚，妻子无依望不归。日照九重恩莫报，月明千里泪频挥。丹心一点随云气，长绕黄金阙下飞。"太祖览之大悦，特升吏部考功司主事，还其从戍妻孥，复以引年去官，就养普安。所著有《万松集》藏于家。

沈勖　字廷规，高邮人，号懒樵。洪武中，从戍普安，通经史，能诗文，所著有《迂思遗稿》《普安卫志》。

汪溥　字巨渊，澧州人，号丽泽，性颖悟而刚直，博学能文，不为禄仕。从父戍普安，开家塾以教郡之子弟，出其门者多伟器焉。

## 八、平越卫

**本朝**

金声　字永声，姑苏人。谪戍平越，以文行见称于时。

## 九、普定卫

**本朝**

陈迪　字良启，云间人。洪武中，从戍普定卫。旷达不羁，长于诗文。

王观　字孟宾，嘉兴人。谪戍普定，开塾教授，一时才俊多出其门。

冯侃　字本谦，嘉定人。从戍普定，能文善书，得颜、柳诸公之妙。

汪恕　字如心，徽州黟县人，充县学生。洪武初，兄胜祖征南，留守普定，未几，殁于戍，檄恕补役。恕年甫十七，惟一娣已适人，延至家，拜属曰："弟恕当行戍，老母在堂，无他兄弟备养。幸有先人田若干亩，愿娣耕以养吾母终余年，脱弟幸不死，报德未晚也。"乃来应役。数年，告归省母，亦无恙。及还普定，而母讣闻，哀恸顿绝，久之乃苏。结草为庐，寝苫枕块其中，朝夕哭临，三年盐酪不入口，骨如柴立。隆冬盛寒，单衰徒跣，终身哀慕，言及亲，啜泣如初丧焉。郡人呼为汪孝子。

## 十、毕节卫

**元**

乔坚　为顺庆路判官，有文才，流寓毕节，多所题咏。

## 十一、赤水卫

**本朝**

张祥　四川行都司都指挥佥事也。正统己巳，贵州诸夷叛命，祥率所部来救，至赤水，大捷，寇患少宁，驻兵守之。会霖雨水溢，贼乘间来攻，势甚盛。祥曰："事急矣，吾属当为国死。"引兵直济，追战二十里，至清水铺，我兵死者什伍。祥呼其仆马伏先、张牢等曰："不可为不义屈。"遂皆力战而死。郡人嘉其忠义，立祠死所祀之。

陈介　四川合州人，以都御史谪居赤水，忠谨和裕，与物无竞，若未有官职者。士论贤之。

## 十二、黄平千户所

**本朝**

陈溱　湖广蒲圻人。天顺间，以户部主事谪居黄平，能文咏，多所著作。

# 第六章　祥　异

福生有基，祸生有胎，皆人为之也，而祥与异实兆之。然祥而恃焉，未必非祸；异而修焉，未必非福。天人之际，倚伏之机，不可不慎也。

## 一、宣慰司

**景泰**

辛未，大饥。

**成化**

丁未，察院蔬圃种丝瓜，有并蒂而双实者，有联实而同蒂者，有司以其事闻。

**弘治**

丙辰五月，大水，遵德坊撑舟济人。

甲子四月，雷雨大作，取市人等秤不平者击之。

**正德**

戊寅夏，大水，霁虹桥圮。

**嘉靖**

丙申闰十二月三日，北门火，延燎三街，毁至千室及牌坊。

己亥四月十二日夜，天地冥晦，风吼如雷，雨雹，坊牌、林木至于倾倒拔折。

壬辰，大有年。

丁酉秋八月，龙见。

丁未，旱。八月，殒霜三日，百物尽杀，大疫。明年戊申饥，斗米银四钱，道馑相望。

庚戌[①]，洪边宣慰宅前二里旧有莲一池，不发者三十余年矣，是年，忽蔓生满池，花实富丽。

癸丑，大有年。

---

① 戌：原文误作“戍”。

## 二、思州府

**正德**

壬申，府治火，延燎吏舍。

**嘉靖**

丁酉，市火，大中丞坊灾。

己亥五月，大水漂溺庐舍，人言洒溪二龙战焉。

辛亥，铜苗纵火，大毁公署及居民屋舍，烟焰蔽空。夏秋不雨，五谷不收，民间食蕨。

## 三、思南府

**嘉靖**

乙酉，虎至府堂，吼啸数声而出，莫知所之。又一夕，三虎渡河，止于桥下，为众搏之而毙。

丙戌，雨雹，民有中雹而毙者。

戊子，吏舍火，灾南平仓廒及粮储三百余石。

己丑，乡寨有洿池五六亩，原无水，忽火焰腾出，微白，状如炉火，无烟有焰，投之以草则焦，夜则光照远近。旬余，经雨而止。

癸巳，六月大水，城市行舟，旬余始退，民舍禾苗漂没殆尽，是岁，免民田租之半。

甲午，学前银杏二树原无花，是年夏结实四枚，皆并蒂。

丙申壬子，夜，地震。

## 四、镇远府

**成化**

戊子，大水。

**弘治**

己酉，永丰仓获一兽，纯黑如马，盖熊云。

庚申，地震。

**嘉靖**

乙酉，大水。

乙巳，旱疫。

丁未，治堂火。

## 五、石阡府

**嘉靖**

戊子正月二十二日，城中风火交作，民舍尽毁，将延府治，推官郑宗锦叩地吁天，反风灭火，府治、仓库无灾。

庚子辛丑，大旱，村民流落过半。

壬寅，大水。

戊申，水再泛，田多崩。

## 六、铜仁府

**弘治**

壬戌夏，城中火。

乙丑夏，大水。

**嘉靖**

乙酉，鹳雀来巢于文庙，育二雏焉。

己亥春，夜，豹入民室，至晓获之。

庚子，三虎吼于东山之椒地，地若为之震。越四夕，复吼如前。

辛丑，白燕巢于民舍，群燕随之。

己酉冬十月，演武亭操兵，群雀翔集于枪槊弗去，鹿入阵中。

## 七、程番府

**弘治**

癸丑五月，大水弥旬，的鹅、长岭诸地淹没，禾尽漂流。

**正德**

丙寅，大旱。

**嘉靖**

丙午，大疫。

戊申，卜弄寨园梨秋华如春。

壬子，立旺寨风雹拔木。

## 八、都匀府

**弘治**

甲寅，大雨，凤凰山崩。

甲子，大疫，死者甚众。

**正德**

辛未九月，地震。

甲戌，蝗食禾。明年乙亥，饥。

**嘉靖**

壬午，卫治火，案牍俱焚。

丁亥，大荒。

戊子，预备仓火，灾及稻谷五百余石。

己丑八月，大水，城湮山崩。

壬子元日，雷鸣雨雹。

## 九、安顺州普定卫同

**弘治**

戊午，火，延燎民舍五百余户，灾及城楼市坊。

**嘉靖**

壬子二月七日，烈风、雷雨大作，摧折市坊。

## 十、普安州

**永乐**

十四年冬，大雷电。

**成化**

丙申，旱。

**弘治**

辛酉，兵荒，罹米鲁之变也。

**嘉靖**

壬午，大有年。

戊子，旱。

庚寅，水。

丁酉，龙见于郊。

丙午，大疫。

## 十一、新添卫

**嘉靖**

丙申五月，大水，山崩，城中饥疫。

## 十二、平越卫

**正统**

己巳，兵凶。

**成化**

庚子，旱。

**正德**

甲戌，大水。

**嘉靖**

丙午，大疫。

己酉三月望日，羊场坝大石长三丈余，白日翻身，声如雷吼。

癸丑三月十二日，夜，高坪寨殒落三星，如石。

## 十三、清平卫

**正统**

己巳，荒。

**天顺**

己卯，城楼灾，延及公署。

**弘治**

癸丑，大水。

甲寅，大疫。

乙卯，大有年。

**正德**

戊辰，大有年。

癸酉，虎。

丙子，兵荒。

**嘉靖**

壬午，大有年。

丙申，虎阵。

己亥，殒霜杀稼。明年庚子，荒。

丙午，大疫。

己酉春，芝草生。

辛亥，大有年。

## 十四、兴隆卫

**嘉靖**

戊子，大旱，民饥。

庚寅，烈风、雷雹击人。

甲午，大水，山崩桥圮，荡析民居。

庚子，大饥。

甲辰，地震，风雹。

丙午，大疫。

## 十五、平坝卫

**嘉靖**

乙酉，城中大火。

## 十六、安庄卫

**景泰**

火灾，延东、南、北城楼，及关市民居数百户。

**成化**

丙申，旱。

**正德**

辛未，旱。

**嘉靖**

丙戌，火。先期，有白蝴蝶如落叶，自东北蔽空而来，飞向西南去。方三日，至四日午时，大风火起，延燎东北二城楼、预备仓、社学、驿舍，及城中东门外人居千余家，死者七人。火息，蝴蝶复飞还东北，去卫城二十里，堆积而死。

戊子，大旱。

丙午，大疫。

辛亥，大火。

壬子，有虫食禾，形如蚊而小，飞则如烟，落水尽赤，禾著之皆黑萎而槁。

移石之异，卫城东南九十里木各屯，山半有二石，各高丈许，阔八九尺，一在山前，一在山后，宛若一石劈开者。嘉靖二[1]年，一夕，忽大风雨，山后石移至山前，相向仅百步。次年，忽一夕，风雨如前，移石相合焉。

## 十七、乌撒卫

**嘉靖**

壬子正月，白日阴霾。三月，雷电、风雹大作，海水泛溢。

## 十八、永宁卫

**嘉靖**

八年己丑，大疫，死者甚众，总兵何钦命军士掘坑埋掩，每一人给私帑银一钱焉。

① 二：原文不清，据云图本。

# 第七章 兵 变

变孰为大？兵为大。中原犹备之，况边方乎？其始也，戒其所以胎之；其既也，周其所以弥之，斯不为患矣。故《兵变》志而《经略》继之。

## 一、洪武朝[1]

洪武十年丁巳，蛮贼围乖西，顾成破击之。按：贼围乖西，成引兵捕之，贼迎战，杀死军人朱质夫、马成。成督所捕兵[2]奋击，自未至酉，贼大败，生擒五人，斩首九十六级。

安禄侯吴复以杨文击破普定何买寨。

十四年辛酉，五溪洞蛮诸贼乱，征南将军周德兴及副将军仇成率兵讨平之。

平越卫麻哈苗蛮杨正孟乱，征南将军傅友德讨平之。

太祖高皇帝遣使劳征南将军敕曰："旧岁命尔等率甲士三十万南征诸夷，提兵深入，振扬国威，兵临普定，如风行草上。及至云南之域，擒首帅于曲靖之西，败乌蛮于可度之北。席卷英豪，长驱于碧鸡、金马。来云已驻牂牁，未几报捷，摧坚敌于点苍山下，而抚金沙，罗罗心悦。至于金齿，不战而服，率土以归。于是雕题之俗，遣使入贡，檄定百蛮之种，威加八佾之邦，将军之劳至矣。然功并亘古，勋著彤庭，英风遍于华夷，大丈夫至此，岂不显父母，扬名者乎？欲劳以尊酒，远不可致，以朕劳之，尚勖之哉！"

十五年壬戌，敕谕吴复、费聚取关索岭，及会傅友德，攻傍土寨。时聚尝遣顾成击破阿咱等山寨，斩首数百，获牛马无数。至是，太祖高皇帝敕曰："符到，可疾到征南将军处报，凡乌撒、乌蒙、东川、芒部、盘江、关索岭诸蛮，悉荡涤之。尔安陆、平凉二侯，安陆总兵，平凉副之，会兵攻击栅寨。若通关索岭，慎勿与蛮人战于岭上，当分哨直捣其巢穴，以掩袭之，使彼各救其家，不暇纠合以抗吾师。其傍土寨即未能下，候三将军至，合力攻之，必克也。"聚于是进兵攻关索，克取土寨数十。

吴复击破西堡、阿驴等寨，城水西，守之。西堡之破，顾成有力焉。成统赣州等卫官军从征，斩首八百级，生擒一百六十人，获马六十六匹。

---

① 本章标题为编者所加，下同。

② 所捕兵：当是"所部兵"之误。

蛮兵攻安庄，顾成击破之于东、北门外。时蛮兵攻围安庄，顾成出兵。与战于东门外，杀贼四十九人。贼攻北门，复出战，杀贼八百七十三人，生擒十九人，贼乃散走。自是以后，成复征阿咱寨，斩贼四十人。进击傍土蛮贼，复破，斩首五十四级。及围鹿角、当硬寨，追慕役蛮贼无算。

十八年乙丑，思州诸峒蛮反，以汤和、周德兴帅师从楚王讨之。一时蛮寇出没不常，闻王师至，辄窜匿山谷，退则复出剽掠。和等举师抵其地，恐蛮人惊溃，乃于诸洞分屯立栅，与蛮人杂耕，使不复疑。久之，计擒其渠魁，余党悉溃，凡戮四万余人。师还，留兵镇之。

二十一年戊辰，陈桓率兵次于毕节。初，诏桓等率兵驻毕节，桓等遂自永宁抵于毕节，度道里远近，夹道树栅为营，每营军二万，刊其道傍林木、榛莽，有水田处分布耕种，以为远近之计。且与沐西平相为声援，毕节遂为重镇。

顾成统平越等卫军，征乖西不输赋役诸苗及普安。时乖西不奉赋役，扒古、谷劳、金刚等寨，成往征之，斩首三百六十级，擒强贼九十人，男女二百三十，马、牛数百。复征普安。

二十四年辛未，傅友德以蓝玉、沐英由辰、沅趋贵州，攻普定、普安，皆下之。王师自普定擒土酋安瓒，罗鬼、苗蛮、犵狫闻风皆降，复攻普安，拔其城。

而费聚部将杨文拔何买寨，唐铎亦以兵击破楚华山寨。友德遂留兵守普安。友德帅师循格孤山之南以攻乌撒。遣使敕谕友德："毋轻信群蛮，及驻兵屯种。"

太祖高皇帝敕曰："东川、芒部，夷种虽异，而其始皆出于罗罗。厥后子孙繁衍，各立疆场，乃异其名，曰东川、乌蒙、乌撒、芒部、禄肇、水西。无事则互起争端，有事则相为救援。若唐阁罗凤之居大理，唐兵追捕，道经芒部诸境，外称归顺，内实挽诈，聚众积兵，据险设伏，唐将不备，遂堕计，以致丧师几二十万。皆将帅过信无谋故也。近称东川诸蛮不叛者号为循良，固未可逆诈。然须防闲，严整师旅，使不得肆其奸谋，然后贼可破也。"

又曰："今各诸夷报送东川蛮人，恐此令既出，蛮人诡谋亦从此生，假将此辈名为侦伺我军，当佥加严慎，不可托以心腹。盖蛮夷平日夫妇无伦，乱如群犬，虽父子不相保，其言岂可信哉？今欲降服之，其地山势险峻，道路崎岖，林箐深远，其人与猿猱无异，大军一至，窜入林薮，猝难获捕。宜且驻兵屯种，待以岁月，然后可图也。"

二十六年癸酉，顾成引兵攻克都匀卫丰宁长官司乱首铁梁等，复平藩台、谷劳、摇安诸寨。按：顾成克平铁梁、摇安等寨，生擒六百八十六人，斩首五千五百八级，选精壮者五百送京师，俘男女四千六百五十九口，稻谷四千六百九十一石。

西堡阿得寨蛮反，顾成率兵讨之。

西堡长官司阿得等寨长卜刺赞等不奉赋役，聚众三千余人作乱，杀良民，劫牛羊，居民不能安业，成领兵进征。

西堡蛮寇普定，顾成击走之。

二十九年乙亥，敕谕顾成为征南将军，帅师剿水西蛮酋居宗等。时居宗等不纳粮差，故制谕成充总兵官、挂征南将军印，率贵州军马以征之。

三十年丙子，以顾成统兵剿捕镇远蛮贼于溱部洞。

顾成、程暹率兵攻破都匀合江州陈蒙烂土长官司所属不纳粮差诸苗，斩首一千四百三十三级，擒一百四十七人，男女一千八十三口。

三十一年丁丑，顾成统兵讨破平州六洞长官司苗坡、羡塘、光金、蒙台蛮酋。先是，七月内，平州六洞等长官司苗一百三十七寨，及龙里等蛮不奉赋役，聚众为乱。成率兵往征之，前后斩首二千八百六十四级，俘获人口二千八百五十四，马六十二匹。雍郎、剋渡等寨，成悉抚谕，地方以宁。

## 二、宣德朝

宣德二年己酉，都匀平浪司苗贼传榜乱，剿之。

三年庚戌，都匀丰宁司苗贼罗富长乱，守备司整督军大破之。

## 三、正统朝

正统四年戊午，都匀烂土司及凯口苗王阿鲁、唐瓮、于把珠叛，围城。总兵田礼统率京军剿平之。

平越苗贼金台以土官科削，大肆猖獗，时攻本卫城，兵粮大匮。尚书王骥拯救之，卫治赖以保全焉。

十四年己巳，镇远、邛水苗贼陷思州。时府城未筑，贼卒至，不能为备，死者殆尽，府遂陷焉。

四川后洞黑苗乱，攻平越、黄平、石阡、思南诸处，石阡守死其难焉。是时，黑苗伪号铲平王。未几，草塘苗贼龙惟保、王占田者相继而起，亦号镇天王，其部下以金龙、金虎为号。首陷平越、黄平，杀伤官军。寻陷石阡，大肆侵掠，知府胡信罹其锋。后至思南，官军已先逃避山谷，贼乃焚诸廨舍，合郡无遗。惟蛮夷司忠爱坊存焉，坊前有柏一株，刀痕尚在。至景泰癸酉，是变始平。

## 四、景泰朝

景泰元年庚午，安南卫夷人鄢卜班乱，官军平之。时卜班以妖术惑众，攻围城池，官军讨之，获班始宁。

二年辛未，东苗等寨贼攻围会城，官军平之。

永宁宣抚司羿蛮作乱，哨聚攻城。指挥吴珍募兵数百出城奋击，斩首数十，贼众大溃，城赖以安。

## 五、天顺朝

天顺八年甲申，宣抚司大坝都掌反。永宁卫指挥桑盛、宣抚奢贵，遣人间道请兵。朝命大司马程恭、总兵李瑾帅师讨之。至成化戊子始平。遂设太平长官司。

## 六、成化朝

成化二年丙戌，镇远府茅坪诸处苗乱，时即剿之。

三年丁亥，打罕州土同知韦阿礼叛，抢劫进贡御马，杀伤官军。时即奏闻，调广西泗城州土舍岑善忠领兵剿平之。

## 七、弘治朝

弘治四年辛亥，都清苗酋乜富架、重恶龙十有二人，纵党四出，劫扰峒寨甚炽。时巡按御史冯玘以事闻，命下都御史邓廷瓒、镇远侯顾溥、总兵官王通，调川、湖、云、广、贵五省军克平之。

六年癸丑，都匀司黄土坡夷王和、王阿雔叛，兵备阴子淑用兵平之。

十一年戊午，普安州营长米鲁、福祐乱。按：米鲁以妾弑夫，隆礼以子弑父，阿保及其子鲊莫、阿歹以部落弑其主，内相争夺，酿成大祸。村栅为之破者一百三十余区，民庶死者五百余人，攻屯窥邑，猖獗日甚。于时，镇巡调集官军征之，夺营保甸铺侧，兵未及发，营为贼所劫，布政闾钲遇害，虏太监杨友，官军死者不可胜纪。为梗十有三年，流毒三百余里，后大兵四集，分哨平之。

## 八、正德朝

正德三年戊辰，程番府金石司长官石承龙与弟石承玺、石方显等纠贼劫乱。时卧龙司久叛，贼首王阿伦、邓先、难清、王海留、冗重、阿客等召致广西泗城州叛贼王彪等，啸聚贼兵三千余人，大肆猖獗，流劫村寨，攻打官署，抚捕不获。至癸酉，王阿伦称为平地王，难清称为江告王，承玺等各号领兵将军，伪造铜印一颗，上刻“阳平将印”，出榜声言。巡抚都御史陈天祥、御史邝约具奏间，行文兵备守备率兵设谋擒剿，地方遂平。

四年己巳，镇溪箄子坪苗贼乱，是时，朗溪、印江、铜仁大被其害。以湖、贵二省兵合征剿之，始设铜仁守备。

五年庚午，播、凯、黄平、白泥、草塘诸苗贼流劫思、石地方，土官杨载珍、汪誉，土舍安琼协谋，统集乡兵，昼夜向敌，斩首甚众，府治始安。

宣慰司乖西苗贼阿贾、阿札叛，参将洛忠等分哨进兵，剿平之。

六年辛未，流寇方四、金相、任大、任二、蓝二等哨聚万余人，入思、石境土，大肆劫掠，川、贵两省举兵剿之。

十一年丙子，清平香炉山苗恃险负固叛，官军克之。

都匀凯口苗王阿向据囤，至嘉靖丙申始平。按：阿向初与王仲武争职，时巡抚曹祥、巡按李显、总兵李昂奉旨调永、保、酉阳土军数万征之，未克。至嘉靖十二年，向益豪横，巡抚陈克宅、总兵杨仁请旨调本省官军及宣慰安万铨罗兵克之，捷报，授铨以昭勇将军、文官三品服色，后更囤为“灭苗镇”，拨官军守焉。

## 九、嘉靖朝

嘉靖二年癸未，都匀平定司王阿滕叛，都指挥周吉剿平之。

四年乙酉，克平芒部叛夷陇政。先是，正德己卯，芒夷攻劫军屯，守备指挥邵鉴呈允抚巡衙门，请乞添设参将。嘉靖壬午命下，以何钦为参将。钦至，帅师平之。寻以钦为副总兵，镇守四川松潘。

六年丁亥，芒部遗贼普奴、沙保等攻围毕节城，都指挥李宗佑射毙数贼。贼仍聚薪焚东城。参议杨仪、佥事龚亨与宗佑计，以城门凿隙，用佛郎机击之，连击数贼，贼始退。

九年庚寅，真州盗起。按：真州乃播州地，在婺川、南川之交。州有郑、骆二土官者，咸以渔猎为生，刻薄峻厉，民不聊生。土豪范姓者数家，各拥佃民数千户，皆亡命巨盗。适二土官征求年例物，周天星、王打鱼等遂乘时扇动，婺川、南川危甚。巡抚刘士元主议征剿，于是参议姚汝皋、佥事王尚志同领兵都指挥进兵剿之。

二十四年乙巳，铜、镇贼苗龙求儿、龙许保、吴黑苗纠众叛，思、石等处地方大受其毒，至壬子始平。按：贼势猖獗积数十年余，乙巳以后尤甚，思州、石阡、印江诸郡城俱为所陷，参将杨钦、推官邓本中被虏，赎还。知府李允简不屈而死，知县徐文伯被虏而逃，士民重受其毒，多以气节死。守备朱衣为义冢以葬之，其虏去者或捐产以赎，或陷死其地。湖、贵交兵剿之。贵自开省以来，兵戈扰攘之久且大者，未有过于此也。平后，当道议处事宜，见《经略志》。

# 第八章 经 略

**徐问《议处地方事略》[1]：**

一、互考仓粮，以杜奸弊。四川永宁仓额收永宁宣抚司该纳秋粮，永宁卫[2]该上屯粮，及重庆、叙州等府，铜梁、长宁等县该折粮大布，俱于本仓上纳。其粮放永宁卫官军，四川宣抚司首领、官吏、师生月粮，布放贵州永宁、赤水、毕节、乌撒、普市等卫所官军，冬三月折色。迩年[3]官攒狎于边境，去四川隔远，监司不能遍历，视贵州隔别，守巡不得稽查。钱粮自为出纳，侵渔揽户，任其通同轻折。及至放粮，拴合委官，挽故冒破，借贷预支，凡遇关领，百计刁难。官攒[4]考满，朦胧挽勘，竟赴四川给文，支吾脱去，俱得保全。自该前巡抚都御史刘士元奏行川省抚按，将铜梁等县折布粮米征价解贵州布政司官库上纳外，惟该司卫粮仍于该仓上纳，积弊复然。今后，永宁仓官攒、考满等项，务要申请贵州抚按，转行该道守巡官，吊取卷册，磨算无差，详允转报，方许起送。若有未明，就便提问。其四川该管司府衙门，遇官攒、给由等项，查无贵州抚按衙门查明字样，不许擅自起送，庶几粮可清，而奸贪不得恣肆矣。

一、处调边军，以实营伍。防御莫重于军，充军莫苦于边。贵州古为牂牁、罗施鬼国，外连四省边疆，内接九夷巢穴。如都匀卫则近广西南丹等州，普安卫则连广西泗城、云南沾益等州，乌撒卫则同四川乌撒府及近乌蒙、镇雄等府，永宁卫则同四川永宁宣抚司，铜仁府则密迩湖广五寨、镇筸等司所，俱军夷搀杂，实西南极边之鄙也。迩者，贵州卫所军人或因三次逃回，或因为事例应改发边卫与极边卫充军，正犯身故，子孙替役，清勾发遣，动差军

① 议处地方事略：《山堂萃稿》作“议处地方事宜疏（嘉靖十二年）”。开头还有一段话，引起正文，今录于此，以便参看：“伏念臣以迂陋凡才，叨膺边方重寄，大惧弗克负荷，以纾皇上远顾西南之忧。其四省边夷，豺虎交穴。土官酋目人等，交构吞噬，捶剥伤残，夷民困悴赤立。况连岁用兵，征调馈运。中间文武将吏，贪酷诛求。以致行伍空虚，仓廪匮乏，为军民害者，已尝廉究厘革，凡缮修、教演、化导、抚安、防弭之术，概已逐一举行外。谨将臣愚虑地方未便应议三事，并该司条议二事开陈，伏乞敕下诸司，通为议请，如有可采，俯赐施行，实为边方军民至幸。”相比《山堂萃稿》，本书多有节略，此处不一一出校。万历《贵州通志》亦收此文，删节更多。

② 永宁卫：《山堂萃稿》作“贵州永宁卫”。

③ 迩年：《山堂萃稿》作“迩年以来”。

④ 官攒：《山堂萃稿》作“取索贿赂，或久候而空返，或减克而不全。以致小民膏脂，得满此徒溪壑之欲，至于官攒”。

舍管押，沿途应付，骚扰驿递。及至中途，或到卫身故，或随解随逃。该卫既无实用之军，原籍又多勾补之扰。况贵州已极边陲，军粮折色廉薄，兼放莜豆[①]，征调挖运，身阽危亡，率多逃故，所存十无三分之一。若复一[②]例改调，不虑将来求之尺籍愈空，揆之事体无补。今后，凡遇勾补三次逃军，及为事应改发问发遣边卫充军者，酌量地里远近，俱发本省沿边都匀等卫所[③]充军。应该极边卫分者，调发前项沿边卫所哨堡常川守哨，永不更番休息。其问发例终本身者，待其身终，子孙仍补原卫。庶穷边营伍可以少充，而各处道途亦省供亿之费矣[④]。

一、谨察边防，以杜后患。贵州地方，思南、乌撒、永宁、都匀等府卫所与四川乌撒府，永宁、播州宣抚司，广西南丹、泗城，云南沾益等州，湖广镇筸地方密迩。虽设有土官，而迹多凶骜。虽仅供粮马，而大半生苗。访得土人结亲往来[⑤]，及通彼处苗人，耕种买卖，久而启衅煽祸，以致仇杀，残害地方。征诸往事，当先预防。合无议行广西、云南、四川、湖广抚按官及臣等，各转行该道守巡官，严加禁约邻近贵州地方土官，今后再不许与贵州卫所军官、军人、土官往来结亲，耕种买卖，引惹衅端，拽兵仇害[⑥]。鞫问是实，合依走透消息于外境律，论以斩罪。其土官有犯，各从重参处。庶法令严明，边防可固矣[⑦]。

一、就近用人，以便职业。贵省衙门官员[⑧]，原系裁减，旧官已去，新官未来。学校印信缺人掌管，多以各卫经历、年长生员代署。又况惮于远方瘴疠，弃职潜回。或因不服水土，动遭物故。查得天顺年间就禄养亲事例，本省儒学训导官俱以本省科贡出身者铨注。合无查照前例，遇儒学教授、学正、教谕有缺，将本省科贡出身选在别处儒官升补，训导有缺，于本省贡生内择其盛年积学者照缺铨注，给凭前来管事，庶学校不致缺人，而文风亦稍振矣[⑨]。

---

① 莜豆：《山堂萃稿》作“荞豆”。

② 一：原文缺，据《山堂萃稿》补。

③ 都匀等卫所：《山堂萃稿》作“都匀、普安、乌撒、永宁、毕节等处卫所”。

④ 各处：《山堂萃稿》作“各处官司得免递相勾扰”。

⑤ “访得“句：《山堂萃稿》作“访得土官及守御军职军人，溺近忘远，或与外境土官土人结亲往来”。

⑥ 拽兵仇害：《山堂萃稿》作“拽兵仇害，已往者或令改正，或绝往来。以后有犯，引惹衅端，贻害甚者”。

⑦ 边防可固矣：《山堂萃稿》作“边防可固矣，而将来构煽之祸或可消矣”。

⑧ 贵省衙门官员：《山堂萃稿》作“据贵州布政司呈，议得本省衙门官员”。

⑨ 《山堂萃稿》此处还有一段话：“等因，转呈到臣，议照本省教官，累年多缺，实因地方瘴疠、险远，远者畏难，任者物故，士气不振，教道寖微，莫甚于此。《周官》乡大夫群吏献贤能之书于王，登于天府，退以乡射五物询众庶，使民兴贤，出使长之，使民兴能，入使治之。盖以其贤能长治其乡里之人者也。若于本省科贡出身教官、贡生推升选补，委于人情事体俱便。其府、卫等衙门首领官员，亦于本省或附近云南、四川之人选用，均于风土相宜，职业不旷，乞命该部做从长查议采择。”

一、节省文移，以苏边困。平溪、新添、龙里、亦资孔、龙场、水西、毕节等驿[①]，马馆、铺陈、库役，止是夷人编役答应，亦无解发官钱，及包揽、侵剋、滥给、骚扰等弊。但贵州去京师七千余里，与腹里不同，四季造册，纸札工食，无从取派。议将[②]贵州三十三驿驿传本册按季造报者，每候年终通行类报奏缴，庶使[③]夷人困弊可以少纾，道途供应之费亦少节矣。

**巡按四川御史戴金奏疏：**

臣会同镇守贵州御马监太监杨金、镇守四川太监萧通、巡抚贵州都御史叶相、巡抚四川都御史唐凤仪、巡按贵州监察御史陈讲，议照朝廷之威令，以顺逆为与夺，今诸夷既协心向顺，当取其悔悟之新，以为柔远之策。臣等博访舆情，熟度事理，为处芒之计者，大约数事。

一、地方以定土、流。芒部设在川、贵极远之边，其道路之险，习俗之殊，固尝稔于听闻。今臣等亲至地方，由永宁、赤水以至毕节，重冈巨箐，马不成列，间关已是百倍。又由毕节以至铁锁关而入，备访山箐益深，道路益塞，部落有名，巢居非所，人形兽迹，据险为安。其饮食男女，性情好恶，与中土之人天壤悬绝。其地不同，是为异域。其性不同，是为异类。于此而强欲夺其故态，比之马湖，易以流官，非惟法不可行，而势亦自不能行。况流官，皇上之官也；土官，皇上之土官也。孰非臣妾？孰非藩屏？其可与否，惟在宜于人情，合于土俗，以地方获安为善计耳。何择于斯？何利于斯？而拘拘改流以病民哉！

一、严守备以塞祸源。芒部诸地，与乌蒙、乌撒、水西、盐仓、东川等夷互相联络，寻常因事雠杀，与小丑出没，乘机窃掠，乃其常事。而毕节实诸夷出没之所，川、贵藩篱之区，必武备修举而后外患潜消。及查威清地方，如东南跨广西之田、泗，西接云南之沾益，利害所关，亦不为缓。合无俯从群议，将整饬威清兵备驻扎安庄，专制安南、普安一带地方。仍于贵州添设佥事一员，请敕驻扎毕节，专制毕节、乌撒、赤水、永宁、乌撒、乌蒙、东川、镇雄等卫、府、司，合用军士，即于四卫中取用。仍于新添马步官军三

---

① 平溪、新添、龙里、亦资孔、龙场、水西、毕节等驿：《山堂萃稿》作“据贵州布政司呈，据平溪、新添、龙里、亦资孔、龙场、水西、毕节等驿各申称，该卫”。

② 议将：《山堂萃稿》作“该左布政使罗方议将”。

③ “奏缴”与“庶使”之间，《山堂萃稿》后面还有一段话：“等因，转呈到臣，议照贵州宣慰司并有司所辖皆诸种苗夷，不通汉语，马馆供费，固守前规，若文移既多，则科派无度，官吏有督责之扰，夷民苦琐屑之求。揆其困穷，实难攸措。合无依其所拟，将贵州各驿传本册按季造报者，特以夷方，为之裁节，通于年终类造奏缴。若唐儒韩愈所论，蛮夷悍轻，易怨以变，故常薄其征入，简节而疏目，时有遗漏，不究切之意。果有滥给、包揽等项，容令臣拿问，从重归结。”

千数内，存留一千，于毕节操练；其钱、粮、站马通属管理；其地方事体亦听四川抚按节制。如此，则官有专责，而藩屏无空隙之乘；人有忌惮，而犬羊绝窥伺之心。一官之费有限，而地方多益矣。

一、下重令以戒联结。查得诸夷互相联络，世结婚姻，往往辄因亲戚以生雠怨。如已故土官陇慰先娶水西女冲中，生子曰庆与寿，继娶乌撒女冲叔，生奸子陇政，既而雠杀。水西则为陇寿之助，乌撒则为陇政之党。近日沙保凌犯毕节，实由水西之勾引，而沙保乃水西原日陪嫁之奴。事出有因，祸实阴构。沙保宜诛族，以正其罪也。

**王杏清理屯田事议：**

臣巡历贵州新添等卫地方，查据经历赵昌龄呈称“贵州屯种额例，总旗一名，种田二十四亩，小旗一名，种田二十二亩，军人一名，种田一十八亩，内各以八亩纳粮四石，余外皆为会计粮田，以给助口食等用。该卫额田一万二千二百五十八亩三分五厘，粮二千六百二十石。屯种旗军六百五十五名，连年逃亡事故，见缺旗军四百一十二名。每分除田八亩召佃军余，认纳额粮，遗下无粮口食田四百一十二分，共得四千四百九十亩三分五厘。虽沙石或壅，而湮没不多，俱被本管千、百户，军吏，屯头人等自占耕种，擅行佃典，名为公用，实归私囊”等因。恐虚言无凭，委官履田踏勘，已各得实。随行都司，并查贵、前二十卫所，惟清平、安庄、威清数少，其余各卫见剩会计无粮口食田，共一十三万六千八百三十三亩三分九厘八毫，地三十八万二千三百九亩，虽多寡不同，大率与前相等，造册类报至臣。

切惟因田起税，固古今制赋之成规；计口给田，实国家恤边之彝典。旗军上粮屯田，俱各八亩，而会计口食则总旗十陆亩，小旗十四亩，军人一十亩，皆得计其子粒之输，以充月粮之入。盖粮有厚薄，而田亦因以隆杀也。故旗军缺一名，则一名之分田有在；屯田遗一分，则一分之花利犹存。往岁相沿，漫不之究，殆以逃亡者虽缺，而解发者当补，故遂忽而置之。及今逃亡益多，解发益寡，而遗田益众。管屯人等遂有岁收常资，以致家成钜积者矣。

比年以前，每卫岁用，例皆取给屯头，盖在于此。近者不察屯头余利，任其自私，而于无田余丁，岁令每名纳银一两，以资该卫应用之费。夫卫分凄凉，别无资给，此固百不得已之计。而不知穷边瘠土，单身白丁，衣食奔走，日不能给，而欲以此而科索之，嗟怨载途，仳离在目，殊可痛心。该卫各官安享屯利，坐视民穷，甚有利其逃窜，以为私便焉者。

夫有田则有粮，口食之田，月粮之入所在也。冒支军粮，侵占屯土，俱有明禁。顾于册籍具载者，而乃收放典卖，任其自由侵渔之盗，是可不为之亟惩也哉？但积习滋于既久，而厘整行于一旦，将欲人人而究之，弊在通省，虽根连有不能尽。将欲岁岁而追之，事逾数纪，虽破产有不能偿。

伏读嘉靖十二年八月二十五日诏书内一款："自嘉靖十二年八月二十五日昧爽以前，官吏军民人等罪无大小，咸赦除之，敢有以赦前事相告言者，以其罪罪之。钦此。"是皇上浩荡之仁，诚四海更新之会，而积时吏蠹可为一清者也。

如蒙乞敕户部查议，将前项经手官员遵依恩诏，悉免治罪。仍行臣会同巡抚并该道，通将贵州合属逃故屯种旗军遗下无粮口食分田，悉数清查。果有山水湮塞，无凭开垦，量行减免。余皆召佃于人，岁收其入，贮之该卫仓廒，以备荒歉。各卫军需岁用，委无别项处济，听令于内照数支给。而无田穷丁，分毫不许浪派[①]。新军解伍，倘有派拨，随扣减其见剩之数。立为定规，登之册籍，责令布政司随时稽考，如有占吝不发，侵玩如故者，即行从重参究。庶几人知遵守，弊可永清，而边屯穷伍，有一举两济之利矣。

**又议条陈军民利病事略[②]：**

贵州所属有思南、石阡等八府，安顺、普安等四州，贵、前、黄平等二十卫所。惟民之安危无定，故设军以护之；惟军之衣粮罔供，故赋民以给之。是民也者，地方根本也。军也者，防护藩篱也。卫所衙门设居冲路，而府、州、县、司则当山溪深峻之间、林箐蒙翳之处。是以军旅虽疲，犹有经理焉者。各属人民，类以夷狄视之，而厌弃相仍。官吏之贪酷莫惩，闾阎之冤抑靡诉。根本蹶拔，藩篱圮坏，欲保地方之无变，胡可得哉？今举事关重大，行之而难于自专者，条为十事：曰严替袭，招逃亡，定粮米，均徭役，清丁田，理马馆，所以处土官以安民；曰革走递，禁科差，专屯操，慎稽察，所以处武职以安军。

曰严替袭，以杜乱阶。贵州各府、司并所属正副等官，土官不由出身正路，亦无考校功能，以其先人偶劳于土，遂将世授其官，得之亦甚易矣。惟于承袭之际，有司勘查其宗枝来历，保称无碍，然后取具供结，申之藩省，转行各该守巡，就近查勘无碍，然后呈请抚按查实，行令起送赴部，覆查审相同，然后题授官职，仍令亲自叩头谢恩。若是，则土官各知感激，皆曰是官实朝廷亲授，我必将思前日之难，而且戒且沮，其于子孙亦勤世教，以期不累。于保送绥德之中，而寓以怵威之意，此良法也。近自嘉靖六年，因地方灾荒，该先巡抚都御史熊一渶等奏开纳粟之例。土舍应该承袭者，六品以

① 派：原文误作“派”，据云图本改。
② 王杏《又议条陈军民利病事略》，万历《贵州通志》亦载，但删减很多。

上纳粟二百石，七品以下纳粟一百石，即与冠带办事，免其赴京，而查勘之规，承袭之制，几于尽废。夫给与冠带犹是虚衔，袭行既久，真伪莫分。岂知官职所以取信于夷民者，以有该部凭札也。不给凭札而可以授官，是铨注之权不由部司，而袭授之征止凭冠带，凌僭之端自此始矣。近如土舍宋亶，擅自冠带。而目把宋英、陶承宗等妄挽枝派[1]，大与构争。土舍于驻、石显荣等潜据囤寨，冠裳峨博。如阿向而僭称官爵，皆非一日之故。其始也援例冠带，其中也私自冠带，其究也僭据地方，皆自纳粟之例启之耳。今后各土职不拘大小远近，仍要起送赴京袭替，填凭札与执照，以杜后日欺冒之端。仍行该省抚按官，将冠带土舍，责令一年以内照例起送。如或怜其输纳，再行查勘，降给批帖，亦于职守有据。其或土舍人等不服起送，与私自冠带者，即加究治。该省官员不许再开此例，示以擅开边衅之法。庶几国法昭明，旧典遵复，而土官自潜消其不轨之心矣。

曰召逃亡，以复本业。贵州地里虽若褊窄，各该夷民，依山为陇，沿涧为田，兼以草莱雨露之滋，俱颇膏沃。各民世守所遗，水耕火耨，以给俯仰，皆有定业。而税粮、驿馆马匹，皆视其秤数以为等差。近各土官贪婪无厌，纵容积年头目、把事、总小牌人等下寨讲害，罚其银钱米线，搜其鸡犬牛只，见民剩有田土可以耕种得利，往往寻事立名，责令刻木送与当钱了息。土民惧其虎狼之暴，惟其所欲，即便与之。及至田业俱尽，聊生无所，甘自揭寨而逃，卖妻鬻子，以期少延旦夕之命，而弃瘠沟壑不知凡几许也。土官、目把人等即将前田视为己业，管种收租，甚至捏作无粮之田，索加取倍之直，典卖于人。及至官府追收，则称某寨百姓逃窜，某寨田土荒芜，历年无征。下以夺民恒产，上以亏官常课，欺公玩法，地方疲惫。今后备行该省抚按官行各司道，定委公正官员，如属府、州者，即行佐二官，隶军民指挥使司者，即行佥书等官，各到该寨从实稽查，招集安插，复业照旧。严禁土官不许擅差目把人等下乡搔扰，庶百姓之仳离者可复，粮马之逋欠[2]者得完，而土官该管地方亦可世守弗失矣。

曰定粮米，以革岁派。贵州土官多中华仕宦世裔，或本土礼义茂族，而该管百姓又多汉人，顾一概授之，任其呼召，纵其培拥，而不御以画一之典。彼诚自便矣，如百姓何哉？夫各府、司地方，朝廷之地方也；各府、司人民，朝廷之人民也。土臣世得替袭，以酬其先人一时奔走之劳，亦已过矣。乃复纵放自如，视土地、人民若其私家世代相传之食采邑，以自比于列国诸侯之奉。欲金币则派之于民，欲钱谷则派之于民，欲鞍马则派之于民，欲子女玩

① 派：原文误作“泒”，据云图本改。

② 逋欠：原文误作“浦欠”，据云图本及万历《贵州通志》改。

好则派之于民。犹以为未足，而巧立名色，以讲罚之。且家置地牢，杖用木棍，夹椤厢以铁钉。少不如意，则明示诛夷，以朘削其膏血。官府间一究问，则曰朝廷以地方与我，欲其养我也。事体窒而难行，奸弊深而莫诘。若不急为拯理，地方患害实深。乞将贵州所属土官，除罗、仲等族类如仍旧外，其余各该正副土官，量其官职大小，原系六品以上者，照流官六品以上，原系七品以下者，照流官七品以下，各等级定与应得俸粮本折色数目，府、州、各司该俸粮几何，量派所属人民随粮上纳，收贮仓库，听令各官按季支领。各该土官皆有管种田地，或比照功臣土田例，将其管业之田限以数目，免其税粮，以充禄俸之入，亦足豢养其家。粮米既定，支领有常，彼亦无以为辞。其有仍旧科派各民年例等项，听抚按官照武职事例，一体参究，立功充军。由是，土民恃有国法，土官不得多科于百姓，人民亦得以享有生之乐矣。

曰均差徭，以免滥役。贵州地僻民稀，难与腹里例论，而官府之徭役则同，百姓之艰苦尤甚，乃皆无所稽察。司道嫌于琐屑，而府州艰于自行，每遇年终查取[①]徭役，则行土官编审之，接受贿赂，以行所私。而头目、把事、总小牌、里老人等私相寅缘，富者全家脱免，贫者重复承当。致有产尽而逃，力绝而毙者，是可以为小事而不之理哉？乞行该省抚按官行布政司并该道，查议各府、州、县、司每年额定徭役，在土司者几何？府、州者几何？长官司者几何？纳银几何？出力几何？量其人丁、田亩多寡，参酌定数，立为成规。或一年，或三年，责委廉正官查照册籍，从公审编，晓示遵行。此外，不许假以别项名色私自科差，及目把等役准受词状，追罚纸赎，白衣棍徒僭行掌印，事于碍法，残虐民生。庶几赋役有定，冗滥得除，而边徼民黎皆愿无死，以观化成矣。

曰清丁田，以杜隐占。各府[②]、州、县、司造解每年蛮民户口，以有为无，以逃为在，全无的实姓名。十年大造黄册，指东易西，挂一漏万，略无真确。盖缘各该土官设计搪塞，不欲以实数报之于官，而官府亦鲜有实心清理者，故其流弊一至于此！合将该府、州、县地方挨门履亩，逐一清查。如一司共几寨几里？每寨每里见在人户几何？丁口几何？老幼壮强几何？每户管种水田几何？垅地几何？新垦几何？湮没几何？买卖收除几何？每年上纳粮税几何？开报到官，再行查核。令从实攒造文册收贮，候大造之年，严行改正报部，仍出给半印由帖与民收藏，以备查考。如有比对不合、增减作弊者，悉照洪武、景泰、弘治三年等事例处治。庶几土官知以户口为重，而加

① 查取：原文作“杳取”，据云图本及万历《贵州通志》改。
② 各府：原文作“后来添设，事俱苟简，数涉朦胧，各府”，“后来添设，事俱苟简，数涉朦胧”三句与上下文不相连，当为衍文，据万历《贵州通志》删。

意抚绥；百姓知以册籍为据，随分管理矣。

曰理马馆，以息欺凌。贵州思南、石阡等府，道里迂远，原无驿递衙门，近因抚巡官议题添设兵备一员，于思南府住扎，以控制思、仁等四府地方。巡按御史、守巡等官，不时巡历其地，而公差等项无日空缺，马匹迎送不常，廪粮应酬靡定，乃一一责令里甲供给，未免顾倩于人。平日无蓄养之资，临时苦责并之急，如马匹计路一里出银一分，有一日出数十之值者；铺陈每副下等者五分，中等者一钱，上等者三钱，有一宿出银数两以上者。而支应等项，全凭公差人等用威恐吓，以鸡鹅充菜蔬，诬口粮为廪给。每遇管当一月，费用数十余两，一户支吾不彀，则派众户轮流，不敷，则派众甲济贴。名为五年一换，实则逐年无闲。室里萧条，道路咨怨。合无行该省抚按官会议，于思南府地方动支无碍官银，增设马馆一所，添设驿丞一员。俸于该府仓支给，布政司拨驿吏一名服役，其马匹、铺陈等项，行石阡等府各置铺陈。在官临时接济马匹等项，派民纳价或动支官银收买，每年委官支用，立簿稽查，但使供应责在于官，而驿递之害不及于民，亦宽一分受一分之赐也。

曰革走递，以宽军伍。走递马匹所以送迎过往，惟有司有之。贵州通道去处，因无有司衙门，每卫设有站堡以接济扛抬，设有馆驿以应付马匹，原无派累卫所者。近来过往人员肆行威吓，各官期免一时笞挞之苦，每卫五十百户，各责令军人朋买走递马一匹，以备送迎。计马一匹，岁用银五十余两。军士随伍操练，别无生理，乃竭囊揭债，买养马匹。各该官吏皆得市恩以逢使客之悦。及遇倒死，仍令买补，且拨差之吏乘机需索。用钱者或月有空闲，无钱者则日无止息。况有马即有跟随之役，各军身入编伍，家养马匹，子弟跟随道路，而应支粮，反不足以济养马之用也。乞行该省抚巡官，将贵、前等二十卫所见在走递马匹，当官出卖，将其价银分散各军，以偿其收买之值，见缺者不许再补，庶军卫免迎送之扰，而戍守得专操之业也。

曰禁科差，以苏困穷。贵、前等二十卫所军伍，多系三户垛充或清勾补役，倚月粮以为俯仰之需，假樵采以为生息之助，贫困至极。各该指挥，千、百户等官罔知矜恤，曲肆科差。以造册则有纸札钱，以关粮则有使用钱，以开操则有什物钱，以下屯则有分例钱，以供应则有心红、柴炭钱，以买闲则有按月钱，以会计则有岁用钱。遇官过则拨围随，遇站堡缺乏则拨扛抬，遇公私兴作则拨做工，遇人情借倩则拨跟用，遇排门答应则拨火夫，遇勾摄紧急则拨打手，遇执持刑杖则拨军牢，遇守候衙门则拨门禁。每所设有军吏以收放，每伍设有操吏以派拨，每屯设有屯吏以催办，每卫设有总吏以掌管。夫此数项者，皆油猾能知各官之意向，以恣剥害者，而选择用之，营伍中已占过半矣。该直隶监察御史题贵州边徼与他省不同，而军吏等役为害尤甚，将各卫所一应岁用尽行裁减。乞再行该省抚按官，将贵、前等二十卫所军吏、操吏、屯吏、总吏等尽数除革，一应文移造册等项，专责六房司典吏承行，各该岁用俱于查出前田内支给。倘有不得已差使，只将余丁量拨，如有假名科差一力一文者，从重究治。营伍之穷困得苏，而军士之勇敢可望矣。

一、专屯操，以裕粮马。各卫所屯粮，惟给于田，而征调必藉于马。贵州各卫所指挥等官，但急私囊，罔循官法，操军上纳月粮，即将该养马匹责及下手之人，或军余喂养。甚至混派屯军，互相推托，而马匹无所于寄，及至倒死。科收屯田，以私其值，月有缺失，而岁无完补，其来已久矣。该省地方修阻，各屯去卫近者十里、三十里之程，远者三日、五六日之隔。责令越城养马，赍粮弃业，艰苦百倍。屯军除口食外，每田八亩，纳米四石，非尽力耕耨，鲜有能赡者。乃复拘令养马，派行纳价，而各项差用又从而逼迫之。树艺不尽其力，耨获多失其时，子粒常数尚不能供，而况于衣食哉？无怪乎屯伍之窜亡也。乞备行抚按官，将贵、前等二十卫所旧缺操马，量助官银，责令补完外。查审见在操军几何？操马几何？量其多寡，酌以适中，或五名、或三名喂养一匹，一年一轮，不许余丁帮助，亦不许屯军代赔。倘有得钱而倩，即将接受之人追赃治罪，及或饥劳而死，查将该养之人追价买赔。轮流人役，许各稽察讦首，果有老惫疫亡，派行津贴或量给官银，即与补足其数。屯军止是办纳子粒，加意抚恤，其年例、岁用、养马、赔价，尽行革除。庶几操军知以养马为责，而牧饲可无失所；屯军知以办粮为事，而子粒得遂完纳矣。

曰慎稽察，以清备守。各该武职等官，孰不欲剥取民财，以盈溪壑之欲乎？指挥以下责任犹轻，管理有限，兼或上司密迩，少有纵欲，即便彰闻，将欲垂涎，而犹有缩手焉者。惟守备之官，出当一面之寄。所辖者五六卫所，惟其所驱则应；所管者数万军丁，惟其所求则给。止与兵备官共处一方，稍遇刚正者，犹知畏惮，其或依阿鲜洟，则便旁若无人。差人下寨，罚取金马；拘人到官，需求分例。甚或收之下狱而连月不放，加之严刑而数棍即死。军民畏其声势，敢仇怨于家而不敢声言于官，弊已极矣。该省民夷杂居，防御之责，止仗数卫军人，而削害若此，万一怨讟渐深，激成事变，临救何及？今后兵守系一方重寄，既遴选素有风力堪协物望者，擢居兵备，不得漫以边方戎务为简僻之职，而任其职者亦不可以为才力不及之官。参将、守备等员亦加慎选，必其谋勇兼资，公勤素著，历年考语俱优，所至干理有效者推用。仍行该省兵备官，将守备行事严加稽察。如差人下属，置簿稽考，令赴挂号，按季造报查考。以后事发，将兵备官一体连坐，觉察相须，警畏俱至。庶可以收同舟共济之功，而军民亦获免破家殒命之累矣。

**勘处夷情都御史万镗《计处地方夷情事略》:**

照得贵州夷患初平，尤当善后；事功幸立，贵能保成。爰集众论之佥同，旧章之可据，如选用官徒，查补军额，团结村寨，广招屯种，设立坊市，开通道路，伸达夷情，禁捕流民，存留赃罚，酌量派办等事，不敢一一陈渎外，今将专并职任等十事关系重大者，条列具奏。

一、专并职任。湖广地方，先年湖北止有守、巡二道，后因苗夷多警，添设兵备，专驻扎沅州，其兵备所有敕书，提督操练军马，修理城池，抚治蛮夷，问理刑名，兼管钱粮，禁革奸弊，多与分巡职守相干。查得上湖南原有守、巡、兵备三道。近岁乃以整饬郴桂兵备兼管分巡。而贵州分守思仁道，亦以思石兵备兼管，其事体同也。又湖广北去省城最远，分守道所管边卫钱粮数多，且切近苗夷，势须控制，岁一更代，事难责成。合无将湖北分巡道比照本省上湖南及贵州思仁道事例裁并，就令兵备副使兼管分巡，仍在沅州驻扎，其湖北分守道事选参政一员，常在辰州驻扎，及与贵州分守新镇、思仁道参议一员，各注定兼管抚苗，俾有专职。

一、添设参将。湖广镇箪、铜平地方，自宣德七年大征之后，添设哨守二十余堡。正德七年大征之后，添设镇箪并铜仁二守备。然兵少权轻，势分力弱。平时仅足以支持，遇警每至于失措。查得景泰四年，总督都御史王来因靖州苗夷屡抚屡叛，奏以原调湖广腹里卫所官军一万人，分班轮戍。至天顺元年，又以都指挥李震充左参将，设衙门于靖州，镇守靖武等处，然后地方始宁。今切近苗寨地方，以湖广麻阳县、贵州铜仁府俱系要害之处，合无比照前例，设立参将一员，兼统两省汉、土官兵往来驻扎，实于地里适均，控制两便。且永、保、酉、平等土司环列相视，有此参将屹然中镇，自足以重弹压之威，而寝其仇杀之谋矣。

一、增重事权。前项地方如蒙添设参将，合照靖州、清浪二参将事例，请给敕书、符验、旗牌。在湖广，则常德、辰州、沅州、九溪、永定、施州六卫，永顺、保靖二宣慰司，施南、散毛、忠建、容美等宣抚司，箪子坪、五寨等长官司及镇箪、九永二守备属焉。在贵州，则铜仁、平头、省溪、乌罗、思州、施溪、黄道溪等长官司及铜仁守备属焉。其切近贵州地界，如四川酉阳宣抚司，平茶、邑梅等长官司，亦皆属其节制。凡一应军情边务与兵巡分守道计议，若事关紧急者，一面从宜举行，一面移文知会。如遇贼势重大，军兵不敷策应，合用土兵三千名以下，听其会同兵备道径自调发，三千名以上会呈巡抚、总兵，待报调发，若再动调数多，必须奏请者，不在此限。其清浪参将，近奉新增“兼制铜、平、镇箪等处地方”字样，合无裁去，属之今设参将，庶职守分明，事体归一矣。

一、定拨戍兵。查得靖州、清浪哨土官军，常各有二千员名，而靖州、清浪二卫官军各自有一千员名，则是每参将所统官军不下三千余矣。又查得城步县守御千户所，原系靖州卫后千户所，先年平贼之后改设于彼，守御今镇筸、铜、平。大寇甫定，人情易摇，留兵防守，未免稍多。若后参将既设，地方底宁，则暂留见在之兵渐当减掣，而常川戍兵之数亦须定议。除贵州卫所相去寫远，且军士数少，难以摘拨外，合无于湖广辰、沅二卫轮戍，靖州哨内掣取五百五十名，武昌二卫轮戍，清浪哨内掣取五百五十名，俱改行麻阳戍守。或于沅州卫各所内旗军众多、屯堡相近者，调拨一所守御麻阳，如城步县之例。二者从其利便，择一而行。然此中山箐深险，苗贼凶狡，比之靖州、清浪，事势尤难，官军止可遥振声援，土兵方可责成征剿。湖广合于镇溪、五寨、筸子坪、卢溪，选取土兵共一千五百名，贵州合于铜、平、施溪各长官司，或附近镇远卫四十八旗屯等处，选土兵、义兵共一千名，平时用以防守，有警用以杀贼，则缓急之际，不致乏人矣。

一、处补军饷。照得师行粮食供亿为先，除新旧应戍官军俱有本等行粮，不必另议外。其防守土兵，每月行粮所当区处。查得平、清、偏、镇四卫仓及辰、常、沅三卫仓，每年湖广布政司坐派本色粮米共八万余石，合无将四万石仍运本色，四万石改收价银，系平、清、偏、镇，程途隔远者，每石连篇耗、船脚，折银七钱五分，系辰、常、沅，稍近贵省者，每石折银五钱五分。各卫官军放支之时，查照旧规，上半年每石给银四钱，下半年给银三钱，仍将本折色间月兼支。如此，则民得轻赍之便，而免于滥费，军得两平之价，而可以籴新。其积出余银，以备防守土兵相兼本色支用，此不加赋而用足之道也。倘有不敷，或于桃源县子粒银，或于辰州府盐米税银凑补，具呈巡抚衙门临时裁酌。其贵州粮运艰难，土兵每名月给折色银三钱，于本布政司库贮军饷银内支给，待后地方大定之时，应减兵粮，另行议处。

一、制御土官。先年土官守法，易以驾驭；苗民愚鲁，易于牢笼。自正德以来，边方多故，土官征调，皆顾倩此苗以为前锋，用能克敌。及至近年，土官构仇，各厚饵此苗，以助攻杀，因而启衅生乱。由是，土人与苗互结姻亲，要盟香火，用之剿贼，其肯为我尽心乎？若擯而不用，则彼怀素稔之情，居切近之地，奸崇[1]百出，焉能尽防？此则永、保、酉、平土官之积弊然也。其各苗本管，如湖广镇溪、筸子坪，贵州铜仁、平头司，土官指挥，千、百户及正副长官，贪婪暴横者，每乖方而激变；昏庸懦弱者，遂凌替而莫支。至于诱苗行劫，坐地分赃，幸乱喜兵，邀功罔利，则又其通弊也。永、保、

① 崇：当为“祟”。

酉阳等司大抵皆然，而平茶奸酋，罪状尤甚，若不痛加惩革，何以杜塞祸源？今后，永、保、酉、平等司与本管镇筸、铜、平等司，或防守征进，或承委抚处，或平时行事，敢有似前怀奸观望，养寇自资，及激变仇杀等项贻害地方者，听该道兵巡、分守、参将等官指实参呈，抚巡总兵衙门不必奏请，径自提问发落。重则降级，甚则削地革职，具奏定夺。仍将奸恶误事舍目人等拿问，坐以通贼死罪。若前项土官有能省改前愆，尽忠报效者，照例拟议升赏。根本一清，则山箐之贼无所依凭，而抚剿皆易，祸乱可息，地方获安矣。

一、均给行粮。近年湖广叛苗为恶，征兵防守，湖广则用所属永、保、镇溪、大剌等司、所土兵。贵州因本省无兵可调，则用四川所属酉阳宣抚司及平茶、邑梅长官司土兵。四川诸酋倚恃异省，动称客兵，邀求厚赏。如永、保等兵，日支本色米一升五合，彼则日支三升，其倍支折银亦如之。此外，又有鱼盐不时犒赏。夫薄海内外，莫非王臣，征戍边疆，莫非王事。酉、平、邑梅虽属四川，相去实远，而于贵州铜、平等处却为切邻，曾经题系贵州巡抚兼制地方，况其实受国恩，享有爵土，除征调之外，科差一无所及，纵使自备资粮，守边杀贼，亦其职分当然。乃敢分川、贵为彼此，以客兵而自居乎？贵州自防守以前，縻费不资，及用兵以来，财力莫继。譬诸贫家，常时罔知宿舂之积，至于窘急，则虽巧妇不能为无米之炊。今后贵州或防守，或征剿，如用酉、平等司土兵，月支行粮俱照湖广永、保等司，一例支给。敢再指以客兵滥支粮赏，及监守官符同给与者，俱查照律例，坐以赃罪，追赔重治。

一、城守要地。照得贵州铜仁地方切近苗寨，频遭寇患。本府原无城池，亦无附郭县分，所属各长官司又皆被贼残破，事力殊为单弱。近虽筑有土城，然以财用不敷，草创苟完，未足凭恃。合令所司估计工料，动支官银，将见在土城及时用石包砌，应用楼橹窝铺，俱要一一整备。阴动[①]奸夷窥伺之计，以坚居民辏集之心，胜于万兵屯守远矣。又访得本府虽有兵备分司，卑隘殊甚，所宜开拓改建，及与麻阳县各添设参将衙门一所，庶使各官驻扎，得以安居行事矣。

一、修改哨堡。自宣德七年总兵萧绶大征之后，于湖广设立湾溪、安江等十六堡，于贵州设立亚寨等十堡，每堡拨军守把，委官管领。经今年久，变故多端，堡军逃亡过半，村寨迁徙不常，前项各堡有宜于昔而不宜于今者。若湖广要路如丫剌关、湄亮、崇山等处，则今又当立堡而昔所无者。至于轻重缓急，其间又自有差等。合行所司踏勘，酌量可裁并者裁并之，当修复者

① 动：原文不清，据云图本补。文史馆本作“防”，意思当是，但不知所据。

修复之，应添设者添设之。守军之多寡，则当视要害以定其数；立堡之大小，则当因军数以定其规。务要高垣深濠，庶得居守安固矣。

一、安集降苗。湖广诸苗，性虽习于凶悖，然好生恶死之心亦与人同也。今既招降，则所以安集之者，当无不至。故有愿领官府旗榜相依复业者，听其复业；有愿投军民村寨相依住坐者，听其住坐；有愿佃土人田地相依耕种者，听其佃种；有愿支土兵粮饷相依防守者，听其防守。有仇欲报者，相与晓谕以释其仇；有债欲偿者，相与礼取以还其债；有讼欲直者，相与讲解以平其讼；有盟欲背者，相与约誓以固其盟。苟舍此不务，而但给助牛种以为招安，则其惠亦浅且狭矣。夫忠信笃敬，蛮貊可行。若得诚心晓事之人，委以招来安插之事，日感月化，必有成效。但中间有等奸恶土官舍民，每每通贼以牟利，幸祸以邀功。苗方息，则百计煽惑以促其乱；苗听抚，则多方阻隔以害其成。屡抚屡叛，岂尽苗之罪邪？此则深奸积蠹，所当密察而痛惩者也。

**王学益保甲谕：**

示谕父老子弟：本院祇奉上命，巡抚是方，恒以弭盗安民为念。闻尔会城之下，往年尝有盗贼公劫，相视无肯救援，或反作奸藏逆，潜通密引。此岂独顽悖者之罪，官司者政教之不行，盖有责焉。今为保甲之法，与尔等相联属，因导之善。

大约以十家为一甲，每家各置一小牌，十家共置一总牌，小牌揭各门首，总牌轮次收掌，令各以吾告谕之意，日相传宣。使各欣欣日劝于善，父劝其慈，子劝其孝，兄劝其友，弟劝其恭，夫劝其和，妻劝其柔，邻里劝其修睦，朋友劝其敦信，差役劝其勉供，赋税劝其早办，生业劝其勤治，无益劝其节省，酒劝其勿酗，鬼劝其勿惑，凡处事劝其谦慎含忍。

凡同甲之人，相亲相爱。凡同甲之人，若有空乏疾病，则相与恤之扶之。凡同甲之人，若有争而至于讼，则相与和而解之。若有不道不法，不可谏者，则相与告于官而正之。告之而力有不行，则相与合甲而共正之。凡同甲之人，若有水、火、盗贼之灾，十家共出力而救之；救之而力有不及，则以甲传甲，合百家、千家而共救之。

仍每家各以其力置为御盗之器、止火之器，使无至于临事束手。则虽以十家为保，而实以百家、千家为保矣。礼义兴行，风俗淳美，室家常安，弗虞有备，此即尧舜之民，所谓时雍者也。父老子弟听毋忽。

各家总牌之后誊写吾谕，轮收者日酉会甲内各家而省读之，仍照牌察各家动静。

**萧端蒙议处驿站事略：**

窃见贵州地方，为四川、湖广、云南三省交道，使客往来，殆无虚日，供应烦难，公私疲惫，兼以军夷贫瘠，户口稀少，地薄民奢，重为困累，穷苦之状，言之痛心。臣请略陈其故：

贵州原设三十二驿，俱系府、司出办马匹，供馆各有定额。先年夷民自行应役，其后或以顽野不便供需，乃议佥卫所军余代役，馆谷之资，听其自取。始者，寨皆充实，民亦富朴，照额兑交，颇为良便，军虽代走，情亦无辜。近日逃移者众，马多久缺，视之原额，十减二三。加以黠夷之措勒，贫民之逋欠，额数既损，供亿犹仍。于是军多被累，破产代办，畏患马馆有甚于征戍者，是驿传之弊也。不惟累及于民，而军亦重为之累矣。

以站堡言之，贵州原设站堡三十余处，额定官军多者四五百，少者二三百，当时犹以为苦。近年逃绝渐多，勾补无至，甲军之额十减七八。站堡既以不堪，乃议令卫所拨夫帮助，以示苏恤。然贵州各卫差役本繁重，加以此军益告病况，使轺旁午，扛抬络绎，奔走道路，妨害生理。且以一卫一站计之，岁用夫六千有奇，其得过卫站，虽不胜其苦，犹或可支，疲惫去处，何以堪此，是站之弊也。不惟累及站军，而卫所亦重受其累矣。

查得贵州有司粮差轻省，惟马馆之需大约不下六七百人，而暂时轮差，若门皂、舆卒、围随、护送之类，又不可悉计较之，正差亦几其半，是贵州一省军民，其财赋丁力，尽竭于驿站而耗之也。及今不为议处，则日复一日，困敝相仍，户口日寡，而差役日重，而逃亡日增，将来之患，且莫知其所终矣。

一、议协济。窃见贵州藩省之议，本以扼云南之咽吭，故舆地之势，仅通一线，而驿站沿布，累若贯珠，凡以通道路、斥疆域故也。但贵州地方户口消耗，差役繁难，有司所属大率皆夷，近者寨多抛荒，旧额无征。其见在夷民亦已贫困，且夷性执拗，动称古代，虽欲均派分毫，势所不能，困惫已甚，难以议处。思得云南地方府库充实，财[①]力轻舒，或可通融计处，及见北直隶驿递多出山东、河南诸省协助，盖裒多益寡，仁政所施，固如是也。况云贵本为唇齿之邦，以彼补此，事体所宜。驿站匮乏，坐滞旅客，亦彼省所宜处。乞行云南抚按计议，岁出银一二千两前来协济，著为永额，听本院分拨于最惫驿站，帮助供应，庶用裕而力稍宽，驿站可稍苏矣。

一、实站堡。查得各站堡军，多者四五百名，少者亦二三百余名。近来逃移者多，每站不过二十名，少者八九名，军少差繁，难以支撑，日夜扛抬，

---

① 财：原文此后473页的文字为窜入徐樾《送蔡云程擢滇云宪长序》的后半部分，本文此后内容错置于第621页。今改正。

苦楚万状。及今若不设法充实，则将来消耗，势必空虚。及查先年奏准，凡贵州法应边远充军者，俱发本省卫分。盖以恶恶之严。臣乞今后凡贵州充军人犯，不分兵部编发及巡抚定卫者，俱发站堡充军，若应发边者亦发本省窎远站分。仍行各处巡抚，凡有应发贵州军犯，一体编充站军，庶伍实而力稍矣。

**董威奏请加增宣慰司儒学廪额疏略：**

据贵州宣慰司儒学廪增附生员周凤翥、封诰、顾绪等呈前事，窃惟贵州自我国初建省，郡设学校，作养一方人才。彼时，廪膳生员十名，节蒙增至三十名，每名廪米三斗；成化间，奏加六斗；弘治间，比照中州府学事例，加米一石。一年一贡。除遵依外，伏睹《大明会典》内开：凡天下府学，廪膳四十名，一年一贡。窃照本学一年一贡，额同于府，廪膳止三十名，义嫌于州。况宣慰司，贵、前二卫合为一学，生员备数三百余名，廪少人多，与府学事体有异。乞照府学增廪四十名，庶边方得以鼓舞而人才不致淹滞等情，具呈到院，批行都、布、按三司，提学道，从长查议报夺。

随据带管提学按察使胡尧时议照生员周凤翥等具呈，欲比中州府学，添廪十名，以足四十名之数一节。

查得该学生员三百[①]有余，乡会恒不乏人，及查威清等十六卫，每卫廪膳二十名，今贵、前二卫，宣慰司数止三十名，内除宣慰司额该一十[②]五名外。贵、前二卫止共一十五名，每卫不及八名，委实人才盛于各卫，而廪膳反不如各卫也。乞赐题请加廪十名，则边方无向隅之悲等因。

会议到院，再照贵州布政司丰济仓，除官吏、师生、正军俸粮支给外，每年尚有积余，兼以军民开垦科粮，添加廪膳十名，则该仓自足支用，不待别有措处。伏望皇上俯念边方贫士之苦，敕下该部再加查议，如果事体相应，将贵州宣慰司儒学廪额比照中州府制，再加十名，以补二卫不足廪数，行令贵州布政司及提学道遵照施行等因，奉圣旨："该部知道。钦此。"钦遵，抄出到部。

看得巡按贵州监察御史董威题称"贵州宣慰司及贵、前二卫先年共设一学，廪惟三十名，今人才倍出，廪少人多，乞要比照中州府制，再增十名，以补贵、前二卫不足之数，似应准其所奏，再增十名，听提学考选补足。其起贡年分，俱照旧制。通候命下，移咨都察院转行贵州抚按衙门遵奉施行"等因。奉圣旨："是。钦此。"钦遵。

---

① 三百：原文误作"二百"，据云图本及本文前段文字改。
② 原文错序，下应接475页文字，今改正。

**刘大直、宿应麟会题议处总镇事略：**

贵州镇守总兵为保障一省而设，寸土皆在信地，非惟独镇省城也。先年承平，沿驻省城，遥镇全省。近多苗患，移驻镇远，特置铜仁。贵州诸路，纵多事而易控；铜仁诸苗，虽初定而难防。况铜仁边疆，实镇筸、铜、平夷苗出入之咽喉，思、石、辰、沅府卫要隘之门户，若镇压得人，在铜仁府有恃，则湖、贵两路无恐矣。今铜仁虽有新代参将，然威信未著，事权稍轻，必难系地方之轻重。且总兵官石邦宪威名久振于镇、平苗夷，功业多在于铜仁境土，孤城倚重，不可一日无之。所据铜仁官属士民保留镇压地方，亦时宜通变之策。

既三司等官会议前来，相应题将石邦宪常留铜仁镇守，若各府卫地方有警，暂令出巡抚剿，仍驻铜仁防御诸苗。其参将到任之日，行令移驻思、石二府地方，或暂免添设。通候宁靖之日，另行议题，总兵复回省城，参将复设铜仁，各照旧驻，庶处置得宜，缓急有赖矣。

**刘大直保甲事略：**

行令合属乡村屯寨选委巡捕员役，亲诣分布地方，宣布朝廷杀伐恩威、本院抚绥政令，谕训各汉、夷，从今改过自新，父子兄弟各相劝勉，慈孝友顺，勤力耕种，早了粮差，恪遵法度，永保身家。毋得仍逞苗性，毋得再纵贼情，毋被流奸啧诱，毋被土恶纠拽，肆行寇劫，自取杀戮，累及父母、妻子。

每大屯寨，各选有身家、晓事、众颇信服一人为保长，一人为保副、一人为总牌，一人为小牌。小屯寨，量立一二人，各置保木牌一面，备写一屯寨成丁男子姓名、年貌，付保长、副收掌悬挂。

每屯寨置铜锣一面，如遇盗贼出没，一屯鸣锣，各屯寨响应，号众救援，并力追捕，一寨尽行擒拿。如贼势众大，一面号召经过屯寨合并追袭，一面走报巡捕官目拨兵应援。务抵贼巢，剿捕解验，照格优赏。如有坐视，不出救援追捕，即系通贼窝贼之人，定行连坐拿究。如各屯寨被官吏科害、奸徒拨置，及人命、地土、钱粮、斗殴、仇反，保长、副，总、小牌不能剁谕众情，许执保甲牌面，径赴所在官司及各司道，并赴本院禀告，以凭断治。

承委巡捕、土流官员、目把，务各仰体本院息盗安民之意，洗心涤虑，奉公守法，化劝夷俗，潜消贼患，使屯寨各相效顺，汉、夷俱为良善。每月屯寨朔日，各带保长，将地方无事情由赴院回话。一年之间地方宁靖，即尔官目之功，并将保长、副，总、小牌通行犒赏；如或仍袭前弊，妄肆贪残，小则需索酒食，科罚纸米，大则乘机诈取夷财，吓骗屯军，激变地方，自取灭亡之祸者，定行重处不贷。

**驿传道议处驿站事略：**

奉抚按衙门案验，行准云南抚按会议，凡一应升迁去任官员：三司等官，夫不过三十名，马不过八匹；知府等官，夫不过二十名，马不过五匹；知州、知县等官，有关者，量给夫、马，无关文与其欠少者，令各官自顾应用。如有索取足数及行李二十扛，重百斤以上者，指实参究。年终，仍将州县以上官员行李扛数关送吏部，以备考察。今后三司[①]、府、州、县等官，敢有不遵定额，与各使客人等仍前夹带私货，多索夫、马者，俱听抚按并守巡等官盘验拿问，审果附搭情重者，比照黄船事例，问发充军。新选云贵官员，例该应付。吏部文选司手本开科目出身者，准带家口五名口，岁贡出身者四名口，吏员出身者三名口。进贡方物，将应解之数，定若干斤为一扛，敢有多索一夫一马者，拿究坐赃拟罪等因，俱题奉钦依，转行前来，已经案行三司、各道遵照讫。

近据新添站申“为乞请榜文禁谕，以苏站堡、以便扛抬事”，申称“站军汪有才，止因差重，自缢身死，乞行禁革”，又据查城站申“为边站疲惫，军少差繁，扛重苦楚，恳恩验恤，以苏极困事”，申称“过往人员每二扛并作一扛，重累困苦，乞行禁革”等因，各申呈到院，俱经批行按察司并驿传道，会同布、都二司查议去后。为照贵之军民囿于风土，山恶则性夷而悍，土瘠则家贫而悭，悭则难堪索求。办纳马馆银货倍数，依时代役者，所得足偿所费，故驿传不甚告劳。近来苗夷黠狡，吝值负偿，各军倍苦破家，其站堡之军十逃八九，如普市站原额二百二十四名，止存八名；落台站原额三四百名，止存二十九名；清平站原额三百三十六名，止存二十六名；摩泥站原额二三百名，止存二十九名。余渐逃亡，无从勾补，差役冲繁，疲惫已极。虽有前项禁例，然法久人玩，府佐以下、杂职以上，或遣白牌，或洗改批关，或夹带私货，或滥役夫、马，以致各驿递站堡累贫削骨，积惯痛心，困不聊生，遂不畏死。

自嘉靖二十六等年，清平以编马集囤叛，平坝卫以编马据城叛，查城站以编马登山叛，新兴站以编马据囤叛，兴隆卫以编马集囤叛，兴隆站以编马聚众叛，黄平所以编马据城叛，威清卫以编马纠众叛。盖人穷则势所必然。若不申明前例，严行禁革，则往来官使人等，岂惟索夫、马之难，抑且有行李之虑。

为此，除刊刻告示，分发各驿递站堡张挂禁约外，案仰本道照案事理，会同二司[②]，查照吏、兵二部原题定议夫、马数目，议立长单，详夺验给各驿站收填，凡遇往来各省、三司、府、州等项官员，与进表、进贡、起解金

① 三司：原文误作“二司”。

② 二司：原文作“一司”，据云图本改。

银册扛员役到彼，俱照长单定议，详夺夫、马数目应付，不许仍照原来添改关文牌面，以累各驿站军民。其不该遣牌，不该吹鼓手，不该乘轿，不该多役夫、马官员，严行革免。敢有违例遣牌，擅用吹鼓手、响器，挟势索取、夹带私货，并每扛重百斤以上者，及添改夫、马，各该官吏、旗甲人等即行盘验参呈，照例施行。如有徇私作弊，查访得出，通行重究不恕等因，奉此。

议照自来贵州驿传之狼狈，军民之贫苦，夫、马之艰难，亦天下士人所共知者。自征苗以后，比前疲惫更加数倍，支持不能，叛逆四作，势将并驿传而弃废，又安能坐视而不为之整理？岂惟见任贵州官员地方之责切身，纵经过贤士大夫，体国爱民，罔不痛惜，所以节年题奉钦依，并今议请刷本，非意查革，止是申明遵守。况一切经过官员，真伪不辨，尊卑不分，而常品之假牌横行，奸徒之借关杂出，是关牌乱不足凭，而长单之设不容已也。若使品秩分明，关牌真正，自于应付无阻，而奸伪之徒假牌借关，俱犯该诈伪，干碍行止，正合盘诘问谴，岂止削革夫马而已耶？理合会同议拟，悉奉钦依事例，并本院明案，逐款开定缘由，刊刻木榜于各驿站竖立，通行申明遵守。另置印信、长单分发，上自亦资孔，下自平溪驿，西自永宁驿，各委官验实清省填注，应付施行。

**分守抚苗参议刘望之议处铜平事略：**

一、养兵储粮。照得思、仁各府防守兵数，比当班师之初，即已议有定额。今除思、石不开外，其铜仁府远近内外，原议共五千九百名，内该守城官军一千二百名，石子营乡兵、打手共一千名，木桶营土兵七百名，黄蜡滩土兵五百名，龙于乡兵、打手共五百名，开添铺乡兵一百名，平头司并四十八旗屯各乡兵五百名，施溪、省溪二司并乌罗平南关各乡兵三百名，通共五千九百名。原议粮赏，惟旧调到湖广打手，原来规则，每名除月粮四斗五升外，另有工食白银六钱，其余凡系召募打手、乡兵、土兵，俱每名除月粮外，止准鱼盐银五分。至若借募就近各守地方，如平头、省溪、施溪等司，并四十八旗军屯及平南关等处，因皆土著乡兵，俱无鱼盐，止准月粮。

后值思州有变，蒙总督军门另行添调永顺、保靖土兵共一千八百余名，分戍于府城南、北关外，不系原议额数。各除月粮外，亦有每名鱼盐银一钱五分，随因龙于、开添等处召募不敷，孤悬难守，已将龙于寨兵改并坝地冈，开添铺兵改归凯槽溪。又续因湖广打手八百名，工食太多，钱粮难继，已该本道会同参将参呈总督、巡抚衙门陆续尽发回讫。议待另行召兵抵补。及思永、保二司土兵名多实少，难于清查，亦令自行更班，因已减去三分之一。

嘉靖三十一年十一月内，又经本道查点逃亡，及老幼开除，将近二百名外，通计实在府城，并石子、木桶、坝地冈、凯槽溪、黄蜡滩、平头、施溪、省溪、四十八旗、平南关等处，并连永、保二司，通共止有五千三百六十七名，已不及原议额兵正数。虽屡奉总督、抚按衙门明文行令，查提逃军及召募乡兵抵补。但各卫所既有[①]兵可调，民间又无兵可召，且如平头、省溪、乌罗各司，连年召募，数竟难充。比因平头司第一要隘兵数寡弱，只得权将复业新民暂给月粮，收充帮助，复委指挥奚都分带坝地冈哨兵一百二十余名，前去该司住扎协守。彼时共凑有三百九十八名。随据开报病故三十余名，至今三十二年四月内，方才召补有六十名，尚不及五百名数。固因地方土旷人稀，又系苗口，亦因数斗月粮不足赡家。似此兵难，无计可处。

况虽续召附业土民，各有农务，星散不一，止可遇紧调用，难令常川聚守，及差拨出哨等项之用。似此重镇，欲得足兵，恐难惜费，欲免误事，须急酌处。合无行令彼中土著乡兵，仍照施、省二司并四十八旗屯，止与月粮，容令生理，听备有紧调用，不必拘住司囤外。其余但有召募远来，不拘汉、土民兵，俱于月粮之外，各加鱼盐银一钱五分，务令常川在官，守城出哨，免致违误。其余各司土著乡兵，亦不得比例告扰。庶几此地可守，而无思、仁各府开门纳寇之虞。

其永、保二司土兵，明知无济实用，但为湖苗屡难禁御，只得借伊本管主兵坐镇，冀得潜消逆谋。旧数虽多，屡私逃去。本道觉知，又于今四月十七日通会各营，一齐查点，奸弊毕露，难再支吾。二司之兵，除舍目外，永顺司实在止有五百四十名，保靖司实在止有二百一十名，即已开除，难再议减矣。

及照贵州既少钱粮，又多防守，官民俱累，实难支持，则节费减兵固所当急。但苗情难测，未可自疏。若能招有家口远民填实荒村，任开住种，暂虽不免粮费，嗣后或可渐减，乃为上策。其次在约束乡村，分投立寨，各自为兵，亦是一策。

曾奉总督军门案，行委官通诣各府、司、县村寨地方，约民立款，造报见存。即如别省保甲团结之法，并都匀、黎平等处牛丛剁谕之约。若得著实遵行，则随处皆土著之兵，在官免召募之费，最为民间自保身家之计。无奈民间反肆喧议，竟莫遵行。固缘土旷人稀，势难团结；客多主少，鲜肯齐心。亦缘民自怯懦顽愚，相沿成俗，宁拚身家与苗劫虏，甘心讲赎，绝无肯自作倡拚费一钱，肯自预防各备一器。其尤可恶者，土官先自不职，不能倡率部民，强者假公营私，辄行科扰，弱者与民为伍，反被欺凌，节欲委官查催举

① 有：当为“无”。

行，又恐弊增烦扰。幸蒙钦差巡抚贵州右佥都御史刘大直近有通行宪案，亦为召募防兵、申明乡约二事，正同总督军门原意，已经遵依出示晓谕，及备行各府备官，分投督率各司委官、土官，一面召募客兵，一面编立保甲，期在着实奉行，不许虚应故事外。

计今紧要兵数，惟平头司第一，孤悬兵寡，纵不能召足千名，亦须得精兵五六百名，方可永久无虞。次则油蓬堡、苗羊坪、冠带河三处，亦宜备兵各三四百名。其余附近铜仁石子、木桶、黄蜡滩、坝地、凯槽、施溪、平南、四十八旗等处，兵数虽皆欠充，然皆别有策应，似宜节费，不必增补。

今铜仁城内为因缺军数多，已将召募凯里等处头目，陆海、老塘等土兵二百五十余名，暂调填补。垛口查得原议官军一千二百名，内该龙里、新添、平越、兴隆、黄平、镇远、清浪、平溪八卫所旧额班军四百名，内多逃亡，并各哨健步及跟官军伴占用，实在仅有三百余名，所有议该量调西四上下六卫共八百名，复因失期，屡催不发。又经本道议呈总督、抚按衙门，批行三司会议，于西上卫分内坐派六卫，专在铜仁，分为春、秋两班，每卫每班各军一百，共六百名，连龙里等处旧额四百名，凑足一千名实数，专备守城、守门之役。其余各营专备把截出哨之役，免其遇警调发，或有顾此失彼之虞，似有定规，堪以持久。不料，各该兵备道又因地方有事，各卫缺军，节呈抚按衙门议欲减掣去讫，即欲另行召募，岂能促救燃眉。此则兵数之难，纷更不定。况苗虽暂时畏威听抚，恐难保无报复反逆之心。诚恐我兵渐疏，伊谋复肆，仓卒图备，为力更难，此不能不为先事之忧者。

窃计铜仁府城内外，并连远近属司防兵，即以五千余名常在实数，总计每年合用行粮，本折兼支，该本色米一万六千余石，折色每斗五分，该银八千余两外。又鱼盐折银，除近地土著乡兵不用外，总计官军、打手、土兵，并召募远兵，各支分数多少不等，共该银七千八百余两，通共每年该米一万六千余石，银一万五千余两。以铜仁一府所属年额、粮米、货税、纸赎等项计之，虽二十余年出办，尚不足充一年之费，不免分文仰给布政司，常有缺乏难继之忧。

查得湖广每年额解贵米一十万二千四百石，每石折银三钱，共该银三万七百二十两。若得常年征解足数，聊可足用，但未可必。又不免临事申请借那之扰，似非常策。须呈军门定限征解，得有定期，庶免失望。

及又照得本色粮米一事，曾经本道议呈，欲于布政司常年解发军饷银两三分之一于铜仁河下，召商买凑，且免搬运劳费及风水意外之虞。嘉靖三十一、二年内，已准布政司咨，将呈允抚按衙门，准支银两发府收贮，召商买米。且该本道出示晓谕，不许亏本，比照市价定议尽宽。缘由因本地山多田少，既不产米，皆须来自麻阳。奈何苗患路口，水逆滩险，利不补害，兼无大船，亦少商贩，每年设法收买，不上千石之数，难济大事。终不免于湖广辰、常等处籴买，方克应济多兵。但系隔省，事势颇难。窃惟备患之计，足食为先，况此多兵常所仰给，连年得无空乏之忧者。

所幸大征剩米原多，又值连岁丰稔，因将远司乡兵通令月支折色，调停节省，未觉有余。但天时无常，苗情难测，足食之计，预宜有余，否则万一别警添兵，及或连遭歉岁，则万山之中，挽运良苦，纵有处发银两，岂能飞挽多粮。

查得节年委官赍银，辰、常买米，三十一年所买不上八千石，今三十一年不上六千石，动经往迈十数月余，劳费艰危，殆难尽述。先欲于湖广岁额米内，每年求济本色万余石，宁自包认脚价，可免籴买之难，不料未蒙准允。似此粮饷用多买少，必待临缺籴运，岂不坐失事机。所宜熟计，先有定规，可持永久，庶地方可保无虞。若为眼前事势小宁，即拘拘然为减兵节费之计，无先期广备之储，诚恐自撤藩篱，延寇入户，临涸掘井，无救燃眉，然后随行补添挽运，不无劳费矣。古人有云："兵可千日不用，不可一日不备。"信哉，经世格言，未可视为迂论。

一、议修建城堡。照得防守之计，要隘为重；要隘所在，城堡为本。信有如南京云南道御史边□所题奏谓"宜增筑城堡，实以精兵"之议。窃思三省苗路，广阔多岐，彼此相连，肆出莫测，城堡易筑，兵力难充。若论第一要隘，如湖界之丫刺关，川界之小桥、地架，贵界之亚寨、平头，尤当据守之处。若丫刺守定，则凡铜信溪、小坡、水潭、嶍水、打田、石羊头等处隘兵可以不用；亚寨守定，则凡毛口寨、石子塆、黄腊滩、白水洞等处隘兵可以不用；地架守定，则凡盂溪堡、平南关、冠带河、瓮绞、龙于、张家寨、四十八旗、提溪、省溪等处隘兵可以不必全用。但三四重隘，地势孤悬，若非每处各得精兵二三千名，必难立扎。因此，丫刺、亚寨二处，每有议者，辄被应戍官员、兵役既畏孤悬，又嫌荒寂，百计禀阻，竟难施行。其小桥、地架乃酉阳、平茶二司接壤地方，先年常用二司兵役于此戍守，徒冒廪粮，肥家利己，因得惯计。后蒙巡抚衙门召募凯里目把龙必升等精兵数百，代伊戍守，苗莫敢犯，民仗以安。却被酉阳奸谋悖乱规利，反助苗贼，并力劫攻，致将此兵逐回，另自召苗占种。此地失守，为患频仍。上年班师之后，仍议调酉阳之兵于此戍守，明知必无实用，但欲责成伊司，免其暗纵为害。不料伊司连年与永、保仇杀奔散，无兵到彼，至今苗贼仍多。

似此丫刺、亚寨、地架等处，正是三省近苗要隘，既皆失于戍守，只得分投退守内地，因觉岐隘更多，兵众分少。况且地旷人稀，不能随处立哨，又只得酌量地方虚实缓急，以为增减。如张家寨、毛口寨、瓮绞囤等处，昔皆民居村落，曾议防守。今则民尽逃亡，境甚荒落，力寡势弱，存扎或难。所该量行防守地方，如切近铜仁，则有石子墺、黄腊滩、坝地冈、木桶营、凯槽溪、龙于、客寨等处，切近思南、印江、朗溪，则有平南关、孟溪堡、野毛关等处。俱止是把隘地方，咸各因山依险，筑墙浚渠，自有土囤，仅足屯兵，不待筑堡，徒损工费外。

方今紧该筑城修堡数处，西路则惟平头司系第一要紧，且系铜仁最大司治，钱粮赋役出办居多，又当乌罗、朗溪、邑梅接壤之间，急宜大筑一城，常川有官驻扎坐镇，亦须得千兵守定此中，庶可内安人心，外捍苗患。且得与乌、朗、邑梅等司，四十八旗等处联络应援，可免苗人冲斥深入之患。纵无千兵，亦须召募精兵五六百名足数，益以复业新民，责限有警听调协守，庶可保无他虑。

其次，则省溪司见有戍兵，但无城堡，亦宜修筑，以安人心。以上二司俱有城基，被苗攻毁，曾该本道查议通呈，节经委官估勘，只为节年兵荒之后，工料劳费俱难，因尚未经兴役。

又其次，则湖、贵紧切交界田塽坪一带地方，系平溪、万山、黄道等卫司及沅州相邻，军民杂处之处，地土沃饶，尽可住种。亦系三省屯寨通由之衢，内为铜仁咽喉，外当思、石、平、清、晃、便等处门屏，不但三省叛苗入来常经由此，亦且六陇山苗巢切邻此地，往来六陇苗人，交通外寨，于此作梗，甚似鬼关，军民难住，尽数逃亡。虽有贵州竖立公馆在彼，然弥望荒远，绝少人烟。幸今此苗听抚，日渐驯习，兼与外寨亲族苗寨互相仇杀猜嫌，势遽相纠合。又曾奉军门委调湖广官兵于此馆中防守，然后衢路渐通，居民稍复。但事无定规，势难持久，旋复掣去，荒落仍前。本道曾与参将筹议，此中所宜大筑一城，将平溪、镇远附近本地军屯所分及万山司治并入此城，据一重镇，保障军民，庶几思、石、平、晃血脉方得流通，兵有应援，苗难冲斥，实于湖、贵便利。惟均曾有具议通呈，未蒙采择施行。即今六陇苗顺，事势稍宁，此中戍兵似在可缓。但苗夷情性终未可测，诚恐我兵日疏，苗乘窥伺，渐次作梗，则不惟铜仁孤悬，势欠便利，而思、石、平、清、晃、便亦难安枕耳。

至若四十八旗屯军囤，亦湖、贵军民杂处之地，尽有强兵而无险囤，所宜修筑一堡。又若冠带河，乃苗出思、石必由之路，见有险囤，又无戍兵，所宜量行增募。惟孟溪堡偏守一隅，不如改于地名油蓬，乃平、乌二司适中地界，可与四十八旗相为应援。又地架堡偏守一隅，不如改于地名苗羊坪，乃小桥、地架适中地界，可与平头、乌、朗诸司相为应援。以上二司亦宜修堡，实以乡兵各四五百名，方足存扎。

凡是数处，俱系要紧，若得联络布列，无少疏虞。譬如人身，首尾四肢，血气强健，则声势自震，心力自齐。卒遇变时，咸有策应，苗贼决难冲斥深入，纵入亦难径出，则不轨之念宁不潜消？及查各府县城，渐皆修完，尚似可守。惟思州府城浅隘难守，已经议呈，见行修筑。施溪司隘囤亦系紧要，近已修完，其余朗溪、黄道、提溪、万山等司俱皆无堡，各有险囤。又思南、板桥、市口，苗贼常所垂涎，亦宜大修一堡，以为一方保障。但值民穷财尽之时，工费则难措处，且非贼锋紧切之处，似亦在所可缓，因尚未敢一概妄议。

**万敏议处边府革马加粮事略：**

准总司关并准贵州布政司照会，奉巡抚都御史任彻、巡按御史董威案验，准部院咨札，该巡按四川御史缪文龙题，奉钦依勘合案行布、按二司关文，奉巡抚都御史任彻案验，准兵部咨：该贵州都司毕节卫带管毕节等站正军韩良儿等奏前事，奉此，又经备行迤西守备勘议间，又蒙巡按云贵御史赵锦案验等因，又行四川守巡该道遵照委官，亲诣各府查处去后，又准贵州布政司照称前事内开除站铺军加粮，该司径自议允施行外，俱经本道催据署迤西守备指挥李志议呈到道，据此。为照迤西驿递、站铺，俱四川所属土府乌撒、乌蒙、镇雄、水西，永宁起至沾益止，通计一十三驿站。洪武年间开设，每站百户二三员，管军多者三百名，少者不下二百余名，止是出夫扛抬递送。又设立旱马驿，供办铺陈、廪粮、马匹、走递，与站各管，并无差异。

续因西平侯班师，暂寄不堪马匹，永宁站八匹，普市站七匹，摩泥站六匹，阿永站六匹，赤水站六匹，彼时亦不为走递而设，止是寄养在站。若层台、毕节、周泥、黑张、瓦甸、乌撒、普德、倘塘、沾益等站俱无寄养马匹。止因正德年间，芒部夷酋陇政叛乱，乌撒土知府安宁、安泰，相继与邻境水西、东川、乌蒙、沾益等处各土官互相仇杀，各府倚恃隔省，指称兵戈为由，各驿粮马俱不出当，以致当时守备等官令行于站而不行于驿。查究各站寄养马匹，其无寄养者，设法措处，令各站军朋买八匹或十匹，权行走递，因而不革，致成旧规。

各站军累乏，仅存五六十名者，或三四十名者。若层台站，额军二百九十六名，今止存一十八名，普市站，额军三百六名，今止存六名，消乏十九。皆因各军既无屯田养赡，又无帮贴人户及给散官钱等项，止是月支米五斗。一面扛抬，一面雇马，又因而攀扯铺军，并累逃亡。又被公差逼勒中火、应付等项，贫困难当。

各府后虽应当粮马，又被各驿官吏、棍徒包当，指称川贵各省驿站均出，虽收有□□银两，或被侵克，指称夷人拒顽及借贷雇马等情，□□公差人员各不知情，止将站军逼勒，后遂于永宁□□一处，辄使分关驿站均出，以致累损各军刻骨入□□事紧急，则夫妇共扛而出，回途打柴换米度日，及□□令雇马，不免剥衣服、揭锅火、典儿女、当田地，雇觅以充之。况又事干两省，动有牵制，各军苦极无伸，方才陈情。

及巡按御史缪文龙目击痛苦具奏，转行本道，议得站军雇马原非旧规，相应亟行裁革。又查得永宁驿则内江等县编夫亲自应当，在城驿，每月乌撒府派马馆银五十两，每年该银六百两，止因参备驻扎，廪粮等费不可为例。其永宁宣抚司管下普市、阿永、赤水、摩泥四驿，乌撒府管下普德归、瓦甸、周泥三驿，乌蒙府管下黑张一驿，镇雄府管下层台一驿，俱原额马二十四匹，月支雇募银二十四两，当馆米四石五斗，上、中、下三等铺陈各二副，俱各驿官吏自行支领。

又查得本道自正、二、三月挂号关文马匹，每月用过二百五十余匹，间或盈缩，不过十匹，以原议驿马分派，每一月大约十差，每马三日一差，亦未甚为繁难。但被各驿官吏、棍徒罔利包纳，动称繁难，前道守备详于站而略于驿，视为异省，漫不稽查。今当议处之时，若但议站而不议驿，终非可久之道。又经本道议得各驿于永宁、乌撒等府月支雇马银二十四两，馆米四石五斗，每驿该银二百八十八两，米五十四石，铺陈六副，已为酌中，难议加增。但各驿官吏动称支领不敷，雇马之时，被人勒指，一费两倍。

今合行令各府，临遇走马之年，先期追完前项银米铺陈，批文解道，验发各驿。召募附近殷实军民给领，令其买马走递，以省雇募之费。虽初年领银一十二两，计其买马夫料之费，似无宽剩，至次年又领银一十二两，则先马尚存，以其所领渐有余剩，以后或有倒死，可以添买轮替，马户亦无亏折。

又照永宁、乌撒、乌蒙、镇雄四府司，本道俱该兼制，已经将前项事宜牌行各夷，令其照原议银两征完解道，及关四川叙泸兵备道知会，一体催督完解。其设立稽查号簿等项，俱遵照抚按衙门原议施行，各站寄养及措买马匹，百余年来，骨朽久矣。节年买补，皆穷军膏血，若令入官，则领养者又如西平之寄养，终贻后患，合给各军领回变卖，以苏困苦，以绝祸端。

**镇远府知府周瑛奏议地方事宜：**

切照本府东接沅州，西接播州，中间道路险阻，乃云贵往来之所必由，而所属邛水、施秉等司、县，又与洪江一带生苗接踵，百姓平居无事，皆带镖弩自随，有事则肤刃接矣。故镇远者，云贵之门户也；邛水、施秉者，镇远之襟喉也。欲通云贵，当守镇远；欲守镇远，宜经营邛水、施秉等司、县。此形势之可考，事理之必然也。臣瑛等待罪于此，苟有所见，不敢缄默，今将有关地方事宜，逐一敷陈，如蒙准言，乞敕下廷臣会议停当，转行贵州、湖广镇、巡等官依议施行，地方便益。

一、合府卫以却外夷。照得本府原系湖广所辖思州、思南二宣慰司故地。国初，开创西南境土，乃设平溪、清浪、偏桥、镇远四边卫，以控蛮夷，以通西南道路。永乐十一年，朝廷以宣慰使田琛等构恶，诏削其官，创贵州布政司，分其地为镇远、思州、思南、石阡、铜仁、乌罗、新化、黎平等八府，俱属贵州，平、清、镇、偏等四边卫仍属湖广。

正统十四年，本府地方苗贼生发，民兵不能独制，而四边卫以属湖广，非申报合干上司，不敢擅动。为因阻隔江湖，文书往返，动经数月，遂[①]致贼势滋蔓，攻陷城堡，杀戮人民，及劳朝廷遣将调兵，始克平定。

后献议者以本府地方冲要，乃于清浪立镇，设参将一员，及拨湖广武昌等一十三卫所官军前来协守。近来苗贼入境，百姓望救，急在旦夕，主将亦以湖广为碍，不敢轻动。湖广官司或又从中而牵制之，主将恐拟其后，未免俳徊顾望。

臣等闻兵速则可以得志，势分则难以成功，坐此不改，诚恐祸变之生，又不但正统十四年而已也。夫分府、卫以属两省者，是名犬牙相制；合府、卫以归一省者，是名臂指相使。犬牙相制，互相犄角；臂指相使，互相运用，古人皆已行之。合无从长计议，查照洪武初年事例，将本府三司一县割属湖广，惟复照今日事体所宜，将平、清、镇、偏四边卫割属贵州，庶几父子兄弟相为一家，手足腹心相为一体，缓急调度，不致掣肘，地方便益。

一、立城池以固门户。照得本府实为云贵门户，本府旧无城池。正统十四年，苗贼猖獗，仓库钱粮俱被劫夺，地方人民俱被杀害，往事未久，良可鉴戒。近奉勘合事例，天下府、州、县分皆令设立城池，行据镇远金容金达蛮夷长官司申称“本府前逼长江，后逼高山，参错广轮，丈不盈百。成化年间水漂火焚。况敌入境，自高临卑，势难固守。看得迤西三里，地名平冒，与湖广镇远卫教场相连，其地山川回合，基址高爽，就彼设立城池，颇为便益”。具申得此，臣等禀知分巡佥事吴倬躬亲踏看相应。如蒙准言，乞将本府相应地方与镇远卫易换教场，将府治迁置于此。

及查照思州府筑城事例，取湖广备守官军轮班修筑。其大小衙门，本府自督民夫搬运坚造。该用钱粮，查得本府见有续增商税、引科二项银，每岁

---

① 遂：原本误作“逐”，据《黔记》改。

不下千两，起运清平卫仓秋粮，每岁不下四百石，乞暂为存留应用。仍敕镇守参将及兵备等官总督其事，而钱粮出入，行分巡、分守官以稽考之。如此，则事功得以速就，钱粮不至花费，云贵门户得以坚固，而朝廷西顾之忧，亦可以少逭矣。

及访得相见堡接递军人，洪武年间属沅州，后以窎远，改属镇远卫。本府既立城池，不用他处拨军护守，只将相见堡军人拨属本府带管，一以递送，一以防守，两为得所，地方便益。则钤制不分于遥势，而供役可得于近效矣。

一、复城堡以保居民。照得本府所属施秉县，旧有地名岑麓等四堡，邛水蛮夷长官司旧有荡洞等一十七堡，镇远蛮夷长官司旧有金浦一堡。百姓平居无事，出耕山野，有警则送妻孥入堡，自与接战。故进有杀敌之勇，退无顾家之虑，此于边事大有所益。

正统十四年，苗贼猖獗，将各堡焚毁，一向未曾修复。天顺、成化等年，本府并邛水长官司各另具奏，于敌路要冲总立荡洞、岑楼、八弓、得民四堡，荷蒙列圣悯念边方，俱准施行。经今二十余年，为因夷民贫难，不能自筑，而湖广备守官军如秦人视越人肥瘠，曾不加之意，以致事功无就，惜哉。

臣等熟计，以为修筑城堡，非惟居民之利，亦官军之利也。盖城隍立，则居民自固，敌人不敢深入，军免于赴敌，而官亦得以自保，其利甚博也。成化八年，参将彭伦念虑及此，尝摘拨巡哨官军筑荡洞一堡。臣等旧岁亦督施秉县筑岑麓一堡，俱未完砌。如蒙以地方为急，乞敕令参将王通查照前参将彭伦故事，摘拨官军，协同本府居民，先将奏荡洞等四堡如法修筑包砌，其余该修堡分，亦以渐修理。仍敕湖广官司同以朝廷地方为念，不得阻阏。每岁听贵州兵备官将筑过堡数奏报，以凭奖劳。如此，责有所归，功无不就，地方便益。

一、分镇兵以搤咽喉。照得邛水、施秉与洪江一带生苗接踵，苗东入则由邛水，西入则由施秉。近据邛水长官司申称"宣德年间尝分兵守边。正统年间因征麓川，掣回军马，苗遂深入，要得照旧守边"等因。臣等熟观形势，清浪屯聚人马，是守把在外道路。至于苗所自入如邛水、施秉等处，藩篱单薄，非策之善也。如蒙从长计议，清浪只留参将一员，统领大势人马，其都指挥宜摘拨人马或二千或三千，就于邛水荡洞，或得民等处驻扎，分屯要害。遇小寇，就便哨捕；遇大寇，驰报本镇，互相应援。如此，则声势联络，敌不能测，是为搤其咽喉，而制之命，地方便益。

**刘大直训耕织文移略：**

照得军民必富庶于衣食之足，衣食恒足裕于耕织之勤。《周礼》太宰任民曰“农生九谷”，曰“化治丝枲”，皆所以足衣食也。贵州一省，地非不耕也，稼穑无工农，而抛荒之土，恒十之三；人非不织也，蚕绩鲜女工，而游闲之手恒十之七。耒耜慵而镖弩之习乖，杼机废而毡裸之俗陋，至饥寒迫而寇盗行，毋怪乎佩犊衣鹑，委壑蹈刃，而不暇乎礼义之治，斯虽风土之相沿，亦在上者未始立法督训以教戒之也。

除抛荒地土，已经本院案行召种，虽各府卫承委官员奉职举行，回报者才十之三，计其认纳粮米亦四千二百三十石。更俟期年，或有小效。嗣图塘堰之修，以免旱涝之虑，亦可矣。独桑绵织纴之业，未行督训。

访得贵州织布地方，府惟都匀、思南、程番，卫惟普定而已。其树艺桑麻，化治丝枲之习，概未之闻。岂各府卫织纺，人性独异于都匀、普定等处，而桑麻之植，又独与中土异哉？亦上之人未始开资财之道而图之，与下之人未始闻生财之要而享利之乐耳。相应处教训树艺、织纴之略，以图富庶军民。

又经案行布政司转行守巡等道，督责各府、卫、所、州、县掌印等官，悉行开谕军民人等，俱要多方植桑养蚕、种花纺绵，仍顾募织绢、织布机匠，以一教十，以十教百，尽习织纴之业，自享衣被之休。或人力怠惰，风俗偷安，各该官司凡有笞杖无力人犯或量行责治人役，分别轻重，罚令栽桑若干，以赎刑责。栽桑养蚕、种绵织布之法，俱查照教民略要条件，或访求简易法则，黏单附案发行，以凭遵照督训。务使丘陵坟衍尽桑绵之植，阛阓屯寨匝杼机之鸣，民生以之遂，盗贼以之息，风俗以之美，教化以之行。期验举行之实去后。

为照省城军民督训宜先，所有机匠，合行查取。为此案仰本司，即便转行普定卫，选取机匠十名赴省，及动支官银，制造绵车三百架，拘集城市关厢保约长一名，领绵车一架，或二三十名共领机匠一名，用心教训。各该军民情明日期，俱于各户门首纺织，以便众人看习，尽知纺织之艺。其绵车不敷，议令自行照样成造，以一[①]传十之法。通晓之日，机匠、保约长通行犒赏，机匠即发回卫，仍原行多方植桑养蚕，次第举行，务期成效，均体教训军民，以图富庶之意。

**又严缉捕事议：**

仰贵、前二卫，宣慰司城市关厢，不拘官吏、舍余、军民、客商，每十家编序一牌，内选乡邻敬信一人为保约长。晓谕十家父老子弟，今后务要以善相劝，父慈子孝，兄友弟恭，夫妇和顺，长幼惠让，敬老睦邻，守法安分，忠义以奉职差，勤俭以守家业，出入相友，守望相助，共成仁里之风。仍以

---

① 一：原缺，据云图本补。

恶相戒，毋恣凶傲，毋肆贪谲，毋相倾害，毋纵斗殴，毋玩官法，毋结私仇，毋角尚奢侈，毋酗酒赌博，毋起灭词讼，毋淫乱风俗，毋恃强凌弱，毋倚富吞贫，毋透漏夷情，毋窝引盗贼，庶不为闾里之玷。乡邻遇有盗劫，互相协力救援，擒获解验论赏。如坐视观望，定以窝引究罚。每月朔望日，将地方无事情由，赴院回话。

**副使赵之屏征苗纪略曰：**

嘉靖丁未六月，予以岳守被巡抚侑溪姜仪扎往辰州征麻阳苗，未行，报苗破湖之晃州、便水，执参将杨钦，官卒商庶，杀虏甚众。乃湖、川、贵三苗党逆，时未议三省合征，土司终遂顽梗，当事及将领不免异同，事竟中废。苗恃而益滋。屡当宁南顾。朝议置总督三省军门，开府沅州。己酉，净峰公张岳次常、辰。苗方猖獗，湖广报攻麻阳县小坡营，贵州报破铜仁、乌罗、朗溪、平头、省溪五司，十二月破印江，执知县徐文伯。庚戌正月，破石阡，执推官邓本中。两省滨苗城寨，杀虏殆尽，苗患之惨，至此为极。

净峰疏请合征。三月，予叨转贵州部凭，以紧急苗情推，军门即以督征事见促。闰六月之任，寻被军门扎往铜仁。举事札云：贵州铜、平，湖广镇筸，四川酉阳小平茶各苗寨结党为恶，扰害三省。贵州一大哨，以副使赵之屏监督，参议刘望之运饷，参将石邦宪统兵，分河界、龙势、麦地三营，剿贵苗龙塘、鬼堤、江口、小茶园、麦地、都库、骂劳、桐木坪、上下中地所、老见、老条、新江口，计十五寨。湖广一大哨[①]，分四营，丫剌、眉亮二营，剿贵苗田坪、旦逞、栗凹、抱颈、麦冲、狗脑坡七寨。爆木、大稍二营[②]，剿湖苗回保、崖峒、毛冈、板栗、昔朗、冷水、红岩、下水坡、凳略变九寨。四川一大哨，分地架、平茶二营，剿贵苗塘寨、地根、地蓮、地架、吕蜗、新寨、抱木、普杓八寨，并川苗小平茶、地崩、岑沙留、地龙庭、地龙箐伍寨，会兵夹剿。

时巡抚竹坡任辙、巡按鹅山张雨同移，相属予以都清兵备，不涉铜、平具乱不可。七月，次平溪卫整兵。

八月，次铜仁府分布，与刘少参朝夕共事。

九月三日，克期进兵。是日，予偕石参将屯乌泥。九日，屯河界。计调到水西宣慰使安万铨罗兵三万五千，都匀州司土兵七千，卫司汉兵六千，共五万众。然视彼山峒林箐，缭绕无边，如营哨何？按哨图，三营分出，小哨把截二十四处，各散出，架梁护饷，诸垒漫散阻绝，粮饷迂回，执图以往，祸将叵测。予与石南溪定计，以十九日，合兵四万二千，分十二路，直捣贼

① 哨：原作“省”，据上文改。

② 二营：原误作“三营”，因前文四营，已分二营，仅余二营，因改。

心。是日，破首恶龙许保龙塘寨。许保中箭折齿，引党散遁。二十一日，破鬼堤寨。二十四、五等日，连破都库、骂劳等寨，还，剿地所、桐坪等寨。

十月二日，破首恶吴黑苗新寨，黑苗中刀散走，原分十五寨，破囤扫穴，联络七十二垒，反据苗巢，营董留山中，险辟箐穿，道通侚足，尽贵州苗界而止。

十一月，竹坡次铜仁督哨，总兵官沈希仪亦次铜仁，鹅山与新巡近淮董威次平溪督兵。

十二月，净峰次铜仁督镇。自进兵至搜扒，生擒八十二名，斩获有名首级九十一颗，不知名首级六十颗，俘获贼属男妇一百六十二名口，夺回被掳官吏、生员、军舍、男妇一百二十五名口。挟抚陆笼山五寨苗人男妇一百七十九名口，通计七百九功，俱移报纪，哨事甫完。

十二月十日，军门牌行选兵夹剿逃苗，牌云：贵州各寨苗穴俱破，访得各苗奔投湖苗地方窝藏，已有实迹。转行石参将抽兵，代伊把截。安万铨呈军门称镇筸与贵州隔越，不系原分哨道，坚不出兵。予复抽散兵七千应遣。

正月二日，南溪以湖哨李都司明文期约，三日赴丫刺营把截。六日，南溪报湖兵退回，更换我军，深入无援，呈军门告掣，未允。十一日，昔朗、冷水、蜡尔潜苗稍聚，偷劫丫刺营。军门方行南溪退扎本哨信地。时川哨退小桥，湖哨退乾州，贵哨退亚寨，三哨传报不通。十四日，予与南溪请于督抚，以健步李宗一执火牌进旦逞寨，招先投顺苗头吴旦逞、吴柳、苟麻顺等，遂感畏服招。二十一日，军门案行贵州哨班师，案云：贵州苗贼，擒斩已多，尚有逃避，已行湖、川进剿，该哨事势，不宜屯兵，相应班师，罗兵俱悉放回，摘留别兵六千防守。予以首恶龙许保、吴黑苗未获，呈请督抚，省令安万铨以先领悬赏银一万两还官，万铨如数解府。二十五日，奉文班师。南溪仍领防守。予巡镇远。

二月二十五日，三省残苗复聚，攻思州。督抚复以予带管思、石，会同一崖、南溪，雕剿截杀，节次伏兵，平省猫儿囤，大伸擒斩。

四月二十二日，计令先招苗吴旦逞等，生擒龙许保、龙重阳。自班师至八月，节报生擒十二名，斩首七十二颗，俘获一口，夺回男妇一百七十九名口，通计二百六十四功。

九月，督抚案行招抚残苗。案云：准兵部咨，据江西道御史孙慎条陈，献愚忠以慎国计事。首恶既擒，残党悉听招抚。

竹坡以十月十六日，促予复入铜仁，会一崖、南溪计议。铜仁司以指挥王世臣、土舍李承祖，平头司以指挥奚都、土舍田兴文，各将牛酒，深入苗寨招谕。旬日内，潜苗出投者近百余，独唐寨惊疑。予会一崖、南溪计，谓唐寨与川苗相近，今不宜以铜、平招，即以乌罗、朗溪相近土司招。计行，果唐寨以龙得恰投朗溪土舍杨胜源赴招，有密恳，谓唐寨自惧不宥，愿赚吴黑苗献功。人疑其诈，予决计付胜源刻木，仍以信票手书悬赏，用兵巡印钤，密托胜源往唐寨招黑苗。

随准抚苗委官册，开贵州原苗三十寨，贵剿十五，川、湖代剿十五寨。今铜仁原十四寨，叛苗七百九十八名，剿残止存九寨，二百一十四名听抚，平头原十六寨，叛苗九百八十五名，剿残止存十一寨，二百八十二名听抚。查核相同，转报剁谕，各苗殆得安插。

十二月二十日，思石佥事南岗龙遂之任，予始得代。督抚又以监军原委令会谋黑苗，以余先与乌、朗计行唐寨之故，故不相假。黑苗中唐寨计，已听乌、朗。但构之者众，事久漏泄，日夕移遁林箐。值酉阳、永、保互相仇杀，各假黑苗为词，渠益潜迹。

壬子七月，净峰具疏略谓三省苗平，但吴黑苗未得，后患难除，责成原监督副使赵之屏、参议刘望之、参将石邦宪计擒。特奉钦依。事势至此，是以黑苗为三省未完一大事，以予专责。予决计取胜源与杀手刘甫等数人到镇远，给之重赏，授之肯綮，以八月二十四日斩黑苗于遁所。

前此辛亥九月至今，又节报生擒六名，斩首四颗，俘获四名口，夺回八名口，通计二十三功。凡予被文征抚事，自此止此，以后功级不敢预纪核，奏报事宜，悉候督抚、巡台举行。前此庚戌正月至七月，南溪防守，节报生擒二十八名，斩首四十颗，俘获十二名口，夺回一百一名口，通计一百八十一功，军门题准大举收录。又前此丁未[1]，巡抚大廓王学益督征，生擒二十八名，斩首四十颗，俘获十二名口，夺回一百一名，通计一百八十二功。事虽他梗，功实伟著。

呜呼，兵岂易谈哉！

是举也，伏天时者二：自立营哨，雨雪不开，潜苗冻馁，踪迹易觅。庚、辛、壬、癸，丰稔连登，流移归耕，四野粒食。

验地险者二：天生巢穴，更倍以竹木，石可断竹。每岁成，三苗联络，中据万山，瘴雾阴冥，隔离天日。

伸国威者三：被虏职官，悉从生还。诸司印信，追并献出。许保、黑苗上勤敕旨，先后得正显诛。

死王事者四：净峰、竹坡二公，俱因痨瘁过伤，事完相继病故。知府李允简被虏不屈，自投江崖。守备柳之文鼓勇拒贼，力尽阵亡。

恤灾患者四：锋镝惨毒，类枉非命，净峰疏请俘夺男妇，比擒斩论功，据今俘夺数百，出自再生。调到士卒，瘟疫流行，死尸横野，予穷日委官收

① 丁未：原误作“下未”。

掩，力请先放病军，三日，得八百余人就道。运夫病苦，甚于战士，一崖请加口粮、姜盐，全活甚众。思州被害，士民流离，竹坡、近淮大发仓库赈之，以一崖主其事，阖郡回苏。

破浮言者五：予驻楼台营，或者谓贵哨深入，防不利，欲军门以予出还府城，此阻进兵之言也，予竟坚壁不还，卒捣诸苗之穴。予报功将半，或者谓首恶出匿陆陇山，欲督抚以予分兵出捕，此散罗兵之言也，予竟深入，而获首恶于原巢，且抚陆陇，为今日防守之用。予招唐寨，假道以擒黑苗，或者谓招唐寨使黑苗惊疑，欲军门罪乌、朗二司，此破成事之言也，予莫为意，竟收功于乌、朗。南溪与贼对垒，方竭尽死力，浮言谓军门将易之酉阳，纵苗劫思州二司。会案参究，浮言谓贵州未及之。

千变万状，不可托之纸笔者尤多。所幸同事协谋，有左布政李涵、按察使胡尧时、参政杨应奇、副使魏尚纯、都司曹宗岱，属部知府，知州，知县，守备，指挥，千、百户等官几百人。

追惟事先，连年枉累者抚臣李义壮、总兵白兹、副使林斌及参将、都司、文武大小职员亦不下二百人。

呜呼，兵岂易谈哉！痛念艰辛，聊纪千百之十一云耳。

甫落笔，而有狂客就览，遽怅然嘱予曰："某尝拟苗患可虑者十六事，吾子通未知及也。其一，地分三省，苗同一恶，剿抚异施，自贻永累。其二，指剿为恶，谓抚为善，自云巧图，实滋苗患。其三，土司相雄，倚苗为势，巨寨首凶，亲识争容。其四，恩不可仇，牢不可破，百计千套，反挠我师。其五，征兵树垒，冒赏饕粮，官帑空虚，诸夷豪纵。其六，川、湖边鄙，贵州郡县，强境且难，弱土何恃？其七，铜仁粮饷，仰给辰、常，彼若秦越，此徒乞哀。其八，贵州抚臣，难制川、湖，尚须更弦，专此权职。其九，苗自相济，我反相戕，人心不同，矧各宦境。其十，文职武弁，斥责易临，鹜长鷙酋，漏网日远。其十一，川、湖额办，原属岁支，借给铜、平，合省枵腹。其十二，防官戍卒，请调不休，一臂未安，全体就毙。其十三，条议日繁，职役日增，兵粮先乏，手足罔措。其十四，兵分势孤，兵聚路阻，少有偷惰，猾贼所乘。其十五，苗健相通，彼此互利，机宜如泄，举动反危。其十六，雕剿以时，胜于大举，哨伏在我，优于赏剁。"

予长笑而答曰："今圣神在天，忠荩握柄，酋长股慄，将领奋勇，剿抚时出，缓急妙应，是非汝所知也。"

呜呼，兵岂易谈哉！庸附书于略末。

# 贵州通志卷之十

# 贵州通志卷之十一

钦差巡视提督学校贵州按察司副使谢东山删正

贵州宣慰使司儒学训导张道编集

学生汤建中、马阳、吴铠、李朴、汪藻、倪世杰、马希龙、孙世贤、任懋忠、胡禾同编

## 艺　文

传恣抒画，考古论今，艺文之不可以已也。矧俗存木刻，人尽鸟言，不有艺文，何以垂示？故诗若文，非纪事，实关风化，所谓虚车弗庸者，虽工不录，慎之也。

## 第一章　诗　类

### 一、贵州布政司、宣慰司[①]

#### 徐问诗

**《拟感兴诗》**

玄枵值暮冬，岁月行复疾。朔风鸣枯林，扬尘暗白日。
中年瀛海上，华发变初质。常恐寡道气，脂[②]韦逐流汐。
心知虚象明，勿俾玄理窒。悠悠百年内，人事易得失。
行矣须勉旃，兹期我当必。

人心有至美，空洞物皆备。枢机斡古今，感通塞天地。

① 此标题原无，点校者据本书体例加。
② 脂：《山堂萃稿》同，《黔记》作“肜”。

黄虞启重关，后圣发玄秘。引绪儒誓言，一线永不坠。
云何后世人，畀此身反累。开阖既非时，倾危亦容易。
有如狂寇入，仓卒主翁避。彼美七尺躯，濩落空奰屃。
诗书赖前训，耿耿恒不昧[①]。奉以严君尊，翼以向明位。
干城守弥坚，庶用防突骑。久之万虑静，悠然见天粹。
穷年已谬误，峻德良寡遂。毋使固陋滋，身志两相弃。

人心易来往，一往性乃虚。上帝命巫咸，招之反故庐。
庐深定斯静，洞与神明居。所存既不易，所出安可疏？
先王重检身，检身当何如？视听言动思，与理同卷舒。
持此径寸衷，感通万里余。毋为浪观海，咄咄同欷歔。

吾道无隐显，慎修无古今。莫云暗漏地，不有神斯临。
纤微一不戒，恶已来相侵。君子务明德，瞬息随所钦。
行须不愧影，枕亦不愧衾。操兹以远到[②]，靡有力弗任。
寥寥千载圣，独匪吾人心？

客感多乖违，忿怨易留止。宿火中不灰，风吹烈还起。
戈矛谈笑[③]间，报复睚眦里。一朝忧所生，而暇恤人已？
君子撝大公，应物若止水。止水无泥沙，惟清与平耳。
平固物不挠，清固陋不耻。利欲蚀既余，何能辩兹理？
窒尔多欲心，忘怒从此始。

人过在悛改，不改恶乃积。积以成丘山，趋以川汇泽。
明有礼义攻，幽有鬼神责。呜乎污涅余，再雪焉可获？
圣人贵不吝，贤者喜闻格。仰见日月亏，竦动[④]风雷益。
迷途早知非，终当徙安宅。

心声易流放，剌剌不稽古。外既无检持，薄已探肺腑[⑤]。

① 昧：《山堂萃稿》作“寐”。
② 远到：《山堂萃稿》作“到远”。
③ 谈笑：《山堂萃稿》作“笑谈”。
④ 竦动：《山堂萃稿》作“竦听”。
⑤ 外既无检持，薄已探肺腑：原文作“好莠剧若黄，凉已探肺腑”，不通，据《山堂萃稿》改。

善哉儒者箴，已肆物亦忤[①]。尔腹亦便便[②]，尔口亦诩诩。
强聒既聒人[③]，掩羑[④]欲自取。古今凶败[⑤]机，多由此中贾。
所以君子言，循循就规矩[⑥]。文子学管库[⑦]，啬矢[⑧]未足数。
蓄德基高明，参也得之鲁。永鉴三缄人，慎启渊默府。

富贵古来羡，豪华人共糜[⑨]。连云亘甲第，鼎食纷朵颐。
道傍问谁来，衣马生光辉。心为众形役，外美将焉施？
人事一朝异，索莫有余悲。从观物外心，淡薄终可持。
茅茨亦不恶，脱粟亦不饥。里中父老言，劝我别有为。
拜手谢之去，吾志不可移。

出处本常理，软美适俗性。达人事骯髒[⑩]，涤德方砥行。
遇鲁信知天，乡卫固有命。嗟予后小子，一复一起敬。
山谷荒茅篁，中泉窈而净。不敢希洪流，所贵源里[⑪]正。
嗤笑[⑫]或未然，谁敢度贤圣？

性分无内外，人己本一理。町畦异藩篱，卑人自尊己。
府怨与贾憎，销骨成积毁。君看温恭人，谦谦畅诸美。
畅美非为名，暴慢斯远矣。处身固有道，待物亦应尔。
三反一不校，足以化粗鄙。要哉终身言，非恕焉能此？

## 王学益诗

### 《中秋》

四山烟雾倏全收，月景依稀玉宇游。兹地清佳能几夕？满空潇爽忽中秋。
犹怜僻谷明难到，已觉前峰光尽浮。起步辉辉思夜永，欲将谈笑靖诸酋。

① 物亦忤：《山堂萃稿》作“物终迕”。
② 亦便便：《山堂萃稿》作“固便便”。
③ 聒人：《山堂萃稿》作“恬”。
④ 羑：《山堂萃稿》作“美”。
⑤ 凶败：《山堂萃稿》作“兴败”。
⑥ 规矩：《山堂萃稿》作“绳矩”。
⑦ 学管库：《山堂萃稿》作“举筦库”。
⑧ 啬矢：《山堂萃稿》作“啬夫”。
⑨ 共糜：《山堂萃稿》作“易糜”。
⑩ 骯髒：《山堂萃稿》作“骯髒”。
⑪ 源里：《山堂萃稿》作“此源”。
⑫ 嗤笑：《山堂萃稿》作“嗤诮”。

### 《重阳月夜》

辛苦怜怜亦底成？忽闻歌吹不胜情。两年青鬓看生白，万里丹心漫自惊。
狐鼠穴巢偷旦久，虎罴牙距薄风云。未将挞伐从殷武，干羽天阶仰圣明。

### 又用正韵

秋日荒遐也净埃，客怀何处一登台？风高绝徼无来雁，雾隐深厓有避豺。
茱酒谩为佳节进，菊花遥忆故园开。平生经世心非少，多病于今欲乞骸。

## 刘大直诗

### 《阁鸦道中念母太恭人寿旦》

万山寒欲敛，三月雨初晴。虎节王程肃，霞觞亲寿荣。
春行罗鬼国，云望锦官城。标柱将何术？倚门慰若情。

### 《谷里驿梦同寺旧僚》

三月春寒夜被凉，京华清梦旧朋良。十年道契金兰雅，千里神交山水长。
鄙吝萌时怜叔度，孝仁孚处愧文疆。殊方上苑风烟迥，检柬酬知敢自遑。

## 王子沂题洪边景诗

### 《翠屏旭日》

云锦当空九叠张，金鸡拂树叫扶桑。沧浪水动群阴伏，黄道天开万象光。
松散晓烟晴露影，花含宿雾暖生香。梧桐正在朝阳地，伫听和鸣有凤凰。

### 《绣岭晴霞》

早看阳谷日初升，岭表霞光渐次明。闪色只疑丝染就，回文却讶锦裁成。
探奇不必寻丹穴，览胜何须到赤城。应有仙家深处住，几人曾去问长生？

### 《北庄绮陌》

北庄风景竟如何，四境惟春觉最多。花锦蝶晴翻玉拍，柳丝莺暖掷金梭。
行厨雅称传醽醁，步障毋烦斗绮罗。谁道边陲无胜概，却劳骢马一来过。

### 《南谷琼林》

何地幽深百亩宽，南山山下最堪观。早梅破白春千树，雪竹埋青玉万竿。
流水小桥云气湿，晓风疏雨鸟声寒。我来极欲穷殊览，几度经行驻马看。

### 《环溪素月》

清夜嫦娥下广寒，环溪偏称把杯看。流光影约移水鉴，静影分明洗玉盘。
冷沁蟾宫秋寂寂，香沉柱树露溥溥。就中有客神仙骨，直欲吹笙驾紫鸾。

**《鉴沼清风》**

数亩园池镜样平，时时喜有好风生。触翻荷露流香远，吹散杨花落水轻。行把顿忘三伏热，坐乘最喜一心清。当年渔父如曾到，不特沧浪可濯缨。

**《马陇灵源》**

一泓清水出山根，坎止流行觉有神。不是渊泉通瀚海，定应地脉接天津。当年岂独能滋物，值旱其如得济人。自是朝宗意无尽，常随化雨净边城。

**《螺岩飞瀑》**

螺岩瀑布亦奇哉，付与诗人仔细裁。织锦机丝千尺展，玉龙鳞甲半空来。喜看长夏飞晴雪，怪听平时吼夜雷。欲拟匡庐题绝句，愧予老乏谪仙材。

## 丁养浩诗

**《问桃》**

朝见枝头红，暮见枝头空。花开复花落，莫是五更风？

**《桃答》**

君咏《桃夭》篇，夭夭不久然。开花愿成实，与君荐芳筵。

**《问竹》**

别离三载余，我意久怜渠。问渠别离后，贞心[1]虚不虚？

**《竹答》**

徘徊复徘徊，顾盼东风来。贞心谅不改，持以待君回。

**《问芭蕉》**

自我东征时，置汝一去之。去来秋风起，生意久迟迟？

**《芭蕉答》**

养得枝头孙，绿叶开如云。但恐芳年[2]老，不堪持赠君。

**《问枇杷》**

与子交何深，见子多黄金。黄金有时尽，愿言试君心。

**《枇杷答》**

黄金何足奇，黄金有尽时。愿言比[3]松柏，岁寒逞幽姿。

---

① 贞心：《西轩效唐集录》作“真心”。
② 芳年：《西轩效唐集录》作“芳华”。
③ 比：《西轩效唐集录》作“讬”。

**《问荷》**

亭亭水中仙，叶叶如花钿。约君瑶池上，与君结良缘。

**《荷答》**

自君之出时，与君有佳期。愿依葵榴园，莫入芙蓉池。

**《问菜》**

朝涉菜根园，暮宿菜根轩。菜根滋味薄，击节尚何言？

**《菜答》**

夭夭桃李姿，富贵各有时。我心甘淡薄，问君知不知。

**《问梅》**

雪月尚朦胧，乾坤色不同[①]。知心有松竹，何处让英雄？

**《梅答》**

我自初开时，微阳孕灵奇。不畏白雪[②]寒，但畏东风吹。

**《问柏》**

我石悬磬如，视君有若无。如何西风起，哑哑啼慈乌？

**《柏答》**

工师求大木，合抱乃为良。谁知梁栋材，不在山之阳。

**《问松》**

蹇蹇虬龙姿，亭亭历深冬。不上徂徕山，于何考秦封？

**《松答》**

我生湖海南，不比桃李凡。严冬积冰霰，乔然树高岩。

**《问菊》**

桃李竞芳菲，菰蒲叶尚稀。问君当此日，曾伴杨家妃？

**《菊答》**

不染东风埃，不上黄金台。愿从柴桑里，含英傲霜开。

**《问葵》**

盛夏九土乾，朝阳意何干？岂不[③]卫其足，倾此一寸丹？

---

① 雪月尚朦胧，乾坤色不同：《西轩效唐集录》作“雪月上朦胧，乾坤一色同”。
② 白雪：《西轩效唐集录》作“北雪”。
③ 岂不：《西轩效唐集录》作“无宁”。

《葵答》

秋风篱菊黄，春日桃李芳。凉暄各异时，我愿当盛阳。

《问笋》

林下何亭亭，相依儿女情。愿作冰雪恣，莫为[1]锦绣绷。

《笋答》

扶老托林篱，不比宁馨儿。愿依戏彩堂，不入化龙陂。

## 戴乾诗

《赠王司空凯旋》

玉节行边记昔年，甘棠随处尚依然。一函宝敕重分阃，两省苍生看解悬。
风力扫空消瘴雾，天瓢行雨洗腥膻。诗篇满帙浑闲事，勋业还归太史篇。

《赠纪功黄鸣玉道长》

台端风裁久推君，野鹤年来已出群。直道名高温柱史，先声胆落李将军。
运筹已脱囊锥颖，献捷星驰露布文。当宁论功优典在，邻灯应有隙光分。

## 张祜诗

《送杨巡抚出师征镇篁》

晓晴牙纛照南城，天上征书属老成。文正甲兵胸自富，伏波铜柱界还明。
辕门气壮貔貅勇，玉帐风高犬豕惊。筹策莫嫌劳万里，边民翘首望升平。

## 王守仁诗

《龙冈漫兴》

投荒万里入炎州，却喜官卑得自由。心在夷居何有陋？身虽吏隐未忘忧。
春山卉服时相问，雪寨蓝舆每独游[2]。拟把犁锄从许子，漫将弦诵比扶沟[3]。

旅况萧条寄草堂，虚檐落日自生凉。芳春已共烟花尽，孟夏俄惊草木长。
绝壁千层凌杳霭，深崖六月宿冰霜。人间不有宣尼叟，谁信申枨未是刚？

路僻官卑病益闲，空林惟听鸟间关。地无医药凭书卷，身处蛮夷亦故山。
用世谩怀伊尹耻，思家独切老莱斑。梦魂兼喜无余事，只在耶溪舜水湾。

---

① 为：《西轩效唐集录》作“著”。
② 蓝舆：原作“蓝沧”，误，据《王文成公全书》及《黔记》改。万历《贵州通志》同此本。
③ 比扶沟：《王文成公全书》作“止言游”。《黔记》及万历《贵州通志》同本书。

归与吾道在沧浪，颜氏何曾击柝忙？枉尺已非贤者事，斫轮徒有古人方。
白云晚忆归岩洞，苍藓春应遍石床。寄语峰头双白鹤，野夫终不久龙场。

子规昼啼蛮日荒，柴扉寂寂春茫茫。北山之薇应笑汝，汝胡局促淹他方？
彩凤葳蕤凌紫苍，予亦鼓棹还舆浪。只今已在由求下，颜闵高风安可望？①

**《题桧②》**

老桧斜生古驿傍，客来系马解衣裳。托根非所还怜汝，直干不挠终异常。
风雪凛然存节概，括磨聊尔见文章。何当移植山林下，偃蹇从渠拂汉苍。

**《陆广晓发》**

初日曈曈似晚霞，两痕新霁渡头沙。溪深几曲云藏峡，树老千年雪作花。
白鸟去边回驿路，青厓缺处见人家。遍行奇胜才经此，江上无劳羡九华。

## 方琴诗

**《次庄定山韵》**

竹弄清风柳弄烟，小斋随我度流年。有书不厌黄昏读，无事何妨白昼闲。
望日远怀天保颂，悲风常忆《蓼莪》篇。平生大节惭无补，空对官墙坐惘然。

**《送周知事捧表归省》**

云影秋初淡，天章日下擎。马头山色晓，匣底剑光明。
胡水风帆急，苏台酒幔轻。此行趋国事，先醉故人情。

## 成都杨慎诗

**《杂录》**

林云箐雾不分人，清露常如雨线穿。百里迥无烟火接，依稀犹似燧人前。

绮缯缠髻作雕题，铁距穿鞋学马蹄。清晓樵斤探虎穴，黄昏汲瓮下猿梯。

铜鼓声中夜赛神，敲钗击钏斗金银。马郎起舞姎徒唱，恼杀常征久戍人。

---

① 《王文成公全书》"龙冈谩兴五首"中不录此诗，而是另一首诗："卧龙一去亡消息，千古龙冈漫有名。草屋何人方管乐，桑间无耳听咸英。江沙漠漠遗云鸟，草木萧萧动甲兵。好共鹿门庞处士，相期采药入青冥。"《黔记》及万历《贵州通志》"龙冈谩兴"均只录三首，亦无此诗。

② 题桧：《王文成公全书》作"老桧"。

龙马先朝出养龙，御前赐名飞越峰。人间神骏宁无种，天上孙杨不易逢。

**《圣泉篇赠韩石溪》**

龙图天生水，羲画山出泉。睠兹鬵沸流，肇自浑沌年。
盈涸在顷刻，消息同坤乾。尘刹受潮汐，亿垓无贸迁。
帝台盎浆反，神瀵壶岭颠。冰壶姑射质，风露绰约仙。
霎云腾滃滃，泓月涵涓涓。虾须穿皎镜，蟹眼瞭沦涟。
岷觞衍游圣，坳舟喻思玄。迷踪鬼方雾，蕴真罗甸烟。
讵逢陆羽品，那遇叶钦[1]传。名公纡胜引，嘉招陶芳筵。
折筒开荟蔚，飞觥延霁天。玉珂鸟重献，金艾明华田。
碧敛洒柔翰，翠薇鉴洞弦。临渊称混混，倚谷望瑢瑢。
严闉鼙鼓动，迥豁黄烛然。荒途欣良会，兴言遂成篇。

## 王杏诗

**《至贵阳》**

二月莺花满桂林，行空骢马此初临。晓霞红放千江霁，寒涧清悬万树深。
夹道旌旗山曙色，负前弓弩野人心。正愁谫薄孤优寄，金鼓何须报远音？

**《题至公堂》**

至公谁为额斯堂？贞肃台端训孔彰。高厂直宜罗万象，虚明应是耀三光。
阶前剖决神明监，牍上详评纪律防。退食看当游息处，盘盂隐隐有严霜。

**《武举初场》**

蛮山烟树扫西风，筹幄天开气蔚葱。入彀拟收燕国骏，穿杨初试养由弓。
锥锋刺刺囊中出，矢镞铮铮马上雄。莫道武大无树立，拟看心腹寄侯公。

**《秋兴用杜韵》**

清霜幽树染园林，葭管新回气郁森。征雁西风初迅迅，乱山斜日忽阴阴。
研硃细看他年卷，读伏遥悬此际心。凉馆薄絺身正怯，空庭何处递风砧。

千峰苍翠弄晴晖，何处声飘笛馆微。秋思逼空浑放旷，诗狂对月欲骞飞。
鲈鱼南国人争美，莼菜西风愿独违。病骨忽癯松下鹤，贵山添得几分肥。

---

① 叶钦：《黔记》作“桑钦”。

西风清露满燕山，瑞霭重重魏阙间。天上星辰环太极，日边龙虎护重关。
晓霞彤槛谁留迹，仗马金銮几拉颜。自愧藿葵刚寸赤，也随鹓鹭上清班。

溪山万里自逶迤，学把纶竿坐石陂。绮縠风刀裁细缕，珊瑚水国送新枝。
莲舟采绿随流转，稻镬披黄带雨移。一曲狂歌发幽兴，满林清露竹稍垂。

西风飒飒动林头，斜日光回岭树秋。橡栗绮岩垂硕实，芙蓉照水破轻愁。
青云高翅初翩鹗，红蓼幽情独卧鸥。海子不禁游子恨，萍踪赢得遍舸州。

**《谒武侯祠》**

殊方通道是谁功？汉相威灵望眼中。八阵风云布时雨，七擒牛马壮秋风。
豆笾远垒溪萍绿，灯火幽祠夕照红。千载孤贞独凛烈，口碑时听蜀山翁。

**《杨总兵凯旋回》**

渴忆元戎至，欣闻驿使传。油幢回塞日，铁钺破蛮烟。
谋到降心地，功居血战前。自兹应衅甲，原野乐丰年。

**《勉学四韵》**

**《笃志》**

为学先须慎所之，圣狂路口只毫厘。莫将绝德谈虞舜，直把先天玩伏羲。
世态纵横都属我，路尘汩没漫凭谁？臂弓挩满千钧力，跃尔鸿心勿复疑。

**《敏学》**

隙里光阴迅速催，好将心地细滋培。虚灵稳处皆天理，机巧深时即物埃。
直养信能克宇宙，真修须自奋风雷。两言时敏商臣训，罔觉深功在此来。

**《审言》**

源流一派自前贤，汗简奚凭觅的传。常使此心如鉴水，便能随处定媸妍。
依违口耳终成癖，堕出形骸不是禅。炳炳六经端有在，何须字字外头研。

**《惇谊》**

山堂灯火共寒檠，自古斯文聚乐情。石玉也收攻琢益，蓬麻应藉夹持成。
善违悃悃输忠告，意气偲偲戒浪争。休道朋簪浑邂逅，隔林春鸟正嘤嘤。

**《再诲诸生》**

居肆从教艺事成，惓惓致道诲诸生。空文涉猎难言学，触处操存即是诚。
简易工夫须自得，精微义理亦分明。文旄张主全由己，莫向源头混浊清。

眼前有路透蓬瀛，扫却蓁芜信步行。莫任亡羊悲牧子，须期点石动群生。末流久已迷真派，空人凭谁辨足音。千载孔门惟独得，东风曾点瑟初铿。

《给书诸学[①]》

凡牛[②]谁著五车书，累牍[③]能逃一掬余。欲使身心还道体，莫将口耳任筌鱼。乾坤竹帙堪寻玩，风月山窗任卷舒。诲尔贵阳诸士子，流光冉冉勿踌躇。

## 李显诗

《春夜》

停杯寂寂夜何其，万里乡怀有所思。孤枕梦魂春草细，一年消息便鸿迟。芹情欲献中心赤，边计忧添两鬓丝。城上角声风断续，梅花月到最高枝。

《春晓》

霜雾濛濛日影重，晓来徙倚玩东风。天机妙入忘言处，品物都归造化中。枯柳和烟回旧绿，小桃含雨缀新红。亭前苍古惟松柏，不逐繁华为改容。

## 刘丙诗

五载光阴感旧游，西风又值别离秋。四山拥翠朝还拱，一水潆回去复留。寥落未经伤往事，行藏犹自愧前修。晚来天意知何在，谁许崔卢为覆瓯。

## 沈教诗

**用前人韵**

东明自我万里游，台署仪格双横秋。事绪眼前足感慨，人生分外多迟留。高怀北海望欲近，捷径南山危且修。诗骨酒肠涩奔走，只须药饵供瓷瓯。

## 赵大佑诗

《复沈总兵》

将军阀阅声华久，玉节牙璋总制遥。燕领曾闻班定远，鹰扬谁是汉嫖姚。双江韵兴思铭石，五岭才官望插翘。授简愧非司马手，好文聊拟伏波谣。

## 郎中谢上箴诗

《奉沈总兵》

铜柱西亭净瘴烟，紫江奇绝信开先。胸藏兵甲百余万，首斩元凶五六[④]千。

---

① 此诗万历《贵州通志》作王阳明诗，有异文。浙江古籍出版社出版，吴光、钱明、董平、姚延福点校的《王阳明全集》(新编本)亦录此诗。

② 凡牛：万历《贵州通志》作“汗牛”。

③ 牍：万历《贵州通志》作“犊”。

④ 六：原文不清，据云图本。

神武威行交趾外，鹰扬名著北宸前。金书铁券传家物，带砺山河亿万年。

### 蒋信诗

#### 《竹亭》

曾是伶伦赞化才，小亭方堵为谁开？长成鸾凤迎朱日，渐看儿孙破绿苔。将府炎荒应有此，诗坛清赏愧非才。闲来每过还撑柱，袅袅清风洒瘴埃。

#### 《留别贵阳诸子》

堂下诸生不用悲，先生归去得便宜。招呼风月葡萄酒，题品莺花白雪诗。拄杖长随云起处，钓船亦系水生时。乾坤色色都归尽，谁向人间问是非。

春风三度鬓成丝，桃李初开满院时。叔子放教西蜀去，考亭恨作遁翁迟。阴霾白日何须论，鹤驭长风信可期。亭上歌声曾入夜，诸君记取莫教违。

#### 《又忆贵阳诸子》

忽忆鸣琴月夜堂，倚栏诸子和声长。阳春新曲知还好，灵药仙丹觉未忘。贵竹何年弦诵满，祝融回首骨毛香。从今欲问烟霞窟，已卜朱陵飞雪傍。

### 湖广提学副使孙继鲁诗

#### 《与郡人范府游云岩洞》

渝山山高高插天，千家万家星斗悬。晚眺峨眉半轮月，朝看白帝一江烟。别驾旌旄少府崇，黄堂况是玉珍官。勇退急流轻富贵，乞骸强仕真英雄。归家社会云岩洞，华峰仙子诗神送。龙麟龟凤天巧成，风花雪月山灵控。社中诸老识稀音，岩峻潺湲入素琴。一曲一弹忘岁月，那知季子多南金。虚疑子真往谷口，又似商山增皓首。风流未比习池归，醉翁不在环滁酒。闻予高兴索品题，下车相与坐深溪。喜有茱萸应重九，还无风雨淖丹梯。忽忆杜陵思宋玉，摇落悲秋烂歌曲。我亦留神惜白驹，愿言皎皎光空谷。

### 李涵诗

#### 《寿清平孙教谕》

玉律阳春转岁华，好将消息问梅花。宴酣瑶海仙人酒，春满眉山学士家。鹤发承欢情已极，豸袍添彩乐何加。席前况是森兰桂，次第恩褒拟未涯。

### 朱麟诗

#### 《游圣泉》

雨过乘轻屐，联骖问郭山。新泉亦潮汐，方井自龙关。

天涧松涛净，峰回鹳雀还。欲知同坐久，疏影下林间。

初春飞乳燕，泉冽吐龙头。呼客闻山响，穷源逐涧流。
野花依径发，时鸟度林幽。闲中能不染，清逸更何求？

## 胡尧时诗

### 《题李平厓恩命录八韵》

直道思先德，繁恩见此编。含香清署接，秉宪玺书连。
芝瑞元同本，木乔讵计年？楚云鲁凤贲，滇海又莺迁。
几处甘棠在，逢人佳句传。台垣今得座，御墨旧盈篇。
济美仍秋榜，通家有贺笺。独惭宫传语，高举未联翩。

## 龙遂诗

### 《送方伯李平厓入觐》

文场共事亦良缘，邮馆相逢又别筵。赤塞烟销怜仗钺，紫薇香远羡朝天。
五云多处晨珂集，三辅过时昼锦鲜。车服即看蒙典渥，玺书端拟拜殊迁。

### 《送宪长胡仰斋入觐》

尚忆当年共奉班，今从万里近天颜。星轺拂曙明孤剑，宪旆侵云历万山。
趋阙玉珂疑地切，过家金紫自天还。楩楠自是明堂栋，节钺应承紫殿纶。

## 徐节诗

### 《题花圃》

春满长安富贵家，浅红深碧竞豪华。书□[1]扫地开三径，只种忠花与孝花。

## 汪澜诗

### 《雪景》

数点□原啄墨鸦，半轮岐路辗尘车。贫居偶尔埋银屑，□木俄然着素花。
庾岭将梅先约伴，剡溪寅夜正还家。小窗相对披经处，恐压危檐借木叉。

## 陈文学诗

### 《鸦关使节》

当宁思民瘼，观风走使星。咨诹勤六辔，长短数离亭。
凤诏恩颁溥，鸦关节暂停。小民濡雨露，踊跃出郊扃。

---

① 书□：文史馆本作“书生”。

## 宣慰使宋昂诗

### 《答越存古》

归欤何必思凄然，瘦马频嘶稳着鞭。采药难寻蓬岛路，垂纶却忆鉴湖船。远林啼鸟笙歌沸，小店繁华锦绣连。珍重故人怜契阔，迢迢双鲤寄华笺。

### 《秋江送别杨知事》

江水澄清树叶丹，临岐人送柏台官。十年帏幄参机务，一旦云霄振羽翰。风静洞庭高浪远，月明扬子暮潮寒。京华到日春光好，花柳无边马上看。

### 《送赵逊敏东归》

琴鹤先生乐自然，故山归去白云边。柴门柳忆陶元亮，玉洞人迎葛稚川。行色苍茫林影外，离情萧索酒杯前。欲知别后相思意，疏柳[1]寒梅锁暮烟。

### 《夜坐越广仁草堂》

五年离别滞江乡，此夜重登旧草堂。顾我交游青眼在，知君兄弟白眉长。诗题竹简吟怀壮，子落秋枰奕兴长。更就壶觞拚一醉，不须搔首叹参商。

### 《送宣慰司经历考满之京》

九年幕府赞嘉猷，此日津头问去舟。心逐星辰从北拱，思随江汉向东流。疏砧残月孤村夕，衰草斜阳两岸秋。想得承恩退朝处，春风花柳满皇州。

### 《题狮峰秋色赠别》

狮峰越绝镇炎方，妆点秋容接混茫。万仞层崖涵积翠，一林寒叶醉清霜。岚光掩映归鸦障，曙色熹微起雁行。正是行人分手处，桂花香满薜萝裳。

### 《征师凯旋宿宣慰司官署》

柝声初起暮笳残，且向公庭暂解鞍。归路旌旗方弄影，破窗风雨却生寒。何人尽佩苏秦印，此夜空弹贡禹冠。灯火渐稀宾渐退，笑看饥鼠上危栏。

### 《贵阳出师》

金印垂鞍事远征，霜威凛冽路澄清。寇公门下多英俊，范老胸中富甲兵。旌节漫随霞彩动，戈矛争向日光明。春风二月城南陌，伫听诗歌玁狁平。

## 宋昱诗

### 《忆旧游》

记得曾游蜀路时，两川人物尽相知。联镳共访扬雄宅，携酒同登杜甫祠。

---

① 疏柳：《黔诗纪略》作“疏竹”。

夜月楼台飞逸兴，春风花柳入新诗。于今回首真成梦[①]，独立苍茫有所思。

**《送汪公子还嘉禾》**

旧里东归隐翠岩，不将心事问巫咸。沅陵城下飞晴盖，扬子江头落暮帆。
野戍清秋闻鼓角，烟村日出见松杉。到时还有汀洲雁，好为殷勤寄一缄。

城上栖乌下女墙，城边行客倒[②]壶觞。一天[③]风雨秋萧瑟，千里关河路渺茫。
乡梦已随云去远，离情空与日添长。凭谁为道南湖好[④]，早晚还来理钓航。

**《暮春遣兴》**

睡鸭香销火尚温，诗怀酒兴向谁论？数声啼鸟频攲枕，满地斜阳深闭门。
榆荚因风随柳絮，名花和雨上松根。等闲又是春归去，却为东君倒一樽。

**《秋日感怀》**

秋气凄凄静掩门，幽怀谁为重温存。忘形天地诗千首，混迹蓬蒿酒一樽。
往事萧条那可问，旧交零落不堪论。举头欲觅松乔去，海阔山高宿雾昏。

**《寄赵乐闲》**

先生归隐旧烟霞，藜杖纶巾度岁华。柳暗柴门陶令宅，苔封丹井葛洪家。
笑谈风月深倾酒，消遣襟怀谩煮茶。强欲从游无羽翼，几回飞梦绕天涯。

**《题江湖游览卷》**

稳驾扁舟醉后醒，江湖到处即忘形。朝牵锦缆辞巫峡，暮转风帆入洞庭。
饱听笙歌来别岸，惯看鸥鸟起前汀。襟怀自与秋空阔，应笑书生守一经。

**《陈务本新居落成》**

低低茅屋两三间，俯瞰清流枕碧山。案有琴书堪自乐，门无车马不须关。
花开小径朝吟罢，叶落空阶午梦还。便欲举杯寻杜甫，为言寒士已欢颜。

**《漫成》**

豹隐林泉托圣朝，小山丛桂不须招。身形只为寻诗瘦，髀肉多因跨马消。
作赋总输题柱客，看棋翻笑烂柯樵。儿童更解摊书籍，莫道斋居竟寂寥。

**《过底窝呈友人》**

猎猎狞波破紫烟，郊关一望满旌旃。英雄已有周公瑾，倜傥宁无鲁仲连？

---

① 梦：《黔诗纪略》作“暮”，当非。
② 倒：《黔诗纪略》作“醉”。
③ 一天：《黔诗纪略》作“一尊”。
④ 好：原文作“道”，据《黔诗纪略》改。

羌管落梅凄夜月，雕弓射雁堕秋田。清歌妙舞家家醉，闲向新知说往年。

**《春晚即事》**

野人怀土住山阿，门巷萧条隐薜萝。半亩白云闲睡足，一帘红雨醉吟多。但闻儿女争梨栗，不见鸳鸿在网罗。试问绿槐阴下客，几回飞梦到南柯？

谁识铅刀与大阿，且韬光焰卧松萝。好山佳水兴偏逸，芳草落花情更多。已有幅巾堪漉酒，何须深巷拟张罗。南风昨夜如相念，来撼庭前碧玉柯。

**《惊秋》**

秋来新见塞鸿飞，日日天风怒作威。对酒难逢陶靖节，裁诗空忆谢玄晖。栖迟岁月双蓬鬓，潦倒乾坤一布衣。赖有寒泉精舍客，箪瓢陋巷不相违。

**《秋兴》**

风沕萧条泽国秋，徘徊独立思悠悠。鸣笳暗逐溪声急，落日低涵野色幽。晦迹林泉孤白鹤，托身天地一浮鸥。放歌安得随苏老，载酒同登赤壁舟。

落木萧萧下晚风，故人不见复谁同。深秋怀抱凭诗遣，多病颜容借酒红。千古兴亡魂梦里，百年荣辱笑谈中。晚来独立苍茫水，日自西沉水自东。

## 庶吉士陈束

**《送焦维章督学贵州诗》**

长安车马纷轰阗，分远逐世称豪贤。阙下上书苦烦热，侯门靸履争腥膻。西川焦君何屈强，高情独在云霄上。衔杯那复顾尚书，发言不肯容丞相。只今天子重兴文，羡君藻思如云屯。大腹便便作经笥，小言落落空人群。南去南中烟雾多，五溪猺犵充山阿。禹王文教故不迄，至今学士半诸罗。君乘使者双龙马，未到声名已先写。颖拔初分佐理忧，才高肯是优游者。我闻大贤之门进夷狄，中原理失求诸野。声教应闻自远人，策名可在文翁下。

## 杨慎

**《送熊经藩[①]之婺川》诗**

骊驹载道何骎骎？飞凫遥下蛮江浔。鸿雁[②]不度牂牁国，虎豹常啼枫树林。鸣琴仙室白日静，锁印公堂朱夏深。冰蘖肯移清吏节，卉裳须服远人[③]心。

① 熊经藩：《黔记》作“熊维藩”。
② 鸿雁：《黔记》作“雁鸿”。
③ 远人：《黔记》作“野人”。

## 编修杨名

### 《送谢东山督学贵州》诗

六月輶车远渡泸，龙山小集喜联珠。光芒射斗青萍剑，香气蒸云碧玉壶。
筹幄旧功收众将，经堂新化见群儒。高风好问龙场驿，可有当年鲁共愚。

## 霍文

### 《虹桥春涨》诗

淼淼洪江水溢堧，湔污纳垢下前川。山南岸北浑无地，浴鹭浮鸥忽近天。
虹映霞波流蜀锦，鱼抛雪浪澡吴绵。巨槎莫漫乘春涨，怕有人疑是水仙。

## 升庵杨慎

### 《送守备指挥李宋诗》

萧关扫定犬羊群，闲阁阴阴日又曛。枥上骅骝嘶最角，门前老将识风云。
旌旗四面寒山映，丝竹千家静夜闻。谁道古来多简策，功成惟有李将军。

## 高翀诗

### 《威清除夕》

爆竹响山城，天涯岁复更。风尘输甲子，道路信平生。
拂袖看长剑，摊书对短檠。沉沉残夜酉，万里正含情。

### 《甲寅元旦》

军城鼓角喧，绛节点朝班。南国同嵩祝，遥天识圣颜。
寒威收百谷，晓旭破千山。翘首长安道，珊珊珂佩还。

### 《次郑葵山元旦藩司席上口占》

走马长安并看花，相逢回首忆京华。谩云信美非吾土，谁道天涯不是家。
春到瓮头须泛蚁，梦回枕上恶闻鸦。迢迢万里孤臣意，总付张骞八月槎。

## 郑絅诗

### 《元旦藩司席上口占》

一杯相对颂椒花，又向荒城度岁华。海内弟兄都是客，天涯儿女即为家。
云霞晓色瞻双阙，梅柳春光听曙鸦。二十余年飘泊侣，江湖犹似泛浮槎。

### 再用前韵漫兴

万树寒梅尽著花，空令游子感年华。酒杯何意同今日，萍梗谁怜是处家。
绝塞风云看去鸟，遥天钟鼓起栖鸦。周南莫漫悲留滞，欲向江门上钓槎。

## 杨守约诗

### 《元旦席上次韵》

黔南春信报梅花，客里逢春感岁华。刁斗夜严千灶戍，管弦朝沸万人家。胜幡彩绚翻新字，爆竹声喧杂曙鸦。蛮徼孤臣占瑞气，拟从银汉望星槎。

## 赵之屏诗

### 《元日宴集续葵山元唱》

一杯相对颂椒花，又向荒城度岁华。万户晴光开晓甸，九重瑞色动天涯。客情落落随芳草，世事悠悠付画沙。强和阳春攀玉躅，拟联宫锦步彤霞。

### 《元日郊亭小集次前韵》

棋枰敲落野梅花，对酒狂歌起物华。日暖诸峰闲竹幕，云深一水净山家。兴来欲寄扬州鹤，老去空谈金树鸦。胜日殊方叨唱和，丹霄何处望仙槎。

### 《春日书怀》

天涯狂客吏情疏，春到床头酒熟初。万里携家投瘴雾，几年抱病滞琴书。苍梅雪下形相似，弱柳风前愿不如。帘捲冻云劳怅望，高堂霾白正悬予。

### 《次韵》

官烛应调五色花，独怜剑佩远京华。银幡彩胜是天上，瘴草蛮烟自一家。楚市争夸鸡作凤，昭阳何恨王为鸦。醉来更觉沧洲好，欲渡长风到海槎。

## 谢东山诗

### 《寄曾少岷杨升庵朱南谷诸老》

芙蓉江上占星聚，魑魅山中坐日斜。千里有怀停酒盏，二年无信报琼华。岚烟瘴雾双蓬鬓，白鸟青天一钓槎。未遂拂衣陪胜赏，暮林啼杀后栖鸦。

### 《元日次葵山韵二首》

兰烛椒觞暖泛花，还疑待漏立东华。遥天弁履倾一祝，乐岁讴歌绕万家。攲枕远怀怜过雁，弄晴高柳欲藏鸦。小舟试约渔溪赏，何似凌空泛月槎。

处处红梅点缀花，满城歌舞竞繁华。葵心转日天边影，草色连江梦里家。野兴联翩寅并骑，诗情潦倒笑涂鸦。纷纷世事何须说，醉倚阑干望斗槎。

《次玉华高方伯威清除夕韵》

春色到边城，夜堂仆屡更。风蓬随地转，雪鬓逐愁生。
天意缪持铎，道心惭辅檠。西堂芳草满，何限故园情。

《元旦书怀次韵》

灯火薇垣曙，衣冠玉笋班。风云随凤辇，梦寐识龙颜。
鸟逐新飞絮，花明旧看山。纵游贪出郭，坐待暮鸦还。

《都匀道中口号赠夏逸人》

客路悠悠绕夜郎，驰驱渐入瘴烟乡。都蛮落日恐行旅，野老烹茶迎道旁。
杖策无言机事少，停车有客赠歌长。四邻终岁熙熙乐，似伴庚桑乐岁穰。

《送葵山荣任湖广右辖》

使君守道少谐俗，宦迹平生只远陬。筹帷勋名马援柱，讼庭顾盼庖丁牛。
春山联骑碧筒醉，楚泽建麾鸿雁秋。莫向周南叹留滞，风云近接帝王州。

## 梅峰陈效古诗

《东坡书院和虑吾道长韵》

午春骢马一登游，慵揽征镳促去驺。堪羡此山真洞府，更夸何地是瀛洲？
鹤巢树杌因松伴，云补山颓为石留。清兴未阑烟树渺，夕阳移影薄山头。

## 须野张鹗翼诗

《秋夜偶读贵州志用谢宪副韵》

瑶篇读罢烛生花，秋尽庭除送月华。诸谢风流谁最雅？盛明制作此为家。
传经座外鸣呦鹿，振铎声中散晓鸦。愧我老非张博望，高风拟借泛星槎。

《九日怀梅峰道长》

天涯怜九日，眺远忆登楼。思出停云外，人将伐木求。
酒醒猿独啸，秋老菊增幽。亦是登临况，偏多乡国忧。

《黔中对雪》

闻说黔中雪，年来未易逢。希夷还太素，杳霭出无穷。
忽忽摇吟况，明明见化工。长安知近日，占岁乐攸同。

《黔南闻家乡寇乱移避郡城次韵》

一年一度故园花，屈指于今几岁华。正忆鲈鱼从入梦，那堪烽火信移家。
江流宛转回空雉，□□□海□□城[1]，瓦屋参差起阵鸦。

① 此处字多不清，或缺句。

贼至居民争升屋，掷瓦时谓乌鸦阵。最苦春中无树艺，转输何以待千槎。

**《忆昔》**

忆昔江头吹柳花，东风亦自有韶华。人于鄠杜寻诗社，兴逐高阳问酒家。
踪迹十年从泛梗，梦魂千里滞归鸦。如何又向黔云里，回首翻嗟八月槎。

## 谢东山诗

**《次须翁对雪见示韵》**

干羽唐虞会，寅恭稷契逢。格天诚不二，忧国意无穷。
密霰蒸云落，高花剪玉工。坐闻宜麦语，歌舞乐仁同。

南纪天悭雨，今年两度逢。一寒疑朔塞，三白慰民穷。
汉使乘槎望，吴歌禁体工。勤勤求瘼意，乐与万人同。

窗前梅并雪，恍惚故人逢。笑逐花飞舞，愁随岁律穷。
履穿方朔傲，歌唱郢人工。不信殊方僻，风光处处同。

**《次须翁感怀见示韵》**

塞外频飞檄，天涯倦倚楼。岛夷谋不靖，乌合欲何求？
四海征兵急，孤城闭日幽。远臣甘肉食，空抱杞人忧。

岁晚子山赋，天阴王粲楼。棘门闲戏剧，茅屋困诛求。
眼底文书乱，林间洞壑幽。江湖与廊庙，遮莫范公忧。

未遂三溪隐，空余百尺楼。阶兰稔羯鞣，径竹恼羊求。
世事沧桑变，时情鬼魅幽。只应农圃老，俯仰百无忧。

## 陈尧诗

**《玉翁阅城次韵四首》**

窈窕城隅竹树阴，画熊文豸此登临。建牙鼓角星河动，露冕风霜关塞深。
秋水席前浮玉盏，晚山天末对瑶琴。边人共识王乔履，犹恐飞凫入禁林。

鸣笳叠鼓泛兰舟，经略能分圣主忧。玉柱擎天光上国，锦帆迎日漾中流。
坐怜沙鸟忘机事，行撷江篱赋远游。幕府况兼人物盛，碧山池馆是瀛洲。

万壑风烟一草亭，公来延眺眼常青。林间花映乌台简，洞里苔封玉笈经。
望远振衣云漠漠，凌高飞盖日冥冥。更怜开府多清暇，炼药餐芝养性灵。

冠盖逢秋出郭行，放怀天地一身轻。指挥将吏金章合，感慨年华碧荏生。
座拥山川迎使节，筵开弦管杂边声。知公不久归台鼎，黄阁云霄万里情。

## 二、思州府

### 刘祚诗

#### 《留别》

胥命应难留去旆，薄闻又欲立生祠。残年甚矣吾衰也，劣德如何我念之。
政教于今烦有录，循良视古愧无辞。斯民直道还三代，谩写新诗慰别离。

## 三、思南府

### 沈庠诗

僻郡潇潇四境荒，分司独坐小穿廊。得从浅水移舟稳，敢怪青山笑客忙。
地向西南通蜀道，人从东北望吴乡。风霜此日催冬冷①，旋解行囊着敝裳。

印江名县岂虚名，万顷膏腴似掌平。蓟北尘沙全异趣，江东风景颇同清。
一团碧水浑如带，四面青山便是城。处处桑麻生意遂，太平百姓不知兵。

### 阴子淑诗

阴雨初晴鸡乱鸣，轺车行处未天明。岚深只说山无路，林静还闻水有声。
一曲镜湖何处乞，数茎霜鬓此中生。仆夫莫惮②驱驰早，已有田翁接陇耕。

### 王杏诗

#### 《西麓草堂》

乾坤远胜开西麓，霞霭幽清结小堂。花径丛云厓骨净，竹池移月水心光。
暖风高栋容巢燕，好雨疏渠足灌粱。自是黔山接燕国，柴扉半掩闼扉香。

① 冷：弘治《贵州图经新志》作“令”。
② 惮：弘治《贵州图经新志》作“俾”。

虚度乾坤四十春，县弧天外亦芳尘。剑霜寒倚双蓬鬓，壶月清陪一瘦身。堂北彩衣应动念，黔南尊酒正伤神。劬劳踵发无涯涘，迟日能将寸草伸。

**《鲇鱼铺》**

鲇鱼深峡隐环山，扼控乌江最险关。万派南来倾欲倒，一泓东指汇犹湲。龙门湍泱寒鱼鬣，天堑风回蹙鸟颜。亦是一方真胜慨，金汤端藉镇诸蛮。

**田秋诗**

**《香炉滩》**

滩心洲屿平如砥，齿齿白石青可扪。欸乃沧浪歌孺子，萋萋芳草怨王孙。

## 四、镇远府

**郑恭诗**

**《游铁山》**

铁山苍翠望欲迷，铁溪清浅石稜齐。百年射猎见夷獠，谁人为此磨厓题。风流太守人中彦，大笔如椽洒来遍。山川从此生光辉，何幸同舟偿夙愿。隔林无用呼行厨，前山有泉水有鱼。舞雩风咏忆曾点，借问此乐更何如。兵备无为高袖手，风尘不动台前柳。太平人，不在山川不在酒[①]。

**罗昕诗**

楼台山堞晓，笳鼓瘴云昏。石磴沿崖转，溪风棬浪喧。
三苗残孽在，四堡老兵屯。干羽千年事，无人可共论。

**陈揆诗**

**《游铁溪》**

野云带雨岩前落，石室幽深鬼斧凿。马蹄无处避红尘，遐荒乃有此幽壑。一樽相对共倾倒，千尺尘缨忘羁缚。掀髯长啸回轻舟，惊起长松一声鹤。

**周瑛诗**

百年难得好怀开，野酌山歌傍将台。村落无期留客醉，管弦有意送春来。雪消波影侵诗幕，云破山光落酒杯。今日西郊无战垒，可追周雅赋台莱。

---

①“太平人”两句：弘治《贵州图经新志》同，《黔记》作“同游共乐太平时，不在山川不在酒”。

青山城郭静，白日文书稀。百拜谢君恩，臣职此其宜。

一点孤灯百感生，萧萧风雨满山城。西窗好谢芭蕉叶，莫作羁人枕上声。

《游西峡山》

经岁不寻西峡舟，与君偶复作清游。山含细雨衣全湿，水泛青天身若浮。人世几番尘土梦，亲闱万里鬓毛秋。短蓬未许全收拾，更有烟波闽海头。

**云南按察使陈洪谟诗**[①]

三[②]楚山川此地穷，夜郎西望古南中。百年治教衣冠变，万国梯航道里通。芳草郊原[③]春意蔼，古槐庭院午阴丛。江天渺渺风波[④]静，摧廓应怀范老功。

**祁顺诗**

寻幽远度[⑤]溪上流，中道久立凝双眸。三峰峭拔势相侔，奇形参列成匹俦。初疑累甑成高丘，又似砥柱排空浮。巍然鼎立千万秋，直与天地同去留。品题若把枯肠搜，五马为尔行夷犹。

**徐问诗**

偏桥道中雨不绝，镇远山前连日晴。路出南荒诸岭尽，水从东汇乱溪平。忧时只益星霜鬓，多病空悬犬马情。到处熟梅常道渴，炎天如火倦修程。

**张雨诗**

南去滇南逾咫尺，北瞻极北是长安。海桑日观千门晓，垣竹水壶五夜寒。谩有风云生足下，不妨车马动江干。月明疑是王乔吕，落尽梅花十二阑。

使节当年客华山，曾于仙掌一跻攀。应知选胜烟霞外，那得凭虚廛市间。此处诸天三界近，何人双舄五云还。请看铜柱东南际，未许边烽入汉关[⑥]。

---

① 此诗《高吾静芳亭摘稿》题为“镇远行院有怀”。
② 三：原文为“二”，据《高吾静芳亭摘稿》改。
③ 郊原：《高吾静芳亭摘稿》作“郊埛”。
④ 风波：《高吾静芳亭摘稿》作“风烟”。
⑤ 度：《黔记》作“溯”。
⑥ 此诗原缺字，“应知选胜烟霞外”中“应知”，“此处诸天三界近，何人双舄五云还”中“近”“何人”原缺，据《黔记》补。

**郑絅诗**

两山雄峙夹河流，两岸孤城据上游。西入贡函穷六诏，东来盐利集千艘。犬牙自昔称相制，豺穴频年乱未休。偃武修文何日事？重关高垒且城头。

**万敏诗**

**《次前人韵》**

瘴路南开俯碧流，漫将踪迹寄浮游。令传四序严征鼓，市有三家戒客艘。卉蘖旧根终剪薙，豼貅今计得番休。干戈正在中丞念，羁思相将慰白头。

**程爀诗**

**《紫阳古洞》**

紫阳新安山，书院东岩洞。文笔前峰奇，砚池溪水共。
云影侵几窗，风声和弦诵。政暇一登临，心目自豪纵。

**《诸葛新祠》**

旧祠埋碧藓，新祠厂通衢。俎豆崇夷徼，鸿名照汉书。
纶巾遗像古，静学小轩舒。纵步龙冈上，茅亭亦草庐。

**《玄冈九曲》**

龙门河九曲，镇阳九曲冈。前江流滚滚，背郭露瀼瀼。
雨霁云根湿，春深石髓长。新祠天一胜，永见祝融藏。

**《五老宾南》**

城郭分南北，山川无主宾。人皆尊此老，我自得芳邻。
冠服文同武，瘠肥越似秦。阳春天下普，无复谕军民。

**《分岭春耕》**

春水四山足，春田一望平。短蓑便细雨，缟袂饷朝烹。
日暮鼓声急，原深布谷鸣。朱幡风习习，自觉马蹄轻。

## 五、石阡府

**祁顺诗**

**《述怀[1]》**

男儿弧矢[2]平生志，历遍中华到石阡。椎髻卉裳荒陋境，剑牛刀犊太平年。

① 述怀：《黔记》作“石阡述怀”，题下有二首诗，包括此诗与下首《书壁》。《巽川祁先生文集》同此书。
② 弧矢：原文误作“弧天”，据《巽川祁先生文集》改。

雨余山翠开图画，夜静泉声落管弦。俗客不来公事简，倚窗频和白云篇。

《书壁[1]》

不独桃源道路深[2]，此中幽僻更难寻。山泉恬淡有清意，庭草低回无怨心。

晓榻白云侵纸帐[3]，夜窗明月伴瑶琴。衰时幸与闲中称[4]，且作先生号醉吟。

《登楼寄友》

懒把衷情咏十离，穷边风月乐相随。闲倾六一先生酒，遍读柴桑处士诗。

云锁洞门无客过，翠交庭草有春知。君亲睽隔心明[5]远，世路悠悠不尽思。

《春望有怀[6]》

春遍穷荒万物荣，临高一望眼双明。新阳散尽浮云色，幽涧频添过雨声。

花鸟不殊华下景，江山犹是异乡情。美人别久牵惆怅，尊酒何时许合并。

## 白沙陈献章诗

《寄祁致和知府》

六年饱读石阡书，习气而今想破除。雪月风花还属我，不曾闲过邵尧夫。

## 徐樾诗

《石阡考诸生感榴花四首》

忽见榴花明，恍惊仲夏因。绵绵时序发，空悲行路人。

江汉自滔滔，古来宝此身。此身付代谢，所宝在兹辰。

游鱼与翔鸟，适性无燕秦。人生亦何患，职业与时新。

耕莘钓渭者，庶以喻嘉宾。太山有旸谷，广漠讵伦寻？

愿与二三子，结此平生亲。

适自云山徂，驱车又何之？跋涉岂不艰，世网未能辞。

亦有断金人，负此长[7]相思。越月共燕云，龙溪诸丈家。越梦坡诸丈，客燕[8]。

自有会合时。简书矢明主，樵牧夙心期。

---

① 书壁：此诗《巽川祁先生文集》作“郡斋书壁”。

② 道路深：《巽川祁先生文集》作“深复深”。

③ 晓榻白云侵纸帐：《巽川祁先生文集》作“晓迳白云随蜡履”。

④ 衰时幸与闲中称：《巽川祁先生文集》作“衰迟幸与闲相称”。

⑤ 明：《黔记》作“盟”。

⑥ 春望有怀：《巽川祁先生文集》作“石阡春望有怀”。

⑦ 长：云图本作“常”。

⑧“龙溪”至“客燕”：无法句读，当有误。

美景在山水，流峙眇须臾。好怀对此开，不觉意踟蹰。
卑高分以定，动静理不逾。恍然混览际，与物无三隅。
永言君子儒，迈往重斯须。漪漪洙泗麓，夙驾忘形躯。

行藏信所历，所志递千秋。临风怀往绩，古今怅悠悠。
明哲一入念，寤寐不能酬。驱车驾言迈，展转有余愁。
闻之无极翁，可以结绸缪。

**龙遂诗**

**《石阡公署》**

绿林扇[1]毒自何年？寂寞孤城几户烟。西郭景峦呈异石，沿林曲涧拥芳阡。
弄晴好鸟争相和，映日奇花自可怜。安得疲癃长并育，直须作郡属才贤。

**《苗民公馆》**

驱车穷日倦，暝色欲侵裳。石洞寒云合，板桥晚树苍。
林深传虎吼，雾暗讶龙藏。此地民疲甚，恫瘝未忍忘。

**《板桥公馆》**

行部当长夏，停轩净野埃。晴阴侵座入，横翠度墙来。
啼鸟窥戎旆，飞花落酒杯。蛮村烟市集，物色足徘徊。

六、程番府

**汪藻诗**

**《双泉井亭》**

左山双井谷，泉水并清漪。廉让迁居日，唐虞凿饮时。
煮茶甘绝胜，济旱泽频施。明月孤亭下，龙睛耀地维。

**王念诗**

**《中峰书院》**

诛茅因胜地，结宇倚高峰。几席烟岚阔，轩窗紫翠钟。
晚风飘月桂，寒影落云松。多士抠趋际，弦歌意正浓。

---

① 扇：《黔记》作“煽”。

### 《戒诸司土官》

一统乾坤仰大明，皇风处处乐升平。尊荣自识叨恩宠，图报还须竭悃诚。
贡赋依期勤献纳，夷苗守分务耕耘。有时频效华封祝，便是遐方臣子情。

### 《公余漫兴》

春色恼人梦易残，袂衣犹觉怯轻寒。帘垂清昼鸟声静，榻绕晴云树影团。
万里谩嗟成远客，一身赢得是闲官。空怀努力全无补，独坐高堂愧素餐。

### 《卧龙道中》

风飏朱幡溽暑收，纷纷车马遍田畴。淡烟碧树山光暮，疏雨黄花野色秋。
万顷云连新稻熟，一湾流水近村幽。眼前剩得丰年兆，谁谓兹行是浪游？

## 龙翔霄诗

### 《郡斋望雨》

铃阁殷忧坐夕阳，岂禁魃焰虐针秧。龙湫伫待兴云久，鸟语惊催布谷忙。
彻骨一贫怜蔀屋，斋心三沐倩兰汤。回天合慰为霖仰，赋到田园已就荒。

### 《喜雨》

飘洒频惊梦未宁，起听檐溜渐分明。枯苏大慰三农望，露祷潜孚五夜诚。
秧鼓声催村饷急，枫林欢忆社尊盈。循行野外乘新霁，叠嶂浮岚画不成。

剑截晴虹试尚方，力翻银汉洗穷荒。敢将自责窥先圣。应有愚衷鉴彼苍。
潦浸蚁封漂故垤，泽分蛙坎沸横塘。会题丰乐吾亭陋，岂羡欧名百世芳。

## 王训诗

### 《客夜》

瘦马蒲鞭控朔风，山如列戟路如弓。穷荒未必尧封到，绝域曾劳汉使通。
暴客尚存愁逆旅，奸諛不死恨英雄。玉关牢落天门远，谁献平蛮第一功。

百战休题马上劳，烽尘久不到征袍。曾于丹徼题三尺，羞向青铜见二毛。
壮志于今成潦倒，芳名自古属英豪。夜窗独坐谁知己，银汉无声北斗高。

寥寥番馆[①]夜无眠，风满长空雪满天。客思宛如千里外，人家不是十年前。
重来转觉蛮山险，老去方知世路偏。此际有怀难自遣，好凭杯酒共诗篇。

---

① 番馆：《黔记》作“番语”。

野猿啼断夜沉沉，山馆挑灯只苦吟。填海已无精卫力，忧天空有杞人心。亡羊路险豺当道，倦鹊巢寒雪满林。和得阳春徒自尔，更阑无处觅知音。

## 七、都匀府

### 阴子淑诗

东山峭峻出城隈，造化生成壮柏台。翠拥奇峰盘地起，时苏好雨自天来。遥瞻霄汉风云会，俯瞰边城瘴疠开。多少尘襟平散尽，倾尊只待月明回。

**《过麻哈州遇雪》**

同云万里暗山城，塞外纷纷散六霙。荒落石田皆种玉，穷民茆屋自堆璚。应占岁麦家家好，漫喜边隅处处清。湿透幨帷寒透骨，不妨吟赏贺升平。

**《平黄土坡》**

提兵万里靖边邮，黄土坡平计亦奇。夷丑胆寒归化速，土酋面缚悔降迟。战场番作桑麻地，死草同沾雨露私。不用铙歌并勒石，此功应有老天知。

**《平烂土》**

天语叮咛宠命隆，疏才何幸息兵戎。昨教群丑咸奔北，忽觉霜威遍迤东。荒徼也知歌帝力，枯荄还见育春风。先忧后乐吾侪事，莫道于今古不同。

### 沈霁诗

**《云津小渡》**

山花带雨树凝烟，只见云津不见船。夷獠持镖乘夜月，将军骑马饮清泉。木罂浮处潜师过，羽扇挥时奏凯旋。黄鸟自鸣春未去，独怜幽草石溪边。

**《来远桥》**

来远桥头水漾空，波心影落似长虹。迎新送故怀柔日，偃武修文德化中。踏破晓霜嘶驿马，歌残夜月过村翁。停车四望青山近，天上银河有路通。

### 王杏诗

**《道中有感》**

半日崎程历几山，单车深绕白云弯。岳莲临路烽尘断，石垒生芜戍鼓闲。绝涧烟回添暖液，高畴雨过换憔颜。太平犁犊看真象，穴底何须问鼠顽。

驿楼小憩万厓丛，日涉蛮夷路未穷。瘴雾敛腥栖远树，暖云含润散新穜。

泉声近杂镳铃细，谷响遥传钲鼓雄。伏道诸酋殊震慄，偃戈亦足奏边功。

**李麟诗**

**《军屯感兴》**

感时清泪欲悬河，怪底饥氓力负戈。学道孔门惟俎豆，仰高武邑正弦歌。
猿缘绝磴霜前急，马踏层冰雪后多。忽忆天瓢谁倒挽，洗兵消息意如何？

春半如秋寒地偏，溪云阁雨草连天。四山旋绕旌旗影，廿里全消釜甑烟。
芦叶断肠惊月下，梨花过眼落风前。踏青记得清明节，景物依稀似往年。

**林茂竹诗**

烟树苍苍佳气笼，孤城遥镇万山中。春郊水腻耕犁满，幕府天寒画戟雄。
狐鼠何时归扫荡，干将此日费磨砻。书生元未闲军旅，独把忠诚答圣聪。

**赵之屏诗**

**《都匀道中》**

长昼老林涧更深，怪猿啼乱惊人心。半生行处多岚瘴，远道吟时唯剑琴。
天北狂胡已自没，江南恶寇何相侵？边臣日夜怀明主，湿透征袍泪不禁。

## 八、黎平府

**卜同诗**

宦途游辙几经霜，行到南封近越裳。湖水偶来徐孺宅，家山多近郑公乡①。
军中按堵无边檄，天下咸宁有报章。明日萍踪又何处？山川宿负未曾偿。

**冯天秩诗**

旧岁仲冬辞帝阙，今春薄暮入黎平。燕村魏域三千里，楚水湘山四十程。
回首北瞻红日远，伤心东望白云轻。平生不晤阳山梦，此日阳山梦已明。

## 九、龙里卫

**邹鲁诗**

古来罗甸远陬荒，此日归来倍异常。被发俗同冠盖里，侏㒧言作管弦乡。

① 多近郑公乡：《黔记》作“多梦郑乡公”。

家家乐业干戈息，处处连云稻黍[1]黄。为说只今新雨露，绣衣骢马按边疆。

### 沈庠诗

营营无补亦徒劳，又向山城宿一宵。万里音书全落落，半窗月影自寥寥。渊明有幸[2]东篱菊，颜子何心陋巷瓢。贤哲高风今慕想[3]，顿令尘抱一时消。

### 罗昕诗

雨过龙山翠欲流，晴光多在屋西头。不随越客[4]愁多瘴，应共农家[5]喜有秋。松菊久荒元亮径，风尘犹碍仲宣楼。牂牁东去鳞鸿杳，半载无书到广州。

### 阴子淑诗

春到荒邮[6]柳眼舒，如酥膏雨正来初。一方顿觉风光好，万里浑教疠气[7]除。喝道有人先负弩，诘兵何日不驱车？谬膺重寄惭无补，只此辛勤可自誉。

## 十、新添卫

### 杨慎诗

《元日喜晴》

白日临元岁，玄云放晓晴。城窥冰壑迥，楼射雪峰明。
客鲤何时到？宾鸿昨夜惊。离心似芳草，处处逐春生。

### 赵大佑诗

病起东行菊始华，悬车终日石林斜。湛空玉露双洲水，鸣叶高声万树霞。风急羽书天北骑，秋清客夜日南笳。何方解识承平运，朋酒公堂乐岁家。

## 十一、平越卫

### 张祐诗

五更风气净边埃，天上分明绣斧来。啼鸟有情花雾散，远山如揖瘴烟开。

---

① 稻黍：弘治《贵州图经新志》作“麦稻”。
② 有幸：弘治《贵州图经新志》作“有兴”，当是。
③ 慕想：弘治《贵州图经新志》作“想慕”。
④ 越客：《黔记》及万历《贵州通志》均作“客子”。
⑤ 农家：弘治《贵州图经新志》作“侬家”。
⑥ 荒邮：弘治《贵州图经新志》作“荒陲”。
⑦ 疠气：弘治《贵州图经新志》作“瘴气”。

雁怀不作惊人语，歇马还登望月台。万里南荒劳弹压，晚愁无分破深杯。

《过杨老站》

小桥流水抱孤城，楼影重经月屡更。桥面着霜苍藓合，树头带雪野楼明。
依山蔀屋高还下，卓午炊烟雨欲晴。喜甚秋成尘事了，肯随戎马效东征。

## 胡琼诗

微雨纷纷庭柏苍，坐看蝙蝠斗中堂。官僚束带浑无事，城堞竿旗自远扬。
万里褰帷初问俗，百年栖迹此投荒。应知不用愁重译，真水真山兴寄长。

## 王世隆诗

《过杨老站》

雨厌南荒湿，晴憎恶草蘩。茅茨依石壁，曲涧绕山根。
战垒连云密，蛮音称世喧。即看洗兵马，歌舞入金门。

《清平纪事》

城险山当面，林深虎昼嗥。民劳贫到骨，赋重地无毛。
稍喜归鸿雁，终期卖战刀。封侯吾敢爱？惆怅首频搔。

童年图识香炉寨，今日乘骢望寨行。负固却忘嘉折首，蠢兹谁使更勤兵？
从天神武原无敌，匝地苗芬不复生。爱惜春农尽销甲，诸君好拟效清平。

共说山林好，长安车马繁。将军不世胄，宰相重山根。
未解乔松术，休痴刘阮喧。一般声去后，名在杏花村。

闻道长安春色迟，十年劳我梦中思。看来眼底无端事，不换山前一局棋。

## 侯缄诗

寒雨行装可自怜，浮游云雾讶行船。山崖矗矗斜临水，茅屋萧萧午未烟。
空许人文通上国，尚劳军戍守穷边。停骖试问清平俗，养马征粮不是前。

## 朱麟诗

发雨霏霏初涧隈，行人虹磴百忙来。春游不尽看山兴，灯火依稀见越台。

花事纷纷映日开，初春行剑带春来。平溪一样蛮烟树，曾是当年马援栽。

平江寒食花初丽，雨过猡村柳叶深。时倚松巢频偃仰，高攀萝石独登临。
戍屯画角消残雪，旅店连桥度落阴。为怪年年千里月，清辉长照客边心。

**杨仁诗**

月山高枕梵王宫，慨古徘徊思未穷。松顶久无留语鹤，竹间时有故人风。
禅关尝倩闲云锁，石顶从教瑞气笼。试问老僧当讲习，昙花几度昼飘红。

步入招提访阕宫，眼前景象览无穷。北山武曲真仙迹，东壁文昌小阆风。
处士尘无红袖拂，茅公诗有碧纱笼。瞿昙解脱浮生梦，雪冷秋塘蓼正红。

**王木诗**

夜树高寒报早秋，灯前儒腐动新愁。频年作客江湖者，莫上荆南百尺楼。

**赵之屏诗**

石透长溪雨，人穿断壁烟。蛮村没瘴草，军力芜腴田。
世事愁为病，浮生拙是贤。孤忠能自许，弹铗动高天。

山寒石欲堕，雪冷路何频。破冻穿迁谷，扪萝度绝嶙。
夷居仗圣主，久客弃吾亲。岁暮情空切，天涯得近春。

蟾影掩重闺，罗帷冷弱姬。病颜珠翠暗，恨曲海天迷。
词赋黄金尽，悲欢青镜知。不眠听细漏，夜殿风凄凄。

**龙遂诗**

长路难风急，琼花空外繁。凝烟迷树杪，积雪空山根。
羸马行无辙，寒鸟寂不喧。无私知造化，丰岁兆蛮村。

按滇奉职能无状，使相台端此遂行。忧国足征勤远略，迂谟不战屈人兵。
南标铜柱今谁并，北载天书总好生。息马伫看归密勿，梁州每望久承平。

## 十二、清平卫

**侍郎张志淳诗**

南来落魄又经年，幽草谁怜老涧边。山径积泥晴更滑，荒村乞火夜方然。

藤缘竹屋凭溪石，水引车筒入野田。久客未忘乡社念，每依贵岭望吴天。

**王守仁诗**

积雨山途喜乍晴，暖云浮动水花明。故园日与青春远，敝缊凉思白苎轻。
烟际卉衣窥绝栈，峰头戍角隐孤城。华夷节制严冠履，谩说殊方列省卿。

**刘丙诗**

重过清平一畅怀，孤城漠漠暗阴霾。月明满地皆魂魄，电扫何人是厉阶。
先事忠言空在耳[①]，乘机丑类竟遗骸。幽阴无限行遥思，尽附闲吟为遣排。

**行人何景明诗**[②]

清平县之令[③]，不识何为者。庭前长野桑，庭后长山槚。
猛虎下[④]我城，青狨啼我舍。昨日出城去，骑马到部下。
部民道遮之，持刀杀其马。入门顾妻子，所居无完瓦。
秋风吹树木，白日落原野。永夜空城中，哀哀泪如泻。

**张峨诗**

仗钺南荒不自怜，双旌摇映夜郎船。蛮溪恶瘴中宵雨，野度寒生午炊烟。
但使相如能谕蜀，敢云德裕老筹边。不妨再上忧民疏，剀切谁当帝席前。

**徐问诗**

谁谓儒生不识兵，拔帜炉山壮此行。到处凉亭回烈日，一时高垒障孤城。
论于后事观公道，虑始民难可乐成。京国清言犹在梦，遐荒烟草若为情。

**蒋信诗**

青山临路石门开，天地神工亦异哉。不有仙人能指点，何由竹杖得纡回。
玉芝倒映蓬莱阁，冰雪寒侵绣豸衣。驱马归来应岁晚，一樽须醉月明回。

**赵大佑诗**

春尽碧云曾客游，岁余东道寄溟[⑤]搜。沉埋窟宅蛟龙合，蕴藉精灵天地留。

---

① 先事忠言空在耳：原文错序，“先事忠言”后接“草，异国看春生”。下应接第587页，今改正。
② 此诗《何氏集》亦收，题为“清平令”。
③ 令：原文作“今”，与诗意不符，据《何氏集》改。
④ 下：《何氏集》作“上”。
⑤ 溟：《黔记》作“冥”。

避俗来分琼藻席，洗心疑[1]沁玉壶湫。多君幽意能将引，问到名山共点头。

**骆颙诗**

琴剑相将浩独游，佳山随处漫穷搜。洞开玄圃春长在，路入桃源客暂留。剩有云窗悬怪石，了无尘土翳灵湫。紫芝烨烨开芳甸，作画谁来顾虎头。

**梁世骠诗**

路入清平胜，天开洞府幽。祥光垂石角，珠乳落岩头。
秉炬穷玄秘，停车散旅愁。地灵随处有，元不问遐陬。

## 十三、兴隆卫

**王守仁诗**

山城高下见楼台，野树参差暮角催。贵竹路从峰顶入，夜郎人自日边来。莺花夹道惊春老，雉堞连云向晚开。尺素屡题还屡掷，衡南那有雁飞回。

**周廷用诗**

龍嵸炉峰栖碧烟，诸山罗列似戈鋋。犬羊旧恃三苗窟，骠骑新收一统天。风雨昼来喧战闸，草茅晴拥带腥膻。马援去后今千载，谁似将军再拓边[2]。

夜月长安忆共怜，秋风今见李膺船。金函远下蛮庭诏，锦缆遥牵楚泽烟。司马文章新谕蜀，伏波铜柱旧留边。相思此日知何处，云树悠悠万里前。

**杨春芳诗**

隐隐炉山云外浮，将军曾此奋戈矛。修然谷口遗骸积，不尽溪声带血流。忆昔谁能知曲突，至今人尚说焦头。孤城远戍豺狼地，立马斜阳一怅惆。

**朱麟诗**

山人何事未逃名，步入溪堂闻磬声。夷险总缘村郭异，堂高初见石梯平。探奇脱迹桃花发，游远穿云凉月生。却笑衲僧话禅寂，安心能解法华情。

**赵之屏诗**

日落蛮溪系夜船，石岚草雾遮高天。马头使者吟梁甫，水外花阴啼杜鹃。

---

① 疑：《黔记》作“宜”。
② 谁似将军再拓边：原文错序，“谁似将军再”后应接569页“拓边”。今改正。

是处战场堆白骨，经来茅屋断青烟。谁知报国谈兵者，欲画麒麟意已坚。

### 周瑛诗

#### 《题高处士梅轩》

娄溪昼无车马喧[1]，静爱寒梅绕素轩。风送暗香来几席，月移清影到琴樽。
花如东阁时裁句，人似西湖昼掩门。应是江南宜岁晚，先春和气发乾坤。

#### 《送滇南贡士王铨之京》

桂花香散值中秋，喜送仙郎上帝州。金马山青朝雨歇，碧鸡峰翠暮云收。
九重凤阙瞻霄汉，三尺龙泉射斗牛。圣主求贤应若渴，鹏程万里莫淹留。

## 十四、平坝卫

### 张祜诗

#### 《南巡题》

经旬梅雨暗重城，秣马欣逢晓日明。林鹊入巢喧早哺，村农携榼饷深耕。
羽仪白昼千山色，杯酒红亭两主情。解困舒忧吾分事，敢云荒徼倦修程。

#### 《离省城》

车从穿山不计劳，野花香袭旧征袍。平畴足雨延膏沃，深箐经春少桀骜。
一水远来寒涧绕，数峰西去午云高。客怀万里无聊赖，漫向军中问六韬。

#### 《过威清》

马场坡下鹧鸪啼，坡上行人日已西。桑竹村烟逢世歇，山原城堞近坳低。
莺巢接叶花明树，鹭入平芜水满堤。踪迹渺然浑未觉，上林翘[2]首一枝栖。

### 夏言诗

落日荒村生紫烟，攒峰叠障画屏连。行云带雨穿松坞，野水流香出稻田。
虫响空山秋榻静，月斜孤壁夜堂偏。不眠起坐千忧集，城角无端到枕边。

### 云南提学副使李默诗

客游惊岁暮，犹自滞他方。禁泽连天远，蛮烟引塞长。
年随流水竞，春入鬓毛苍。抚事惭知己，非才荷宠光。

---

① 諠：《黔记》作“暄”。
② 翘：原文不清，据云图本补。

### 尚书伍文定诗

**《龙窝铺》**

异代遐荒皆古穴，明时官道即龙窝。青山壁立云峰亘，绿树烟声鸟迹多。润泱石田连日雨，欢腾村郭近秋禾。滥竽推毂专征伐，预喜和风入凯歌。

### 郑絅诗

**《平坝闻笛》**

山空月白秋萧萧，笛声一听魂欲飘。杨柳故园尽摇落，关山极目仍迢遥。路难不得系书雁，夜梦忽堕覆鹿蕉。旅怀惝怳不可奈，揽衣起坐终清宵。

西塞行来秋渐穷，炎飚萧飒起霜风。白云滃滃浮寒水，乱叶飘飘飏远空。清梦几回惊夜柝，素书何处滞归鸿。云关霞岭经过遍，犹向天涯叹转蓬。

## 十五、普定卫

### 沈庠诗

禅关寂寂影山腰，坐听松声海上潮。冲破晓烟常见鹤[①]，噪残秋色不闻蜩。游山诗客闲居塔，禁足幽僧不过桥。风景依稀犹在目，烟光云影路迢迢。

### 吴中诗

民物熙熙喜辑宁，万方一境乐升平。俗成邹鲁崇文教，世际唐虞息战争。皓首垂怜沉宦海，芳樽自喜破愁城。薰风半榻北窗下，心也无萦梦也清。

### 张祐诗

歇马孤城雨未收，南来珠玉喜同投。溪山翘首余千里，风采关心已二秋。多病独惭蒲柳质，入边均有庙廊忧。孤窗官烛劳繁牍，鼓角初更报戍楼。

### 周禈诗

**《值雪》**

冬月山城阵雪飞，停车下问民依依。飞文索赋供事急，闭户欲炊生理微。玩倚庭梅悟往易，更占檐雀驯忘机。倦游转觉惊时物，回首风尘欲振衣。

---

① 鹤：弘治《贵州图经新志》作“鸥”。

### 王杏诗

普里城头万树云，一鞭骢马踏斜曛。霞光欲点溪山秀，雨色应添草木欣。村舍机梭人学织，黉宫灯火士论文。民风此亦堪多采，细检封囊到夜分。

### 都指挥刘御诗

仕路奔驰不记踪，劳劳心积思无穷。征袍塞上披寒雨，节钺关中带晓风。望阙心随红日去，思亲梦绕白云通。肯将心事逢人论，俯仰苍天自有公。

## 十六、安庄卫

### 丁养浩诗[①]

畦田百叠[②]锁山腰，雨后流泉似海潮。青嶂午阴看饭犊，碧林秋静听鸣蜩。一帘暝色人归市，万壑腥风虎过桥。更待月明刁斗静，满天苍碧夜迢迢。

### 沈庠诗

行台门对此荒城，隔断喧尘分外清。较艺却嫌冬日短，吟诗更喜晓天[③]晴。苍苍松柏千年节，隐隐山云万里情。踪迹如萍真可叹，使轺明日又长征。

### 周孟中诗

《寓分司》

迟日山高晏上东，居人如在瓮天中。市间已有弦歌化，戍落喜无烽火红。行逐云烟幨盖湿，坐看风月酒杯空。豚鱼信及垂周易，谈笑无能化远戎。

### 吴中诗

星轺去去任西东，赢[④]得从容大块中。解闷有时斟酿绿，周贫随处散陈红。惭居方岳才何用，喜殄奸渠党渐空。值此太平无事日，不妨挥笔颂平戎。

### 刘简诗

地分南北与西东，多少夷民住此中。满目芦花飞絮白，一林枫叶坠霜红。

---

① 此诗《西轩效唐集录》所录与本书差别颇大，全诗为："畦山百叠倚山开，雨后泉从绝顶来。赖有天工自调摄，不劳人力苦安排。一时沛泽都均济，卒岁丰登岂浪猜。茅屋昼闲人不见，重重绿树荫苍苔。"

② 百叠：《黔记》作"百垒"。

③ 晓天：《黔记》作"晚天"。

④ 赢：弘治《贵州图经新志》作"瀛"。

危峰岚气蒸蛮雨，落涧泉声响碧空。昨夜月明山路转，一星戍火照边戎。

**王经诗**

将军威望镇江东，曾洗湘川战血红。三国兴亡知勇略，一门忠义著奇功。
龙骧已展匡时志，虎据谁称盖世雄。往事大观何足算，浮名都付笑谈中。

**张枯诗**[①]

鸟道崎岖曾未识，于今策马劳心力。逼霄峻岭万重山，悬崖瀑布垂千尺。
汹涛皓皓作雷鸣，雾气腾腾点尤[②]湿。茅村几处尽苗穴，石田数顷犹夷业。
深林野鸟可人心，当春农事兴乡魄。那堪春景独伤情，明朝漫向愁人说。

**胡琼诗**

可怜眼底花飞尽，更见狂风猛雨催。独坐伤春思对酒，高眠移日向行台。
盘江十里妖氛净，岭道千峰烟雾开。明发褰帷还问俗，夷方争睹使君来。

桥上风烟接素波，堤头白练泻银河。山花倒影重重见，沙鸟游湍点点过。
人厌尘缨思取濯，道从正学欲盈科。相逢试问濠梁事，此日知鱼乐更多。

**伍文定诗**

**《马跑泉》**

天为征途出此泉，马跑神异属谁传？将军纵有回澜力，物论应归济世贤。
云起万山收酷暑，雨行千里惠丰年。应思分阃南驱日，马是蛟龙人是仙。

风雷鸣大树，日月在亨途。阃外貔貅万，山中狐兔孤。
休夸催阵将，原是读书儒。报国心偏尽，祈天敢昧图。

**王杏诗**

輶车冲腊至安庄，散得西风满地霜。云动双旌开道路，人鸣单角道戎羌。
村灯野烧催天短，月树梅花引兴长。回望越燕俱万里，风尘日动马蹄忙。

丝丝雨色染征裘，四顾林山腊意浮。出树野樵蓑拥雪，弄云溪牧笠披牛。
白莲峰顶松仍没，绿沁田心麦半抽。灯火几家村落远，隔林寒鸟独声愁。

① 张祐诗：《黔记》作“御史张佑诗”。
② 尤：《黔记》作“衣”。

### 沈教诗

将军英勇故堂堂，天下祠名亦古荒。秉烛捐然称大节，应教极地识天常。

### 杨慎诗

《关索庙》

关索危岭在何处？猿梯鸟道凌青霞。千年庙貌犹生气，三国英雄此世家。
月捷西来武露布，天威南向阵云赊。行客下马一酹酒，候旗风偃寒吹笳。

### 姜仪诗

淅淅风生树，漓漓雨满途。暮云山堡合，旅望驿楼孤。
故国悲游子，青山笑腐儒。感时新奋用，不是利名图。

### 郎中谢尚箴诗

万里青云任马迟，朝朝惆怅抵清时。长扬猎罢羞呈赋，江上蓉生可咏诗。
无奈莼鲈动秋兴，且将薄劣报瓜期。也知《归去来辞》好，篱菊南山费仰思。

### 王世隆诗

白水浮澄练，遥空映日明。石桥横野渡，林木亘前旌。
土獠便疏放，官军苦送迎。筹边须底定，切莫谓平平。

### 徐樾诗

游罢依依到月明，千年古洞集群英。须知至乐无如此，那得闲愁更旋生。
石溜一泓澄月窟，洞门双阙巧天城。高歌对酒堪乘兴，点瑟回琴是甚情？

### 杨仁诗

岭下长河一水东，岭头旭日玉云红。山川形胜还祠庙，父老流传说事功。
关将一门全节义，曹瞒千古恨奸雄。野花啼鸟春长在，兴废都归感慨中。

## 十七、安南卫

### 丁养浩诗

道远[1]悠悠引旆旌，西风落日带孤城。云开列障当空出，雷涌长江入地鸣。

---

① 道远：《西轩效唐集录》作“远道”。

熊虎百屯临徼外[1]，鼓鼙终夜静严更。何人助我安边策，一展功勋答太平。

**沈庠诗**

安南今日驻行旌，遥望行台迥出城。当面好山随屋转，隔林幽鸟尽情鸣。出奇人物真难得，委靡文风未易更。职业无成吾独愧，不知何以答升平。

**张祐诗**

百尺荒城接宪台，天涯无处望蓬莱。一年欲尽还堪惜，五字频成只用[2]裁。家信喜从前日得，使轺难必几时回。君亲两事关心切，莫怪愁眉不易开。

**朱应登诗**

殊方日至喜阳回，远客愁心得暂开。未取椒花供倦眼，惟看竹叶照深杯。占云野外迷氛祲，鸣玉山中傍草莱。翘首京华天万里，夔龙何处接三台？

**胡琼诗**

盘江尚睹林梢日，保甸俄闻脚底雷。山腹瘴烟藏虎豹，鹭翎剧雨过条枚。强扶病骨歌行迈，欲谢劳形赋去来。胡独草堂怀旧约，延平祠下一蒿莱。

**王杏诗**

一苇江心渡使轺，接天寒色拥晴潮。蛟涎忽傍东风长，蛮瘴初随朔雪消。滚滚湍声三峡壮，泠泠水势五湖饶。悬崖已立双华表，银汉能成乌鹊桥。

**杨慎诗**

**《盘江渡》**

庄蹻牂牁楚地，博望乘槎汉[3]年。一壑云涛泽洞，两崖石磴勾连。
树锋夕声灵籁，草际朝岚瘴烟。倦策萧萧羸马，愁看站站飞鸢。

保甸坡前不可留，盘江渡头惟一舟。驱鼋役鹊无灵术，谁是寻源博望侯？

**王世隆诗**

风雨盘江险，犹闻鬼哭声。云边战垒在，岩际板桥横。
地有荞花瘴，天无十日晴。京华何处是？极目总关情。

---

① 徼外：《西轩效唐集录》作“外徼”。
② 只用：弘治《贵州图经新志》作“底用”，当是。
③ 汉年：“汉”字原缺，据《黔记》补。

### 施昱诗

万山中断一江横，浊水无风浪自生。古道苔封斜插石，绿林树老寄生藤。
嘈嘈聒耳虫犹竞，拂拂薰人气若蒸。喜遇阴阴三日雨，肩舆款款过查城。

### 宿应麟诗

**《忆董近淮道长》**

镇远相逢日，于今又半年。东山看菉竹，荆国寄新篇。
君去应无阻，我行犹未还。潇潇窗外雨，愁听不成眠。

## 十八、普安卫

### 丁养浩诗

**《普安公署[①]》**

好山如画压城头，尽日岚光翠欲流。峻岭到天偏碍月[②]，密林藏雨不知秋。
云开锦帐横当户，风约寒泉半上楼。老我柏台看未足，欲将书剑向[③]瀛州。

### 沈庠诗[④]

万里云山没尽头，孤城一带面溪流。民夷已定非前日，禾黍全收是有秋。
近卫设州如倚柱，就崖结屋类层楼。殊方历遍今重到，信笔题诗白鹭洲。

### 胡琼诗

**《新兴道中》**

高涧立峰湍，藤萝手可扳。行人催打火，壮士早当关。
旭日群云荡，回峰一雁还。殊方良不恶，随处面青山。

### 赵大佑诗

**《碧云漫兴》**

五岳应无地，三[⑤]神亦有天。石田怀玉粒，漪蔓似龙涎。
薄暑衣重袭，晴莎醉欲眠。朱门金谷胜，何处问平泉？

---

① 普安公署：《黔记》作"巡普安"。《西轩效唐集录》作"普安卫行台即事"。
② 峻岭到天偏碍月：到天，《西轩效唐集录》同，《黔记》作"刺天"。碍月，《黔记》同，《西轩效唐集录》作"得月"。
③ 向：《黔记》同。《西轩效唐集录》作"问"。
④ 弘治《贵州图经新志》此诗题为"普安分司次丁侍御韵"。
⑤ 三：原文不清，据云图本。

依舍千重树，连城百啭莺。胜游常近郭，吾意欲通名。
行色穷词赋，山灵识性情。凭谁祁岳手，为写辋川屏？

牵率西征使，行歌首重回。临流忽不惬，枉道且徐来。
地主能相逐，沙樽漫复开。吾真披豁甚，遮莫使人猜。

## 张焕诗

### 《游碧云洞》

洞中春酒酿蔷薇，尘外三山日下归。隔岭碧箫猿鹤近，侵衣瑶草芷苓肥。
一罇共饮东风软，万里谁知笑语非。歌罢水冷花片片，断云残雨点斜晖。

## 御史谢瑜诗

幽洞小有天，灵波去无地。谅兹神秀偏，鬼功不可记。
盘桓讵能穷？鲁阳非吾企。开辟自鸿濛，混沌复沦废。
终焉遂卜居，流电惊转眥。矫首摩穷崖，与尔偕阅世。

## 刑部尚书顾应祥诗

碧云洞里碧云生，鬼斧何年刻削成？水自地中穿石过，日从厓上透窗明。
霞光掩映一区小，玉液淋漓万象成。老我穷边观胜概，总怜遭际是升平。

## 林廷弼诗

### 《题盛孝子》

君不见，冢中鹅，其母死，其子衔草以祭，仰天绝颈，死而同窠。又不见，林中乌，衔食哺其母，绕枝昼夜不飞去，以翼覆母声号呼。物类固如此，人灵不如物？家家爱儿如爱珠，儿生母命诚须臾。儿夜啼，母夜起，软语温言勤谛视。儿饥母不食，儿病母犹泣。儿出远道母倚门，黑风日日[1]思寒温。儿寸草，母春晖，心欲报，愿则违。不能致显荣，具甘软，床头无金瓶无粟，番思一夜肠百转。母益病，儿益贫，母身重，儿身轻。儿身况自母身出，皇天幸烛儿诚精，肝肠一缕入羹胾，母命可生儿可死。母疾痊，儿疾痊，一时异事谁当传。割股奚须并牙颊，贫哉此子犹堪怜。呜呼，贫哉此子犹堪怜！

## 许晟诗

### 《题盛孝子》

欲将寸草报春晖，剖腹刳肝血染衣。中馈一杯羹进后，满天和气盎慈闱。

---

① 日日：《黔记》作“赤日”。

天地一朝回造化，纲常万古重君亲。也知忠孝元非二，今日军中见此人。

### 王璜诗

**《题蒋节妇》**

一自从军丧稾砧，弦歌不鼓凤凰琴。有怀列女同青史，无复孤儿崎羽林。兰草芳香南国远，萱花憔悴北堂深。柏舟欲泛盘江愕，卷席收帆定惨心。

**《题万松轩[①]》**

先生高隐即徂徕，绕屋清阴覆绿苔。万树总持霜雪操，一林俱是栋梁材。窗前羽翠风月落，谷口鸾笙月下来。闻说摘花多酿酒，蚁香银瓮几时开？

### 贵州前卫指挥李节

**《山宿有感诗》**

为爱前山拥翠螺，停骖吟赏兴偏多。蕨芽旋摘呼童煮，竹叶新篘对客歌。泉石清幽宜缱绻，风云浩荡莫蹉跎。纷纷世事如尘土，又见天边月一梭。

## 十九、毕节卫

### 谢观诗[②]

群山如画拱层楼，高压诸夷冠数州。地势北通岷岭雪，天文南接鬼方秋。登临岂是元规赏，控制多从德裕筹。共说将军防御密，太平武备不忘修。

### 杨慎

**《过七星关诗[③]》**

架壑盘厓嵌碧空，驱山鞭石让玄功。星梁天柱撑银汉，雪浪云涛挹[④]玉虹。襟带平分滇蜀险，品题合占古今雄。登来仿佛临玄圃，不信飘零逐转蓬。

**《又七星关渔者》**

石涧无通水，渔舟返上山。得鱼随马卖，抱獭趁鸦还。问尔江湖兴，茫茫若梦间。

---

① 此诗《黔记》及弘治《贵州图经新志》均载，录为沈勖作，题为“万松轩”。
② 谢观诗：弘治《贵州图经新志》作“国子监助教谢观《登毕节南楼》诗”。
③ 过七星关诗：《黔记》作“七星关新桥”。
④ 挹：《黔记》作“抱”。

## 孙继鲁诗

楼小嶒云阁，岩空石触云。木兰朝露坠，红日夕阳曛。
床下龙无钵，山南豹有群。钟声鸣曙色，啼鸟过纷纷。

## 缪文龙诗

悬厓能阁木，怪石惯栖云。鸟语惊禅寂，钟声送夕曛。
山川真不老，鹿豕谩同群。野兴聊登赏，枫林叶正纷。

百尺星桥架半空，谁将天险夺神功。倚云挂月看飞阁，设鹊浮鼋见彩虹。
枕席谩教师度稳，嶙峋只与岸争雄。半生浪迹多南北，回首临风叹转蓬。

## 赵锦诗

脂车宿戒向滇中，云拥青山水满空。漫道泥途淹马足，且将歌舞赏年丰。

## 席春诗

### 《晚至层台》

东征箫鼓下南州，又入层台憩远游。烟树茫茫归鹤晚，云山杳杳旅鸿秋。
将军号令行边阃，使者威名动远陬。四海喜沾新化理，兵戈不假定前筹。

### 《又道中》

地险悲长道，天空信短亭。瘴烟时冉冉，祲气尚冥冥。
水落汀沙白，云移岭树青。轻寒侵病骨，奔走愧山灵。

### 《至普市所久雨》

久雨深泥滑，山行倍寂寥。凤鸳投孤屿，云树接层霄。
秋暮吟蝉断，天寒梅雾消。滇池今已远，锦里路騑遥。

## 陈克宅

### 《宿普市诗》

九月秋将晚，边陲草木黄。萍踪千里别，客梦五更长。
赤水空山月，白崖满路霜。回头瞻望处，却忆是咸阳。

## 张祜诗

万里溪山凭马足，九霄风月入毫端。夷方到处情无异，王事了时心始宽。
村酿乏钱虚瓦杓，野蔬肥雨富冰盘。椿年此日瞻云白，独立霜台兴未阑。

### 叶相定

《抚芒叛次韵》

毳幕高承夜雪寒，四山瑶色照台端。使轺未厌西南险，眼界真余天地宽。
兵甲喜先降剧虏，岁时行值荐辛盘。浮生到处俱堪适，更役吟魂醉倚阑。

戎车岁晏入南荒，组甲牙旗映日光。酋虏避声先鼠窜，材官分队正鹰扬。
历残虎豹关河险，欢动壶箪士女忙。白发久怜身许国，畏途何敢羡王杨。

牂牁西下毕川洄，建纛真谁颇牧材。万马夜嘶边气肃，千山氛尽曙光开。
汉臣未试麒麟画，禹贡先通翡翠来。独坐闲庭问重译，暮天空阔鸟飞回。

孤城复嶂两巑岏，荒馆羸骖行路难。兵火几番人正困，雪霜千里夜尤寒。
舞干远报先销甲，受馘初残尚倚阑。从此鬼方烽堠静，商宗高枕万年安。

## 二十、乌撒卫

### 元何弘仕诗

《翠屏山》

俗山如俗人，过眼不相揖。踞鞍无好诗，羁愁拍胸臆。
行行见翠屏，景意两相适。烟萝幕青黛。山厓产苍壁。
云霞油然生，杉桧森以立。鸣禽递清响，飞泉散珠急。
我疑有幽人，相傍岩居密。朝餐紫霞英，暮啖香松实。

### 元中兴路总管公孙辅

《入沾益乱后伤怀诗》

驱马沾益川，南望滇海头。向来繁华地，变灭如浮沤。
迥不见人烟，但见河水流。青山宛然在，风景何萧飕。
郡县生荆棘，污莱翳田畴。夜听虎豹号，昼顾麀鹿游。
群鸟集戟垒，野燐飞林丘。灼灼道傍花，只为行者愁。
缅思寇乱际，藩垣失防秋。空虚起外侮，口语兴戈矛。
盛衰强大运，祸端亦人谋。生灵尔何辜，吾欲天公尤。

### 张祜诗

路入边城更觉寒，征衣五月未成单。方隅元自分夷夏，西贼由来畏范韩。

万里独怜双足冷，历官谁为一身难。夜窗灯火茶烟息，爱立青宵月正圆。

**范渊诗**

千山怀古郡，骑马踏斜阳。石路穿云壑，人家散野荒。
天涯魂欲断，春梦夜偏长。未了男儿事，其如两鬓苍。

**韩士英诗**

晚钟清送画楼西，轻飏徐徐度竹溪。东月有情明夜席，北门无警息边鼙。
誓将廊庙忧心共，耻向藤萝暗地栖。饮畅任教残漏促，雅怀不为夜分迷。

**赵大佑诗**

七日西穿滇上云，雨余山际拂斜曛。辟人邮卒驰相讶，白马青袍非使君。
入眼风烟经莋络，惊心民俗更纷纭。蹉跎肉食稀封事，愧尔南冠柱后文。

**张涣诗**

西使曾经莎蔀国，南巡又度阿里山。瘴烟马首盘幽磴，雨雪鹁居扣暮关。
壮志空怜青鬓改，殊恩真愧紫泥颁。铁桥铜柱风期远，何事王阳驭不还。

**杨慎诗**

**《喜晴》**[1]

易见黄河清，难逢乌撒晴。阴霾既已豁，险道况复平。
蜀日杳千里，滇云惟十程。江花与江草，异国看香生[2]。

**谢东山**

**沾益道中口号**

烧起林分画墨，渠添水弄青苹。石罅桃花笑客，茅檐燕子冲人。

岁俭家家采蕨，烟昏处处烧畲。白日愁穿鸟道，红尘喜见牛车。

巢穴环居九姓，犬牙控驭二藩。峡外乾坤锦里，烟中鸡犬桃源。

土虏迎官陌额，邮人候客铺松。怅望梁山紫翠，依稀锦水芙蓉。

---

① 喜晴：《升庵南中集》作“乌撒喜晴”。
② 江花与江草，异国看香生：原文仅有“江花与江”四字，后文所接内容与原诗不符，属错序。下文应接第567页的内容。今改正。

《乌撒道中》

水去千岩漏泄，云兴万壑平铺。买犊人犹带剑，观风我亦悬弧。

土俗生人祠鬼，山田野马侵禾。走卒空劳控诉，官家莫肯谁何。

一路松梢鸣籁，千峰脚底生云。导马乌蛮逐队，舞雩童子成群。

童子雕虫烂熳，遒人木铎丁宁。文物当今华夏，淳风有古大庭。

《忆升庵》

笋舆日日乱峰间，底用吾家屐齿攀。留滞春光三月闰，等闲客路万花殷。水流洞口来何处，云冷仙人去未还。泸水僦居元是客，解嘲赋好不须删。

## 二十一、赤水卫

### 汪律诗[①]

叠叠山从云外悬，城依山脚聚人烟。路连云贵通京国，水学之玄赴蜀川。戍久儿童能走马，春深旅客怕闻鹃。星轺此地经过日，正值秋风九月天。

### 吴中诗[②]

两袖清风度翠峦，翠峦高处恣吟看。烟岚不散昼还暝，气节无常夏亦寒。一泾[③]经还芳草合，半溪红泛落花残。行行细把边情问，堪叹边情有万难。

### 丁养浩诗[④]

千仞冈头拥翠峦，几多山色坐中看。有时匝地云霾[⑤]合，长日半天霜雪寒。蜀魄叫[⑥]哀知夜永，野花开晚怯春寒[⑦]。怪来不识东风面，瘴雨时时行路难[⑧]。

---

① 汪律诗：弘治《贵州图经新志》作“监察御史汪律《赤水卫》诗”。

② 吴中诗：弘治《贵州图经新志》作“贵州布政吴中《至赤水卫》诗”。

③ 泾：弘治《贵州图经新志》作“经”。

④ 丁养浩诗：弘治《贵州图经新志》作“监察御史丁养浩次韵”。《西轩效唐集录》作“赤水卫和韵”。

⑤ 云霾：《西轩效唐集录》作“云雾”。

⑥ 叫：弘治《贵州图经新志》作“叶”。

⑦ 春寒：《西轩效唐集录》作“春残”。

⑧ 怪来不识东风面，瘴雨时时行路难：《西轩效唐集录》作“都来鸟道八千里，可是行人行路难？”

**黄珂诗**[①]

城上旌旗带雨悬，城边草树昼生烟。山光水色连千里，人语鸡声傍一川。望眼谩劳迎过雁，愁怀无奈听啼鹃。登临直上最高处，恍若身游万仞天。

**王炳然诗**

王事驱驰急，山行去处艰。那堪已陟险，犹度雪山关。
石磴盘盘上，青峰历历间。浮云横岫出，人影接天还。
习俗兹非蠢，斯文尔亦闲。相迎与相问，为我一开颜。

**罗昕诗**

孤诚势若一壶悬，雨后林峦起白烟[②]。负郭青山无隙地，当时赤水是寒川。谁家唤客秦鹦鹉，半夜愁人蜀杜鹃。闻说冬来尝不雪，风光多是[③]岭南天。

## 二十二、永宁卫

**吴伯通**

**《永宁道中》诗**

步出长渊向雁西，山川浑似浣花溪。渠渠活活泉声细，澳澳青青竹色齐。客路欲迷惟信马，人家不见但闻鸡。惜无杜老林中住，还访荒亭共醉题。

**杨一渶诗**

千峰飞雪湿征裘，戍垒高枭羿子头。山郭草亭梧叶雨，野人篱落菊花秋。树明红锦初来雁，稻熟黄云晚载牛。弹压只今劳硕德，迤西从此可无忧。

**丁养浩诗**[④]

绝壁烟萝几日攀，好风吹雨[⑤]客途间。鸟当春暮语犹滑，人到地偏情亦蛮。流尽别愁应有水，望穷归目更多山。去来莫作经行梦，梦里相看也怆颜。

---

① 黄珂诗：弘治《贵州图经新志》作“监察御史黄珂《次汪侍御韵》”。
② 雨后林峦起白烟：原诗“雨后林峦起”后接“拓边”，属错序，应接第 589 页“白烟”，今改正。林峦，弘治《贵州图经新志》作“林密”。
③ 多是：弘治《贵州图经新志》作“多似”。
④ 丁养浩诗：《西轩效唐集录》作“永宁行台和韵”。弘治《贵州图经新志》作“贵州监察御史丁养浩《永宁行台》诗”。《黔记》作“御史丁养浩《永宁道中》”。
⑤ 雨：《西轩效唐集录》作“了”。

**谢东山**

**《校士寄二侄孙国荐国宾》诗**

春山历历困征车，一笑临江思有余。小子成章吾党近，痴儿了事若翁如。
乌蛮风便聊传信，燕子日长好读书。叔父寄言堪讽玩，绝胜韩愈赋龙猪。

**陶心诗**

青山此地可为家，绝壁烟萝入望赊。静院日高深竹色，古坛风细碎松花。
夙缘漫结三生石，尘梦能醒七碗茶。长啸一声天地窄，刁潇蓬鬓帽攲斜。

**陈时雨诗**

千树梧桐一径长，秋声夜雨似潇湘。僧房滴处消残烛，客枕闻来忆故乡。
乌宿枝头多冷落，蛩吟叶低倍凄凉。好披云雾开天眼，直上高冈睹凤凰。

**罗昕诗**

杳想青云不可攀，重行川贵两州间。衣冠尽说无浇俗，弓剑那堪有羿蛮。
城上东溟千里月，马前南诏万重山。何人为鼓津头枻，共汲泸江洗瘴颜。

## 二十三、黄平守御千户所

**四川巡抚都御史□□诗**

畏途复道绕羊场，深箐长林走虎狼。山水不同人亦异，一般土著号杨黄。

两舍黄平路，行行到日西。箐依山趾去，坡与树梢齐。
瘦马逢高蹶，寒猿到处啼。却怜荒服地，何事走轮蹄?

遥持节钺到黄茅，尽道斯行杀气高。龙虎三军初入境，犬酋万丑已投刀。
蛮烟瘴雾随风散，封豕长蛇望鳖逃。从播东康定归去，干戈高歇不须操。

征旆行行日欲西，黄茅深处是鳌溪。民惟十室官全设，谁把流亡户口稽?

# 第二章　序　类

## 一、贵州布政司、宣慰司[①]

### 孔　镛

#### 《赠周时可升广西按察司副使序》

圣天子嗣登大宝之初，万化维新，尤拳拳于进贤用能，而图治理。以天下提学宪臣多缺员，诏吏部慎选中外之官，学行足以师表于人者以补焉。贵州佥事周君时可，以端洁之行，练达之才，通博之学，有孚于人，得补广西提学副使。命下之日，舆论以为得人。其同寅贵臬长宪钱君大用并僚友，请予言以赠之。

噫！予言曷足以为时可赠也。欲赠以经生之谈欤？则时可素讲之熟矣。欲赠之以法家之说欤？则时可又厌闻之矣。将赠之以部使者之事欤？则时可又自优为之矣。予果将何以赠乎时可也？虽然，善者扬之，不善者抑之，此固司风纪者之所为也。予承乏中台，总司风纪，而善者所当扬，不善者所当抑，其用以劝惩乎？此亦分内之事耳，其有不可也？

盖时可，孟中名，而周氏世为吉之庐陵人，其族祖翰林侍讲学士功序先生与先君子偕以明经，登永乐戊戌进士，同选入翰林为庶吉士，交最密，情最厚。是以知时可之学，来有源委，而才器又伟然特出于人，人益重之。

天顺癸未岁，登进士第，拜天官主事于南畿。操履正大，黜陟公明，而京畿之士夫至今称之，乃佥举为佥事，提学闽中也。奉宣玺书，严立教条，士多造就，有德修而材达者，有功建而名流者，而闽中之士类至今思之。

及丁内艰服阕，而改莅贵阳也。时都匀、清平，黑苗跳梁，地方弗靖。先，当事者率兵数万，莫如之何。予以巡抚至，首询致乱之由，率以为长之者肆贪无厌而激之耳，赤子盗弄兵，岂皆其罪？乃委时可往来抚谕，苗夷咸纳款输诚，刑牲歃血，誓不复叛，数年逋负之税，一旦背负而至，以致易危为安，易沴为和，而境内获安者，多时可之力也。盖时可今升副使，论者固皆谓其得人，而予则以为举之未尽其才焉。

夫副使，在今官制为正四品，古中大夫之秩也，操部使者之权，以按一

---

① 原无此标题，据本书体例加。

方，得以作兴士类，激扬善恶，大丈夫当此举，亦足以荣矣。而犹以为未尽其才，何也？则予有说而少进焉。夫千里之骥，不图安于百里，非故好远而恶近也，彼其足力将有所展焉耳。以时可之行、之才、之学，其不图乎近而志乎远也，必矣。尚宜策励以扩充之，将见进而用焉，必能当国家之重寄，胜天下之重任。富贵不足道也。大用遂书予言以为时可赠。

### 《送吴方伯致政还乡序》

弘治元年春三月辛卯，贵州左布政吴公致政还乡。钦差镇守贵州都知监太监张公、右军都督府都督佥事彭公，请予为序以赠之。

夫士君子之大节，出处进退之际见之。为处能有守，出能有为，进不违乎礼，退不愆乎义，此古之制也。得乎处而不得乎出，则非经世之道；知乎进而不知乎退，则有失己之尤。故学有体用，行有始终。观人者于斯乎观之，而贤否较然矣。

公江西乐平人，承家庭之训，负远大之志。领景泰庚午乡荐，登甲戌进士，予忝同年，同试政秋官，同外补。公治闽之清流，予治江右都昌。未几，公丁外艰，服阕，调广之东莞，予亦调广之连山，同膺荐。公守惠州，予守高州。未几，予转官广臬，与公交愈密，处最久。当时，叶文庄公及吾乡先进都宪韩公相继巡抚两广，时举守令之贤者，必以公为首，而予亦叨举列。公升贵州右参政，继升左布政使，自进士历官三十五年矣。

公为人，志仁而气刚，才伟而量宏，故所至克举其职。在郡县，有循良之称；在方岳，有贤能之誉。其牧理有方，断狱无滞，盖其余事也。

公之年才六十有五，视明听聪，无废政事，一旦致政而归，岂独寮属惜之，凡有同年与同事者，盖莫不惜之也。

呜呼！公之出处进退之际，可谓无失乎古之制矣。宜乎同事者征言以赠之也。抑尝闻之：古之为赠者必有所美，有所美必有所劝，盖美乎此而有以劝乎彼焉。今犹古也，诸公之征言而赠，岂徒然哉？固足以见圣天子于方面大臣，恩礼始终之意，如此其盛，而兴起士大夫愿忠之心；亦足以见公于出处进退之际，如此其高，而激劝士大夫廉耻之节。其为劝也，不既多乎。予于是乎序，以为公赠。

## 丁养浩

### 《草庭存稿序》

文章与时上下，而又限于地里之不同，故时不能无古今。游艺之士，生其时，处其地，囿其风气习俗之不齐，则文章之美恶，亦因以随之，此天下之通论也。惟豪杰之士则不然，虽曰生于今，后于古，而其志大，其志昌，其功精以勤，则其文章可以高视一世，与古之人不相上下。是故汉之去古为尚近，唐次之，宋又次之，时则有若马迁、韩、柳、欧、苏之数君子，或产于北，或产于南，皆非三代之时之比。而苏氏之所产又远且后，自庸众人论之，宜其沦胥以溺，而不能自拔也久矣。而数君者乃能奋发淬砺，追古之豪杰而友之，故其文与诗皆可以与古之豪杰并。若马迁之文，舍六经、诸子无与为比。韩之文近于马，欧之文师于韩，而柳与苏则视韩与欧又在师友之间，皆不可以优劣辩。由此言之，谓后世无文章可乎？谓边鄙无豪杰可乎？

乃弘治乙卯，余奉命巡按贵州，首以学校为务，思得豪杰之士，宾而礼之，以为之倡。求之缙绅之间，得一人焉，曰周君廷润。君兴隆卫人，先世自江右之临川从戎征南，留守于兹。大父以武功授千兵秩。君少补卫庠生，笃志于学，远从师于蜀之泸州，比再期。归，领景泰庚午乡荐，登甲戌进士第，授秋官属，历官广西右布政使，致仕来归，且十年，年老矣。而好学之志不衰，自始仕以至于今，凡四十余年，所著诗文甚富，稿多散逸，间录其存者，百十之一，命曰《草庭存稿》，示余，请序之。

噫！君其可嘉也哉，矧贵州之地，三代以前，未有也。我国朝洪武、永乐间，创立省治，建学立师，以风化斯土，可谓遭逢其时，而游艺之士往往狃于风气之偏。君所遭与众人同，所居与众人同，而所志特与众人异。用能自拔于流俗之中，以成宏博之学，其得古人之用心矣。噫！若诚可嘉矣哉！

### 编修罗玘

#### 《联芳类稿序》

予读五代唐[①]书，见其一时以文学自见者，如宋齐丘，其自待以为司马相如[②]、扬雄复生不过也，及读其所为文调，皆鄙俚可笑。而其所著《化书》，尤凡近无稽，下伍野巫市卜，而牵合附会，得罪于名教者独多，又况其下者乎？乃知衰世阨运，干戈渔猎，不独其政之足疵，民之不幸，而文亦因之以萎薾不振也。

悲夫！宋有天下百年，至于庆历、元丰之间，可谓盛矣。而海内文学之士，泉涌而出，虽其将家子弟，亦学为文章，衣白衣，从进士举，而将帅类多通今古，以至羁縻之帅，筑学宫，召名士，教其子弟，如杨日俨父子者，则文章气化，亦必积治之久而后盛且洽也。

今天下之治余百年，宋不足论也，人有不谈诗书者，为世僇辱。三年大

① 五代唐：《圭峰集》作“五代南唐”。
② 司马相如：《圭峰集》作“司马迁、相如”。

比，将家子或登高科，至四遐羁縻之乡，迩来亦然，不独内地而已。

以予所闻贵州宣慰使宋从频，则于文章诗赋，攘臂敢为之，间能流传四方，其意欲与中原大家相角逐，宁止通古今，取科第者之足言乎？其弟如晦，隐君也，秀而亦文。从频与之迭为唱酬，积数十年，遂成编帙，有所谓《联芳类稿》者，所以志其为兄弟之作也，今存于家。要其归，虽未必尽皆醇于道，而确然以不朽。然其世雄遐方，不为所变，而又以其家学，播宣敦睦之风，为左衽者之赤帜，以风动之，盖有裨于世道非细也。视彼筑宫教子，仅独善其家，而又不知其果能与否，史犹以为贤者，亦远矣。

嗣使君浩然，从频子也，绰有公风，痛二父手泽之存于是稿也。间授于乡进士周鸾，来京师，请予序，鸾曰："是将刻于梓也。"

予阴怪遐方之有是族，既有是兄，又有是弟，既有是父，又有是子，将必庶几我中原世家乃已。是不独宋世所无，虽古亦未有也，而况于衰乱之世乎？非今积治渐濡之久，何以得此？予也[1]乐为道之。

从频名昂，号省斋。如晦名昱，号宜庵。盖昂必频，而省其政，昱当如晦，乃宜于隐者，取义亦精矣[2]。呜乎！读是稿者，慎毋以其姓同，而概谓其为《化书》也。

## 王守仁

### 《重刊文章轨范序》

宋谢枋得氏取古文之有资于场屋者，自汉迄宋，凡六十有九篇，标揭其篇章字句之法，名之曰《文章轨范》。盖古文之奥不止于是，是独为举业者设耳。世之学者，传习已久，而贵阳之士独未之多见。侍御王君汝楫于按历之暇，手录其所记忆，求善本而校是之，谋诸方伯郭公辈，相与捐俸廪之资，锓之梓，将以嘉惠贵阳之士。曰："枋得宋忠臣，固以举业进者，是吾徽有训焉。"属守仁叙一言于简首。

夫自百家之言兴，而后有六经。自举业之习起，而后有所谓古文。古文之去六经远矣，由古文而举业，又加远焉。士君子有志圣贤之学，而专求之于举业，何啻千里？然中世以是取士，士虽有圣贤之学，尧舜其君之志，不以是进，终不大行于天下。

盖士之始相见也，必以贽。故举业者，士君子求见于君之羔雉耳。羔雉之弗饰，是谓无礼，无礼，无所庸于交际矣。故夫求工于举业，而不事于古作，弗可工也。弗工于举业，而求于倖进，是伪饰羔雉以罔其君也。虽然，

[1] 也：《圭峰集》作"故"。

[2] 乃宜于隐者，取义亦精矣：《圭峰集》作"乃宜于隐，其取义亦精矣"。

羔雉饰矣，而无恭敬之实焉，其如羔雉何哉？是故饰羔雉者，非以求媚于主，致吾诚焉耳。工举业者，非以要利于君，致吾诚焉耳。

世徒见夫由科第而进者，类多徇私媒利，无事君之实，而遂归咎于举业。不知方其业举之时，惟欲钓声利，弋身家之腴，以苟一日之得，而初未尝有其诚也。

邹孟氏曰："恭敬者，币帛之未将者也。"伊川曰："自洒扫应对可以至圣人。"夫知恭敬之实，在于饰羔雉之前，则知尧舜其君之心，不在于习举业之后矣。知洒扫应对之可以进于圣人，则知举业之可以达于伊、傅、周、召矣。吾惧贵阳之士闻二公之为是举，徒以资其希宠禄之筌蹄也，则二公之志荒矣。于是乎言。

**《送宪副毛科致仕归桐江书院序》**

正德己巳夏四月，贵州按察司副使毛公承上之命，得致其仕而归。先是，公尝卜桐江书院于子陵钓台之侧者几年矣[①]，至是将归老焉，谓其志之始获遂也，甚喜。而同僚之良惜公之去，乃相与咨嗟不忍，集而饯之南门之外。

酒既行，有起而言于公者，曰："君子之道，出与处而已。其出也有所为，其处也有所乐。公始以名进士从政南部，理繁治剧，颀然已有公辅之望。及为方面于云贵之间十余年，内厘其军民，外抚诸戎蛮夷，政务举而德威著。虽或以是召嫉取谤，而名称亦用是益显建立，暴于天下，斯不谓之有所为乎？今兹之归，脱屣声利，垂竿读书，乐泉石之清幽，就烟霞而屏迹，宠辱无所与，而世累无所加，斯不谓之有所乐乎？公于出、处之际，其亦无憾焉耳已。"公起拜谢。

复有言者曰："虽然，公之出而仕也，太夫人老矣，先大夫忠襄公又遗未尽之志，欲仕则遗其母，欲养则遗其父。不得已权二者之轻重，出而自奋于功业。人徒见公之忧劳为国，而忘其家，不知凡以成忠襄公之志，而未尝一日不在于太夫人之养也。今而归，告成于忠襄之庙，拜太夫人于膝下，旦夕承欢，伸色养之孝，公之愿遂矣。而其劳国勤民，拳拳不舍之念，又何能释然而忘之！则公虽欲一日遂归休之乐，盖亦有所未能也。"公复起拜谢。

又有言者曰："虽然，君子之道，用之则行，舍之则藏。用之而不行者，往而不返者也；舍之而不藏者，溺而不止[②]者也。公之用也，既有以行之；其舍之也，有弗能藏者乎？吾未见夫有其用而无其体者也。"公又起拜。遂行。

阳明山人闻其言而论之曰："始之言，道其事也，而未及于其心；次之言

① 几年矣：原文错序，"几"后文字错置，下应接605页，今改正。
② 止：原文误作"上"，据《王文成公全书》改。

者，得公之心矣，而未尽于道；终之言者，尽于道矣，不可以有加矣。斯公之所允蹈者乎？”诸大夫皆曰：“然，子盍书之以赠从者？”

### 《五经臆说叙》

得鱼而忘筌，醪尽而糟粕弃之。鱼醪之未得，而曰是筌与糟粕也，鱼与醪终不可得矣。五经，圣人之学具焉，然自其已闻者而言之，其于道也，亦筌与糟粕耳。窃尝怪夫世之儒者，求鱼于筌，而谓糟粕之为醪也。夫谓糟粕之为醪，犹近也，糟粕之中而醪存。求鱼于筌，则筌与鱼远矣。

龙场居南夷万山中，书卷不可携，日坐石穴[①]，默记旧所读书而录之，意有所得，辄为之训什[②]。期有七月，而五经之旨略遍之。名之曰臆说，盖不必尽合于先贤，聊写其胸臆之见，而因以娱情养性焉耳。则吾之为是，固又忘鱼而钓，寄兴于曲蘖，非诚旨于味者矣。

呜呼，观吾之说，而不得其心，以为是亦筌与糟粕也，从而求鱼与醪焉，则失之矣。

夫《说》凡四十六卷，经各十，而《礼》之说尚多缺，仅六卷云。

### 《气候图序》

天地一元之运，为十二万九千六百季，分而为十二会，会分而为三十运，运分而为十二世，世分而为三十年，年分而为十二月，月分而为二气，气分而为三候，候分为五日，日分为十二时，积四千三百二十时三百六十日，而为七十二候。会者，元之候也；世者，运之候也；月者，岁之候也；候者，月之候也。天地之运，日月之明，寒暑之代谢，气化人物之生息，终始尽于此矣。月证于月者也，气证于气者也，候证于物者也。若孟春之月，其气为立春，为雨水。其候为东风解冻，为蛰虫始振，为鱼负冰，獭祭鱼之类，《月令》诸书可考也。

气候之运行，虽出于天时，而实有关于人事。是以古之君臣，必谨修其政令，以奉若夫天道；致察乎气运，以警惕夫人为。故至治之世，天无疾风盲雨之愆，而地无昆虫草木之孽。孔子之作《春秋》也，大雨震电，大雨雪则书，大水则书，无冰则书，无麦苗则书，多麋则书，蜮蜚雨、螽蝝生则书，六鹢退飞则书，陨霜不杀草、李梅实则书，春无冰则书，鸜鹆来巢则书。凡以见气候之愆变失常，而世道之兴衰治乱，人事之汙隆得失，皆于是乎有证焉。所以示世之君臣者，恐惧修省之道也。

---

① 石穴：原文自“石穴”二字起，错置于《送毛宪副归桐江书院序》后，原文后应接603页，今改正。

② 训什：《王文成公全书》作“训释”。

大总兵怀柔伯施公命绘工为七十二候图，遣使以币走龙场，属守仁叙一言于其间。

守仁为[1]使者曰："此公临政之本也，善端之发也，戒心之萌也。"

使者曰："何以知之？"

守仁曰："人之情，必有所不敢忘也，而后著于其念；必有所不能忘也，而后存于其心。著于其念，存于其心，而后见之于颜色、言论，志之于弓矢、几杖、盘盂、剑席，绘之于图画，而日省之于其心。是故思驰骋者，爱观夫射猎游田[2]之物；甘逸乐者，喜亲夫博局燕饮之具。公之见于图绘者，不于彼而于此，吾是以知其为善端之发也，吾是以知其为戒心之萌也。其殆警惕夫人为，而谨修其政令也欤？其殆致察乎气运，而奉若夫天道也欤？夫警惕者，万善之本而众美之基也。公克念于是，其可以为贤乎。由是，因人事以达于天道，因一月之候以观夫世运会元，以探万物之幽赜，而穷天地之始终，皆于是乎始。吾是以喜闻而乐道之，为之叙而不辞也。

## 席　书

### 《送别王守仁序》[3]

予少志学，始分于举业，继夺于仕进，优游于既壮之时。每诵考亭之训，从事于格物致知，如泛舟渤海，莫知津岸。叹曰："我马瘏矣，我仆痡矣，吾弗能进于斯矣。"闻古人有以文章擅声，有以事业名时，流光余韵，至今逼人耳目，吾将事此以老吾生矣。兹又数年，文章未名，事功未树，神气日昏日塞，如木强人矣。

今年，董学贵阳，适阳明王伯安先生以言谪丞龙场驿，延诸文明书院，以师后学。予旧知阳明，知其文也，知其才猷勋业也，因以二者质之。阳明曰："吾以子为大人之问，曾耳与目之问乎？天之所以与我者，莫大者心，莫小者耳与目也，子事文业以为观听之美，固末[4]矣。心至大而至明，君子先立其大而不晦其明，譬之开广居，悬藻鉴，物来能容，事至顺应。蕴中为道德，发言为文章，措身为事业，大至参天地，赞化育而有余矣。何以小者为哉？孔子曰：'女为君子儒，无为小人儒。'孟子曰：'从其大者为大人，从其小者为小人。'入途不慎，至有君子、小人之判，术可不择欤？"

予闻而心惕背汗，日亲所学，正而不迂，方而不泥，通而不俗。推万变

---

① 为：《王文成公全书》作"谓"。

② 猎游田：原文自此起均错置于《五经臆说叙》后，下应接607页，今改正。

③ 《元山文选》题为"送别阳明王先生序"。

④ 末：原文误作"未"，据《元山文选》改。

而不出一心，探幽赜而不远人事。历试其余，礼乐文物，天文律历，皆历历如指其掌。究其要，切于喜怒哀乐，已发、未发之间，尤致力焉。盖学先于大而自率其小者耳。

呜呼，道自孟氏绝传，寥寥千载，至濂、洛出而开扃启户，传授入道之途，曰静曰一，已有程度。龟山亲授程门，再传而豫章延平，从事于斯，卒有所入。至朱、陆二氏，各分门户，当时门人，互逞辨争，从陆者目为禅会，从朱者谓为支离，道至是而一明，亦至是而一晦。

阳明早岁学道未得，去而学仙，因静久而自觉其失，悟朱、陆不决之疑，直宗濂、洛，上溯孔孟大中之道，恍若有得，固方升而未艾也。予观历代文运，必积百余年而后有大儒，如董，如韩，如周、程出。当一代之盛，国家百四十年守道不回，如吴康斋、薛河东清骚自得，如陈白沙则有矣，未有妙契濂、洛之传，足当太平文运之盛，意者有待于今欤？阳明闻予之说，将能自已其所至欤？予方深惩往昔，且恨遘晤之晚。适天子诏起言士，阳明复有庐陵之行，予能忍于一别乎？

夫君子不忧身之不遇，而忧道之无传，遇不遇有命，传不传在人。会稽之间[1]，有与阳明友者，□□辈其人也；有从阳明游者，蔡宗兖辈其人也。予虽未得相从二三子于阳明山麓，或咏或游，以追舞雩之趣。然而意气相感，已神会于浙海之隅矣，幸相与鞭励斯道，无负天之所以与我者，此固阳明之心也，无亦诸君之愿欤？

## 蒋　信

### 《赠林应标上最序》

今制：按察贰有副有佥，累资迁转，大率副常速，佥常迟，固其理然也。十余年来，天子留神礼乐，向用耆旧，故股肱大臣乃得通变行之于常格之外，惟其人不拘其法，然而计资论望，乃或不能尽如往昔，何耶？议者谓末世去古远甚，计资之法或未可尽废，岂其然欤？谦谷公来副贵宪，凡四年于兹，自督理戎传之外，视堂篆，按诸道，筹计边衅，曾无虚日。公之劳绩盖昭昭乎勒之口碑，不假言矣。

先是，公以考绩留期，将请于两台，属有铜仁之变，公当其责，不果，事寝，乃以请。适抚台培翁甫至，留之再三，公不可，曰："此彝典也，况复便吾省亲私耶。"既戒装，诸寅公乃举故事，觞饯之郊，预以赠言属之道林子。

道林子乃执笔而叹曰："甚哉，公之贤也，公之迟迟于贵也，殆有以哉。"

① 会稽之间：《元山文选》作"吾闻会稽之间"。

或请闻焉。

曰："贵为边徼夷落之区，目为恶土，而皇皇焉思亟去者，盖十而八九。讵匪人情也耶？吾瞰公凡屡矣，坐客或有谈贵之恶，每见公未尝答。或览除日，咄咄不平，亦每见公俛而默，若将掩耳者。公果何见乎？凡人之志不在温饱则在生民，不在一身则在天下，不在区区宠利则在仗义俟时。《易》曰：'云雷屯，君子以经纶。'吾孔氏亦尝曰：'天下有道，丘不与易也。'是故君子有天下之志，夫苟恶土也，吾固将与易之，变夷为华，变恶为乐，顾其一用心耳。苟第以为恶土，而日忧其去之不速，则国家亦何所赖于我哉？然则公之见或者其在是欤？其在是与。吾闻喜进者尚圆，守义者尚方，徇时者尚巧，好古者尚拙。夫公之见若尔，则又奚讶乎公之迟迟于贵也！夫公天性冲然，外和而内刚，吾尝意公必将究心乎天德王道之原，实有待焉，而未之请也，兹赠安得不为公期之？"

**《赠胡松擢东广藩右使序》**[①]

士之重于进也，曷观之？曰："观其退而已矣。"士之安于退也，曷观之？曰："观其进而已矣。"观其进又观其退，士之大节也其庶乎。夫今则孰征焉？曰：征诸承庵公。殆其人乎哉？

公释褐，佐名郡，被简为御史，揽辔齐鲁，风采凛凛。寻以疾，归卧林麓，凡五年。及再起，转顾奕奕，骢豸则固已褎然居前，使其雍容缄默，姑勿与鸡刀争利，以养望待调，固人情也，其孰诮之？惟不忍忠义之愤，奋击大奸，因并指斥当路，遂得摈外，踣处滨海，殆盈二年。是则公之退也，将不可以例公之重于进乎？夫以其在台之资，埋轮之望，而加之以被遣之深，一岁而再迁，未为破格，而固亦孰嫌之？尝因间而扣焉。乃知公之起也，循循然一阶一级，未之或逾，累七徙，始为贵宪。计居贵，期又四月，始有今擢。是则公之进也，将不可以例公之安于退乎？夫自伊、傅、周、召之风既远，世之君子，有能以其身为国家当大事者，往往属诸刚伟恬退之士。若夫脂滑藤附，神变巧化于声利之间，而冀[②]其有补于国，吾见实罕矣。然则如公者，所谓刚伟恬退，殆非耶？

予之来贵也，先公一月。公宪贵之政因得稔观之，大率持大体不事小苛。《易》曰："君子以明慎用刑而不留狱。"《书》曰："与其杀不辜，宁失不经。"公实并有焉。

夫贵虽郡卫杂列，土夷实居太半，宽严舒惨之宜，要不可不审也。自置

① 此文《蒋道林先生文粹》亦录，题为"赠贵宪使胡承庵公擢东广藩右使序"。

② 冀：原文误作"莫"，不通，据《蒋道林先生文粹》改。

臬以来，长宪者不知凡几，尽比而先后之如公者，宁当多让也耶！是故君子[①]有重于进、安于退之节，而不足以建事立功者，盖未之或有也。

夫天地之理，屈伸消息，每相乘除，况公位已重，而望益著。旦夕借秉总钺，进陟卿座，人固豫以占公。公以其重于进、安于退之节，廓之以宇宙一身之义，凡天下吉凶之患痌瘝，乃身为之，自我者尽其心，而成败利钝委之以命，上以报当宁之眷，下以答天下之望，则人宁无曰："为国家当大事，属诸刚伟恬退，其信也。"夫其信也，夫公将戒程，诸寅寀咸与饯席，予忝外史，不得辞载笔之役，然因公进退之大节，而近望之以韩范之业，则固所以酬公之知己也，于是，遂书之。

**《赠臬佥施昱应觐序》**

嘉靖甲辰，岁当天下述职之期，外自藩臬而下，例先期往事。贵宪使东谷敖公未至，宪副虚斋王公当代以往，以先擢去。

寅大夫相顾而议，或曰："以官序宜劳道林子。"

或又曰："督学有专责焉，宜。"

石桥子乃筮于巡台古崖，古崖谋之抚院培翁，翁适有事戎事，开府镇远，往复浃旬，竟从劳石桥议。公方从培翁于外，得报牒，若有难色，请其故。

公曰："吾无它，惟吾二亲松柏之年，皆逾八望九，宦兹贵，违吾亲二千里，非吾志也。京师去贵不又万里乎？是吾所以难也。"

或解之曰："吾尝闻尊翁以寡欲引年，以局戏玩视世事，湖海之襟，几席万里，瞬息千古，独无契乎哉？审如是，则其望之公者，固不在觞彩鼎养间耳。公必盼盼焉，则古之以王事不遑将父者，将尽非耶？"公乃解颜谢之。亟返贵竹，肃装戒行。

寅大夫胥顾道林子，谓宜有言。道林子叹曰："公兹往也，其贵之庆哉，其贵之庆哉！"

或问曰："公兹叹何居焉？"

曰："贵有三巨害，而土夷之劫夺不与焉，顾非使臣所宜披金门，摅忠赤，为明天子一极陈之者乎？是故公之往也，为可庆□已。曷谓三巨害？今夫贵，被甐而农，曷非龙、仲、犵狫之夷？负戈而戍，曷非中华迁谪之裔？彼田野卒伍，所恃以安其生者，惟其长帅耳。顾为若长者，非土酋武弁尔乎？天下之至暴悍，孰如土酋？计利害，孰如武弁？为氓与卒于兹贵者，是何其至不幸也，此其为巨害一也。贵每三四十里而为站，六七十里而为驿，一线之途，跨山带岭，高或入青冥，下或亘数里，滇溟重省当其右。络绎使轺，曾无虚

① 君子：《蒋道林先生文粹》作 "士君子"。

日。宦其土得代而还者，又或并婢而舁，敛货而箱，站籍馆田，奈之何不日耗而逸也，此其为巨害二也。贵多山而瘠确，溪涧之水，奔腾万折，率摧崖破石而下。纵使得一木，费较湖、蜀，非五六倍，未易至也。迩者采取大木，贵同与焉，部使征督，动以为常，是实使其民溪山而海陆也，不将困且死哉！此其为巨害三也。然则何以为明天子谋而尽去之耶？曰：郡县之制。贵亦间有增置矣，使不以遐荒视之，而尽得贤智以充。又如近者增设之议，得幸从焉，镇压综理才不乏，而威德易行。编氓戍卒，不犹可望其生耶？天下驿传劳剧，惟京辅为最。车马之费，实多通融于东西财赋之郡，例之以此，滇财赋固数十倍于贵，以其岁入之杪纾贵夫肩马足之困，亦奚而不可也？若夫采木重役，当计者第意贵与湖、蜀产木等耳，若吾所云山水之患，恶得而尽知之？明天子在上，贤公卿方祗惕弗皇，顾未有一建白者耳。苟有言之者，寝兹役，不由转圜也乎？然则又何以为贵庆哉？公尝以礼经魁天下，其在镇也，剔蠹祛敝，恒如不及。夫安国家，利社稷，大夫得专焉。在礼固有之，周询民瘼，而以告之君相，又使臣达义也。以公汲汲乎辑宁一镇之心，移之为一省，造无涯之福，公能独靳之哉！是吾所以为贵庆也。"

于是寅僚咸喜，有执觥出次而祝，曰："植正抑邪，公兹往与有责焉，敢进明哲之觞。"林子乃为之歌，载驰载驱。

又有捧觞而祝者曰："全体宇宙，忧先天下，上不负君，下不负亲，是则公立身行道，孝之大者，敢进思孝之觞。"道林子乃为之歌《南山歌》。既，诸大夫请之以为公赠。

**《赠侯缄应觐序》**

公自广东宪使来为贵藩左使，甫一年于兹，适当天下述职之期，寅大夫佥计留之，不可。乃顾道林子曰："贵古荒服之区，羝服鸟语之民，驱之供赋税，服输将，固已难矣。迩者，寇难屡兴，调发未已，加之购采重役，海陆溪山，以应督责，为今省牧之难，不什伯于昔耶？赖公弛苛琐六政，为民择利便，而济之以易简宏通之法，是故役烦而民不加扰，肩足并毁而卧犹帖席者，实公之赐也。子何以为贵人颂哉？"

道林生曰：噫，公之惠于贵也，有大焉，盍先其大？今夫切切乎簿书期会，知以应上下之须，而教化之务，则视之敝罍腐簋然，无所于用者。自汉唐而降，士不什而恒八九乎？且贵匪西南夷獠窟耶？使有圣贤者当其责，欲尽变陋恶之习，纳之乎冠裳礼乐，俾吾之法制有措，不至于钝斧而挫斤，舍教化何事哉！予之来柄贵学，实先公一年，萧条遐土，人固思得急调以去，因黉序草创之规而试加修拓焉，其谁暇为我谋也。公寻至，乃辄以为己任弗辞。

先是，廪士之议，虽荷两台力成之，顾尚代以藩库储饷，士称不便。公闻，即径为易以所在仓储。使公早至，廪议固早决，而士且蒙全廪矣。

贵自丁酉开科，湖偏、镇而下五卫学附试之请，经议凡几，竟阻阁焉。公至览议，即为申白两台，请疏其事，委曲通变，公实不遗余力，用是，竟得如请。属岁当大比，凡裁虚费以益帘内，破常格以优荐士，往往无问贤不肖，每借之辞色，恳切诲论，则尤近世卿大夫所难也。

夫公曷以有是耶？昔公之守池也，高阳明之风，则特为辟书院，以倡郡士。其于甘泉翁，师事尤力。从池士施子中、江汝鲁辈，择九华之盛，为辟书院。竟夺于权豪，不究公志。然泾野东郭，媲美石鼓之文，岂无嗣公而图之者？公之烈，盖未可磨也。

尝语予曰："阳明、甘泉，世之从声而吠者多矣，顾世谁为梦到二先生脚板者耶？"即此以观公之识，何如哉？文翁在蜀，蜀人始好文。韩昌黎在潮，潮人始知学。大抵古之君子人品识见，有超乎俗，随任作用，往往如此。公兹往也，或即简擢贰卿，亦或暂借总钺大藩。公论籍籍，岂假予言？惟以公畴昔汲汲乎人才风俗，则天理民彝，将必有赖。为国家贻令图，开弘业，不属之公耶！

予昔与公寅交于蜀，知公之美颇悉。兹不暇尽述，特先其大者耳。于是寅大夫咸喜，请遂书之，表公大节，以风末俗云。

## 徐　樾

### 《送蔡云程擢滇云宪长序》

豪杰之生也，必有挺然于流俗之表而自信者，有所执而自安者，不诡于方也。予尝求之于海内矣，而尚友之也。故曰：得见君子于有恒者，斯可矣。博观固多，夫斯世之为贤者矣。居京师者八年，而见俊伟奇特之士盈天下，求其卓然成章，而恒于德者，尚有俟于岁月也。居闽者又四年，而见才猷弘博之士聚一方，而求其自信于是，而行无出入，依乎君子者，尚有俟于岁月也。

兹居贵阳者又一年矣，才俊与四方莫之异也，而沉实就里者，每历官于斯也。是亦山川之所召也，有由然者矣。

贵之山川峻嵂而洁，宽博停涵，若有未足者矣。一时相聚名公，优深弘硕，而于经理政治之间，使士民恬然由之，而遂于乐利之愿，诚庶乎西汉之风也。

其治理之化，于山川之运，有相济者。甚矣，夫化工之巧，若为之安排者矣。居斯也，而斯道以保民之至也，或激焉，而或峻焉，则犹夫山也而益削几，犹夫水也而益倾孱，不愈于薄之甚也。而替袭之功，无以望于我长民者矣。果若何，而未之思乎？

鹤田莅藩政也，宽而栗，扰而毅。峻犹夫山也，而含弘不测；洁犹夫水也，而汪洋无津。幸而以五年、七年期之，所以裕吾民，兴吾土也。无骎骎乎于淳庞之化，而山川之取助也，亦巍巍矣。士民方乐为之濡其泽而动于中，将戚戚乎日改月移之机，而莫知其自。

忽然有滇云之命矣，岂惟士民为之惘然也哉，樾也与二三执事也失助多矣，恒其德而深造乎君子之归者，鹤田信矣，为斯文之望也。鹤田其可行乎哉！滇之士于去后之慕也，方切道德之忧，而来也倏然矣，敷教于方集之日，而持宪以维[1]督学有成之政，是义用三德之道，而明刑弼教之无遗。滇之俗游于方也，不拭目于先生乎哉？樾尝佩霞山翁之德，观于闽贵者深矣。麟之有定，河之有源，世德之求，蔡氏有重光矣。况趋庭之彦郁郁又二三子也。士之力于为善也，可后乎哉？先生之行也，书以赠之，而以为从政者告。

**《庆中丞白厓刘渠总督南储荣行叙》**

教授袁卿等率弟子员余润恩等三百六十有奇，肃容陈币，登堂献诚，乃曰："大中丞厓翁老先生荣膺简命，届行有期，卿等朝夕是惧，饫德永怀，谋与二三子，中心有好，不能喻美而扬诸辞，众志皇皇，愧无以似之。难乎，颂大人君子而快舆情也，敢以请。"

樾固溢于亲炙之者也。寤言怀抱，犹夫二三子也，能文乎哉？尝闻君子之论世也，不贵史而贵野，敢负不令而莫轸亹亹之诚，以嘉盛事乎！夫文者，治之贲也，士者，抡养之材也，观治者稽成效于斯焉，而知其政。甚矣，夫难乎其始也，良工之心，非及规矩之外莫喻其巧，而可概议哉？是故屯之义不宁于其初，蛊之义永贞于后。盖必有待夫君子以经纶而干蛊，于是乎文明而贲也，《易》曰"观乎人文"，语治之盛焉。

贵之边夷，而薄视于四方也久矣。苗民弗用灵缔，自三五而今也，萃为一区，是故干戈之虽有，法制礼教浸渍其中，而大昭代迈古之盛。然岁役兵革，生理未敷，政玩化弛，节镇侮东雄之虞，境治报铜平之扰，大攘小窃，居者负旷，旅者踵祸，孰不频蹙于千里之土也哉？贤智者尝奋臂其间，民痍财殚，卒困长策，未有劳于一试而永赖于兹土者也。讯梗而辑，裕乏而丰，纾屯饰蛊而曲致噬嗑之治，乃以受贲，甫见于今日也。二三子嘻嘻然，父兄棣棣然，家室长趋阔步，谈诗书而雍然于衣冠之会，信可乐也。而不劳心者，绥之动之，抑千百其虑也哉。乐其成也，而不知究其始也，其得为智乎！深

① 以维：此处原文错序，原文以后文字错置于473页，现改正。

于翁之泽也，宜求诸于翁之心也。苟不推恩而能运四境于仁域者，故曰：如保赤子[①]。以夷之无知，而地之瘠薄，煦之则顽，策之则伤，犹甚于赤子者。俄而毕席于相安之化，民乐于野，商忘于途，百工艺于市，大夫百执事，皆得据法而理，以各懋于官，丕绩嘉猷，伊谁为之？此二三子之所以循循日异而月有不同，裒然庶乎为一方之士，而尚于郁郁者也，翁也迪之以道，而开其志，儆之以时，而作其艺，鼓动潜移于百政兴举之下，是以有今日之乐，无昔者之虞也。

若仁民之心不至，则宜民之智不周；体国之政不详，则成务之效不备。失慎乃宪，丛脞或集，又何以语贵，况艰其地与民也，乃克若时和衷以臻成效也哉？故为政者，忧民为大也，忧之而思之，思之而作睿，睿通于政，则国小而智大矣，援屯而享，干蛊而誉，屯文明所以致也，翁之仁政弘于兹士也，至矣。宜二三子之遑遑而有请，卿等抚然再拜曰："是足以快舆情矣，愿以代颂。"

## 御史陈讲撰

### 《郡人同知范府去思序》

遂据蜀中上，在前代为府、为郡，南北封域延袤四百里，俗强仁慕义，以气概相高。又当蜀寇干戈之后，政繁民敝，吏于兹者恒难焉。

正德甲戌，贵阳范侯被荐来知邑事，至则首张政纪，贞彝度，防黠吏，抑豪右，境内如霆驱电熻，莫敢仰视。邑称桀悍不可诘擿者，咸走伏山泽，誓不复骋威行。施之以恩，乃均租平役，履亩劝农，新学兴化，春淋应祷，冬雪呈禛，年时以登，民乃大庆。遂兴度城事，财匪官损，力匪农妨，巨石巉巉，楼橹岩岩，保民御暴，实万世之利焉。

三年，惠化休畅，隽声流闻，荐剡交上。明年，擢刺雅州，再迁郡二。去治已久，民之思之咸如一日。间承台檄，三历遂宁，老稚将迎，拥辄泣下，依依弗忍其去，邑士夫既建城碑，以勒侯功。复为歌诗以述民志，裒聚成帙，题曰"古遂去思"。

余亦思侯者，乃叙之曰：夫令，近民者也，民不容伪者也。故可欺台章之荐，而不可得丘民之心；可倖旦夕之欢娱，而不可保去后之颂慕。语曰："茅柔而后人籍之，泽下而后水归之。"盖言得民之难也。古称循吏，莫盛于两汉，然曰去思者，何武之外无几焉。世降俗下，皎皎者多誉而寡实，赫赫者专威而寡惠，甚者急如束薪，虐如豺虺，速谗贾怨，难乎免于今之民矣。

① 赤子：原文下接475页，错序，现改正为下接623页。

孰谓去而久，久而思，思而咏，如侯者，可多得哉！

诸作摅宣庶情，质而弗饰，是为实录，后之览者，将指而言曰："此循吏传也。"

### 少岷曾玙撰

#### 《郡人同知范府怀循序》

怀循诗，泸人士相与鸣也，鸣而成帙。君子名曰"怀循"也。何言乎怀循？有摄政于泸，泸人士乐其有拊循之心，不克终惠而怀之，怀之而形之声诗焉，为范君也。范君贰渝，监司俾摄吾泸，泸今年六月不雨，君至之日，斋沐虔祷，既雨，乃缓刑。已，责息浮讼，清近习，问疾苦，裁冗费，旄倪欣欣若更生焉。未逾月，君亟请复于其任，泸人士能无怀乎？君子之名之曰"怀循"，其亦有先民之思乎？

或曰："由汉以上，史传称循吏，落落如晨星，至荣也。然皆专职焉，且甚久，范君于泸，摄也，又甚近，'怀循'之称，不已过乎？"

曰："传固有之，称其近者三人焉。公孙氏为政于郑一年，而竖子不狎戏，斑白者不提挈。叔敖氏为政于楚三月，而民乐生。期年耳，三月耳，为时固未久也。又其甚近者，龚遂氏为渤海，甫入境，群盗解散，郡中翕然。后世称循焉，又何俟乎时月之久耶？"

或又曰："彼有其末，故录其始，今兹有其始耳，辄称之，何其易与？"

曰："君固有专而久者，足征已。君自始仕以至于今兹，皆吾蜀地也，故得闻而知之。君教巴邑，令遂宁，历历有嘉绩。进而刺雅，尤难焉。雅俗多豪右，寄田赋，疲民莫敢诉，君任怨，与之改革，尝画奇计讨罪人，不烦师徒。其大者，中使迎佛，适聚于雅，供亿之钜，诛取之猛，君力当之，雅人恃如长城。雅于泸，行道之人相踵也，啧啧语不置，斯君之专事而久者，固不足征矣乎？"

人曰："摄事易勉也，然亦易眩也，不必专也。近易能也，然亦易忽也，不必久也。君子之于人也，察其心，斯知其政矣；观其摄，斯知其专矣；即其近，斯知其久矣。他日考成于渝，渝人士又将称曰：君何如？君何如？是在君矣。抑愚又见夫传所称循吏，亦往往为奸谗所诬构，而后世固称之。称不称不可必，而天道固有知也。知不知不可必，而天者固全矣。若夫希附以为阶，惟华叶之饰，而或疚乎中，君必不然。君亦深念之哉！"

予处忧，不敢续怀循之咏歌，辱诸君子命，序于首简。

君字季修，号素渠，世家贵州，用《尚书》发解，仪观丰盈，即之如有容，仕优而学，歆然如有所未满，识者期远业云。

## 徐樾

### 《刻燕射礼仪序》

仁者，道之体也；礼者，生于心而著为饰文者也。故曰："人而不仁，如礼何？"是故孔门之学，求仁而已矣。不能自尽此心而于万物有遗体者，乌乎而语礼也哉？君子谋诸礼以为学，且以立教，不贤而能之乎？然而未仁焉。趋锵熟而形神隔，矜持生而物情离。礼之作于先王者荒矣。

是以君子必明诸心而尽乎仁也。仁则万物备我，而泯声臭于寂感之间。则夫佑神而酬世者，各中其节文而曲当于人情、物理之安，斯之谓礼所生也。先王本诸心以达诸礼，而知其为人心同然者，乃作之以经于万世，万世之下，有不自得于其心而能通于礼，乃以辅世哉？则礼也者，犹夫艺也。敬慎于仪焉耳矣。

十夏曰礼，后乎人而昧于其所先者，果学焉。而能立乎燕射之礼。今以训士，序让樽节，曲折周旋，闲武备于雍逊，绳士以规矩而就礼义者，信在兹也。文则似矣，而心也非。先生之旧譬优伶之习于技，何以异哉？尝稽诸制礼者之仁矣，主宾僎士，概及三耦，司马司射，以达于弟子之司。序之有度，作之有则，惇厚之情，溢于敬事之闲，是本其所以成物者而条理以极其宜，可以即仁者之心，而喻于其道也。

献酬交错，情意毕备，而宴酬之会，亦必稽中和而观德。是以必有事于射，隆敬于大宾矣，而侑之以僎，比德者也。僎不可以无耦士也。犹夫其贤也，德不孤而同应者众矣。次之以众宾焉。司马者，掌正者也，司射者，理事者也，事群矣，而敬之以朴，立弟子于礼也。三耦者，熟于艺也，乐宾而遇诱，所以事尊也，则主人之为是宴也，至矣哉。宾僎暨百执事皆相忘于礼，而充然于道德之会，百美备焉。是非尽人之分而各为之所，抑何以雍雍其和，而秩秩其序哉，固可以观仁矣。推是心也以往，万物有不得其所者，未之有也。是谓先王之礼，孔门之仁。

## 山西提学佥事郑光溥

### 《送分守河东参议顾坚南归序》

分守河东恒斋少参以宪台旧臣，风裁特著，转秩晋藩，三年于兹，禁戢安集，洁节贞励，专城保障，恩威兼著，愚稚咸服，人皆以内召旦夕矣。乃今倏尔解组治装，辞归甚力。抚按廉知其贤，复以吏民失仰戴惜，不为允。公随毅然上章，历叙从仕优渥，不忍舍去与不能不去之意。朝廷以封疆重臣，恐难其代，敕下铨曹议今所以去留，铨曹以某天下公议所在，不当去。然意实迫切，不宜强留，两上之。皇上悯其情，且察知历年任官，久于效绩，可其奏，使得自遂。命下，晋藩司僚相与共叹惜之，以为高不可及，然不可以无述也，命予赋之。

予且思古今当仕位，蒙宠泽，而能解去者有几？中流勇决，脱然无所系累，如公之从容解去，亦不知有几？陶靖节功业未竟所志，去非本心。张翰洒然思归，恐不能无所为也。故身有可去，时未可去；时有可去，君未可去。君可去，时可去，而身顾不能以决去。时未可，君未可者，势在人也；不能决者，机在我也。在人者不可必，在我者不能必。此高尚之士，所以怀郁而进退雅适，振古所以称能也。我国家登庸贤俊，恩礼并隆，布以腹心手足，使得大展洪猷，内外相维，师师相让，位在而不以为嫌，解任求去，著在训典。以情言者得以情遂，不阻事势，不牵繁文，绰绰有裕，诚唐虞三代大公至仁之意。

我皇上赞绍帝统，推广恩余[1]，覃及黎庶，奔走效劳，相待一体，居者不疑，去者不迫，洪锡保极，与天无外。用舍不泥，咸示以恩。尧、舜、禹、汤，臣邻弼谐。宽仁有制，恐未是过。士当其时，得遭是遇，动无顾忌，是诚不偶。公荷累世培植，修己秉文，筮仕有年，非不知感恩图报，效用臣节，而乃幡然求去，轩冕物外，裁之自我，确不可拔。行止者人也，用舍者命也，去就之机，筹之熟矣。孔子谓："进以礼，退当以义。"义，裁制也，此所以不淹留于终日者，以是夫。

## 李　涵

### 《赠杨沔迁蜀臬序》

鹤台公之参知贵藩也，将三载。先期，捧檄而告于予曰："三载考绩，例也，愿为我达之。"

予曰："不然，惟公资深望重，德厚福隆，峻擢当在旦夕，何以及瓜为哉？"

少顷，有小吏驰报曰："公迁粤臬矣。"

公曰："旧游地也，但与梦未协耳。"

明日，又小吏持邸报曰："公迁蜀臬矣。"

于时，三司诸君子暨予，相与往贺之，请言其梦。

公曰："己酉冬入觐，梦试于铨曹，批一'四'字，既觉，竟弗知之也。"

予曰："江淹授笔，丁固生松，梦之有验，尚矣。"

---

① 恩余：原文作"因心余泽"，不通，据云图本改。

淄涯李公曰："吾闻四川，古蜀国也，蜀字象形有四，而藩亦名之，梦兆其验矣哉。"

予曰："未也。"

鸿山伍公曰："吾闻总宪于蜀者，自同年岑蒲谷后，次缪六泉，次张正野，又次及公，以数计之，公居其四，梦兆其验矣哉。"

予曰："是也，而未尽也。"

诸公曰："盍为我言之？"

予曰："尝闻我朝名臣录。宣德、正统间名臣有曰文贞之东杨，文敏之西杨，文定之南杨，是三杨者，勋业文章，巍巍当时，烨烨来裔，百十余年，人孰不知之？亦孰不仰之？鹤台公其学渊深，其才雄浑，其量优容，其心坦夷，其行忠直，其德刚方。为廷评也，南都之民，以不冤颂之。为太守也，百粤之民，以良牧思之。提兵于鄱阳，而澄清郡邑之誉彰焉。参知于贵竹，而屏翰边夷之绩懋焉。自是而为长宪，为中丞，为卿，为相，纾蕴以弼我明天子，以钧四海，以霖雨天下，其勋业文章之盛，殆将与三杨媲美矣。是三杨之后又一杨也，后之人将称之曰：我朝名臣有四杨也。梦四之义，或者其在斯乎。"

诸公曰："公言尽矣，亦可以华其行矣。"

遂书之，以为他日征。

## 《重刊〈便民图纂〉序》

便民者，便于民者也。图纂者何？图以象告，纂以事言，所以便于民也。盖民之生也，耕织树艺之法，起居调摄之宜，占验祈禳之事，牧养制造之方，皆切于日用而不可缺者。是书也，无一弗备。匪直便于一人，而可通乎天下；匪直便于一时，而可及于后世，其视《齐民要术》《居家必用》诸编，尤为明且尽焉，谓之"便民图纂"也，信哉。

任丘邝公始刻于吴，是后，方伯吕九川刻于滇，侍御陈少岳刻于粤，顾传播未广，虽缙绅有不及见者，况边方乎？况边方之小民乎？

予分臬河西时，亟欲刻行，而竟以工拙止。兹承乏贵藩，会少参顾阁峰公相与讲求惠民之政，公出是书，曰："愿刻之以传。"

予拜而受之，曰："予意也。"

即请于公，正其差讹，鸠工锓梓于贵藩之同乐亭，以便吾民，其不能遍及者，则又摘其要约，帖于城市乡村之空壁间，俾人人知此良法，庶乎民志可通，民用弗迷，得衣食之源，全生养之道，以亨乐利之休于无穷也。

## 胡尧时

### 《教家要略序》

传称先王之世，比屋可封，人人有君子之行。于戏，何其盛哉！夫身有君子之行，则屋有可封之俗；家不殊俗，则国不殊政。是故殷泽观乎旧家，汉俗察乎箕帚，邦国御于刑于，化原视诸阃则。然则君子欲复先王之治于末季之后，有教家而已矣。

语有之："贤才出，国将昌；子孙才，族将大。"嗟乎！昌国之贤才，非大族之子孙乎？然而家教系之矣。《易》之"家人"曰："君子以言有物，而行有恒。"是故君子修身以教家，务乎言行而已。取诸人以为家教，务乎嘉言善行而已。

《教家要略》一编，凡若干条，古今人嘉言善行，或掇其华。夫大学、小学之书，《内则》《曲礼》之文，教无以尚，它或拘细而难遵，或阔远而无当，或信美而无征，或大苦而难继。是编也，其颜氏所谓开心明目，可利于行者乎？今夫上智之资，得之生成；中士以下，动于观感。昔之好学者曰："开卷辄与古人不相似。"有味哉斯言。愚以为是编也，固宜士大夫观之，其次莫如诸生。夫观之而身有之，则大快矣。如其不然，将无思所以似之乎？士大夫、诸生尽似古人，皆有君子之行，则国家贤才可胜用乎！天下生民可胜赖乎！吁，可念哉！

编是者，吴下姚君大氏，方伯璞冈马公得之令武进时，受而心惟之十五六年矣，又梓以入滇间日，是比诗文家孰益治可广也，因锓之梓，所谓与人为善者，与璞冈公其将受锡类之报乎？愚也受简序之。

## 谢东山

### 《送李涵入觐序》

贵州，古黔中地也。国朝洪武初，分隶川、湖、滇三省，至永乐十一年，始置布政司。今天下布政司十有三，而贵州为最后。盖其地荒僻且狭小也，为布政使于此中者，以他省视之，诚若甚易，然而不知其难实数倍于他省。盖贵州民夷杂处，而夷居十八九。溪洞山箐，内外隔离，官府催征，未易刻期而办。又他省左右辖各一员，而贵州惟左辖一员，独任其劳。且附郭无郡县，惟宣慰司，而宣慰使土官也，深居简出不为用。一切公私费，虽米盐细碎，必关方伯。财赋所入，曾不能当他省之十一，而岁用之需，大约相等，不谓之难不可也。夫以其荒僻且狭小也，不知者曰官于此者，不必奇伟特绝之才而后可也，然其难实数倍于他省，自非奇伟特绝之才无以胜其任而观其成功。然则居其小，处其难，能胜其任而观其成功，无奇伟特绝之称而有奇伟特绝之效，予于平厓李公见之矣。

况迩者苗民不靖，奉命大举，供亿不资，其难又有甚于往时者乎！明年，岁在癸丑，属天下官员三年入觐述职，公当行。又二月，三年满，当考于吏部。夫近岁方伯鲜考满者，而公独满三年不迁，谓公不由右辖，是以迟与？然凡今右辖，拱手而已，鲜分任事。而公为左辖，独任其劳者三年。顾犹以其不由右而迟之，不惟劳绩之计，而惟岁月之稽。朝廷命官之意，宜不如此。而况自右而左，不三年而迁者亦不少耶？

虽然，三载考绩，古今定制也，人失之而公独得之，不惟足以尽公之才，而亦足以彰公之节，未可以为屈也。《舜典》之卒章曰："三载考绩，三考，黜陟幽明，庶绩咸熙，分北三苗。"言舜命二十二人之后，立为考绩黜陟之法，以时举行，而其效如此。夫言熙，庶绩足矣，而继以分北三苗，又以见夷之难治，非若庶绩之易举也。

公布天子之政于贵阳，三年之间，能使鸟言卉服之民，欣欣然奔走供输不敢后。既而大举之日，粮饷载道，智勇协心，诸寨渐平，群丑率服，逋逃元恶，相继授首，而分北之政行焉。其为绩之最而明之当陟，又岂但如寻常庶绩之举而已哉！

明年，考功上公最于天子，天子置公台省长二，将以惠一方者惠四方，其在兹行矣。同寅诸君于公之行，既以失所因依为己戚；而于公之大用，又以朝廷得人为世道庆。故征言于予，而予序之如此，且以赞公敷奏以言之意云。

## 《送仰斋胡尧时序》

我国家文明化洽，理学大儒，后先相望。而阳明王公则妙悟宗旨，刊落支离，其有功于后学为尤大。山自弱冠时，得公《传习录》而读之，虽以至愚之质，亦未尝不忻然会意。及读公《居夷集》，而又未尝不叹天之所以重困公而玉之成者，实在乎此。其后，公之道大行，发越流传遍海内，而独盛于江西。今之江西士大夫或隐或显，其挺然为世大儒者，非其友朋，则其门人弟子也。而吉安一郡，又为江西冠。为公友者，有整庵罗氏。为公弟子者，有东郭邹氏、南野欧阳氏、晴川刘氏、双江聂氏、大廓王氏、念庵罗氏，与今贵州按察使仰斋胡先生也。先生性定而气闲，察理精而执事敬，和不为靡，刚不为愎，非所谓挺然大儒者与？

初，先生为驾部郎中，时予为武选司主事，朝夕聆绪论，挹清光者几一年。自先生出而视学滇南，不及见者七年于兹矣。今年春，予承乏贵阳督学，过龙场，登何陋轩，读阳明公手书壁记，抚公手植高松，遇一二耆民，道公往事，历历如在目前。既以偿吾高山景行之愿，又喜先生以公之高弟，适为臬司宪长，得左右一堂，如在本兵时。噫，何其幸也！

虽先生职事在刑名案牍，然谓贵阳民夷杂处，尤宜先教化而后刑罚。既以躬行为此邦士人倡，复增修黉舍与阳明书院，凡公之遗言在贵阳者，悉为镌刻垂远，且与四方学者共焉。朔望，率诸生拜先圣礼毕，即诣阳明祠，展拜如谒先圣礼。已，乃进诸生堂下，与之讲论学问，率以为常。盖予犹及追随者数次焉。

昔阳明公谪居龙场，适我同郡席文襄公为贵阳督学，文襄公自龙场延公于文明书院，以教诸士。当是时，不惟贵阳诸士得闻所未闻，而文襄公之学亦由此深造远诣，至今贵阳称善教者必曰文襄。则阳明公切磨之功，固不可诬也。

山也已之未治，而冒焉任教人之责，蚤夜遑遑，惟不胜是惧，然公所以开我及先生所以教我者已多，即公与先生所以开我、教我者以自治，且以为多士倡，不亦可乎？

然予犹窃自惧焉，阳明与整庵二公，友也。而二公之见，在当时终不能挈而合之，然识者是阳明而不非整庵，以整庵之见虽于阳明有不同，然其真修实践而有得，则固卓乎不可及也。学者真修实践亦能如整庵，则虽其见有不同，亦何害其为有得？不然，守虚见而不实用其力，顾谓整庵之见不如阳明，亦见其谬也已。此先生所以尊信阳明，而亦未尝不拳拳于整庵之慨慕也。

近予持双江公主静立体之说，以质于先生，而先生有我心戚戚之叹，得非有感于世人之学然与？然则予亦持此心，以期无负于先生而已。兹先生有入觐之行，同寅诸君属予为之序，诸君之中，东溪廖君、见湖万君、南冈龙君皆先生乡人，而鹤亭赵君则予乡人，又皆同志友也，予知其意当不异于予，故书此以为先生赠。

### 尚书湛若水

#### 《送赵维垣佥宪江西序》

赵子伯师举壬辰进士，选为吉士，入读中秘书。天子欲授以事，授刑部主事，复以其才宜为清秩，改营部追坐刑曹事，左迁推官于大名，又同知宝庆。今擢南库部郎，未几，而江西佥宪之命下矣。

部员吴藩辈相率来告曰："赵子清才笃志，方幸侍教，无何而去，众人则若欣欣，维垣则若怅然者，幸卒教之。"

甘泉翁曰："诸君云何？曰赵子之在翰院，清秩也，而去为刑曹，赵子不戚戚。其改礼闱，清秩也，而左迁推官，赵子不戚戚。其在翰院礼曹也，为清、为简、为逸；出而刑曹，迁而理事，臬事也，为剧、为劳，赵子不戚戚。若赵子者，可以授道矣。”

“请有所谕也。”

曰：“诸子所言者境耳，迹耳，盍亦求诸心乎？君子之仕也，上以事君，下以治民。凡以行吾之学，尽吾之心而致之君民者也，孰清孰俗？孰简孰剧？孰逸孰劳？惟其系情于迹，则趋避生焉，情随境迁，而本心忘焉，乃俗、乃剧、乃劳也，而其大本荒矣。殊不知天然之理，无解于心，无与于境也。使赵子之在翰院，在礼曹也，自以为清、为简、为逸，屈意营求焉，其不亦俗且剧且劳乎？使赵子之在法曹理司也，自以为俗、为剧、为劳，而容心以严惮，则其心安得而清且简且逸乎？惟于其素位而行，心安于俗而无俗不清，心安于剧而无剧不简，心安于劳而无劳不逸。惟理之安，则乐莫大焉。是故君子论学与政，至唐虞之世极矣。君子之仕，而事君治民，禹、稷、契、皋陶、伯夷、伯益之为臣，亦可矣。方是时，夔典乐，伯夷典礼，契敷教，不以为清。稷教播种，益烈山泽，不以为俗。皋陶明刑，不以为剧。禹治水八年于外，不以为劳。盖天下之事如人一体，其动其静，协恭而共齐者，惟此一心。则自无心外之学，无心外之政，亦无心外之境与迹矣。赵子志在远大，其行也，以古大臣之道告之。”

## 翰林院检讨李本

### 《寿御史王惟孝父王锐序》

侍御王笔峰氏奉敕按凤阳诸郡仓场事竣，复命，将取道觐省。于是，台院诸公不以本之蒙昧，乃相告曰：“笔峰尊翁仁轩公，年逾八十矣。今春，圣天子肇举明堂礼，推恩得封如笔峰官。笔峰敭历内外，久念翁在堂，陟岵瞻云，兴怀綮思，盖无日不然者。兹会以衣绣旋，事诚奇美，稽古罕俪，子其言哉。”

予不获辞，乃曰：“今夫耄耋期颐，台背儿齿，体矫矫尔而强，发种种尔而黄，颜泽泽尔而童，精神凝聚，缅邈而久长，天下之善言寿者莫加焉。人见仁轩之若是也，曰：‘寿哉！’三子列侍，美媲陈氏；五桂齐芳，盛拟窦庭。称器尽璠玙者，奕世重光！翊才皆经纬者，文彩互映。龙章烨烨，廌服辉辉，父以子贵，隐而弥彰，天下之善言荣者莫加焉。人见仁轩公之若是也，曰：‘荣哉！’夫人之见信寿矣，荣矣。然寿者定于天，而全于人者也；荣者加于外，而本于内者也。予窃闻之，仁轩公仁人也，毓德中和，植性慈惠，兼资九德，总修百行，器量则汪汪浩浩，矩度则恂恂彬彬。务施与不计有无，遇物群众未尝有争忿。故凡所往，辄称为长者，仁可知矣。平居抱一含真，抉通遗累，从容冲虚，因乎自然。朝夕训笔峰伯仲，综览载籍，砥砺忠孝。未几，笔峰伯兄郡博，笔峰联跻通显，今季弟居黉校，方名籍甚，□奇□英，并驰誉海内，岂非仁轩公积仁深厚之报邪？不必吐纳导引而寿，不必十要希取为荣。《诗》曰：'何其处也，必有与也；何其义也，必有以也。'斯孔子所谓'仁者寿'，孟子所谓'仁则荣者'欤？且笔峰秉公正而厉风裁，使千里之内，暴官污吏解印绶去，纳民于仁寿之域，岂王公孺活万人已哉！至于拟议是非，臧否邪正，缄启青箱，珍逾龟宝，一为所论，即汗悚缩恧之不暇，苟有荐焉，荣于华衮矣。是以衍绎心源，缉熙道岸，俾仁轩益寿增荣，其在兹乎！"

诸公曰："子之言则然矣，惟我寮采愿更祝焉，而致诸笔峰以往。"

予曰："古有籛铿者称寿，愿仁轩者亦籛铿然。"

诸公曰："虽寿八百尔，其妻犹以为促也。"

予曰："古有大椿者称寿，愿仁轩公亦椿然。"

诸公曰："八千岁为春秋，可谓寿矣，然而亦有尽也。"

予曰："星有老人，光色明朗，玄象辉焕，弘祐征休，万古长在，若是何如？"

诸公曰："至矣。请书之。"

## 赵希夔

### 《重刻神仙太乙紫金丹序》

希夔曰："按此方载古袖珍书，俞良能谓葛丞相所传，前此不可考矣，至宋参议又衍之。近麻城刘氏刻经验方，亦以此为称首。药品虽尠，奏功实大，资费甚廉，而能治诸险症。予尝宦游滇贵瘴疠之区，多所畜制，以救病苦，殊觉灵异。虽遇道傍危疾，但取之巾牍济，罔弗验。简易神圣，莫良于此。若药品不真，修合不诚，则将负此良方矣。是又轩岐济物之秘诀也。爰刻之，以与四方卫生者共。是为引。"

## 程爀

### 《魁星石记序》

贵州贡院掌卷所，堂下屹立一石，高三尺许，大径二尺。嘉靖己酉科，镇远守程爀奇之，乃篆"魁星石"三字，而又铭焉。思南守李公梦祥、思州守李公允简、都匀守陈公钦命匠氏镌之。

越壬子科，黎平守王公璧以考绩先至省，时修饰贡院，得达观六所，见斯石有篆有铭，叹曰："石其魁星矣乎？"是科，爀与璧掌卷所同事。璧曰：

“六所惟掌卷房有奇石，数十年惟公铭斯石，吉兆矣，几动矣。今科魁解必掌卷所所阅之卷也。”

既而，至公堂分毕卷，命以参阅，璧阅《诗经》百七十卷，得士五人，爀阅《书》经百八十卷，得士六人。及揭晓，魁解预焉。璧曰：“此非兆之吉于斯石，几之动于斯铭乎。”

爀曰：“非也，掌卷者，掌应试士子五经之卷也，非止于所阅也。魁解者，中式居首者也。凡中式者，于诸士子中拔之，亦魁也。石之铭曰以瑞文明，以德坤宁，以事业柱石王庭。言功业也。士君子出而为世用，必能名世，而后无愧于所产所取者。故在学则魁学，在乡试则魁贵州，在会试、廷试，则魁天下。虽然，此文章之魁也。有道德之魁，有功业之魁，随其职之崇卑，行其所学，以修己，以爱人，以忠君亲上，以奠安海宇，以柱石国家，而见诸实用，为人所钦，为世所仰，乃所谓魁也，乃所渭吉兆于斯石，而几动于斯铭也。”

璧曰：“公之言然，宜记以为中式诸士子告。”爀遂书之。

## 两京国子祭酒周洪谟撰

### 《安氏家传序》

贵州宣慰使司，《禹贡》荆梁南境，东至龙里，西境乌撒，南连泗城，北抵播州，广及千里轮半之。其先有慕济济者，与普里部犵狫氏争为居长，迭有盛衰。其后有曰济济火，善抚其众。时闻诸葛武侯南征，通道积粮，以迎武侯。武侯大悦，遂命为先锋。赞武侯以平南夷，擒纵孟获。及归，克犵狫氏，拓其境土，武侯封为罗甸国王。自济火传至普贵，凡五十六代，其先间皆封以王爵。

《大明一统志》称：普贵宋开宝间纳土归附，赐王爵，以镇一方。普贵卒，其后嗣被邻封诖误，宋帝命将征讨。普氏子孙具状以闻，遂班师，不入其境。降敕谕之曰：“予以义正邦，华夏蛮貊，罔不率服。惟尔贵州，远在要服。先王之制，要服者来贡，荒服者来享，不贡，故伐之。予往年为扶播南杨氏之弱，劳我王师，罪人斯得，想亦闻之。有司因请进兵尔土，悉问不贡，予曰：‘远人不服，则修文德以来之，穷兵黩武，予所不忍。’寻乃班师，得尔母子状，知欲向化，乃布兹文告之辞。尔若挈土来庭，爵禄、土地、人民，世守如旧，予不食言。故兹制旨，想宜知悉。”

其后有曰卜薛，仍袭王爵，至于胡元，自曰阿委氏，其妻奢湛夫人。阿委卒，把事普加专权作乱，不修职贡。元帝命将刘平章来讨，师既临境，奢湛密计斩普加首，诣军前请罪，刘平章命阿委之子阿那仍守其土。用是，元始去其王爵。至正十九年，以阿那授三珠虎符、昭勇大将军、顺元路总管。疾，卒，弟阿怫即阿画，至大元年，袭授武略将军、顺元等处军民宣抚使，袭带原降虎符。泰定年间，赐名帖木儿卜花，中奉大夫、护国侍卫亲军都指挥、八番沿边宣慰使。至顺元年，升授资善大夫、云南行省左丞。后以征伐有功，授昭勇大将军，重授三珠虎符，升顺元八番等处军民宣慰使，加龙虎大将军，封顺元郡罗甸国侯。至元元年，赴大都，回至彰德，薨，追封济国公。阿画事略见《大明一统志》。

其从子霭翠袭授中顺大夫、四川等处行中书省左丞，兼顺元等处世袭土官宣慰使，加镇国大将军、三珠虎符。其妻奢香聪慧过人，辅助于内。其臣总管陇约，小心谨慎，协赞于外。适元季明玉真据蜀，伏遇太祖高皇帝龙飞九五，平定中原。贵州所属水西产有良马数十匹，令把事重译，从镇远达沅湘，买路赴京进贡，荷蒙圣皇大喜，厚赏以归。

时闻天兵南下，西蜀以平，备马百匹，赍本司印信并授牌，面赴重庆府总兵官缴纳。时夏国主明升以全蜀降，献龙马，命学士宋濂作赞，是马出于贵州养龙坑者也。宋濂作赞见文集。

洪武四年，钦蒙设贵州宣慰司，授土官宣慰使。五年，授广威将军诰令，子孙世袭。六年，升本司为贵州宣慰使司。本年，授明威将军，及赐水字号勘合文范。七年，授怀远将军诰命，子孙世袭。十三年，大将征讨云南，师至沅州，霭翠命总管陇约迎至镇远，通道积粮以候。大军既至，百蛮破胆，靡不悦服。霭翠备马一万匹，米一万石，毡一万领，刀弩、牛羊各一万，以助军资。蓝、傅二总兵官甚喜，度本司地方道路开设十一驿、四巡检司而去。十七年，霭翠及陇约赴京朝见，赏赐甚厚。十九年，霭翠殁，其事亦略见《大明一统志》。

明年，弟安的袭职。二十二年，贵州都指挥同知马烨激变，水西头目奢香与安的阻止不听，时侍郎郑彦文在贵州公干，奢香窃路走告，侍郎以其事闻。朝廷遣使取烨回。仍宣奢香赴京朝见。太祖高皇帝悦，命内臣引入内宫见太后，蒙赐珠冠、钑花、金带，及彩段、筵宴，封贤德夫人以归。安的亦能承继祖业，抚理地方。其后子孙遂以安为姓。二十四年，授亚中大夫诰命。三十年，为军务事，赴京谢恩，回至播州湘川驿卒。弟安卜葩袭职。

永乐二年，授怀远将军诰命。是时，总管陇约已卒，卜葩年老有疾，安纳洪替职。十六年，赴京进贡，回至襄阳汉江驿，病卒。孙彬榍尚幼，从父安中借职，彬榍亦故。时总兵官都督吴亮征湖广�水、箪子坪，纳马三百匹。安中物故，从父安聚袭。

正统二年，授怀远将军诰命。五年，病卒。六年，兵部尚书王骥同定西侯蒋贵征麓川，从子安陇富为舍人，纳马四百匹。七年，安陇富袭职。十四年，授怀远将军诰命。是岁，前湖广镇远洪江等处苗贼作乱，攻围城池，烧劫屯寨，延及贵州，其势甚盛。贵州三司取陇富领兵赴贵州，护守城池，议以母奢智保水西。陇富率兵万余，至贵州北郭外据山为营，故苗贼不敢逼城。后苗贼恨陇富护官军，乃来水西攻宣慰母子，陇富急回水西，苗贼四维蜂起，度不能敌，挈家奔入硬寨，又被攻围。其子观虽拒贼，年幼，率诸酋与贼对敌，凡六十余阵，半载余，诸贼退散，地方以宁。朝廷闻陇富母子有保障杀贼之功，命行人刘泰赍敕并彩缎奖谕。其后，毕节卫诬欲加害陇富，奏陈冤枉，请为辩明。蒙降敕奖谕，以安其心。

景泰三年，总兵官方瑛征紫江等处叛苗，陇富纳马一百匹给军。

天顺二年，征东苗，又纳马二百匹给军。四年，西堡蛮反，总兵官刘玉来讨其罪，陇富率士兵随征，不次杀贼有功，累赏银牌。

陇富晓字义，事母孝，持家以俭，爱民如子，尝恶其土鄙陋，欲变之。又纂司志，修家谱，遭时多故，不克如志。陇富卒，子观嗣。善继父志，述父事，凡居室、器物、衣服、饮食、婚姻、丧葬、取众待宾、攘灾捍患之事，颇依华夏之礼。不好酒色，不缺贡献。尝随大军征讨天坝，出马四百匹给军，又助大军破西堡叛贼，凯还，论功授昭勇将军诰命，赏赉甚厚。

观卒，子贵荣嗣。好读书史，通大义，设庠序以明礼义，旧染陋俗，寝变华风，用夏变夷之功，日见其盛。兹遣把事阿佐，以其父遗命，谓谱系太简，恐有疏虞，遂致湮没，求作家传，以遗后嗣，予故为次其梗概，以为传云。

## 黎　宇

### 《续安氏家传序》

安氏在贵，其来久矣，遡源之义，备载于大宗伯周先生传。然先生之传，断自贵荣，及贵荣致仕，其子安佐嗣。弘治十一年，以普安叛贼阿方车等乱，镇巡衙门调佐率军，随征有功，请续诰命，授昭勇将军。佐卒，贵荣复任，以前功并正德八年，调征紫江叛苗阿札等功，加授贵州布政司右参政土职。贵荣卒，孙万钟嗣，钦蒙敕赐钑花、金带。万钟卒，弟万铨袭职，备马六十匹，差把事王实赴京奏谢。钦蒙敕赐钑花、金带、彩段、表里。

铨父早丧，母奢氏年二十八，誓死守节，阅三十八年，终始一致，有司以其事闻，准以贞节立坊旌表。及卒，铨哀毁逾礼，比照文官丁忧事例，具题守制服阙。

适芒部乱，调铨督兵征进，除陇政之恶，解毕节之围，二次添备驮粮、马匹千余。又征凯口，擒阿向，皆有军功，捷报。钦授昭勇将军，文官三品服色、彩段、表里。嘉靖十八年，铨致仕。以职事归钟之子仁承袭，仁备马六十匹，仍差王实赴京奏谢，钦蒙敕赐钑花、金带。于嘉靖二十六年，调征铜平叛苗，归后卒。万铨复任，奉调督兵仍征铜苗，时推官邓本中、吏樊逵以下被掳百余人，铨于是亲率所部夷兵，直捣苗穴，破其险囤，擒斩首恶龙董等五百有奇，而本中等皆还，赐赏不受，当道咸旌嘉之。

嗟夫！安氏世受国恩，藩屏贵竹，积累既厚，生发斯贤，惟能思先人忠孝之誓，守而不失，则体光之垂延将莫可逆矣。愚不佞，因使君之请，故不避蝇尾之诮，而直为之述云。

## 詹事府詹事泰和王直撰

### 《贵州宋氏世谱序》

宋以国为事，周武王灭商而封微子启于宋，国亡，子孙散徙他邑，因以为氏。历汉唐，多有显人。至宋，而真定之族为盛。开宝中，有景阳者以军功累官至节度使，平定西南夷，诏就大万谷落开总管府，以景阳为总管镇抚焉，夷人安之，遂世有其爵与地。历十四世，曰阿重，始仕元，改顺元等处军民宣抚使，开治于贵州。又三世，曰钦，以功升昭勇大将军、顺元等处都元帅。

国朝，兵入贵州，钦遂内附，以为贵州宣慰使，世守焉。盖自景阳至今尚德，十八世矣。尚德思前人树立之不易，而冀传之远，乃作世谱，载其德以示后，使善继而永保之，此仁人孝子之用心也。《易》师之上六曰："开国承家。"盖师之终，功之成。大者开国，小者承家，所以报之也。景阳之受爵土，有家于贵州，盖以武德自奋者，非幸而致也，其延于后世，宜矣哉！

我国家受天命，一海宇，凡郡县皆置守令，惟西南夷则因其帅长以抚焉。以先世尝有德于斯人，而人从之，庶几其得所也。当时，奉命守土者非一姓，然四五十年之间，败亡相继。子孙之不肖，不思前人树立之难，而纵欲以逞，安得不及于祸哉！自古有家者，皆欲相承于无穷，然其传世之久近，必视其德之有继与否？

宋氏传十八世，几五百年而犹盛，其世德之积，可知矣。予闻尚德忠敬以事上，宽惠以抚下，其言动必以礼，其教诸子亦如之，宋氏之德，又有继矣。庆泽其可穷也哉？后之人观是编者，益思继述而引大之，虽百世可知也。尚德因予友贵州按察佥事郭公绪，以首简属予言，予深嘉其意而序之。

## 二、思州府

### 田 秋

#### 《政教录序》

安福刘侯复斋，以厥曾祖忠愍公恩荫，登京闱乡荐。嘉靖丙申，由南都枢佐出守思郡，甫一载余，即致其事归。自寮属以及细民，咸惜其去，即合辞以留于抚按、藩臬，且合辞以达于朝，然竟不能挽侯之行也。乃裒集君在任事绩、文告，集为《政教录》，以示不忘，曰："犹召伯之甘棠耳。"节推王君泽、经历陆君霆，走吏以示，且属余叙之。

余作而叹曰：世德之难也，久矣。如陇西之李，江左之王，非不名加于海内，然皆一再传而斯息。今忠愍以下，宪长参伯以至复斋，衣冠绳绳，百余年如一日，谓天不佑忠良，可乎？今观政教之录，不肯鄙夷郡民，因循故俗，必进之以中国之治，蒸蒸然如欲望之于比屋可封之盛而后已。视忠愍在论思著作之地、犯颜之谏，所可诿之他人者，然不肯苟逐时好，必自尽其心，其道同也。忠愍之事，近臣之为，上为德尧舜其君之心也；政教之录，远臣之为，下为民尧舜其民之心也。祖孙一气，家学一源，易地则皆然也。矧复斋立朝十载而得郡，未二期而谢事，急流勇退之节，与犯颜敢谏之忠，盖一揆矣。

余派出吉州，于复斋者有桑梓谊，窃伏邻郡波余是仰，而备员谏省，无补明时，既有愧于乡之先达，兹且有旬宣之责，瘝旷是惧，读所录也，良用悚息焉。又恐重违王君辈之请也，遂忘其芜陋，书此于简端云。

# 第三章 书 类

## 王守仁

### 《与安宣慰书》

守仁[1]得罪朝廷而来，惟窜伏阴崖幽谷之中，以御魑魅，则其所宜。故虽夙闻使君之高谊，经旬月而不敢见，若甚简抗[2]者。然省愆内讼，痛自削责，不敢比数于冠裳，则亦逐臣之礼也。使君不以为过，使廪人馈粟，庖人馈肉，圉人代薪水之劳，亦宁不贵使君之义，而谅其为情乎！自惟罪人，何可以辱守土之大夫！惧不当[3]，辄以礼辞。

使君复不以为罪，昨者，又重之以金帛，副之以鞍马，礼益隆，情益至，守仁益用震悚。是重使君之辱，而甚逐臣之罪也，愈有所不敢当矣。使者坚不可却，求其说而不得。无已，其周之乎，周之亦可受也。敬受米一硕[4]，柴、炭、鸡、鹅，悉受如来数，其诸金帛、鞍马，使君所以交于卿士大夫者，施之逐臣，殊骇观听，敢固以辞。

伏惟使君处人以礼，恕物以情，不至再辱则可矣。

### 又

减驿事，非罪人所敢与闻。承使君厚爱，因使者至，闲问及之，不谓其遂达诸左右也，悚息[5]。然已承见询，则又不可默。

凡朝廷制度，定自祖宗，后世守之不敢以擅改，改在朝廷，且谓之变乱，况诸侯乎？纵朝廷不见罪，有司者将执法以绳之，使君必且无益。纵遂幸免于一时，或五六年，或八九年，虽远至二三十年矣，当事者犹得持典章而议其后，若是，则使君何利焉？

使君之先，自汉唐以来千几百年，土地人民未之或改，所以长久若此者，以能世守天子礼法，竭忠尽力，不敢分寸有所违越[6]。天子[7]亦不得逾礼法，

① 守仁：《王文成公全书》作“某”。后文用“守仁”处，《王文成公全书》均作“某”，不一一出校。
② 抗：《王文成公全书》作“伉”。
③ 不当：《王文成公全书》作“不敢当”。
④ 一硕：《王文成公全书》作“二石”。
⑤ 悚息：《王文成公全书》作“悚息，悚息”。
⑥ 违越：《王文成公全书》作“违”。
⑦ 天子：《王文成公全书》作“是故天子”。

无故而加诸忠良之臣。不然，使君之土地人民富且盛矣，朝廷悉取而郡县之，其谁以为不可？夫驿可减也，亦可增也，驿可改[①]也，宣慰司亦可革也。由此言之，殆甚有害，使君其未之思耶？

所云奏功升职事，意亦如此。夫铲除寇盗，以抚绥平良，亦守土之常职。今缕举以要赏，则朝廷平日之恩宠禄位，顾将欲以何为？使君为参政，亦已非设官之旧。今又干进不已，是无抵极也，众必不堪。

夫[②]宣慰，守土之官，故得以世有其土地人民。若参政，则流官矣，东西南北，惟天子所使。朝廷下方尺之檄，委使君以一职，或闽或蜀，其敢弗行乎？则方命之诛，不旋踵而至，捧檄从事千百年之土地人民，非复使君有矣。由此言之，虽今日之参政，使君将恐辞去之不速，其又可再乎！

凡此以利害言，揆之于义，反之于心，使君必自有不安者。夫拂心违义而行，众所不与，鬼神所不嘉也。承问及，不敢不以正对，幸亮察。

## 又云

阿贾、阿札等畔宋氏，为地方患，传者谓使君使之。此虽或出于妒妇之口，然阿贾等自言，使君尝锡之以毡刀，遗之以弓弩，虽无其心，不幸乃有其迹矣。

始，三堂两司得是说，即欲闻之于朝，既而以使君平日忠实之故，未必有是，且信且疑，姑令使君讨贼，苟遂出军剿扑，则传闻皆妄，何可以滥及忠良？其或坐观逗遛，徐议可否，亦未为晚。故且隐息[③]其议，所以待使君者甚厚。既而文移三至，使君始出，众论纷纷，疑者将信。喧腾之际，适会左右来献阿麻之首，偏师出解洪边之围，群公又复徐徐。

今又三月余矣。使君称疾归卧，诸军以次潜回。其间分屯寨堡者，不闻擒斩以宣国威，惟增剽掠以重民怨。众情愈益不平。而使君之民，罔所知识，方扬言于人，谓宋氏之难，当使宋氏自平，安氏何与，而反为之役哉？安氏连地千里，拥众四十八万，深坑绝囤，飞鸟不能越，猿猱不能攀，纵遂高坐不为宋氏出一卒，人亦卒[④]如我何？斯言已稍稍传播，不知三堂两司已尝闻之否？使君诚久卧不出，安氏之祸必自斯言始矣。

使君与宋氏同守土，而使君为之长，地方变乱，皆守土者之罪，使君能独委之宋氏乎？夫连地千里，孰与中土之一[⑤]大郡？拥众四十八万，孰与中

① 改：原文误作“政”，据《王文成公全书》改。
② 夫：原文误作“人”，据《王文成公全书》改。
③ 隐息：《王文成公全书》作“隐忍”。
④ 卒：原本作“率”，据《王文成公全书》改。
⑤ 一：原缺，据《王文成公全书》补。

土之一都司？深坑绝囤，安氏有之，然如安氏者，环四面而居百数也。今播州有杨爱，恺黎有杨友，酉阳、保靖有彭世麟[①]等诸人。斯言苟闻于朝[②]，朝廷下片纸于杨爱诸人，使各自为战，共分安氏之所有，盖朝令而夕无安氏矣。深坑绝囤，何所用其险，使君可无寒心乎？

且安氏之职，四十八支更迭而为，今使君独传者三世，而群支莫敢争，以朝廷之命也。苟有可乘之衅，孰不欲起而代之乎？然则扬此言于外，以速安氏之祸者，殆渔人之计。萧墙之忧，未可测也。

使君宜速出军，平定反侧，破众谗之口，息多端之议，弥方兴之变，绝难测之祸，补既往之愆，要将来之福。守仁[③]非为人作说客者，使君幸熟思之，幸熟思之。

**答毛宪副书**

昨承遣人喻以祸福利害，且令勉赴太府请谢，此非道谊深情，决不至此。感激之至，言无所容。但差人至龙场凌侮，此自差人挟势擅威，非太府使之也。龙场诸夷与之争斗，此自诸夷愤愠不平，亦非守仁[④]使之也。然则太府固未尝辱守仁，守仁亦未尝傲太府，何所得罪而遽请谢乎？跪拜之礼，亦小官常分，不足以为辱。然亦不当无故而行之，不当行而行，与当行而不行，其为取辱一也。

废逐小臣，所守以待死者，忠信礼义而已。又弃此而不守，祸莫大焉。凡祸福利害之说，守仁亦尝讲之。君子以忠信为利，礼义为福。苟忠信礼义之不在，虽[⑤]禄之万钟，爵以王侯之贵，君子犹谓之祸与害；如其忠信礼义之所在，虽剖心碎首，君子利而行之，自以为福也。况于流离窜逐之微乎？守仁之居此，盖瘴疠蛊毒之与处，魑魅魍魉之与游，日有三死焉。然而居之太然，未尝以动其中者，诚知生死之有命，不以一朝之患而忘其终身之忧也。太府苟欲加害，而在我诚有以取之，则不可谓无憾；使吾无有以取之，而横罹焉，则亦瘴疠而已尔，蛊毒而已尔，魑魅魍魉而已尔。吾岂以是而动吾心哉！

执事之谕，虽有所不敢承，然因是而益知其所以自励，不敢苟有所隳堕，则守仁也受教多矣，敢不顿首以谢！

---

① 彭世麟：《王文成公全书》作"彭世麒"。
② 朝：原缺，据《王文成公全书》补。
③ 守仁：《王文成公全书》作"某"。
④ 守仁：《王文成公全书》作"某"，本文他处凡作"守仁"处，《王文成公全书》均作"某"，不一一出校。
⑤ 虽：《王文成公全书》无此字。

### 又《答友人[①]》

询及神仙有无，兼请其事，三至而不答。非不欲答也，无可答耳。昨令弟来，必欲得之。仆诚生八岁而即好其说，今已余三十年矣。齿渐摇动，发已有二三茎变化成白，目光仅盈尺，声闻函丈之外，又复[②]经月卧病不出，药量骤进，此殆其效也。而相知者犹妄谓能得其道，足下又妄听之，而以见询。不得已，姑为足下妄言之。

古有至人，淳德凝道，和于阴阳，调于四时，去世离俗，积精全神，游行天地之间，视听八远之外。若广成子之千五百岁而不衰。李伯阳历商、周之代，西度函谷，亦尝有之。若是而谓之曰无，疑于欺子矣。然其呼吸动静，与道为体，精骨完久，禀于受气之始。殆天之所成，非人力可强也。若后世拔宅飞升，点化投夺之类，谲怪奇骇，是乃秘术曲技，尹文子所谓"幻"，释氏谓之"外道"者也，若是而谓之曰有，亦疑于欺子矣。夫有无之间，非言语可明，况存久而明[③]，养深而自得之，未至而强喻，信亦未必能及也。

盖吾儒亦自有神仙之道，颜子三十二而卒，至今未亡也，足下能信之乎？后世上阳子之流，盖方外技术之士，未可以为道。若达磨、慧能之徒，则庶几近之矣，然而未易言也。足下欲闻其说，须退处山林三十年，全耳目，一心志，胸中洒洒，不挂一尘，而后可以言此。今去仙道尚远也，妄言不罪。

## 席　书

### 《与王守仁书》

自入遐方，久不奉接君子之论。二生来过，承高明不以书不可与言，手赐翰教，亹亹千余言，山城得此，不觉心目开霁，洒然一快。且又不以书不可与居，许过省城，勉就愚悬，闻之踊抃，莫知所为。窃惟古之人，固有风雨连床，心隔胡越者，亦有一面未交，诵其文，想其人，而千里神会者。书于执事，虽未承接下风，殆亦千里神会者乎？

书窃谓今举业之学，与古[④]圣贤之学，诚不同科矣，然举业者，时王之

---

① 答友人:《王文成公全书》作"答人问神仙"。
② 复:《王文成公全书》作"常"。
③ 明：原缺，据《王文成公全书》补。
④ 古：原文误作"占"，据《元山文选》改。

制也。书少以父师之命，攻举子之业，乃于其中获闻前哲遗训，亦尝求所谓志伊尹之所志，学颜子之所学矣。然一暴十寒，不能不夺于文业之习。故自登第以后作县迄今，所奔走者形势，所趋向者利禄，如醉如梦，二十余年，求如攻举子业时，所窃闻于前哲者，非惟无所闻，抑亦不求所闻，殆将终身焉者。昨领来教，书畴昔所未派者，若提酣惊寐，恍然若有觉者。执事先声所及已如此，而况得而亲炙乎？

近时，董诸士者要不过属题命意，改课文、锻字句，以迎主司[1]之意，裁新巧以快主司之目，上以是取士，下以是挟策，师舍是无以为教，弟子舍是无以为学。居今之时，欲变今之习，诚难矣！然岂朝廷取士之初意乎？

书缪有人才督教之责，将以所攻于少时者为教乎？将以窃闻于前哲者为教乎？兹将咨谟执事，复以课文之习，以烦执事。是所处执事者非道，待执事者诚薄。然贵南之士安于土俗，诱以禄利，尚不乐从。教以举业，复不能治。幸有治者，日省月试，又不能工，而况有大于举业者乎？舍是以教贵南，诚亦难矣！

夫举业者，利禄之媒也，世之白首一经，凡为禄利而已。以书一人推之，书少时所以治举业者，要不过为禄利之计也，然昔者借是而有闻，今者脱是而愈暗。书知[2]误天下之豪杰者，举业也。然使天下士借是而知所向上者，亦举业也。故韩子因文而见道。宋儒亦曰："科举非累人，人自累科举。"今之教者，能本之圣贤之学，以从事于举业之学，则亦何相妨哉？

执事早以文学进于道理，晚以道理发为文章。倘无厌弃尘学，因进讲之间，悟以性中之道义，于举业之内，进以古人之德业。是执事一举而诸士两有所益矣。然所望于执事者，宁独如斯已乎？

昔齐宣王留孟子，欲使国人皆有矜式。斯举也，以之留孟子固非，以之处执事诚是。执事名重中外，愿学之士，虽在千里之外，尚当抠衣鼓箧，求从门下。兹幸得侍箕著于左右，接下风，闻绪论，耳濡目染之久，云龙风虎之机，固有不俟操笔砚而后兴，听训诂而后喻矣！然所望于执事又独如斯已乎？

师道不作久矣，执事一临，使远方之人皆称之曰："执事之文章道德见重于当道[3]如此，二司诸公尊礼有道之士如此。"贵南之士[4]，从是风动于道德

① 主司：原文误作"土司"，据云图本及《元山文选》改。
② 知：《元山文选》作"以是知"。
③ 当道：《元山文选》作"当时"。
④ 士：原文误作"二"，据《元山文选》改。

仁义之域，将肩摩而踵接矣。若然[1]，执事一举动间，系于风教岂细耶？

昨据二生云：执事将以即月二十三日强就贵城，窃谓时近圣诞，倘一入城，闭门不出，于礼不可；步趋于群众之中，于势不能。且书欲于二十六、七小试诸生毕，择可与进者十余人，以侍起居。可烦再逾旬日，候书遣人至彼，然后命驾何如？草遽多言，不及删次，惟情察不宣。

是月二十一日，书再拜。

---

① 若然：原文误作“君然”，据《元山文选》改。

# 第四章 赋 类

## 王 杏

### 《圣泉赋》

客有谓日冈子曰："眇兹牂州，蕞尔一陬，仰视中原，犹寄黑子于人身之一疣。其间怪石累累，如吐如旮。层崖業業，如结如浮。蟠苍耸翠，连亘绸缪。是固子之所遍历而旁收者。洪边之曲，贵山之幽，有水一泓，天凿其湫，名曰圣泉。谓匪人谋，是殊方之独擅，亦贤士之遨游，子尝知之乎不也？"

日冈子应之曰："吾尝见兹邦之水矣。高者悬瀑，下者通滮[①]，拓者为港，窄者为沟。广不能容大壑之鳝，深仅足泛坳堂之舟，何乃兹泉之名，得为圣者之流？子言迂矣，殆亦未之详搜。"

客曰："尝闻之，天惟至公，不爱乎道；地惟至平，靡惜其宝。人文正气，中原多抱。山谷之英，溪流之巧，彼苍或为殊方者造之。子胡视之乎眇漏也哉！空言无征，泛听亦藐。口诵之真不如目击之了。请乘子之暇，屈子之轺，为子御重轮，驾细裹，借烟景于须臾，拂风尘之缭绕。相与观兹泉之淼淼，以明予言之非矫。"

日冈子可之，乃惟季春，天日朗霁，言抹其驹，言膏其轊。循郊墟以启行，遡层阿以深诣。动微翠于干旌，纳轻飔乎短袘。屹万崖之阴森，忽一壑之清丽。声出竹以泠泠，风拂面以泄泄。

客曰："斯圣泉之际也，请于是乎少憩，以惠吾子之睇。"

日冈子下车[②]而眦之，南山之阡惟谺谺，中涵一窟，甃以方圆。冰冽其澌，漱瑶滴璇。石疏其罅，排琚列砊[③]。湛波光之上下，捷瞬息乎飞漩。俄而弥漫，涨于巨川，倏而翕聚，汇于重渊。有若巨海之鳌兮，喷涛吐浸，以侵轶乎八埏。霎飓风之恬霁兮，吸颔回涎。有若玉之丽于日色兮，晶光荡漾于蓝田。迨其静阕兮，敛之于半亩之烟。听石鼓以为候兮，轻重互为其阒。任纶竿以为侧兮，高下各得其平。迭往来之相继兮，殊过续之不愆。迅时候之反覆兮，妙消长于波涓。阴不能使之溢兮，旸不能使之腴。旱不能使之涸兮，

① 通滮：万历《贵州通志》及《黔记》均作"聚沤"。
② 下车：原文作"曰车"，不通，据《黔记》改。
③ 砊：《黔记》作"礦"。

涝不能使之佃。仅一斗之涵容兮，浩气吞吐乎旻天。寄白云于野草之隩兮，宛潮汐之伸缩于大江之堧。凝目以视兮，凡几转圜。穷神以索兮，莫测其然。将以为石窍之间而通兮，泥薮或有时乎闲填。或以为沙水之壅而成兮，陵谷又若是乎屡迁。是必苍苍之上兮，结构于太乙[1]之前。神以为之范围兮，数以为之陶甄。星宿其扬波之脉兮，河汉其滥觞之源。浮槎无所于窥兮，鲛人求涉其遍。

顾谓其客曰："是诚圣矣。非子之言，几失此泉。非兹泉之胜，几不味子之言妍。繄中原之未见，谅大化之独全。已无有于蜀川之峡，又奚数乎大理之滇也哉。"

客喜而笑曰："因野人之謏而见与于君子之明诠，否者将不与亩浍之盈同澇澇耶？是固嘉赏之有待，抑亦兹水之有缘。"

于是汲水烹茶，钓鳞煮鲜，采苹藻，充皿罗笾。泛玄酒于蓬壶兮，飞玛瑙于漫筵。啜酣以遨兮，纵真境之无边。赓考盘之章兮，相与咏矢于弗谖。咏濯缨之歌兮，挹爽于沧浪之涟。逝者如斯兮，悟造化之真传。以兹为鉴兮，戒光景于流连。月临于酉兮，验消息之有先。樵歌送清兮，倚斜曛于崦嵫之巅。徜徉天地兮，并匹马以言旋。次第其事于石间兮，俟来者有考于斯编。

① 太乙：原文作"太二"，不通，据《黔记》改。

# 第五章 文 类

## 王守仁

### 《瘗旅文》

维正德四年秋七月[①]三日，有吏目云自京来者，不知其名氏，携一子一仆，将之任，过龙场，投宿土苗家。予从篱落间望见之，阴雨昏黑，欲就问讯北来事，不果。明早，遣人觇之，已行矣。

薄午，有人自蜈蚣坡来，云："一老人死坡下，傍两人哭之哀。"

予曰："此必吏目死矣。伤哉！"

薄暮，复有人来，云："坡下死者二人，一人坐叹[②]。"询其状，则其子又死矣。

明早，复有人来，云见坡下积尸三焉。则其仆又死矣。呜呼伤哉！

念其暴骨无主，将二童子持畚锸往瘗之，二童子有难色然。予曰："嘻！吾与尔犹彼也！"二童悯然涕下，请往。

就其傍山麓为三坎埋之。又以只鸡、饭三盂，嗟吁涕洟而告之，曰：

呜呼伤哉！繄何人？繄何人？吾龙场驿丞余姚王守仁也。吾与尔皆中土之产，吾不知尔郡邑，尔乌为乎来为兹山之鬼乎？古者重去其乡，游宦不逾千里。吾以窜逐而来此，宜也。尔亦何辜乎？闻尔官吏目耳，俸不能五斗，尔率妻子躬耕可有也。乌为乎以五斗而易尔七尺之躯？又不足，而益[③]尔子与仆乎？呜呼伤哉！尔诚恋兹五斗而来，则宜欣然就道，乌为乎吾昨望见尔容蹙然，盖不任其忧者？夫冲冒雾露，扳崖壁，行万峰之顶，饥渴劳顿，筋骨疲惫，而又瘴疠侵其外，忧郁攻其中，其能以无死乎？吾固知尔之必死，然不谓若是其速，又不谓尔子仆[④]亦遽尔奄忽也！皆尔自取，谓之何哉！吾念尔三骨之无依而来瘗尔，乃使吾有无穷之怆也。呜呼伤哉！纵吾[⑤]不尔瘗，幽崖之狐成群，阴壑之虺如车轮，亦必能葬尔于腹，不致久暴露尔。尔既已

---

① 秋七月：《王文成公全书》作"秋月"。
② 一人：《王文成公全书》作"傍一人"。
③ 益：《王文成公全书》作"益以"。
④ 尔子仆：《王文成公全书》作"尔子尔仆"。
⑤ 纵吾：《王文成公全书》作"纵"。

无知，然吾何能为心乎？自吾去父母乡国而来此，三年[1]矣，历瘴毒而苟能自全，以吾未尝一日之戚戚也。今悲伤若此，是吾为尔者重，而自为者轻也。吾不宜复为尔悲矣。

吾为尔歌，尔听之。歌曰：

连峰际天兮，飞鸟不通；游子怀乡兮，莫知西东。莫知西东兮，维天则同。异域殊方兮，环海之中。达观随寓兮，奚必予宫？魂兮魂兮，无悲以恫。

又歌以慰之曰：

与尔皆中土之流离[2]兮，蛮之人言语不相知兮，性命不可期。吾苟死于兹兮，率尔子仆来从予兮。吾与尔遨以嬉兮。骖紫彪而乘文螭兮，登望故乡而嘘唏兮。吾苟获生归兮，尔子尔仆尚尔随兮，无以无侣悲兮！道傍之冢累累兮，多中土之流离兮，相与呼啸而徘徊兮。餐风饮露，无尔饥兮。朝友麋鹿，暮猿与栖兮。尔安尔居兮，无为厉于兹墟兮！

## 蒋 信

### 《祭山川社稷城隍驱虎文》

自昔神圣建国居民，凡国内神祇咸罔弗祀，实以天覆地载之间，雄猛灵怪之物，为民害者非一，驱除呵禁，神得司之，虎豹潜山，蛟龙潜渊，各安其居，勿为民害，是为神举其职。民之赖于神，岂不重哉！

迩者蠢兹虎豹，弗安深山，凭恃凶吻，恣行噬毒。屋居火食之处，樵禾商贩之途，无辜之人往往遭其残害，尔神独无知哉？匹夫、匹妇之命，孰非上帝所付，或被斗杀，天子必下司狱，执而杀之，以相抵报。今兹残害虎口，百里之间，一岁之内，不知凡几，尔神顾可泯泯焉弗之闻也？夫使某等慢神虐民，以召兹孽，作福作灾，罔弗在神。倘以职守之咎，滥及众庶，尔神独无恫焉？

夫以为民捍患，求助于神，古有常典，用兹虔告尔神，神宜上祇天威，下悯民祸。亟褫凶魄，俾之尽蹈机矢，无滋祸殃。如其不然，亦宜驱之潜伏深山，自食其类，以彰尔神威灵。夫然，是民允有赖于神也已。

## 张 合

### 《祷雨文》

贵藩建于万山中而田寡，虽雨旸时若，百谷用成，岁收犹歉，岁费班列

---

① 三年：《王文成公全书》作“二年”。
② 流离：《王文成公全书》作“离”。

下省，职此之由。乃近年以来，顽苗逆命，旱干洊值。今兹贵民春粉蕨而夏末荞者，十室盖九。以捐瘠填沟壑者，日有之。昨四五月间，赖神之庇，时雨屡零，遂得播种南亩，咸冀获有秋之望。夫何自六月朔以迄今日，旱干复甚，田畴龟折，苗将秀者皆槁，仓如悬磬，米石半流，上下忧虞，莫措手足。继此而再不雨，则无谷，无谷则无民，名为藩会而至无民，人虽不加变置之议于神，神亦焉能安享尊崇之典于人乎？

某等以千寻尺之禄縻于兹，未必皆无志于民者。苟有罪而神见怒，则罚止某等可也。何以迁怒于民？矧兹遐方，地本夷落，山水土石之怪，固亦有阴助夷类以虐我华民者，不止旱魃而已。惟神为民计，请之上帝，告诸后土。屏逐妖孽，矜恤黔黎，即油然作云，沛然下雨，始而霢霂，继而滂沱，惠成甘霖。优渥三日，则岁有成矣，民有生矣。民有生，神有宁矣，神为民谋者为神谋也，某等敢贪神之功，以逭己之罪？惟神其降鉴之。

### 周　瑛

#### 《祭镇远诸葛武侯祠文》

汉祚既微，群雄割据，山河分裂，风吹敝絮。侯时晦匿，卧于隆中，识达时务，人称伏龙。堂堂豫州，帝室之胄，志大谋疏，颠沛弗售。失徐走荆，而始知侯。驾凡三枉，就侯与谋。跨有荆益，抚辑戎夏。却魏亲吴，鼎足而霸。维兹僻壤，蛮獠攸居。中有长江，阨塞迂纡。既取荆州，此疑蜀有。繇此而漕，或便战守。侯时率师，循江而西。来旬来宣，弗二弗携。岁月幽遐，简编失载。故老相传，犹有梗概。荒山之隈，乃有侯祠，访问靡周，瞻拜后时。先儒谓侯，识其大者。仗义履仁，卓然不舍。维我后人，学将何先？师侯之心，庶其得焉。有酒在樽，有殽在俎。精气流通，无间今古。

### 程　爔

#### 《集兵防守三关告武侯文》

侯之精忠，赫赫在天。侯之神武，凛凛在边。侯之新祠，翼乎当街之中。侯之威灵，洋洋乎如在其前。苗民弗靖，警报相传。凡居斯土，宵不安眠。爰整师旅，执锐披坚。静则关津防守，动则拔剑争先。顾群居市上，虑众心之未一。方歃血台下，示此志之罔迁。或截或守，仰侯指示。无小无大，赖侯保全。敬一瓣于金篆，陈三豕于几筵。礼仪既具，诚敬斯专。先事有备，后事无愆。

**李芳代贵州抚按三司等官作《祭都匀忠义阵亡都指挥丁寔指挥千百户王锐、安锜、陶英、魏政等文》**

曩者都掌蛮寇，弄兵于郊，犯我疆土。朝廷命将出师，以除祸乱。尔皆精兵良将，为国捍御边城。素怀义勇之心，常奋果敢之气。图惟报效，以建厥功。

乃成化乙酉秋，师次其境，驻于落卜茹营，与贼交锋之顷，尔能不顾身命，杀敌摧锋。不意为寇所乘，竟至捐躯殒命。

旋师以后，岁月云周。予心恻然，忾愤不已。况以贼情日炽，复肆跳梁。由是请调大军，恭行天讨。上以彰伐罪之典，下以雪尔等之冤。尔尚有灵，阴助师旅，兵戈所向，凶丑血糜。尔之冤仇，我已为之殄灭。尔之嫡庶，我已擢奏其功，冥冥之中，尔可无遗憾矣。故以牲醴祭告尔等，其来享之。

时弘治四年正月二十五日也。

# 第六章 赞 类

## 翰林学士宋濂

### 《龙马赞》

西南夷自昔出良马，而产于罗鬼国者尤良。或云罗鬼，疑即古之鬼方。其地有养龙坑，在两山之中，泓渟奫深，开阖灵气，而蛟龙实藏其下。当春日始和，物类[1]酣嘭。夷人立柳坑畔，择牝马之贞者系之。已而，云雾晦冥，咫尺不能辨色。类有物蜿蜒上，与马接，盖龙云。逮天色开霁，视马傍之沙有龙迹者，则与龙遇。谨其刍莪而节宣之，暨产，必获龙驹焉。

粤若洪武四年六月壬寅，夏国主明升以全蜀降。献良马凡十，而其一色正白，乃得之于坑者。身长十有一尺，首高九尺，足之高比首而杀其二尺，有肉隐起项下，约厚五分，广三寸余，贯膺[2]络腹，至尾闾而止，精彩明晃，振鬣一鸣，万马为之辟易。鞴勒不可近，近辄作人立而吼。

上谓天地生此英物，必有神以司之。亲撰祝策，诏有司以牲牢祀于马祖。然后敕典牧副使臣高敬[3]，囊沙四百斤压之，人跨囊上，使其游行苑中。久之，性渐柔驯。

适八月癸巳，上将行夕月之礼于清凉山坛。上于是乘之而出，如蹑云而驰，一尘弗惊。皇情悦豫，赐其名为飞越峰。复命御用监直长臣马晋臣绘其真形藏焉。

臣濂稽诸载籍，汉之元鼎中，有神马出渥洼水中。马之生于水者，尚矣。养龙之说，虽相传于夷人，要当可征不诬也。肆惟皇上以大德而位大宝，日之所出，日之所没，无不梯山航海，献赀奉琛。迩者，独角之犀来自九真，食火之鸡贡于三佛齐之境，其他俻形僪状，藉藉纷纷，且不一而足。而况兹水产之良马乎？《周书》有云："不宝远物，则远人格。所宝惟贤，则迩人安。"皇上宵衣旰食，日怀保于小民，岩冗之士，搜罗殆尽，将图治安如黄虞时。其遐荒殊裔，珍毓奇产，未尝有心求之。所以荣光休气，洋溢中国，仁声义闻，充洽八表，而龙媒之异自致于天闲十二之中。揆之于《书》，前圣后圣，

---

① 物类：《宋学士文集》卷一作"物情"。

② 膺：原作"缨"，据《宋学士文集》与《黔记》改。

③ 典牧副使高敬：《宋学士文集》卷一作"牧副使高敞"。

盖同一轨辙也。其视贰师之遣，黩武穷兵，以索诸大宛者，果为何如哉？臣濂以文字为职业，际兹盛美，不敢默而无言。谨述赞辞一首[①]，以贻诸后世。

赞曰：

天驷荧，蛟龙升。灵泓澄，神马生。祥[②]飚瑞霭昼杳冥，天一翕聚通精灵。龙胡[③]盈，凫臆轻。竹披耳，镜悬睛。花雪卷毛光照夜，汗沟有血霞流赪。振鬣鸣，万马惊。闪流电，逐飞星。九霄仿佛从龙行，但闻潇潇风雨声。三川平，八极宁。真龙媒，献龙廷。出入天门驾龙軿，太霞五彩满瑶京。皇风清，皇道真，皇威明。茫茫堪舆内，孰敢不来庭？陋彼汉将军，空围贰师城。乃知天子在树德，不必连年徒用兵。

## 田汝成

### 《题清平蔡潮像赞》

于乎，此吾天台蔡公像也，闻之绘留于此者二十有二年矣。先是，正德十一年，苗贼据炉山以叛，出没抄略。入清平卫，塞扼冲卫，贼声言来夺城甚急。公时以左参议分守之，计此卫不保，则全省之势冲决矣，乃遂留镇。抚吏民，谕曰："去与守等死，死守，百[④]犹一全。"吏民感寤，并力愿效死。公则修堞栅，缮弓盾器械，储刍粮。官储不足，以俸资益之。顷之，贼果突至，围城三重。公坚壁力拒，瞰贼少惰，则出兵扰之，急则入保。士不幸伤若死者，公亲历其门，噢咻疾苦，吊其嫠孤，以故人忌其败，而士益以奋。贼不得利，辄引去，去已复来。如是者二年，而城卒不陷。又逾年，贼平。于是，清平吏民愈益寤感公，曰："公再生我。"相与缮公像而祀之，与社稷并尸祝焉。

嘉靖十五年，予过清平，往往见父老言蔡公战守时事，想见其人，必魁伟感概，阔达不羁者，叹未识面。封御史王君者，豪士也。为予言蔡公恂恂温粹，金玉人耳，乃征其像貌，果然。何以心雄万夫，立节凛凛若此也？夫士人宦绩之考，类眩于官而明于民，谬于当年而定于后世。故德薄者思微，功深者誉永，虽有功力不可干也。乃公去清平二十余年矣。而清平之民思而誉之者，犹旦暮焉不衰。非当时功德之既深，与昔羊叔勒岘首之碑，而朱邑享桐乡之祀。史氏传之，许以奇绩。顾公于清平何如也？

予与公也生同乡，仕于兹土先后同联。其子吏部郎中云程举于乡也，与

---

① 一首：《宋学士文集》无此二字。

② 祥：原缺，据《宋学士文集》及《黔记》补。

③ 龙胡：《黔记》二字后有小字注："《汉郊祀志》：龙垂胡髯，胡乃颔下垂也。"

④ 百：原作"百百"，衍一"百"字。

予同岁，则公之光被予也弘矣。生未及识面，先于图画中识之，且异域也。不亦重可叹欤！敢敬述所闻，再拜以赞。公讳潮，字巨源，能以经行倡其乡，学者称霞山先生。

赞曰：

沧海钟灵，赤城标秀。淑德外韬，英姿中茂。仁以综文，义能经武。夙览穰苴，运筹樽俎。有苗弗率，败略崇奸。惟公藩屏，弘济艰难。疲心殚力，三岁不懈。歼彼鲸鲵，苏此凋瘵。邦人怀惠，设像兹堂。采苹荐潦，既祠而尝。爱侔冬日，颂比甘棠。瞻容景德，迈种无疆。

# 第七章 跋 类

## 王 壁

### 《魁星石跋》

贵州贡院掌卷所，有石屹立，类石鼓形。嘉靖己酉科，镇远守南楼程公来司所事，奇之。乃篆“魁星石”三字，命匠刻于上，且铭之。

壬子科，予复与公同事。见而叹曰，美哉此举乎。因物取义，章采明征。公之嘉惠贵人士，以寓致望意，何其良哉！

夫二十八宿经于天，奎乃其宿之一，与壁宿连垣。说者谓主天下文章。于是乎有奎星焉。自有科目来，士子之首群类贯一经者谓之魁，于是乎有魁之名。好事者以魁字从鬼从斗，乃肖鬼踢斗之形以祀之，于是乎有魁之神，举世咸从尚之。

兹石之在兹，不知几千百载矣。方其未遇也，处于遐荒，与众石等，块然一物已也。乃今恭逢圣时，据于文明之地，复遇名公巨卿奖拔而称赏之，锡以佳名，镌之古篆。遂使碔砆出类，蜿琰同荣。石乎亦何幸哉！

夫物以人灵，神由心感。今科魁解若出于兹所，阅卷中人心咸谓此石预为之兆，敬畏歆美，奔走而崇奉之，将必有甚于魁神者也。传奇侈异，声日益彰，而公之名之心，当与石同悠久矣。猗与休哉！夫石，一物也，遇不遇系乎时。若此，人亦时而已矣。修己以俟，因其宜，无妄为觊觎，以贻此石笑，是为跋。

# 第八章 歌 类

### 崆峒李孟阳

**《送席副使监贵州屯学二事歌》**

我昔在北京，送君向河南。岂料在河南，送君如百蛮。瘴云苍苍途路艰，牂牁罗施皆峻山。法官要自褰帷入，倏忽开明众山出。大抵夷狄似禽鸟，制之虽勤忌拘急。此曹亦是人心性，顷来渐慕衣冠习。文翁化蜀岂无本？李牧屯田务招辑。所恨故人限万里，令我蚤夜心如邑。丈夫已际飞龙会，野人犹包枯鱼泣。感新怀旧心肺酸，万事回头百忧集。

弘治之间时世异，与君次第陈封事。许生缪比汉贾生，推君每称唐陆贽。朝回对坐香炉首，出门并结青云辔。自从分首哭遗弓，缙绅漂泊余亦同。抱甕梁王修竹园，遗址宋帝蓬莱宫。生涯放逐似羁旅，混迹迂腐随村翁。曾闻伏枥有老马，岂即道路伤秋蓬。天下疮痍况未息，西南贡篚防难通。杜鹃尚识君臣礼，蛟龙终收云雨功。相如谕蜀文章壮，马援平交德业雄。扶危济弱付公等，临岐怅望南天鸿。

### 王 杏

**《长至歌》**

伏读大报歌，无任欣跃，谨拜手稽首歌颂：

一之日觱发兮，长至惟冬。我皇躬严明祀兮，率百辟而对越苍穹。惟帝其昭鉴兮，洋洋乎临之在上。至治馨香兮来格，以尧仁舜德之兼隆。望道未见懋周文兮，大报之歌。谦抑发自于渊秉播传四方兮，遐陬僻壤，百工庶臣，咸踊跃舞乎彝制之有终。伏愿法阳之复兮，以仁育万物。上下神祇永有□依兮，圣德神功，圣寿如川至而山崇。

**又诗曰：**

□滞蛮乡已二冬，几回嵩祝忆云从。钧天惟调谐金石，悛德余光挹凤龙。
见决长安犹管测，歌传神马却肤庸。虞廷喜起遗音在，捧诵天涯自慄恭。

**《樵夫夜归歌》**

毒瘴含山日色昏，儿啼妇号惊声喧。卸担蹙身觑篱侧，权司科钱初到门。

耕牛前日纳纸去，雏羊栖栖未脱乳。产尽生涯脱薄樵，担头不彀半壶沽。此身百死亦所甘，无凭输纳救妻监。一声哭断林稍云，泪入长空作红雨。

《渔父歌》

松月寒陪一渔叟，百尺丝纶展双手。临流嘱付语丁宁，银钩不欲伤鱼口。夜半孤蓬深自扃，光芒恐犯帝座星。物色江干来不到，晴沙昼混芦鸥汀。采荷住船缀寒衣，清霜欲趁松鲈肥。风尘满眼天地隘，生涯孰与数尺矶。

《皓月歌》

娟娟皓月挂城头，光明遍满牂牁州。倚席抡才对窗月，月色斜傍毫楮浮。百万貔熊仗驱策，一堂衡鉴司邦直。苟生寸朽合见容。令公完节能多得？拂砚挨硃着寒水。水光照月倍生炜，落纸龙蛇不自由。满前布列皆神鬼，分付当年入彀人，勉旃报国期功伟。

## 张　雨

《送李义壮东归歌》

南云北云日尽飞，千山万山春将归。云去春归日欲暮，杜鹃飞上棠梨树。缓句滑音如有情，那堪此际河桥路。桥路漫漫驻车马，世上风尘悠悠者。不是至人回至玄，华烛绮筵度长夜。明公海上毓秀贤，云池亲奏圣人前。云宫秉礼明堂颂，西粤校文珠斗悬。斗畔文昌燐武曲，剑光要截蓝田玉。九重咨尔靖边烽，麟阁勋名许谁续？乘骢仗钺下湘东，历尽黔云几万重。宝箧瑶函消暇日，金戈铁马驭长风。一朝慈母翻投杼，殷勤尽付行人语。天子还思文学臣，简命欲留待当宁。忆昔汉初重韩彭，周勃少文焉足评？惟见鸾凰相翊翊，依巢群雉戢文鸣。周勃安汉谁匹休，开忧布公忠武侯。奔走人才如风草，关张豪气溘然收。经纶缘于心上起，器量尚从静里求。君不见东山初貌云霄上，千古苹蘩何钦仰。绣衮裳衣归去来，莫歌梁父空惆怅。

## 叶　梧

《凯还歌》

九龙洞口山巃嵸，匀苗负固群谣讧。肆强稔恶三十载，叛王干纪恣骁雄。柔能每抗官长令，阻兵修怨甘顽蒙。移师往问辄败衄，犬羊猖獗师懵懵。省斋抚贵妙筹策，发兵致讨威烜赫。君侯奉命整师徒，光气喜有汾阳额。十围五攻逾七旬，一鼓再鼓登苗栅。旄倪悉虏渠魁诛，泮宫春暖献俘馘。长枪大弩化飞尘，巢穴煨烬悬朱旌。群夷破胆愿归附，矢天从此销戈兵。烟蓑雨笠耜禾黍，椎牛酾酒欢升平。青山碧水烽燧熄，光天化日商人行。花阴无犬峡无虎，千载边廷应偃武。君侯振旅当言旋，凯歌盈耳喧箫鼓。只今捷奏龙颜开，应喜君侯能御侮。

## 陈邦敷

### 《疮痍歌》

云贵之间道且险，下临无地上磨天。苍阴碍日鸟飞绝，草气薰蒸生瘴烟。仆夫担肩行且阻，密箐深林伏豺虎。管押鞭驱势莫停，足裂肩穿汗如雨。我闻曹彬江南役，图籍衣衾无别物。贵贱共形多异心，年来官长穷奢欲。纷纷官扛如林集，象牙苏木苍山石。一扛劳军费百金，载尔遥遥独何益。前扛未起后扛捉，家破丁逃夫不足。前年雇夫鬻儿女，今年应无儿女鬻。担夫渐少官渐多，力孤奈尔官扛何。莫将无益害有益，试歌一阕疮痍歌。

## 杨　慎

### 《飞越峰天马歌》

高皇御天开大明，龙马出自养龙坑。房星夜下卢龙塞，天驷晓来骠骑营。殿前重瞳亲赐阅，仗外奚官争相迎。鸡鸣牛首试控纵，凤师麟仪无逸惊。归风绝尘羡迅疾，逮日先影羞翻轻。四蹄蹁然不展地，六飞如在空中行。是时雎酋有奢香，左骖牡骊右牝黄。贡上金陵一万匹，内厩惟称此马良。宸游清燕幸鸾坡，学士承旨赞且歌。饮以兰池之瑶水，秣以蓝田之玉禾。飞越峰名自天赐，骏骨虽朽名不磨。至今百七十，岁时山头犹有养龙池。方经地志或挂漏，箐苗洞獠那能知？吾闻天下有道，飞皇伏皂。又闻王良荣马，车骑满野。前时吉囊寇大同，烽火直达甘泉宫。近日莫瀛乱交趾，羽书牙璋遍南中。安得将星再降傅友德，房宿重孕飞越峰。一月三捷献俘馘，千旄万旟歌熙雍。

呜呼，将相宁有种，龙驵岂无媒？经途访迹一兴慨，郭隗孙阳安在哉？长歌终曲长风来。

# 第九章 谣 类

## 给事中陆粲

### 《担夫谣》

担夫来，担夫来，尔何为者军当差。朝廷养军为杀贼，遣作担夫谁爱惜。自从少小被编差，垂老奔走何曾息。只今丁壮逃亡尽，数十残兵浑疲墨。可怜风雨霜雪时，冻饿龙钟强驱逼。手搏麦屑润水餐，头面垢腻悬虮虱。高山大岭坡百盘，衣破肩穿足无力。三步回头五步愁，密箐深林多虎迹。归来息足未下坡，邮亭又报官员过。朝亦官员过，暮亦官员过。贵州都来手掌地，焉用官员如许多？太平不肯恤战士，一旦缓急将奈何？噫吁嚱，一旦缓急将奈何！

### 《边军谣》

边军苦，边军自恨生身向行伍。月支几斗仓底粟，一半泥沙不堪煮。尽将易卖办科差，颗粒那曾入锅釜？官逋私债还未足，又见散银来籴谷。去年籴谷揭瓦偿，今年瓦尽兼折屋。官司积谷为备荒，岂知剜肉先成疮。近闻防守婺川贼，尽遣丁男行运粮。老弱伶俜已不保，何况对阵斗刀枪。婉婉娇儿未离母，街头抱卖供军装。闾阎哭声日震地，天远无路闻君王。君不见京师养军三十万，有手何曾捻弓箭。太仓有米百不愁，饱食且傍构栏游。

## 陈邦敷

### 《养马谣》

白牌使者行来疾，照点征名催赴驿。贫家难措买马钱，夫妇悲号心战栗。三五狼牙雄赳赳，气蒸烈焰如牛吼。割鸡款酒不暂停，铁索拘挛逐先走。嗟嗟我死聊自足，难免妻儿受凌辱。坐连邻里谴责归，领保佥期承应役。前度养马遭荡败，典尽家筵仍负债。鞭背成疽尚未平，今复耽当无可奈。边军设为防边计，额外军徭无定制。杂派走递牌儿夫，转输征调门厨隶。养马古是民家差，忍使贫军堕此灾。土舍万顷田，不向公家纳一钱。馆夫下寨收马钱，土官土舍索人事。稍有不遂即支吾，号令传呼寨门闭。及捏虚词巧饰伪，公然不出当官对。白日黯黯生浮云，牢死贫军独何罪。含冤控诉谁作主，官畏土官如畏虎。一勾不到即停牌，碌碌频年自修补。我生不幸生边垠，军代民差如转轮。九重万里杳难诉，谁念边军彻骨贫。

## 杨 慎

### 《雪关谣》

云关谣，述途人思何将军也[1]。将军名卿，成都人。

雪山关，雪风起。十二月，断行旅。雾为箐，冰为台，马毛缩，鸟鸣哀，将军不重来，西路何时开？

① “述途”句：《黔记》为谣之末句。

# 第十章 疏 类

## 谢东山

### 《建盘江河桥疏》

头兰故地，尾洒新亭。水绕盘江万里，东驰海峤湍流。束峡两涯，下俯冯夷。孤航才受两三人，旅客每劳昏晓候。黄茅瘴起，魂销贵竹之程；僰道烟横，望断长安之日。欲教坎窞为平地，须易舟楫以桥梁。何官府执匮乏以为辞，而小人乘险危以为利。悠悠作道旁之议，凛凛为徼外之虞。今遇巡抚刘公，轸念时艰，力行王政。远惟蒲津系缆，开元尚倚于铁牛。近羡澜沧引绳，壮观犹多于金马。爰引刍荛之一得，更参人鬼之佥谋。巨石中流，名称虎跳，崇基近岸，势便鸠工。用倾府藏之资，经始恢宏之制。仍赖多方助役，剩期一举成功。人人任占八福田，荡荡平铺五尺道。彩虹巀嵲，无分春夏秋冬。乌鹊参差，那限东南西北？看取杜元凯举觞之乐，何如郑子产乘舆之恩？

# 第十一章 颂 类

### 王 训

#### 《嘉瓜颂》

明受天命，奄有万方。贞元会合，君明臣良。维皇继统，景运弥昌。至和协通，发为嘉祥。南国之台，园有瓜瓞。绵绵其蔓，泽泽其叶。和风长养，瑞气凝结。两实并蒂，六本同列。含英吐芳，蕴秀流香。金肤玉质，雪水[①]冰瓤。形圆而直，色正而黄。台臣稽首，献于明堂。曰此嘉瓜，我朝之瑞。肇自高皇，龙兴草昧。适当其时，风云庆会。今我圣君，德信功[②]配。仁风化雨，洽于遐迩。天人交感，得此祯嘉。再产斯瑞，视昔有嘉。实由天眷，寿我国家。至治之祥，太平之效。天子万年，永绥亿兆。小臣颂歌，以继舞蹈。

### 指挥屠玺

#### 《平都清苗颂》

天眷有明，全付所覆，开大一统亿万年之鸿基。太祖、太宗、英祖、景帝宪考，以圣继圣，钦文右武。今皇上即位之五年，朝廷清明，海宇无事。四夷慕义，稽首称藩。惟独贵之山苗肆恶，不得已。守臣以闻，谓其冥顽，若不加兵剪灭，恐边患无有已时。

曰廷瓒，汝提督军务；曰溥，汝克行军总兵；曰德，汝往监军；曰通，汝协同领军；曰玹，汝随军纪功。统众以讨之。

廷瓒等奉命惟谨。至期，师旅毕集，无敢后者。号令一施，士气百倍，所向克捷，战获无算。曾未五月，元恶授首，余党悉除。四十年边患，如风扫叶，一旦荡平，此皆皇上明断，一二臣邻之功也。敢竭愚衷，永扬休美，其辞曰：

于赫明皇，奕叶重光。恢弘治道，率由旧章。尊居九五，统一万方。梯山航海，罔不来王。蠢彼苗丑，性类犬羊。冥顽是逞，恣肆跳梁。帝闻震怒，乃命元老。仗钺专征，恭行天讨。不徐不疾，师出以律。山川改观，风云变色。堂堂都宪，用兵若神。统众十万，如将一人。军威所加，势同破竹。贼皆丧胆，束手就戮。焚其巢居，俘其妻孥。渠魁授首，缚献神都。惟此武功，实出神衷。遐荒草木，咸沐华风。大明广被，六合攸同。臣玺作颂，昭示无穷。

## 贵州通志卷之十一

---

① 水：《黔诗纪略》作“液”。

② 功：原文误作“坊”，据《黔记》改。

# 贵州通志卷之十二

钦差巡视提督学校贵州按察司副使谢东山删正

贵州宣慰使司儒学训导张道编集

学生汤建中、马阳、吴铠、李朴、汪藻、倪世杰、马希龙、孙世贤、任懋忠、胡禾同编

## 第一章 记 类

### 一、贵州宣慰使司

**翰林学士陈循**

**《雁塔题名记》**

进士之有题名，旧矣。今之在大学者，凡宾兴岁所题，出于天子之命，以其名具天下者也。在藩方郡学者，出于守臣与典郡者所为，以其名一郡者也。其他州、县亦然。在大学者，宾兴岁所不免。自余非有恒制，或举或否，在作兴之有司好尚用心何如耳。

贵州本古荒服，前代不过羁縻之而已。迄我国家，太祖、太宗弘一视同仁之心，以为无不可化之人，治之同于中州。乃命建贵州宣慰司儒学，在城之东北隅，以教域中秀民。盖肇于洪武壬午之岁，成于癸未之冬。置都指挥使司司之，其事备载云间陈迪所撰《孔子大成殿记》，其后，置布政使司、按察使司、府、州、县。由是，兹学之士，以明经举于乡，擢第于朝者，往往有其人，几不异于中州，则谓无不可化之人，得无征与？

今圣天子正统八年，贵州按察司副使济宁李睿按劾是邦，因览学舍，以为人才出于进士科者，固本于上之教，然非有司使之有所观感，则安能自激劝以仿效于下哉。乃以其意谋于巡按贵州监察御史溧阳杨刚，而经始之，且以俸资为费。而按察使莆田林坦，副使束鹿朱理，佥事番阳屈伸、济南戴诚，布政使司左布政使宜春易节、左参政钱塘严泰、左参议淮阳顾理、右参议嘉

禾汪咏，咸相与捐俸。鸠工伐石，为雁塔于明伦堂之前。若韦肇及第，慈恩寺题名其上者，而取凡由兹学获举进士第者之名题刻之，如故事，俾重荣于永久。其作兴人才之意甚厚。

既成。伸以职事至京，求予记之。夫凡可垂于永久者，莫如名在于世，彼金石者虽坚，或有时不可恃。今乃以可永久之名，讬于不可恃之金石，不亦惑乎！曰：名，好音也，金石，坚物也。好音过耳，辄不复存。坚物非有甚不可为之，故虽千百载不能泯也。虽然，使诚各有其实焉，得若伊、傅、董、贾之流，其过耳而复来，岂直千百载不能泯，是名信可久于金石，惟在得之者诚有其实耳，何必恃金石哉！因嘉夫有作兴边徼人才之意，于是乎书。

## 国子监司业赵琬

### 《雁塔题名记》

正统六年冬，贵州按察司副使济宁李君睿率命往按是邦，至则宣扬圣化，怀柔远人，人用向服。乃益修孔子庙学，以敦化源。而贵州宣慰司之学实惟诸州之望，君于此尤切注意。时按察使莆田林君坦，副使东鹿朱君理，佥事番阳屈君伸、济南戴君诚，布政司左布政宜春易君节、左参政钱塘严君泰、左参议顾君理、右参议嘉禾汪君咏闻之，亦皆以为职分当为，各出俸资，以给土木之费。而又垒石为塔，取韦肇慈恩故事，考求是州历科乡贡之次第，书其氏名岁月，刻于其中。凡有善行可法，又被显擢者，使人有所感发。否则，有所儆戒，于此可以劝士励俗，而所系甚重，非他题名可比。谓宜有著述，可以昭示永久。

兹以书币至京师，诣予请记，予不得而辞。

惟贵州古为南荒，椎髻卉裳之俗，虽唐虞三代之治，不能覃被。汉、唐、宋以来，不过羁縻而已。逮我国家列圣相承，声教所暨，无间远迩。其人始循礼制，称臣奉贡，咸若采卫之邦。而建学立师，无异畿甸之内。学者明经登第，出而为世用者，往往与中州之士相伯仲。然后知皇明统御之大，至治之隆，声名文物之盛。轶唐虞三代而过之，有非汉、唐、宋所能企及也。

李君为朝廷耳目之司，循省风俗，乃能不鄙夷远人，孜孜以修治学校，作兴人才为务，而于科目之士，表显之如此。是不特为一方之荣观，诚足以彰千载之幸遇也。虽然，自古贤人君子，通经学古，亦岂藉此以隆其名哉，固将为当世之用也。士由是升于春官，入对大廷，而显名大学。尚当刮劘淬砺，以务求实用，固不伟欤？

陆宣公尝曰："上不负天子，下不负所学。"吾于题名之士有望焉。若夫其详，已见于翰林陈先生之文，兹不复著。

## 徐　问

### 《抚院续题名记[1]》

贵阳抚院旧存题名碑，创于古杭两江[2]洪公，且为之记。两江后为刑部尚书，寻改都察院左都御史。余尝官于部，见其器度弘博，有大臣端揆之风。《记》中制使、沿革、疆围、绥威、兵民、安养、风纪、肃扬之政，亦概言之，而所书名氏，则自正统癸亥讫于正德辛巳，以后无余石，而亦莫为之续也。

余承乏至，见兹镇所控诸夷酋党桀驁，吞残间发，所司狎[3]习羁縻，弗伸大卞。而又丁兵后，帑藏军实耗亡之余，既已爬搔救集，以为边休。而其跳梁甚者，又弗获已于动众歼夷，以为民靖。至于轨度之所未能周，而风纪之所不能废者，非拾公之遗，洎以旁搜远取，酌时宜以资损益，其将所取衷哉？

夫考其事，必知其名，知其名，斯知其人，名之不可已也如是，其可遗乎？

古之人书册简牍，琬琰彝敦，为谟训箴铭，类皆图远以志勿忘。至其实之所在而为可久者，则虽编抗石泐，而所以不忘犹存也。昔司马文正公谏院题名，有“忠诈直回”之语，将欲揭诸后之人，俾瞩目警心，聿兴劝戒。然则今日之求[4]，宁非后事之师乎？某以是惧，爰命都司从事赵昌龄董工伐石，窃取文正公之意，以续书焉。

## 巡按监察御史席春

### 《续题名记》

柱下史曰：“古者天子巡狩方岳，开明堂，朝诸侯，躬行庆让，故诸侯率职而天下治。自秦罢侯置守，后世相仍，天子不复巡狩。时遣御史分按天下，旌举其吏之贤能，而废职败度者黜劾之令。”用是，有御史代天子巡狩之议，御史之责重哉！

夫方岳守令，古诸侯也，御史得举黜之。是故御史良，则寮维贞，度惟肃。否则，寮且玩，度且弛也。夫贞肃玩弛，世用淳浇，而其端在御史。御史之职殆难矣。

---

① 抚院续题名记：《山堂萃稿》作“贵州巡抚行院题名记”。
② 两江：《山堂萃稿》作“两峰”。
③ 狎：《山堂萃稿》作“故”。
④ 求：《山堂萃稿》作“存”，当是。

贵州，古牂牁夷地。入国朝，为宣慰使司，旧隶四川，设行都司以控制之。永乐始设藩省，地纯苗夷，莅兹土者，抚柔允谐则宁辑，稍失则叛去。加以生事边徼，冒功纳贿者又从而开其隙，则兵革无宁日矣。凡此，皆视御史为有无，按兹土者，尤难也。

东察院旧有题名碑。列开设以来，巡按、清军、刷卷诸公名氏于上，迄今无虚地矣。数年来，代而去者，阙漏无纪。今年春，延平胡子国华按是邦，克振厥职，边鄙赖安。暇阅前碑既盈，乃谋勒石补题旧遗，并俟将来。春适被命叨按云贵，谓予宜有言。春窃谓诸同官，持风裁，懋激扬，皆有声于时者。不类亦获厕名其上，使春果贤，后有指而言者曰："此名御史也。"否则，人将曰："此无闻矣。"可惧哉。

於戏，人情无所警则玩，玩则怠，怠则议斯集矣。有所警则惧，惧则慎，慎则议斯免矣。春乃今视斯石，能无警乎？哲人自励，勉予小子，是固胡子勒石意也。

### 韩士英

### 《布政司续题名记》

贵州布政司旧有题名，已再刻矣。岁久石盈，将后来者无所于载。乃今左丞洪君珠欲嗣而续之，谋诸同寅姜君仪、毛君绍元、赵君叶、刘君寅，佥曰然。遂砻石请记，以予亦尝游是司也。辞弗获。记曰：

士历官服寀，由郡县，上至藩臬、台部，莫不有题名之设。岂徒存名氏、爵里，以示勿忘而已？固将因名求实，征贤否为劝惩。是故君子有取焉。今之布政，虞之岳牧也。舜之咨牧曰："食哉惟时，柔远能迩，敦德允元，而难任人。"然必终之以蛮夷率服者，盖以中国之治待四夷也。

贵州，古西南徼。所履皆蛮夷之封。而布政司以田谷土田为事，有屏翰旬宣之责，我朝命官之意，亦与有虞同。诸君之所敷布大政，所参知共议者，皆是道也。惟兹诸夷常所不恭者，既草薙而禽狝之，固已率服矣。然承平日久，法渐弛而威不讫，协恭和衷，以图久安长治。则虞之授民时以足食，任仁人以安民者，顾可不加之意哉！此之谓实政而名存于后者，将于实乎是稽。前所登录亦既多矣，今其名故在，可考而知，皆能尽其职否也？尽则为贤为善，否则，兹石也实彰庾表慝之地耳。余不敏，名亦在刻中。不知后之指议者又何如也？重为此惧，故以实先焉。诸君名誉方隆，所以书部台、勒钟鼎者可待也。体国柔远，以对扬天子之休命，请自今日始。

## 李　麟

### 《重建两序记》

贵州在舆图为西南夷，国初置宣慰司，附庸四川。然简节而疏目，直羁縻之，暨声教焉耳已。肆我神宗建极，废思南、思州二宣慰司，置承宣布政使司，统八府、四州、二十卫所，节目寝繁寝长，分贵宁、安平、思仁、新镇四道，暨二兵备，而总之以贵州等处提刑按察司。仿古连帅之制，奠侯服焉。于是，纲维化理与上国齿。

司之政事堂东、西二序，列屋若干楹，椽史掌故居之。自厥初草创，审曲苟完，图籍充栋，岁久，欲挠弊至磨灭罔纪，吏缘为奸。

监察御史南平胡侯琼揽辔按视，慨然兴念，亟命所司撤而新之。暨而，都察院右副都御史延陵汤公沐，自京师来拊循兹土，时胡侯得代归朝。舜江陈侯克宅亦以监察御史至自京师代焉。两得请，督责交驰于道，费益金赎，民不为厉。

鸠材庀工，经始于正德十六年辛巳，明年壬午，为嘉靖纪元，始落成告。屋以楹计，东西共十有六极，与广以丈计者如之，直计二丈有奇。而衡杀其半，胥徒在官，居业有所，藏书有度，庙堂之谟猷，院部之建白，与民瘼之兴革，定著为令者，举无遗矣。吏、兵对峙，户、工错列而汇，次之以刑、礼，承发勘合，亦各司存，一新旧贯，然后树塞门屏，端书神祖戒石于上，要归勿欺，俾仰观而时省之，永矢官箴，其殆庶乎古侯国两观图书之府与！然则群公之作新是举，所以广大造一视之仁，基远人重译之化，直不负九重之负托矣。昔我先师孔子游鲁，两观而叹，有志未逮，抑亦谓鲁为周公之国，先王之典章具在，思举而措之图，回天下于大道。三代之英，固其选也。得微衰世之志乎哉！

麟不敏，幸际圣明朝，滥竽按察使，获睹我祖宗列圣贻谋之令典，不无志焉。夫大道之世，天下为公，夷狄之与中国，虽冠履之相悬，其为道中之一物，则均也。《书》纪益戒，《诗》咏猃伐。我国家统驭万方，羁縻四裔，外而不内，是为大同。顾欲捣其穴而赭其庐，贪天为功，孤子寡妻以遗之人而不悟，不知于大道之世，竟如何也！有道者操之有要，恒殷内忧，以备外患。彼罪虽罔赦，而威用薄伐，毋为戎首，不亦善乎？用是自告。同列宪副刘君瓒闻而韪之，佥宪王瑞之甫又从而和之，勉勒诸石。是岁五月初吉，陷置厅壁，僭以告夫后之人。

### 祁顺撰

#### 《贵州布政使司增修公堂记》

国朝置布政司十有三，皆以藩屏一方，宣政化而安兆民也。政不可阙，化不可壅，风不可病，天下皆然。而华夷气习不同，治之恒有难易。惟得人以修其所当为，则阙者完，壅者通，病者安，夷变而之华矣。

贵州本西南夷，自国初全付版图，视犹内地。永乐癸巳，始设布政司，以工部侍郎蒋公廷瓒来任布政司使。时衙宇尚阙，假城外驿馆为莅政之所，后皆因之。

景泰丙子，巡抚都宪蒋公琳以外馆非便，奏徙城中，肇建前后厅堂，暨门垣、幕库、廨舍，诸所莫不如制。又十年，左布政使萧公俨，仍其旧规，重加修饰，惟抱厅久未能立，厥址存焉。是后陈公云鹏、洪公弼、朱公绅，相继为使，亦皆积有厅材，而因循未就，犹为阙事。

成化壬寅冬，莆田彭公自广东左布政使迁任于兹，宣理有方，边人宁辑。乃以至之明年冬十月朔，谋诸右参政番阳吴公，左、右参议零陵吴公、万安戴公，命工始事。即前堂空址为抱厅若干楹，费出于公，材因于旧，浃六旬而落成。于是，藩司规制，完且美矣。少参零陵吴公谓斯举宜张以辞，遂寓书属顺为记。

夫堂宇之设，所以示等威，昭政令，一方于是乎观瞻，群下于是乎承式，阙而修之，义所当为也。方伯任重责专，政无不统，斯堂直一事耳。然一事之阙，汲图之若此，则承宣之政，有大于此者，其肯俾少阙耶！而况民之缺食而饥，缺衣而寒，与属吏之瘝官而阙职者，其忍置之度外耶！吾知一堂之上，同寅协恭，凡所当为，克殚心力，圣化虽已渐被，而益敷导之，以泽于遐僻之陬。生民虽已久安，而益煦育之，以跻于仁寿之域。声华文物，日盛月新，是贵藩治效，视中州有过焉无不及者，非得人为政，曷以臻兹？公之学行名节见重于时，行将入佐天子，大展才猷。山甫之衮，女娲之天，咸俾罔阙，其勋业自当不朽也。斯堂记斯记[①]，恶足为公轻重？虽然，载岁月以示将来，亦不可阙，于是乎书。

### 赵　渊

#### 《续题名记》

题名非古也，而史寓焉。贵州按察司故有题名，自我国初来得百三十余人，其赫然者历历也。会石且满，按察使傅公、徐公、于公相继为续之，甫

① 记斯记：当为“记不记”之误。

得几人，而不肖与焉。石固有以诸贤重，以一不肖轻者。予方自惴惴欲刊去，而三公又继以记属。因复念今一时同堂，咸举于戊辰者，事甚奇。又后先相望者，起予思齐之志也，从而为之辞，曰：

按察，汉部刺史职也，贵凡六人，简也。按察之职，天子所使观民风而布邦刑者也，在《易》，论观风者一，用刑者五，省方欲其周也，设教欲其善入也，故观取诸风，刑主明知也。威以震之，义也；慎以止之，仁也；中以感之，信也。故“噬嗑”，法立而莫敢犯也“丰”，法用而莫敢挠也“贲”，狱未具而服念之也“旅”，狱已具而丕蔽之也“中孚”，求出于入，求生于死，不敢恃乎其外也。而噬嗑之受观，夫亦弼教之意。

呜呼！圣人岂不欲教之大行，俾刑措而弗用哉，盖有不能尽如吾意者矣。中则治，不及则衰，过则亡，周、秦、汉之故具在也。故明于此者，优于治天下，而况贵壤乎？按察之职乎？且贵古三苗属也，舜以三苗作刑，然亦窜焉而已。柔远之道，固是也。

禹之声教四讫，三苗之属，盖亦有可观矣。何至今而弗率者自若也，此岂可尽贵人尤哉！其诸百执事，渔猎而禽兽之者不少也。此汉六条所必问也，故善治者必先其本。教，刑本也；百执事，民本也；监司，百执事本也；中国，四夷本也；君相，监司本也。予职教逾年，乃不能身率百执事，以率贵人之弗率者，此所为惴惴焉者也。故兹石重他日，而史或征焉，唯诸公在否，则渊有罪焉耳已。

嗟夫，史，公万世者也；题名，私一署者也；贤不肖，我也，一念之地也，一息尚存，贤不肖未定也，此诚可惧也哉！

## 八番顺元宣慰副使范汇撰

### 《题名记》

八番顺元，传相为夜郎、牂牁之表，殆古鬼方之境欤？蛮獠种落杂处，叛服不常。入我国土，军狗地，诸部悉归顺，始置宣慰使、都元帅府，总戎以镇之。更贵州为顺元，屯驻城中，领万户府一、镇抚司一、安抚司十、长官司五，而顺元、思、播三宣抚地皆听抚镇，其任可谓重矣。然而四外督土官相袭，或有争，则境内寇夺乘衅，道路欲塞。又外连南诏、岭徼、两江溪峒，侵削斗阋，往往有之。阃政相弛，即戒不虞。故官于阃府者号称才难。

至正十年秋，宣慰司都元帅完泽公以省台宿望，仁勇兼著，莅政未数月，号令肃然，旌旗为之出色。于是纪纲立，法度行，百废兴，而太府未有题名之石，实亦缺典，何以昭劝惩？乃立命石，属余次序而题著之，将镌刻，以候来者于无穷。及考诸闻见，始自开辟，以迄于今，至于边政之得失，才谞之崇卑，则人心公论在，将历指而议之，可不惧哉！

## 陈 迪

### 《大成殿记》

孔子为天下所通祀，韩文公处州庙碑论之至矣。贵州旧有大成殿，庳狭浅陋，固不足以揭虔妥灵。矧在阛阓之内，军民杂居。其所豢狗、猪、鹅、鸡，秽践于其庭。工作憩卧之人，袒裸侮慢于其室。春秋朔望，释奠展谒，一时汛扫，不过应故事，守朝典而已，有识者病焉。

洪武二十六年，颁印建官，开设贵州宣慰使司儒学，命名儒芒文缜为其正职，卜筑于城东北隅，辟址宏广，地势爽亢，后作讲堂，列为两庑。缭之以垣，植之以木，幽邃严肃，俗迹鲜至，视殿之基制，相去奚啻倍徙？虽曰事当有渐，然失所先后矣。

今年，贵州重造都指挥使司，使副金侯、汤侯与寮属共议，加伐材木，分以遗学，使立大成之殿于前虚，雕削藻饰，务尽观美。殿成，舁圣人像崇奉于中，设陪祀位以班于序，而致礼焉。

贵之父老惊叹感激，奔走相告，合辞谓迪曰："吾郡古南荒之域，前代只羁縻耳。今我太祖皇帝不夷待之，视与中国齿。既命文武重臣以抚之，复遣精能之师以教之，使吾民若厥后世囿于文治，其恩渥矣。侯之是举，具方域之仰瞻，扩前人之未逮。"

丐书之石，以传永久。忸缩谢曰："此何所，而寘余踪耶？"固辞弗获，敬录所睹闻者，以纪岁月云。

## 大学士费宏

### 《重修儒学记》

学校之设，择秀民群处其中，而以六经之道训而迪之。盖欲其明大伦，崇正学，建政体，探化原，以成士君子之行，以备公卿百执事之选，以收正朝廷治天下之功。而人材之盛衰，俗化之厚薄，恒于是乎系，实治道之最先且急者。

我太祖高皇帝得国之初，即诏天下郡县建学立师，以兴起文教。贵州虽远在西南，为《禹贡》荒服之域，而宣慰司之学已建于洪武甲戌。前礼殿，后讲堂，旁为斋若庑，而外表之以门，具如法式。

景泰间，御史杨纲、副使李睿，尝因旧而增修之，则又建尊经阁于堂之后，育英堂于阁之前，翼之幕室，以处诸生之讲肄者。于是乎规制大备，而为国作人之意益以广矣。

百五十年来，此邦之士，往往以明经效用，齿于内地，岂非以上之声教所及既远，而下之振励又得其人故耶！

比者，阁日就颓，而所为育英堂者，仅存故址。御史江君汝器以清戎至，见其然而叹曰："春秋大复古。古之不复，可以为非吾之责耶？"谋于镇守太监杨君广、巡抚御史熊君子山、总兵官牛君永武、巡按御史刘君器重，议既允协，遂卜日庀工而从事焉。堂与幕室皆基构如初，阁故二楹，今增而六矣。已而，抚按复用佥事赵君渊之议，并建神厨及祭器、乐器二库，徙泮池，祀乡贤，凡位育名物之有关于学者，罔有弗饰。

经始于甲申之秋七月，而以乙酉之冬十月乃告厥成。其材与力皆江君以罚锾给之，而劳费不及于民。其董治则布政使梁君材、按察使于君鏊。其图议则布政使杨君惟康，按察使徐君赞，参政郑君锡文、于君湛，参议江君玠、金君垒、李君辑，副使舒君表、潘君鉴、王君浚，佥事杨君薰、成君周、刘君彭年，而都指挥顾侯恩、刘侯麟亦皆与焉。

比者，使来请记，在《易》之"蛊"，"先甲三日，后甲三日"。传曰："终则有始，天行也。"盖兴与坏相仍，亦事物自然之理。然当其坏也，苟不更新以饬乎其始，丁宁以备乎其终，则已坏者不可复兴，而已兴者且将速坏，岂君子振民育德之义哉？诸君于兹学协志毕力，易故为新，而又欲纪以昭之，庶几久而不废，何其勤耶！

士之藏修于此者，其惟念学殖之不可荒，而圣贤之道非六经无所就正，日取遗编而玩之，精思力践，卓然以天下英材自期待，由是进而为百执事公卿。遭时之泰，则怀仁辅义以尊主庇民。脱弗遇其时焉，犹必仗节死义，以勉尽乎忠孝。夫然后无负于今兹育材报国之意矣。若徒志拾青紫，买椟而还珠，则阁之所尊与堂之所育岂端使然哉。

## 朱　麟

### 《阳明书院记》

夫性一而已矣，学之者何纷纷也？性有不一而学有多岐，则固自其多岐求之。即使性无不一，而复求之以多岐，日见其外也已矣。

故性一也。以言乎己谓之明德，以言乎人谓之亲民，以言乎易简而天下之理得，以言乎天地之间则备矣，以言乎天地之间则备者，充塞之妙用，人与天地万物一尔。其动也，妙用形焉。湛者常照而非有也，通者常应而非无也。外也，而亦何尝有外也。以言乎易简而天下之理得者，精一之本体，人与天地万物一尔。其静也，本体澄焉。虚者藏而有体，应者寂而有象。内也，而亦何尝有内也。一念之明谓之良知，良知之不已谓之良能。良知知也，良能行也。知者行之始，行者知之终。知者之谓智，行者之谓仁。知行合一存乎诚，仁知合一存乎性，而亦何尝有内外也？

不犹镜乎？明者其体，照物者其用，即使尘垢以蔽其明，而镜之明犹在耳。于其本有之明，洗磨而荡涤之。固亦复其天然自有之良，而容可以一毫智力以参之哉？良知者，本有之明；良能者，良知之不已其明者也。而亦何可以智力参之哉？

孩提之童，无不知爱其亲。及其长也，或有不爱其亲者，非其本然也。孩提之童之长，无不知敬其兄，及其蔽也，或有不敬其兄者，非其本然也。然呈露发见之机，无有断续。于其无有断续而呈露发见之一念，戒谨恐惧，触类而明之，以求至乎其极。则亦顺其本体发见之自然，默识而存之，以复其固有之良而已矣。非有所增损减益于其间也。

格者，格此者也；致者，致此者也；诚者，诚此者也；正者，正此者也；修者，修此者也。于其致之物而格之，于其意之知而致之，于其心之意而诚之，于其身之心而正之。心正而身修，身修而家齐，家齐而国治，国治而天下平。如此则为敬以直内，不如此则为以敬在内。如此则为义以方外，不如此则为义袭而取。此之良知即致知之知也，此之良能即诚正之能也。知此之谓成己之明德，诚此之谓成物之亲民，而亦何尝有内外？何尝有智力以参之也哉？故曰性一。

而后之学者何多岐也？彼其从事于学者，盖未尝实见乎吾心之良，往往役智以自私，学愈多而愈离，言愈枝而愈远，故有去外物而言心者，而不知离物无心也。有欲穷究文字之繁而言博者，而不知离心无文也。夫若此者，皆狗象而丧心，语内而遗外，而不知性无内外者也。

阳明先生之学则固以良知为教，得于心而言之者也。先生之得于其心者，其在龙场之时乎？盖其困心衡虑之地，孤臣孽子之初，天机所发，自与往日所见不同，而有志于学者，此其准的者也。中丞大廓王公，先生之门人，巡抚贵阳，因贵阳之士永慕先生，即其居夷之地，为先生建书院，以淑来学。复取先生之教，朝夕讲明，盖惧学者忘其所能焉。

噫！学患不知其所止；知止焉，又患不知其所终。故夫知止焉，可谓良知矣。勿忘焉，得非良能矣乎？是故学之不可以不精。

**翰林院学士吴宽**

《忠节冈记》

自古战陈之士死于难者不可胜数。论其死，直与巡、远、杲卿辈等。然名姓不登于史册，泯然无闻者皆是。或挺身遇贼，使屈伏焉，亦不至死。死必以言抗之耳，而亦无传于世，甚可恨也。

寿昌徐君公正少戍贵阳，以文雅谋略为其上所知。尝召筹兵事，途与贼遇，遂死其手。其妻陈孺人即欲从死，以有二子鼎、节尚幼，乃已。后节受教，登甲科，为才御史，既获恩典及其父母。而士大夫知其事者，多为哀挽之诗遗之。

夫贵阳在西南万里外，去中朝甚远，使非其仲贵显于时，士大夫安知有公正夫妇邪？此予所以为恨者。节字时中，与予为同年进士，出守太平，号称循吏。顷以三载考绩至京，出示此册，为题此复之。盖叹公正之死为不幸，亦幸其有子，且并其妻之贤行同传也。

### 王鉴之

#### 《忠节冈记》

忠义之在人，乃天地之正气，国家之元气也。正气行则世运泰，元气盛则国脉永。此忠义之有关于天地国家甚大，而人君必以崇奖忠义为先者，正以扶植正气，培养元气，为纲常计也。

呜呼休哉！我国家以纲常治天下，以忠义范民性，此先代忠臣义士有功于名教者，悉置之祀典。祠墓所在，每命有司谨修葺，禁樵牧。至于当世死难伏节之士，不褒及其身，则禄及子孙。是以百二十年来，纲常振举而泰和雍熙之运，自右罕俪，职此由也。

贵州西南边省，虽僻在荒服，然士沐清化，兴起忠义者，每申视天下。考诸图志可见其未见者，今后得徐君焉。

君世家浙之寿昌。国初，曾祖原吉以事编戍于贵，故生为贵人。

正统己巳，湖湘寇起，洪江黑苗暨贵州诸夷响应，清平道梗。于时，守臣请兵征讨，命下，适令大司徒黄公镐以监察御史出按是邦，偕事监戎。闻君贤，辟置左右。凡所筹策，赞画惟多。

是年秋七月，司徒公出巡边，至羊场河，猝与贼众遇，将为所掩。君奋挺直前，厉声叱贼曰："尔辈蚁蝼群孽，敢害及朝廷宪臣耶！我分死之，明年此际，当歼尔丑类。"遂遇害。翼日，贼见之面如生，遂遁去。司徒公幸获免。远近闻之，无不壮君之节，义君之忠。

守臣欲上其事于朝，值时艰弗遂。明年秋，贼果平，适符君临终语。

呜呼！君一戍卒耳，而能临难不渝，忘身卫上，俾忠义大节，轩揭宇宙。使其授阃钺之寄，当一面之锋，其功烈将何如耶？推其志，殆与烈日、秋霜争光并列，视彼享厚禄，都大官，趄趑倖生，营营为妻子计者，何人哉？末世有善而不知者，不幸也；知而不能扬其善者，不义也。今忝司观风者，得其事于乡人，故老人有题其墓为“忠节冈”者。因次第其事，登载于石，用垂不朽。

君名资，字公正。仲子节居壬辰进士第，今官侍御史，立朝行己，懋著时誉，将推恩锡封。君子曰：食报也。

## 翰林编修罗玘

### 《文武联芳记》

判陈州事程汝霖典吾县教时，自言其隶尺籍于贵，旗下有五伍者二，吾子鹏也，实居帅之戎卫子弟之秀，皆附宣慰使之学，吾子度也，亦廪食其中，然皆未能颖脱出头角也。

去冬，汝霖去吾县来会天下之士试，见吾于玉河之鸱，跃然大喜，曰：“前所谓鹏也，与斩都匀酋，赏百户。所谓度也，试云南，得后诸士，将以蚤暮至也。自吾氏去茶陵入贵，操戈鋋与罗氏鬼蛮，好则相视，怒则相攻，余百年。其比而伍者，井而湮，灶而夷，非其父，则其子耳，今其在者几氏矣？有能拔其上而为之长上乎？又有能刺而入于文儒之囿，撇[①]然蜚英乎？吾不能了造物者之施我其亦或舛也。然虑亦盲瞶之人耳，人遗以饮食，饮且食，不闻不知也，可乎哉？吾欲侈造物者之施我以励鹏也、度也。惟名以榜之，庶几为宜。且二子之遭是也，期年耳。而实又同产，如曰文武联芳，庶几于义为宜。然吾闻古不以万选万中为文，不以百战百胜为武。要非今之所谓文且武也，鹏也何武邪？度也何文邪？姑自吾贵之穷僻处视之而已矣。吾不征于古，兄弟之并为卿相今有之，譬诸草木，联比而芬芳可也。二子何芳邪？姑自吾氏之卑薄者视之而已矣。敢辱史氏宠嘉之，为之记，庶几鹏也，度也，日斯迈而月斯征矣。”

吾曰：“是亦足以记已。语有之：‘知子无若父’，何庸吾譊譊乎而后为记哉，其归，镵诸毋缓。”

## 孔　镛

### 《题忠节冈记后》

夫《忠节冈记》者，侍御山阴王君巡按贵州时，为同寅徐君节先君子公正甫之死而作也。甫死久矣，而王君曷谓其死而作之耶？贤其人也。贤其人则曷谓之忠节？以其死王事也。其死王事者何？正统己巳，湖湘寇起，洪江黑苗暨诸贵州诸夷皆响应，清平道梗。守臣请兵讨罪，命下。时南京户部尚

① 撇：原文不清楚，据《圭峰集》补。

书黄公叔高为监察御史，出按是邦，偕事监戎，闻甫贤，辟置左右，以咨讨贼方略。

是年秋七月，黄公巡部过羊场河，猝与戎遇。贼率众将犯黄公，甫以身翼之，奋挺直前，厉声叱曰："尔丑类敢犯我朝廷宪臣耶！我虽一戍卒，然食君之食有年，当以死报，我死，则为厉鬼，助天兵灭尔。"言讫遇害。由是，黄公获生免者，甫之力也。

翼日，贼壮甫言，复来观，甫之面如生，遂相与感叹遁去。家人得收甫尸，棺殓归葬贵之是冈。后之乡人思其贤，而壮其节，遂题其冈曰"忠节冈"。俾过者有所瞻仰焉。今王君汲汲为之记者，盖有以通劝戒，扬善抑恶，修人纪而植世教，亦观风者分内事也。

呜呼！今之为将臣，为戍卒，使人人如甫之勇死勤事，则岂有失地丧师之辱，又岂有缓急不得其用，而误国者哉？此王君《忠节冈记》所由作。将以激夫不忠者而劝之以忠，激夫不义者而劝之以义也。其于风化岂小补哉！

余亦忝司风纪，观王君之记，则彰善瘅恶之心，勃然而兴，宁能已于言乎？遂姑书此于忠节冈之左，方使后之观风者有所考，相与表章之，俾甫之忠节传之不泯云。

## 给事中张原

### 《四香亭记》

建水守李君仲爵辟屋前除之隙地，杂植花卉，创亭其间，扁曰"四香"。盖取义于四时之物之香者。如春则兰蕙、牡丹、棠棣，夏则荼蘼、薝蔔、安石榴、菡萏，秋有桂、菊、芷、橘，冬有臙脂、玉瓣、绿萼、诸楳[1]，竞芳争艳，次第呈香。殆欧阳文忠公所谓莫教一日不花开意也。

亭直当贵山之冲，奇峦丽巇，青翠可挹，宛如佳宾，参对于其前。俯临贵河之流于断崖溜石之间，惊湍飞濑，𣻌𣻌有戛击声。率河西不十武许，石罅出泉，昔人刻石，肖龙形，自吻觱沸以迸流，味甘以洌，优于他水。

垣之外，艺田若干亩，膴膴亘望，岁种秫以给酿醞。楹后凿池，莲茨藻荇，满其水面。而锦鲤金鲫，振鬣吐沫，上下游泳，有自得之意。缘垣莳竹，间植以松。

每风晨月夕，霏开雨霁，则松阴匝金，梅影横玉，而猗猗筿竹，亦浮光荡彩，槭槭于陛楯窗槛之间，清耳豁目，可听可玩。仲爵时至亭上，徙倚延伫，顾而乐之。乃披鹤氅，着纶巾，扫地焚香，据几静坐，抽书朗诵，探韵高吟。

① 楳：《黔记》作"梅"。

客至，辄汲泉沦茗，析笋具膳。或对奕于清阴婆娑之下，或引杯于芳华芬馥之间。

暇则策杖循行畛疃，登高以望，临水以嬉。或手自耘以铲除荒秽，优游终日，率以为常。物象意趣，举萃于斯。因撮取其景，厘而为十，曰“贵山耸翠”“龙井流金”“柳迳清风”“梅窗斜月”“松亭琴韵”“竹牖棋声”“桂圃秋香”“莲池夏讌”“临流哦句”“执杖耘耔”，皆触于目而契于心者，大率如此。

呜呼！夫人之心于物，未尝澹然而无所好也。唯夫清特奇荦之士，颖脱世故，不龊龊于珠宝贝玉之好，乃能搜剔岩穴，探索荟莽，挹取天地自然之生物，以为吾身目前之佳致。盖其心之所乐在是，而其所好固在是。经曰：“好之者不如乐之者。”信夫，其乐而后知好之也。

仲爵以明经登名天子之庭，入典太学，出守剧郡，方倥偬于禄位簿书，而日不暇给。乃能留心斯亭，抉摘斯景，以为一方一时之美观，略不逐流俗，以好珠宝贝玉，甘自龌龊于庸人俗子之为，视以功名富贵累心者何如也。其贤远于人可知矣。

予放逐南来，方郁郁于兹土，间尝造谒，获登斯亭。而凡高者、下者、远者、近者、逶迤而隆伏者、渟泓而沆溉者，突然、洼然、蓊然、郁然，莽莽苍苍，深深嶷嶷，望之如画，一览而尽得之。顾亦愉愉乐焉。顿释其羁縻漂泊之怀，而翛然忘归也。则夫仲爵之好而乐之也，固予之乐与？予少有云壑烟林、谷风溪月之癖，既壮，羁于世网，莫之得遂，兹将戚戚然复动于中，抑欲暇则径造亭上，与仲爵略仪文，谢礼度，不拘挛于形迹之粗，而放浪于矩矱之外，徜徉磊落，有不召而来，不辞而去之意。不识仲爵厌予烦而以为混否也？

仲爵命其子木丐予为记，予援笔因以记之。仲爵名升，姓李氏，别号“四香主人”，此亦可以占其夙志云。

## 邹　鲁

### 《菜[①]根亭记》

先正汪信民尝言，人能咬得菜根，则百事可做。旨哉言乎！盖以养心莫善于寡欲，寡欲必自咬菜根始。引伸触类，寡之又寡，以至于无，则圣可学矣，况百事乎哉？

贵州行台东偏有亭焉，环植嘉蔬，鲁扁之曰“菜根亭”。盖有志于寡欲，以养此心耳。仍为铭：

物之淡泊，莫过菜根。物之甘腴，莫过粱肉。嗜有味之味，众人所同。得无味之味，君子所独。噫嗟，饮食大欲存焉，故《易》示朵颐之戒，《书》

① 菜：底本作“莱”，据文意及后文改。

谨维危之传，《礼》记豆觞之铭，《诗》歌乾餱之愆。菲饮食而大禹入圣，乐箪瓢而颜子称贤。苟以己而从欲，斯人而匪天。矧御史膺皇上耳目之寄，纲纪之托。骢马行行，动摇山岳。风采凛凛，令人胆落。其本在于正己，其要在于寡欲者耶。潭潭乌府，乾坤一亭，观颐养德，菜根乃名。于戏。菜根，寡欲之则，为士大夫不可一日无此味，天下苍生不可一日有此色。

## 周廷用

### 《平香炉山苗碑记》

贵州清平东北四十里有山曰香炉，巉岩岌嶪，高出万仞，诸山环列。若戈鋋相向，连亘三四层。鸟道攀缘而上，上可容百万人。烟云出没，合沓蜿蟺，不可名状。望之者皆以为穷地之山，极天之险，有一人荷戟，万夫趑趄之势，剑阁孟门靡曰固镇。

我明正统间，苗有韦同烈者，凭阻作昏，以张狠戾。朝廷命师徂征。七月弗克，勉以抚顺，班师。

正德丙子春，叛苗阿傍、阿肉、阿皆、阿义诸党，扇行妖孽，复据旧巢，列栅数十里，掠聚粟稻，坚利锋刃，以拒大顺。意灵诛或可逃也，守臣以事闻，天子忧焉！乃下司马议，议当剿。

上临轩授敕曰：“尔巡抚右副都御史邹文盛往，即乃任总理调度，维抚剿以生贵人。尔镇守内官监太监李镇维尔城守，协心辅翊，罔或诞慢，以负朕心。尔总兵官李昂暨湖广副总兵官李瑾，张皇六师，振耀边鄙，用命者赏，弗用命者戮，以成厥勋。尔巡按御史周文光纪验俘馘，厥阅必实，毋滥以启冒，毋刻以蔑功。”

命下，诸臣受惟谨。

巡抚公曰：“艰哉，武不可究，宜抚之。”众如议。乃命参议蔡潮，都指挥潘勋、王麟先后往谕，冀其有顺。苗方怙恃凭陵，杀我军士。都指挥权继武死焉。烈焰薰炽，蹂躏卫邑，睢盱伊嗢，背乱僭号，虽百喙弗能解已。

皆曰：“丑类之不我命，罪当诛。”

诸公因誓众曰：“惟朝廷畀兹重任予数人，予数人何敢不力，况文武诸司，罔敢不从。”

志曰：“左布政使赵文奎、按察使林长繁，汝二人厘兹城社，以赞戎理，予等及事事者咸往焉。”

九月廿一日，诸公往莅军，在合示方略，分布营垒。

曰：“参将洛忠，汝隶前垒，军兵六千有奇，皆统之。”

曰：“都指挥刘麟、陶霖，汝二人隶右垒，军兵五千五百有奇，皆统之。”

曰："都指挥祝镇、王玺，汝二人隶左垒，军兵五千五百人，共统之。"

有前前垒军兵六千四百人，有右右垒军兵五千九百人。都指挥许诏、叶昙、杨淮三人分统之。

曰："宣慰彭明辅、彭九霄，汝其约束部兵，各以时力战。"

曰："将材佘大伦，汝往巡视诸垒。"

曰："佥事詹源，汝监前、左二垒。"

曰："副使李麟、参议蔡潮，汝监左、右二垒。"

曰："佥事许效廉，汝监左、右垒。"

曰："参政胡濂，汝惟整理粮饷、币物。"

曰："前有将军营，二总兵帷幄居中以号令焉。"

营壁整肃，师旅鞠陈，既禡既禨，刻日进剿。苗恃颔颔，狂奔叫呶，罔知天罚。

十月三日，我军乘其不备，掩袭前进，杀苗贼一百余人。土兵荅直可宜为苗所缚。令妻孥挥刃，刲肉如雨，厄我士气。兵乃不恤创巨，具以苗穴虚实，仍号于众。三军之气，用是益振。苗犹不挫。方且刻木为盟，约都黎、都兰、天漂、天霸、龙头、龙对苗百万人，欲内外策应，以寇我营。军中密以闻，镇巡公因言于众曰："用兵贵谋，集谋贵赏，今盍以赏激邪？"众俞，悬千金于军门，有能先登者授。

十月十四日夜三更，永顺土军数人奋其谋勇，架木悬绳，援崖而上。是夜，雷雨大作，苗方安睡，军遂屠守路者数人。遇柝者，杀之，柝焉。遇锣者，杀之，锣焉。遇鼓者，杀之，鼓焉。俟众军登者数百人，然后毁栅焚巢，鼓噪而入。各垒军士拔帜齐上，锋镝交接，震声四达，迎刃授首，势若破竹，计穷亡命者，奔突绝顶五百余人，次日皆捕杀之，斩首二千人，俘获男女五百人，面缚首恶二十人。贼所畜者，曰牛、曰羊、曰米稻、曰衣服、曰皮革、曰器械，咸为军兵有焉。胁从之党，暨索所弗悛者，胆泣神号，悉愿听抚。诸公皆纵之，盖不欲黩武也。十一月廿八日，以捷奏。

上御奉天殿，受群臣贺，策勋论功。曰：巡抚都御史增爵一级，任子一人。镇守太监增禄十石，任弟侄一人。贵州总兵官、湖广副总兵官各增爵一级，任子一人，俱锦衣卫世袭百户。纪功御史增爵一级，俟京职推用。其有功文武诸臣，各加官升爵有差。噫！兹举也，上以纾一人之忧，恢拓边境。下以破万年之险，大振天威。铿鍧炳耀，荡人耳目，厥功何伟哉！

廷用不佞，请勒诸石以垂后懿，用以献其文，曰：

贵阳荒徼，时维外藩。限山作镇，界石为垣。曰有炉岭，险逾剑门。三苗素窟，凭此作昏。粤惟正统，大肆陆梁。我皇赫怒，出车千骧。弭师七月，成功未襄。收旅旋旆，示以归王。阿傍、阿苗，扇此毒虐。狺狺哨聚，于山之络。嗜为寇乱，恣行剽掠。滔天阻兵，气焰薰灼。越自丙子，至于丁丑。皴攘卫邑，阻绝道路。凭据势甚，万夫莫有。屠我军民，戕我官守。宪臣疏闻，天子厪虑。乃命镇巡，兵旅大会。付以军机，授以师律。奕奕金戈，蜚蜚羽檄。抚臣忧言，武不可既。载示皇仁，载谕圣意。维彼丑虏，愈恣凶逆。暴非德驯，狂罔言制。乃用群谋，乃调士卒。土兵、官军，桓桓仡仡。参以文武，分以营壁。于帝是类，于山是祭。埼角分布，貔貅载陈。统以诸部，莅以威神。玄甲跃日，朱旗彗云。乃树电帜，乃驾飚轮。彼苗何恃，恃此层山。山不可恃，天罚攸干。矫矫勇士，罹此凶残。挥肉乱坠，凛不动颜。且言虚实，告示同班。我士益励，我兵益扬。悬以千金，义力奋强。下攻九地，上入穹苍。陵彼巢穴，伐鼓琅琅。众军咆哮，排山登阵。万仞杂沓，噍类无遗。横尸成岭，流血为池。远近苗裔，纳款来思。马腾而骧，士饱而乐。贵之卒夫，解甲生活。贵之妇女，迎门笑跃。破险除凶，边疆再拓。捷书上奏，乃开明堂。论功授赏，金帛辉煌。曰兹文武，实惟忠良。于铄奇功，昭彻遐荒。勒兹隆碣，永代熙昌。

## 二、思州府

### 蔡潮撰

### 《题名记》

自嬴秦易古制，化国为郡，而国史之职废。世之为郡县者，欲考求前躅之得失贤否，以自昭劝戒，仅存乎厅壁之片石焉。

思州为古黔中地，历隋、唐、宋，沿革不一。国朝吴元年，宣慰田氏归附，隶湖广行省。永乐壬辰，田氏以弄兵坐废，遂改宣慰司为府，分属贵藩。然地僻民贫，且荐罹夷变，日敝敝焉，鞠为荒翳。

宣德间，郡守王君常、张君价举其事，而文献未足征。虽欲取证于厅壁之片石，亦不可得也。

正德丙子秋，上元高君节守郡之三年，嗟兹缺典，博询于长官周缙、何纯辈，得其所记忆前人之名氏、籍贯，凡二十六人，命经历杨汉请记于予。

予闻诸邦人曰："吾郡蕞尔一隅，猥潜荒服。重以夷气岁歉之故，吏兹土者，恒以投瘴御魑视之，速欲解去，不能一朝宁处也。吾民益用愧惧，靡所仰籍。自崔、贺启治以来，能久安其位，不甚鄙夷吾民者，王、张、赵、李、唐、孙、严、柴暨今高、赵数公焉，高侯又能于劳来安辑之暇，以经术训饰吾子弟。且复征文辞以表章之，以新我耳目，尚屑以荒鄙之民自待耶？"

予闻之，重有感焉。夫天子为斯民宅牧，无非欲其承流宣化，以上裨宵旰之忧，固无分于远近内外也。故曰：为刺史无文武才略，无明惠公直，则一州生类皆受其害。或者流未承，化未宣，文武才略未之能备。乃屑屑较计于内外、远近、美恶、丰约之等，抑惑矣！今夫工之治木也，端心目，正规矩，不疾不徐。虽拥肿盘曲，迎刃而解，况得美材而治乎？人将称之曰：天下良工也。苟不先利其器，而过受其直，眘眘驰骛，病于剸裁，虽得楩楠杞梓之材，而莫适于用。人孰不訾其为天下之贱工耶？由前数君子观之，思何负于民牧哉？虞诩有言，不遇盘根错节，何以别利器乎？临川吴子论禹、稷、伊尹之志，苟得一县，亦可小试，谓其福惠所及最速，有以慰愜斯民苏息之望也。他何计耶？后之吏兹土者，幸无以斯文为虚谈。

**《平都清苗记》**

皇明之有天下也，自我太祖高皇帝龙飞淮甸，中原底平，夷狄宾服，罔有弗庭者，百有三十余年矣。贵州，天地西南之一隅耳。都匀，贵州东南之一郡耳。洪武初，天兵南下，闻风帖尔，服王赋，入王贡，迄今无虞。

宪宗皇帝之末，其酋乃复梗化，辄敢弄兵于潢池。镇抚之臣屡请讨之，皇帝尤体虞舜好生之德，弗即加诛，使会诸臣谕驯之。冀其来格两阶之舞，洪恩至渥也。蠢尔苗裔，怙终弗悛。

今上皇帝嗣位之四载，其酋乜富架、重恶龙十有二人，纵其党，四出劫扰峒寨，烽乱日急。巡按御史冯玘忾然以闻。

皇赫斯怒，若曰："蕞尔小丑，敢忘先帝好生大德，自速其亡，可终宥乎？"乃诏冢宰、司徒、司马议。

佥曰："兹苗自作弗靖，征不可缓。今兵食俱足，动惟其时。"

帝若曰："我师直矣，吉在丈人，卿等其共图之。"

佥曰："副都御史邓廷瓒，昔抚其人，素谙夷山要害，宜提督；太监江德宜监督；镇远侯顾溥世食其土，宜总其兵；都督佥事王通久镇其地，宜协同统军；纪功实，则御史黄玹堪其事。师宜近取诸川、广、云、贵，无事勤远。"上皆曰可。

乃命廷瓒以壬子夏四月驻兵都清，犹冀苗之或悔过也。大哉天地之量乎！而终迷不服。

又明年癸丑秋八月，监督偕总兵与协同咸来会军，如雷如震。九月，祃于郊，誓于众。若曰："嗟，尔众听无哗。兹苗敢逆天，怠厥职，贡敢后。弗共，天所弗与。命予以尔众恭行其罚。今尔众来矣，戎器其精，无弗善，否则有常刑；部伍其严，无弗律，否则有常刑。"于是万人一心。

越翼日壬子，师分道以进，协同兵备副使吴倬领军，由杨安、苔干、麦冲进，都指挥刘英与焉。参将赵晟、兵备副使俞俊督军由清平、索驴、撒毛进，都指挥王楷预焉。六路并进贼境。

孟冬上旬，我师一鼓遂缚其酋乜富架、洛道，阵杀重恶龙。

仲冬中旬，再鼓，又缚长脚、重雪、夜拾，斩级若干。

至季冬下旬，师三鼓，又缚保阿利、鸡选，阵杀阿脚，斩级若干。

三阅月三捷，苗败窜，天厌其恶久，雪成陵，草木皆冰。余孽豨奔山谷者皆冻馁而死。我师无冥搜窟穴之劳，蛮方尽平。

明年甲寅春正月丁未，班师奏捷。

二月庚申，俘献。皇情悦怿，降敕奖谕，大赉有功，监督、总兵加禄米。提督进右都御史，视南京都察院篆。协同都督参将进都督佥事。兵备及都指挥以下皆进秩。土官军兵皆受赏各有差。其事兹行若总运督饷方伯张廉，参政刘肃，参议韩镛，佥事罗昕、古其然各赐彩帛，又以都匀置府，独山、麻哈置州，清平置县，以牧怀疑之民。吁，庙谟远矣哉。

未几，邓公以都御史总督两广，暇日，书来示瑛曰："贵在湖广、川东、广西，其人多罗鬼，则都清疑即鬼方之遗裔欤？其叛服无恒，今犹古，盖其风土然也。在商，鬼方常叛，为西南诸侯之望，故高宗伐之。今都清又叛，为西南诸侯之阻，故皇上讨之。皆义之不得已也。以义兴师，故皆不劳而成功。古今何异哉？殷武之诗，商人所以颂高宗也。先生，今之诗人也，居迩都清耳，其事甚稔。然则颂天子之圣德神功，以昭来世，俪前美，俾夷世戢无反侧，非先生之责而谁？"瑛辞不得，而诗之。诗曰：

皇上圣作，天地复春。诸夏乂安，西夷咸宾。百有余年，内宁外谧。蕞尔苗夷，鼎鱼假息。包茅弗贡，王祭弗供。稼穑弗勤，王赋弗共。宪宗如舜，大德好生。重杀不辜，文诰丁宁。圣皇继统，苗犹弗靖。爰整其旅，深入其箐。天命弗僭，玉石攸分。歼厥渠魁，获匪其群。元凶则馘，胁从罔乱。如豨斯奔，如鸟斯散。天[1]厌苗恶，雨雪行诛。有瘠于壑，有殍于涂。我旅啴啴，逸无亡夫。不穷峒穴，不变疆域。郡县治之，以戢怀疑。如天之覆，安则群黎。谁其对越，致天之罚。邓公如裴，自授朝钺。师贞无咎，吉在丈人。佳兵凶器，无敌惟仁。我作斯铭，亦有深意。仁者览焉，斯文当契。

### 军务右都御史王来

#### 《平蛮恩信碑记》

圣天子龙飞之初，实景泰纪元之始。天下四方咸底乂宁，致治之隆光越

---

① 天：原文作"入"。不通，据云图本改。

前古。惟是湖广辰、沅、靖州，绵亘贵州平越、清平之地。山林溪洞，苗蛮獠犵，巢穴联络，蚁聚蜂屯。盖以化育之久，生息滋蕃。乃有苗民韦同烈者，伺隙肆丑，驱胁党类，侵掠疆场。

皇上以蠢尔之众，但当谕以祸福，俾之悔过。岂期丑恶不悛，益肆猖獗。中外臣獠，屡请讨伐。于是，上命都御史臣来总督军务，保定伯臣瑶挂平蛮将军印，充大总兵官。其左右副总兵、参将之官，或以仁义推举，或以智勇选任，与夫参赞综理之辈，皆其学识出众之士。

以是年四月出师，七月抵辰州，练兵训士，缮治器械，佥谋毕议。乃以十月壬辰进兵天柱以及靖州、铜鼓、五开、城步、平水等处，所至皆长驱径捣，如摧枯拉朽。恶者无不擒剿，而迎降之众又皆抚辑而招徕之。湖广之边，廓然以清。遂移军沅州犒赏，兵威既振，军势益张。

又以景泰二年二月乙亥，分营列阵，肃将威戎，进至贵州之兴隆、清平、平越，其贼伪称苗王韦同烈等犹乃胁众，据险香炉山寨。其山壁立千仞，环盘二十余里，大军环列札营，旌旗耀日，戈矛飞霜。苗众遂以贼首韦同烈等缚送军门，以其为元恶也，械送京师，明正其罪。余犹惧威未敢即下，官军围守益严，且施攻击之具，其众皆缘崖跪拜，恳告乞生。右参将都指挥李震言于总督、总兵官曰："王者之师在于除暴怀柔。今元恶暨同恶既悉擒剿，而其胁从余党及其妻孥，昔皆沾被化育，涵养时治，又尝出力供赋，与编氓相伍。今既求生向化，宜行抚恤之条，以副圣诏宽恤之仁。"佥议同然，遂许之。

于是苗酋罗义等十二人者，皆以藤萝缠束，悬坠下山，俯伏军前，披露胁从之罪，愿以徭役贡赋如故。于是，会官宣布朝廷威德，开谕生死祸福，咸扣头恳切。其徒万余，悉抚定之，俾复旧业。罗义等且曰："我等得生，自兹以往，子子孙孙，山林草木，皆戴圣恩，囿于德化之内。苟或一萌非念，甘受诛伐，使我噍类永灭九地，无以仰见天地日月，愿立石兹山，永为誓戒。"

呜呼！东夷、西戎、南蛮、北狄，古有其类，悖逆天道者无不殄灭，归顺圣化者靡不全生。况我圣朝之驭四夷，涵煦羁縻，使之自生自育。譬如天地之无不覆载，曷尝有一毫所制之意。但其种类性情，或者弗驯，以致扇聚而起，然后加之以兵。岂朝廷志武穷杀之过耶？洪惟我今上皇帝以大有为之资，抚中兴之运，命将统兵，除残去暴，屡月之间，殄除凶慝，大拯涂炭，弘复疆土，肃清边境，功业之茂，振古罕伦，诚万万年太平之福也。

大总兵官梁公请予识文于石，俾镇兹山，且以示诸苗蛮，永无忘圣朝之威德，盖石可刓而恩信不可泯也。遂书之为《平蛮恩信记》，使其戴仰于悠久云。若夫一时总领参预戎务之官皆列其衔名如左。

## 三、镇远府

### 周 瑛

#### 《壶中丘壑记》

镇远有怪石,《禹贡》所不载者。弘治庚戌夏,季弟敬叔来视余[①]。一日,入后圃,循读骚台而东,见有礌砢伏莽中,发之,皆怪石也。告余曰:"兄癖类柳州,性好山,藉此为山,凡诸奇胜,可不鹜远陵危而得之矣。"

余曰:"善。"乃稍稍为正中峰,分左右麓,伏者起之,满者虚之,直径者迂回之,对立者差互之[②]。于是立者为阜,侧者为崖,深者为洞,空者为谷。复取兰、菊、竹、木,分植上下。然后,欧阳子所谓郁然而深秀者,次第而见。山成,复筑地而洼之,覆水其中,命曰"勺湖"。

余曰:"此非诬也?"

季弟曰:"世固有以小为大者。越人贾汝阳[③]尝言其郡有秘图湖,仅大如碗,此之为湖。孰曰不然?"

复命家僮缚亭[④],取蔽风雨。

告余曰:"昔龟龄尝记其弟所为笠亭者,此得无近邪?"他日,命登焉,但见夫所谓山者,微尖寸碧,掩映林麓,宛然如对泰山、华岳。又见夫所谓湖者,轻澜浅波,拍满崖岸,恍然如临震泽、洞庭,因题曰"壶中丘壑"。

进季弟而告之曰:"天下事有实体可据者是谓之真。无实体可据者是谓之幻,世固有以幻为真者,亦有以真为幻者。以真为幻,此妙识也。妙识入于无,故不有其有。以幻为真,此俗识也,俗识胶于有,故不知所谓无者。君子则不然[⑤],君子之于天下也。不离物以自高,不婴物以自病。以天下之理应天下之事,其中常廓如也。"

季弟作而曰:"因丘壑之谈,得驭世[⑥]之说。愿书以为记。"

### 祁 顺

#### 《游铁溪记》

镇远多佳山水,其去郭而近者,铁溪为胜。铁溪,士大夫南迁者多游焉。

---

① 余:《翠渠摘稿》作"予",本文中他处"余",《翠渠摘稿》均作"予",不一一出校。本书与《翠渠摘稿》尚有多处异文,小异处亦不出校。

② 对立者差互之:《翠渠摘稿》作"对峙者差互之",且此句在"直径者迂回之"之前。

③ 贾汝阳:《翠渠摘稿》作"贾汝易"。

④ 缚亭:《翠渠摘稿》作"缚茅为亭"。

⑤ 此句之前,《翠渠摘稿》还有几句话:"然此二者为说皆非也,是盖有所缠绕,强自排遣耳。"

⑥ 驭世:《翠渠摘稿》作"处世"。

或不得游，则有以为恨者矣。弘治己酉春二月，予与其郡太守周君梁石纂修《纯皇帝实录》，归自贵藩，贰守何君健之以出游为请，予许之[①]。

是月二十五日，步出江浒，登小舟，顺流而东，路左有亹焉。两山夹峙，水自中出，即铁溪也。遂舍舟上焉，循溪而入，见水东有巨石颓然，下瞰如屋，梁石指曰："此吾旧时与诸君觞酌之所也。"乃敕从者置酒肴以俟。因跃马去。

可二里，东望，烟霭中有三峰鼎立如画。予望久之，梁石与健之先行，予尾焉后。每遇幽胜处，辄徘徊俯仰，不忍去。山初入，四望如堵，忽又通豁。其崖石往往相倾仆如堕。其下，洞穴深汲不一，可坐可卧。山之趾，众水交流，汇而为渊，激而为濑。群鯈往来，历历可数也[②]。

行七八里，至山阨处，梁石二人立马上，迎而谓曰："溪流断于斯矣。"予笑曰："'行到水穷处，坐看云起时。'唐人意得处今得之。"乃旋马。每渡涧，争先以欢，马跃水激，衣袂为濡。

时天暄燠，颇渴。梁石呼酒肴，从者以无酒肴告，梁石命覆壶盖为杯，采芹以荐酒，各于马上一再饮[③]。

又行二里，予所携酒肴至，乃皆下马。相与盘礴坐石上，予指盘榼曰："此中无所有，特烹一野雉耳。"及启，乃家鸡也。众大笑。又设芝麻以代果。众指掇不利，健之独折箨取之，众又大笑。因与梁石联句，泛滥及前事。酒罢，各上马。

循旧路，至前所指屋[④]下，肴核具陈，箫鼓间作。酒数行，梁石命从人捕沙蟹至，曰："此可荐酒令。"反覆切，和以姜桂，济以盐醯，而生食之，味佳甚。健之曰："野人食鱼多用蒿。"令岸上撷蒿以芼鱼，亦佳。此野食，咄嗟办也[⑤]。酒酣，健之限韵索诗，予连赋十余律，梁石不欲速，予赋诗嘲之。又令健之举杯逼之。梁石应声曰："水色山光满酒杯，鹅黄小瓮更须开。

① 此段《巽川祁先生文集》多有异文，今录于此，以相对照："镇远山水甚多，而铁溪为胜。士大夫南迁经此者，必欲一游。有弗得，则怅然而去。弘治戊申冬，余自石阡出寓镇远，时周君梁石实守兹郡。己酉春正月，偕至贵阳纂修而还，颇有余暇。贰守何君健之以游山约，诺之。"下文《巽川祁先生文集》与本书所录多有异文，小异处均不出校。

② 可数也：《巽川祁先生文集》此后还有一段话："其上则云烟缭绕，花草芳烈，苍翠之色蔼然袭人。"

③ 此段《巽川祁先生文集》多有异文，今录于此，以相对照："道右，一溪绕山，有洞深广，众皆前视。及返，余从者持壶酒随行，而肴与杯皆未至。梁石命解壶盖倾酒，各于马上再饮。又命采溪芹、野蒿为荐。"

④ 屋：《黔记》作"石屋"。

⑤ "梁石命从人"至"咄嗟办也"：此段《巽川祁先生文集》所载颇简略，为"从者撷蒿以芼，剥生蟹，调以醯辛，皆可口"。

日头欲下吾当去，诗句未成君莫催。”用予韵也。于是，予与梁石皆醉甚。健之命拿舟以来，三人者共载而出，抵郡，漏下初刻矣。

於戏，铁溪在镇远，开辟以来有之。然晦于昔而显于今，昔莫之游，而今见于观赏题咏者如此，山水之遭逢，吾人之会合，殆亦有数乎哉！是为记。

**《游长潭记》**

既游铁溪之五日，健之复请予与周守渔于长潭。先时，西川人有以獭渔者，健之悦之，凡三獭，易以百金。至是，治舟楫，载獭以往。时同游者健之仲弟骥、季弟驎，与其中表兄弟郝庆、周警皆在焉[①]。

长潭在郡东三里，乘小舟，顺流而逝。时夜雨初霁，江水微涨。岸北群峰叠出，有飞石架壑，状如螮蝀，俗呼仙人桥。仰望如在云汉，不可以登。其前有峰，直挺上，飞鸟盘旋出其下。南岸石委积成洞，中有蹊隧，可通往来。江之中，有石错出，急湍奔泻，名浮石滩[②]。其东有石侧立，上有树木庇覆，名古牛崖[③]。

长潭水深碧如澱，舟入其中，如凭虚御空，泛泛焉不知所止。

乃登岸，据石而坐焉。忽有长风，自山巅穿石缝而出，有声泠泠然。如秋水沃人身，毛发为耸，众起避之，乃移席。杂出酒肴，相与劝酬。

健之命从者驱獭捕鱼，獭有名，各随指使，其出入水，飘忽如电。每得鱼，各置于其主，主豫脔他鱼以待，獭得脔乃置所捕鱼，复下如前。凡獭所至，鱼无得免者[④]。

健之命取鱼作脍。复相与劝酬，主客不觉皆醉。梁石赋观獭古诗，韵险语怪，予强和之。其他写景，或赓或联，为体不一。

岁阳[⑤]既西，山色渐暝，流连四顾，滩急舟迟。予数人者舍舟登岸，健之阔步长趋，见洲渚莎草蒙道路然，卧及舟至，乃复同载。过铁溪，前日经游处历历在心目中，凝望者久之。既归，呼烛书其次第如右。

---

① 此段《巽川祁先生文集》多有异文，今录于此，以相对照：“既游铁溪之五日，余约周君梁石同何健之小酌，酒再行，健之起曰：‘春景晴明，公私多暇，盍携此以出游乎？’梁石询其所之。曰：‘长潭在郡东三里许，泛舟而游渔，甚可乐也。’先是，西川人有育群獭捕鱼者，健之易以百金。獭分名号，随所呼使。取鱼取适，盖两兼之。是日，命家人载獭而往。健之弟骥、其亲朋郝千兵庆及浙人周警之皆与游焉。”下文《巽川祁先生文集》与本书所录多有异文，小异处均不出校。

②“江之中”至“浮石滩”：这几句《巽川祁先生文集中》仅有五字：“水有孤石滩。”

③ 古牛崖：《巽川祁先生文集中》此后还有一段文字：“其前一峰挺而出，云气隐隐，望之如玉笋之插青天也。过此，至。”

④ 此段《巽川祁先生文集》中作：“獭捕鱼于潭，且浮且没，疾于奔电。间得鱼，即纳舟中，往复无已。”

⑤ 岁阳：《黔记》作“夕阳”。

**《游西峡记》**

既游长潭之三日，是为三月上巳，周君与健之各携肴酒，请游西峡，以修兰亭故事。是日，命驾出西郭，梁石与健之循溪行，余独取路田阪间，由山而往[①]，彼此相失。至平冒始会[②]。平冒地土饶衍，可容万家[③]。后山如圭如笏。前江环绕，如拖练然。江外诸山，如龙翔，如马驰。其势相向，如拱如揖[④]。时议迁郡治于此，盖镇阳一胜境也。众欲渡江，呼船未至，乃解衣坐石上。梁石衣葛，余赋诗嘲之，梁石用韵解嘲。

既渡江，乃游黄垲，梁石自谓不能舟，乘舆先往，余同健之及其弟骥仍舟行，遇水深处，辄放獭捕鱼，连得数鱼，皆盈尺。及得鳖数头，健之喜曰："午食不落莫矣。"

乃遣人先携鱼以往。余舟移时始至，梁石赋诗嘲余饥渴，余备述溪行之胜以示之，梁石亦示余以山行之胜，盖皆各极其所见也。

初闻黄垲为西峡佳处，比至，丹崖翠壁，居民六七家，殆非人世。因相与张席，对饮酒。初行，许挥使良臣以单骑至，良臣尝读书科举矣。比出游，约之，至是来。酒既行，乃命斫鲙，而继以鳖羹。余曰："此吴会风味也，不意徼行有此。"梁石曰："桴鼓不鸣，公家多暇，此君相之赐也。"于是饮，尽欢而止。

及酒既罢，健之谓此西去有瀑泉数百尺，每春夏盛[⑤]时，飞过南岸，船过其下，如仰视白虹然。众曰："此壮观也，当共往。"比至，则瀑未下，众为一捧腹[⑥]。时斜日在山，川光澹若。健之命泊舟于俗所谓十万囤山下，复驱獭捕鱼。时酒尚盈榼，无自得火。舟人以两竹相锯，束缊承之。须臾火燃。酒肴皆具，复尽饮而归。

既出峡，回顾山缺处，见新月一痕如缕，与长庚相辉映。方舟下滩，如快马疾驰，不觉浪汹汹溅衣皆湿，既抵平水，近岸人家，灯火星缀。候卒持长炬出迎，波为之红。

入郡舍，发袖中诗，共得一十六首。顺自念谪居石阡已六年，山水之游，

---

① 余独取路田阪间，由山而往：《巽川祁先生文集》作"余独由教场穿田径而往"。本书与《巽川祁先生文集》多有异文，小异处不一一出校。

② 至平冒始会：《巽川祁先生文集》作"既乃携至平冒"。

③ 可容万家：《巽川祁先生文集》作"可容数十万家"。

④ "江外诸山"至"如拱如揖"：《巽川祁先生文集》作"溪外诸山，环抱如开画图"。

⑤ 盛：原文误作"感"，据《黔记》改。

⑥ "健之谓此西去"至"众为一捧腹"：《巽川祁先生文集》作"健之谓黄凯西北数里，有水自白羊塘出，山顶泻为瀑布，甚可观。众遂登舟，溯峡中。比至瀑所，则久旱绝流，所见惟旧痕而已。瀑之南岸，长厓壁立，其上平坦，可居十数万人者，谚所云'十万囤'也。囤之西湾，山多洞穷，云雾隐隐，如仙人居室者，谚所谓'九千宫'也"。

岁无一二，今获与诸君探奇览胜，不浃旬而三游焉，非乐事与？抑是游也，边方宁谧，有太平之庆；良朋盍簪，有文字之雅；登高望远，有忧君怀亲之感。其兴致远矣[①]。古人游集必有记，顺不敏，因得而备书之。

## 程 爋

### 《新楼三永记》

镇远府治，枕山襟河，河崖一街而已矣，实云贵门户。故东南货财，舟行者无停岁。治南永安渡，渡行人处也；东沙湾渡，登舟处也；西木家湾上崖下渊，中行道，陟云贵者，此其通衢云。

嘉靖辛亥岁仲春，中丞竹坡任公、侍御近淮董公按节镇远，首议建城。兵宪鹤亭赵公曰："吾责也。"

乃携爋步山航水，达观于治。指永安渡曰："可门可楼。"指木家湾曰："崖可据，渊可恃，斯门、斯楼、斯城、斯街道。"爋受命焉。循河而东，至沙湾渡、铁山溪，又曰："崖峭渊深，栅可易之石，门可倍之铁。"爋受命焉。又进通判杨薰指铁山溪沙堤而授之曰："此堤可高而城，可屋而居，汝工、汝力、汝业也。"杨薰受命焉。

公乃具状上中丞、侍御二公，咸曰："可。"会方伯平崖李公、一崖刘公议，佥曰："善。"檄下，爋力任其事。爋奉命惟谨。费用之赎金，石采之黄垲，工觅之兴隆，力取之邛水暨市肆之军与商。

越明年壬子孟春，永安渡楼城门成，题曰"永安通济"。永安者，仍渡名也。

仲秋，木家湾城成，四十有五丈。门成楼成，自趾及巅五丈有奇。守望亭成，影壁成，街道成，东六丈，西八丈，题曰"永定通衢"。永定云者，势重难载，涛汹易圮，三圮四构，万石千夫，至是其永定矣。

又孟冬，而沙湾渡楼成，高并永安、永定，而材木构结大且固，爋题曰"永固通津"。薰问其义。爋曰："不闻镇江北固山，得长江天堑之险乎？蔡谟起楼于上，以置军士。兹铁溪也，险与北固山等。今又楼焉，不亦固乎？夫慎固封守，守土者职也；绥定厥邦，永康兆民，牧民者有政也。职尽则于官无负，政善则于人有济。盖作于上而后成于下，备于先而后济于众也。岂徒济渡而已哉。"

《易》曰："既济，君子以思患而预防之。"能思患预防，则曰固、曰定、曰安，可永也。斯之谓新楼三永。

若东关楼复古关亭，仍旧材改作者。薰所砌沙堤，高一丈五尺，袤十有

---

① 其兴致远矣：《巽川祁先生文集》作"匪直衔杯玩物，流连光影而已"。

六丈，广如之。薰之工力，薰所得业也。

仲冬朔，鹤亭公阅视，喜而赋诗志之，有曰“玉嶂横天连岱岳”，言固也。有曰“鬼方种织边隅静”，言安也。有曰“滇海车书上国通”，永定而衢通矣。则爀所共役者，公意也，公功也，宜记。

## 四、都匀府

### 焦维章

#### 《平凯记》

我列圣盛德丕冒，远迩逖矣。贵州变置守卫，复法唐虞，建长以莅之，蛮夷听吏帖然，允同采卫。独都匀府平浪司苗民阿向及侄阿四，更名王聪者，负险恃囤，代济凶逆。

先是，洪武间创设平浪司，辖白头等十牌，地方初治以流官张鹤。鹤乃以有功土民王应铭世其官，即今土官王仲武始祖也。向、聪之先名狄把者，洪武间叛，诛。把后有阿鲁、唐瓮、干把珠者，宣德、正统间，亦叛，诛。如狼生貙，貙生罴，以至于向。

向正德八年，谬以争官为名，储器积粮，僭名铸印，以贼党王琏为谋主，王向南为土官，王容、王英、杨免等各有官号，惟王聪尚具贼未显也。所据大囤群山罗而顶坪，惟中梯二门，才足通行。有警，则以大石推转而下，如万雷然，无不碎也。又弩楼、敌楼，排栅、石垣之类重萦而复，缭之多树。谷城、谷洞，凯西，别坚囤分布，心腹苗仲，联络应援，外内相固，以成此势也。于是数劫王仲武甲仿囤，并掠邻寨，焚杀支解，十牌骚然，无宁居者。

嘉靖十四年乙未，省斋陈公拊循贵州，撤前防守兵，调汉土军马三万六千余讨之。巡按守庵杨公继至，咸翕乃心。大参喻茂坚、郑气，宪长韩士英，都閫佘大纶，共力赞决。总戎琼山杨仁统领以行，与监军宪副陈则清、兵备副使林茂竹督饷，少参张淑，参戎李宗佑，都閫佘大纶、王木，十月营囤下。

十五年丙申初九日夜，大破其囤，纵火焚弩楼、房、仓千余间，斩首二百六十，生擒二百五十六，阿向传首省下。百年之寇，一旦伏诛，前此未有也。但亡命者恫恫难安，失业者怀土思复，惟狃于阿向缥头劫掠之利，而昧我争官杀人之非，无怪乎椎牛一呼，而和者响赴也。

六月十八日，王聪以王祐、王邦、王九、王辛、杨免等，诱黑苗童歹、管朱、管比各寨三百余人，杀逐官军，仍夺旧囤。

聪自称新官，余各有名号，至潜劫我兵于虫蚁坡，攻围我挟抚兵于同宠囤，义土官兵杀虏甚盛，大抵气势如向，残虐益张。

巡抚秋浦汪公受代甫临，乃谂于众，曰："贼聪不道，敢行称乱。若纵而弗讨，则无复纲纪。且诸夷象之，又何惧焉？"即会巡按杨公先为抚绥，贼性狃犷未决。久之，送出拘留人员，而怙恶如故。

乃檄宣慰安万铨督所部兵万余讨之，盖秋浦公独断也。

正月，南亭倪公按治入境，锐意澄清，计与翁合。总戎慎斋李公复赞襄，遂行。方伯张峨、宪长杨最、宪副陈瓒、少参刘准、都閫佘大纶议允，增调宣慰土军，相机进剿。大参俞茂坚理饷事，宪副林茂竹、陈则清节制之，都閫朱文诣营调度之。

先擒剧贼宁沙、童歹、王邦等，贼气屡挫。五月三日夜，聪潜以苗兵冲营，我兵擒斩过当，追击囤下，沉其贼于溪河甚众。夜雨深昧，复多泥泞，不虞我之能猝登也。随援绳梯，直捣巢穴。贼有线六者大惧，率男妇五百一十下囤，即加绥辑。进攻老虎山，生擒一百二十六，斩首一百五十二。王聪亡匿甲耸山中，获之。

惟王枯、王毛复跃虚据囤，抚按行监兵二道遣官谕之不一。六月，密督旁寨顺民长浪老脚三百名，攻复旧囤，擒王毛，余走谷坡箐中。差指挥樊勋，抚定谷坡，擒其名贼王枯、子由、王有，继擒王杏，贼遂亡。

吁！何成功之易且速哉？夫痨复之疾，医家所忌，当贼之折将破军，远近大震，瞑目语难者相环也。今群议不摇，蔽志独断，王聪再破，以水西之兵攻之，而苗破莫支。王祜三叛，以十牌之民蹙之，而苗族遂灭。君子曰："是智勇之兼济也。"

临重险，殪巨寇，战不淹时，挽不久劳，师不外督，且首功不容夫未战之军兵，而妄戮不加于已抚之邻寨。君子曰："是仁义之并行也。"

师之克也在和，将之调也士附矣。今抚按同心以济事，无我而居东，殚虑制敌，虚己用人。诸大夫纾忠竭力，外内罔逸。诸将士摩垒出奇，贾勇先登。君子曰："是和恭之允协也。"兹成功之易且速也，岂偶然哉！

贼既亡，乃行宪长沈教与林宪副议囤事宜经营之，招集夷民六百七十，住种囤下，田三百七十五丘，住种谷洞等囤田就督。命削平险阻，给粮三月。竢明春，再给种子以赈给之。立老脚、普俄、老亨、老贯为头目，分管凯口，及阿向原占地。分白头、罗马、罗野三牌，并平浪牌内上、中、下三寨、丙武九寨属王仲武，户西、谷力、谷洞、凯酉、翁架、凯口六牌，平浪牌内烂土、小烂土二寨，各立寨长，径属都匀府。斯创置艰辛，猷谋详远，而忧国如家，可概见矣。

嗟！我守者可不绎思所以永保之，俾无失坠哉？若一时共事，有功者纪诸碑阴，不能备录云。

## 五、程番府

### 马廷用

### 《重建儒学记》

唐人有言：中州清淑之气至岭表、鬼方而穷，信斯言也。则地尽西南，气皆昏浊者耶？其钟而为人，抑终于夷而弗变也？夫粹天地之德，禀阴阳之气，得五行之秀，而后人之所以为人成焉，固无择远迩也。今兹遐荒僻壤，其所生之人，耳、目、口、鼻一也，其形同则其性亦同。人无有不善，则未可以地里疆界殊也，顾所以化之者何如耳。

程番，古罗甸国，即鬼方地也。历代虽更革不同，大悉俱以土酋相隶。至我朝沿袭其旧。成化间，土官方勇等奏愿立文臣以统之，上可其奏，开设府治。昔未设府，而今乃设之。昔未有文臣以统其属，而今乃有之。昔未建学校，而今乃建之。则昔固未有聪明俊伟之士，而薰陶渐染之后，安又无其人乎？

两广为岭表故地，即今开郡邑，设学校，敷教化，人材迭出，与中州等。清淑之气既不限于两广，而又岂限于程番也乎？顾所以化之者何如耳。

学初建于城西，时庶事草创，而邓廷瓒独于此究心焉。今汪公藻以地僻，又迁于城中，降之右庙学，焕然一新。二公可谓知所先务矣。

工肇于成化二十一年秋，落成于弘治三年春。乃走书请予记，予为之说，曰：

夫学所以造士也，既为之地，以专其业；必联之师友，以讲论其说；严之规矩，以督励其进；立之课程，以验其勤惰。大要教之自身，而家，而国，而天下，而其用功，则自诚、正、格、致始也。开导训迪，诱掖奖劝，功无或间，而聪明俊伟之士或辈出焉。气不穷于岭表，而反穷于程番乎？后当跨越两广，匹休中州，亦未可知也。唐人之言，未敢为定论也。诸士子其无限于地里，而狃于习俗可也。上以圣贤自期待云。若夫学庙规制具在，兹不赘。

### 陈则清

### 《谯楼记》

楼以谯名，昉于曹魏，而非魏载也。古之象魏之门，保章氏、挈壶氏之遗也，故历今数千百祀，由制畿达于下邑，靡不有之。以候刻漏，以司夙莫，以节作息。而秉政之所宜究心焉者，否则，欲传之久且博，弗可得也。

程番，故西南夷服，向逆匪常。入我朝家，王泽覃被。成化丁酉，诸酋帅表创郡治治之，廷议可其请。命官辟治，垂六十稔于兹。实擅贵南藩屏，黉宫铃垒之制，未与中华齿，识者病焉。

嘉靖戊子春，则清自谪所冒拜明天子殊恩，畀以郡绂。比冬仲，事事惴惴然弗克承是惧。首祇宣德威以抚之，罔不攸伏，矢乐更化。爰自学官作废始，乃照比追胥，乃释纷夺，乃徕逋亡，乃均输内，乃杜侵渔，乃平狱讼，乃时储积，闾向改观。

会有黠酋侵赋，夙议贸其层楼，复官帑，久弗售，吏为之兀蹙。乃不惴，白于当道，日藉郡之赎金充厥逋，入其材于官，阅月报竣，因庀理之。

士庶咸造庭言曰："兹楼树以学宫，地隘而崒嵂，殊弗称。矧郡门倾圮，不为之计且踣，其盍建而谯于门，不益重华夷具瞻耶！"

余曰："先王体国经野，允为民极，一门观之作，无非事者。近代亦有以更漏考守之政，如王元渤之于闽，胡致堂之于澧，代有纪述。是谯楼之作，固事也。教由政举，余将画后先为之勿亟。"乃合其二，经纶巨纤，为谯楼，为尊经阁，为听乐堂，为名宦祠。

命日并戒，不愆于素，众咸悦，愿请记于楼，以诏来者。

余惟兹役，或于民劳，恒养养然。幸不余以为厉，不敢不以言。而若厉，夫人之良心伐而息，亡而存，必于夜气得之。豪杰之士，固不外藉，知所操养矣。吾人纷慝于旦昼，静思于午夜，闻兹钟鼓之音，木铎之教，更筹之报，惕然警，幡然悟，检制心身，如古人之惜阴然，兢业匪懈，惟善惟正，毋纵奇衺。士思所以学，农思所耕，工思所以艺，商贾思所以贸易，鄙夷而轶华，师舜而去蹠。程番之不邹鲁，不之信也。

呜呼！斯固吾作楼之意也，斯固昭代之令典，先王之遗教也。若群峰环拱，留连美观，非所望于吾人也，是为记。

## 徐 樾

### 《新开泮池记》

王道以化民为本，善治者求其所以为化者而已矣。兆民之广，不能人人而耳提之也，是以群一方之英于学校，夫一家未必皆遇也。而秀者即拔而养之一乡，亦不能皆秀也，而似之者即择而收之。一家得一人焉，知事父与长也，皆兴于敬爱焉，积久而良心有不勃然而作者乎？一乡得一人焉，知所以睦族与里也，皆兴于礼让焉，积久而善俗有不油然而兴者乎？是故天下有良牧也，化民成俗，而不汲汲于学校者哉？

程番建学以群士久矣，择其地，饰其宫，凡所致美爱者屡，今三迁，而巍然山川之形，烨乎壮丽之观，于今为崇也。诸大夫之相承而为斯民者，亦勤伟矣。

乃嘉靖乙巳岁，予历岁考，登其堂，是可以钟灵而育秀也。殿庑严翼，堂斋森朗。尊经阁、敬一亭规制咸列，而仪门外环葑草。谕有司曰："凿以泮池，则礼制备，岂惟辟草莱尔乎？"

越丙午，太守林君守邦视学，而诸生以予言为请。林君跃然曰："固已戚戚我心也，是可或玩也哉？"卜吉命工，凿土及泉，环拱如璧。桥之傍，周以石栏，群石铺砌，而芜草无隙地矣。阶西隅翼以墙，完内而屏外，岂惟成宫庙之美观也哉？可以观政矣。凡崇祝之位，与夫祭射之器，相沿以旧，而即乎制者厘而新之，夫林君既知礼矣，而何有于政乎？

二三子于兹也。反而求之吾身相沿于习者，涤而新之，亦庶乎林君，非特求美于宫墙而已者。之心也，二三子其志之哉！斯池也，涓涓可洁，停停其渊，于人心有以异乎？明德之粹，日用炯然，聪明之蕴，慈孝之天，试验于泉，孰为渊源。游斯息斯，而无忌勉焉。庶诸子之为贤，而泮池之为功也哉。林君之志在是矣。教授沈科以记请，予忻然曰："记之哉！自是而兴焉，则记者与有光矣，况林君之与子与夫二三子哉！"

## 六、黎平府

### 给事中周琉

#### 《重修儒学记》

黎平为黔之东北僻郡，永乐中建置，共楚卫五开居焉。设有学，兼郡、卫生而收之，亦仅仅备制。岁久不饰，颓敝日甚。有司者若罔知，圣灵莫妥，师弟子鲜栖。百年来，黎士罕有以文学闻者，凡以庙学不修，人无兴起之地耳！由是，土酋夷落、边伍戍卒，往往违法教，官斯土者率难之。嗟乎！岂细故哉！

岁嘉靖戊戌冬，兵宪南池李公按边至郡，礼谒先师，则见颓垣故址，荒秽不治，乃兹慨曰："凡吾人所以仗忠信，行蛮貊，莫有虞焉者，率以学校之政修，干戈之习衰也。今宫墙且废，教化可知，国家奚赖？"

庠弟子汪本洪进曰："本洪等卫生寄学资养，未有栖讬，愿公图之，以作我武人。"

又蒲茂进曰："茂等郡生，居业无地，是用不底于成，愿公一视，以嘉惠我黎民。"

公曰："学，均学也；士，均士也。吾职政教，有学不修之，责当修焉已矣。奚计其在楚、在黔乎？有士失养之，责当养焉已矣！奚计其为郡、为卫乎？"于是，下檄于夏郡守玉麟、钟指挥秀辈，算工筹费，辟址弘宫，为需甚钜。乃计工，新赎素积，得金若干，可以敛材兴事矣。顾基犹未拓，而指挥赵睿慨然捐地四十余丈。

还报公曰："有需若此，可以举役；有基若此，可以弘宫。"乃谋协黎之守、巡二公，转告于湖、贵两台，俱大其举。遂以属指挥赵节、经历梁溥董其役。众工咸作，期年未就。

太守孙松山以直节忤贵人，移牧兹郡，见役之方殷也，力相厥成，请益未备，宫墙整整，荒徼改观。计始事于己亥二月，迄今夏报竣。财不多备，役未告劳也。

凡为宫室庙三楹，两庑各五楹，启圣祠三楹，戟门三楹，棂星门三楹，斋东、西各三楹。号舍、牲所、神厨、廪库咸备，学官屋宅亦因而新之。崇卑就列，向背因形，榱题约制，轮奂饰观。圣灵既安，才俊斯集，化理可基矣。

公思创乐成，图惟有永，乃令学训程熙状列其事，请记诸石。且讦一言以诏士。夫学以明伦，振古已然，不俟言已。乃若公之修学，则正所以开多士也。夫生人之心，理道攸萃，圣贤之学以大此心。外理而言心者，非心也。外心而言学者，非学也。故学以大心，德是以崇。以体天下之物，业是以广。而学之事毕矣。今天下宫墙多坏，士学不修，有能以公闵士兴学为心者乎？多士见公以文教饬兵政，以楚臬举黎废，而不知其为公之大也。知公之修学，则知学矣。孔子曰："百工居肆，以成其事，君子学以致其道。"甚哉！道之若大路也。今公通其途，辟其门，广大其基，高明其堂，以诏之入。而士有不由是者乎？士知是之当由而不学，非士也；学而不知求诸我，不知学也；多士知我之心，圣贤之心也。崇德广业，无乎不可，而顾以荒僻无师傅自诿，不亦自昧其心乎？作而相励曰："性善在我，圣贤可师。断断乎有基无坏，循途由户而进，进不已则学有闻人，风且广被，化及三苗，颂流五溪。俾公之功德遗于不朽，即多士所以报功矣。否则，圣贤无徒，宫墙为虚，宁无负公今日修学之意乎？"

吾闻松山历郡三月而苗民悦，士固可知。虽其至诚之感，而建学之效益不可诬矣。一时名宪良牧，不亦均可嘉哉！兵宪公名瑜，字仲纯，江西文江人。郡守名继鲁，字道甫，滇阳人。

## 徐　樾

### 《游双明洞记》

樾按考，毕事之日，州守莫子讚、漆子登及守备谢钦者修辞曰："训迪以式我多士者，至矣，非敢以游观请，愿半日留，为山洞光。"

曰："逸我哉。"

佥曰："胜迹，名公幸无负也。"

一笑而往。抵洞，苍然两山夹道，下有寒泉，注为澄潭，怡然于我怀矣。从者曰："未也。"

白石壁立半折，崖侧下有通径劈窦，圆如满月，"奇哉。斯之谓洞也"。

从者曰："未也。"

缘门以入，小径夹崖，前峰几嵂苍碧，潭流穿石，折而西回。又一方渚，磷磷有声，云气覆面，静观日色，山影沉澄，如镜东西，风日相射，南北缭绕，石盘如盖，衍土一区，可坐可恬。

往来百步余，而兴入风泉云壑之外矣。顾岩间石笋数尺，形类妆点佛坐，虚可容背，傍婉曲侍童环立者可数人，俯皆平石。樾欣然据笋而坐其颠，莫子、漆子左，谢子右，平石[①]也。小子者四人负歌而前，命之歌。予盼流泉而莫测其往。小子再歌，而予再和之。莫子歌《伐木》，节以磬，水石泠然，交奏好音。徐子颓然发浩歌，童冠者八士，抠衣而进。立斯须间，歌《湛露》。

前溪横小梁渡涉者。莫子起以请曰："未也，渡此则双明洞矣。"

徐子临水却顾，步小桥微吟，半听流泉之漱，穿石洞，援步而登，六七步间，恍然光敞，堂壁四周，洞开一面，以吐日月，上员下方，奇伟一室。环壁灵异，莫穷变态。徐子中坐而四顾焉，转而忘其美，隔水鼓吹，几希奏雅，而歌者继作。二三子列席酌旨酒，俎杂山肴。有事于奔走数十人。环崖而侍者，翼如也。

山水之奇，足以洗心而通贤愚者如是？夫谁谓其娱于观听之美而已哉。歌酒话言，方极怀抱，葛衣轻飘，山色半黯，红光入水，起视邮人秉燎束楚，以继夜游。揖二三子起，赓再歌，凛乎其不可留矣。

徐子曰："是游也乐乎。为二三子记之。"

## 杜 纯

### 《止亭清泉记》

尝谓有道者作用自别，故见天下之至赜而尝拟诸天下之至动。今观太虚先生止亭清泉之作，可见矣。古者伏羲氏画卦，仰观俯察。孔子翼"蒙"词曰："山下出泉。"所以发阴阳之秘，类万物之情，使人得象忘言，不迷于吉凶之途耳。

先生巡历底关岭，见其重峦巍巍，壁立万仞，登峦之半，迤逦垣夷迤[②]之间，又见源泉滚出，清洁可爱。喟然叹曰："此乃造化之妙，动静之机，惜人

① 平石：《黔记》作"席平石"。

② 垣夷迤："迤"字当为衍字。

由之而不察耳。”于是，制器尚象，命守备指挥吴晟、千户王臣董其事，半峰之隅，盖亭翼然，名曰“止亭”，不尚锤斫。亭之南，凿池一方，环设八卦，中流潆回，不歉不盈，澌泻无穷，名曰“清泉”。

噫，先生之心，其拟象也深乎。盖天下之物，以莫不各得其止为极，而其本源澄彻，实与源泉混混者一机。亭泉之建，殆将使天下后世之人涉历是途者，览其亭，憣然起知止之心。君仁、臣忠、父慈、子孝，视明听聪，进礼退义，以至阴阳动静，各止其所者，实先生之心也。饮乎泉，脱然兴藻沦之意，观盈虚消长之机，睹周流不息之妙，惩忿室[①]欲，迁善改过，新新不已者，又实先生取泉之意也。引伸触类，则建亭而贵其朴者，所以示人立诚以求所止之方。引泉而别为亭止者，所以欲人防伪以清本源也。呜呼！先生之所以开物成务者至矣！

故分而观之，山属艮，艮为止，止则静，为仁。泉属坎，坎为险，险则动，动为智。所谓万物各具一太极者也。合而观之，山水相依，动静相涵，仁智相发，所谓万物体统一太极者也。观者得相而忘言，寻名而由义，则有得于止亭之说者为仁，有得于清泉之说者为知，合二者而两得之，其无愧矣乎。若过亭而不知止，见泉而不知饮者，无惑也。若止其亭曰：清风时来，阴映拂拂，可憩息。目其泉曰：觱沸槛泉，其出泫泫，可止渴。知止而不知其所饮，饮而不知其味，抑未如之何也已矣。如此，则非今日所以创建之意也。

先生别号太虚，婺人。以理学见重海内，造诣之深，虽未敢窥其涯涘，其作用议论，彻上彻下，类如此纯。幸入门墙，得其梗概，谨述此以纪其事云。

### 云南巡按御史李士实

#### 《平普安夷记》

皇上君临天下，弘治之十有一年，贵州巡抚缺，前巡抚河南都察院右副都御史钱公钺仍旧职，奉玺书以行。公至，周视四境，熙然同春。维是普安之孽，披猖相扇，日大以炽。盖米鲁以妾弑夫，隆礼以子弑父，阿保及其子鲊莫、阿歹以部落弑其主。村栅为之破者一百三十余区，民庶死者五百余人。攻我戍堡，窥我城邑，抚谕良勤，猖獗弥甚。为梗十有三年，毒流三百余里，方且分据三寨，进欲雄视一方，退欲保守三窟，浊乱天常，肝脑涂地。夷狄之中，未有若此之甚者也。乱不可长[②]，罪在必诛。

---

① 室：当为“窒”。

② 长：弘治《贵州图经新志》作“常”。

公乃谋于镇守太监杨公友、总兵官东宁伯焦公俊、巡按御史张君淳暨藩臬诸君，佥曰："允如公议。"人谋既谐，军檄立具，事在必行。

或曰："司马法，冬、夏不兴师。今兹夏也，无亦不可乎？"

公曰："六月出师，周有吉甫；五月渡泸，汉有诸葛。况西南之夏，秋也，庸何伤？刿势不容缓哉。"疏以闻，卜日出师。

乃令曰：安南、安庄、普定营长，毛政、黄昱之众，尔指挥刘英其将之，其进也，由普安百户徐福屯，以为左哨；普安、威清、平坝把事舌额厘营长洒墨之众，尔指挥王璋其将之，其进也，由普安百户宫高屯，以为右哨；乌撒、赤水、毕节、永宁之众，尔都指挥李雄、吴远、侯宇其将之，其进也，由乌撒后所，以为后哨，截拖长江，以遏其后路。尔都指挥张泰、黄京各提屯卒千人于普安、安南二城，操训振跃，以为声援。参政马自然、副使周凤、参议王臬、佥事宫崇，其审事机以为诸师进止之节。请行粮者无移日，赏战功者无逾时。

然米鲁者，云南沾益其母族也。东师压境，势必西遁。于是，报我云南，期为之所。遂檄都指挥卢和、佥事胡荣率土官知州安民等顿兵邻壤，严为之备。既又榜于市，今所诛者，止米鲁、阿谷保父子，余皆胁从罔治。

诸师并进，四面夹攻，贼不支，以次就缚，投戈降者相继，而米鲁果西遁矣。为刘英辈擒者二十有二，馘者十有五，俘者二十有九。为王璋辈擒者二十有三，馘者四，俘者三十。英、璋共擒者七，馘者一。而阿保者，李雄、吴远、侯宇之所系也。阿鲊莫者，英、璋辈之所执也。阿歹者，安民之所缚也。降者千一百余，来归副使周凤等人也。

乃报于上，曰："罪人得矣。"然所以致此，方面群僚，殚虑用命，与三千将校戮力效死，以成此功者，皆我祖宗德泽结于人心，皇上威明著于远徼之所致也。渠魁其置之理；反党其从末减；妇女其从配；山川、土田，其入版图；勋勤之土，其录之如故典。米鲁付云南，另致讨焉。制曰："可。"

于是居者忭于室，耕者忭于野，行者忭于道，而普安遂宁。左布政黄君琏，右参议翁君迪，按察使刘君福，副使沈君庠、阴君子淑，咸谓兹功之成，皆我钱公之谋，不可无志。砻石普安，录其事，请予记。予托邻交，与闻于兹者甚悉，乃为铭曰：

我明启祚，于赫列祖。五圣继序，洽于下土。蔚蔚七叶，实维我皇，天覆地载，熙然八荒。嗟彼普安，蠢尔小丑，自绝于天，敢为戎首。贼妾、贼夫，贼子、贼父。亦有贼民、贼州，父母猖厥无赖，如水无防。三百余里，悉为战场。十有三年，流血成壑。冤声在路，如其一说？一二大僚，是秉国钧。思救其急，急于捄焚。维是六月，整我六师。先发后闻，以乘厥机。乃命阃帅，挥桴提鼓。左军、右军，如熊如虎。四面谋臣，是维藩臬。有严中坚，出奇决策。师不逾时，元凶悉缚。持戈来者，欢乎腾跃。遂报于上，罪人得矣。乃眷西顾，今如昔矣。帝嘉尔荣，褒旨自天。西顾无忧，维尔独贤。镌功告成，用识己酉。石若不磨，功有不朽。

## 七、兴隆卫

### 布政周瑛

《建儒学碑记》

圣人之道载诸六经，垂宪万世。故大成之殿自京师暨天下，无处不建。二丁之祭，自天子至郡邑守长，通得祀而遍天下，韩子岂欺我哉？粤稽古兴隆在荒服外，乃鬼方龙洞之域，肆我太祖高皇帝奄有天下，四夷咸宾。洪武己巳，昉置卫，而人始知耕守之事。

永乐癸巳，昉于贵州置藩臬司，设郡县，建学校，而人始知《诗》《书》之习。宣德甲寅，昉于各卫建学，兴隆始有焉。

初设弟子，未有博士，择通教诲者领之。正统癸亥，首除训导江津余师珍来教于兹。景泰庚午，得破天荒，登科者柳子。谓仲尼之道与王化远迩，岂诬也哉？惜乎丁祭止于释菜。

成化戊子，巡按御史许州王公埙谒庙，知祀礼薄，乃劝富家，得白金一十两，具案发学，权其子母，岁以致祭。始得羊一、豕一，定斤重醴帛之类皆具端数，公之知能急先务矣。岁乙巳，分巡佥事淳安吴公倬克绍其美，乃以区画白金九十两具簿发学，置本取息，虽名师生灯油之资，考试科举之费，遇祭有不给，能忍吝不以助乎？公之知有在矣。

弘治戊申秋八月，巡按御史桂林包公裕下车，适逢丁祭行礼毕。喟然曰："夫子，万代帝王之师，祭不腆可乎？"询得城内东北隅，隙地平旷，可以垦田，遂允视篆指挥同知狄俊申状，僦工役，辟土壤，治田四大丘，度七亩，召力田耕。岁获禾百秤，足舂白粲十五石有奇，永供祀事。公之知兼二公而有矣。

庚戌春二月丁亥，职方主事麻城李公文祥，谪官经历，摄学事。先期治事，具羊二、豕六，粢盛醴币，笾豆簠簋，新增十二事，遵宪宗成命也。祭之日，诸执事周旋中礼，诸献官北面跪祭，进退诚敬，礼如亲弟子者。孔子巍然衮冕，南面而坐，以王者当之，群贤以爵配享。其礼箴以尚矣。圜桥门而观者叹美，百年来仅见此耳！在泮诸生，慕圣人在天之灵，感诸公作兴之雅，请余记。

於戏。圣道同天地悠久，唯纲常而已。朝廷重祭祀，所以重圣道，所以重纲常也。为师者知所以教，为弟子者知所以学。事君必忠，事亲必孝，夫妇别，长幼序，朋友信，伦理明，风俗厚。庶副圣天子崇儒重道，养贤图治之盛心也。若或吝于用而忽于祀，不唯盭诸公之德，而违圣道之大，不亦远乎哉！故为作记，刻石于庙门，垂休于不泯。

## 八、清平卫

### 田 秋

#### 《新建蔡潮生祠记》

生祠非古也,《记》云：以死勤事，以劳定国，能御人灾、捍大患则祀之。然意皆掌于有司，非臣下得以私情徇之者。故淇澳之美，甘棠之爱，亦止形之咏思，而未闻尸祝。汉晋以下，吏治有醇疵，民情有美刺，故于功业之隆，德泽之厚，光前裕后，卓尔不群者，则因舆情之不可遏，而事得义起。去思、遗爱之名立焉，如岘山表叔子之灵，宣城著谢公之姓，是也。清平卫蔡霞山公生祠之作，其亦若此与？

正德十三年，凯口苗夷称乱，据香炉山以为巢穴，凭陵远近，动摇藩省。清平卫切近其所，盖门庭之寇也。贼拥数千之众攻城。公适以少参分守其地，内无劲卒，外鲜强援。止以数百守城之兵，画地分嶂，昼夜焦劳，杖屦巡行，人人抚慰。温言挟纩，三军忘雪夜之勤；谈笑投醪，羸卒奋勤王之气。时或运奇设间，出彼不虞，擒其桀黠，散其党与。城危于三版，功收于万全。不数日间，贼引去。阖城老幼，皆举手加额，以为公有再生之恩也。

未几，公以迁去，民之不能忘也，乃为生祠三楹于城中，肖公像于内，饮食必祭，且私之曰："此吾清平之罗池柳侯、潮阳韩公也。"

祠成三十余年，为嘉靖庚戌，麻城喻九山先生，以公高弟，佥宪贵阳，道清平，谒祠下，见砻碑在地，尚未有词，征予文以记之。

忆秋少年得第，请告家居。公旬宣至郡，枉顾草庐，则笑语移日。继而司理延平，在公属下，荷蒙忘势与进，教益为多。自谏垣参藩闽中，践公旧迹。至今不接公丰采者，几三十年，仰止益深，因叙次所见闻者如此。

公在贵凡八九年，以诖诬不预政者居半。苟不鄙夷吾地，所至则进诸生讲明经史。溪山住处，辄徘徊终日，啸咏自怡。峭壁层崖，幽泉怪石，多经题品。出词引义，彰阐地灵，飞白流丹，起敬过客。建桥梁于要津，均邮亭之远近，设屯堡于会通之地，置关津于夷夏之防。简卒伍，精训练，谨权量，赈伤残。至今人犹传说而遵行之者。盖功在一方，清平之感尤深耳。鹤田先生近又大参吾藩，丕承前烈。贵阳于蔡氏，盖被世泽焉。

公名潮，字巨源，浙之台人。登进士，入翰垣，以佥宪视学湖广，参议贵州，参政福建，升河南右方伯。人方仰其柄用，乃抗疏乞休，时论高之。鹤田名云程，字享之，今为左方伯，公之长子也。九山名冲，字一和，湖广麻城人，公之门人也。

## 田汝成

### 《题天然洞记》

古之官于其土，而善为山水游者，若宋谢灵运、唐柳子厚是也。灵运之于永嘉守，子厚永州刺史也。守、刺史，专一州，官尊而政剧，而二子洒然脱略，恣荡风情，凡其州之山水稍可取者，必涉足而寓目焉。又能作为诗文，以张大景物，使不落寞寰中，斯亦奇矣。然未识二子踪迹所遗者，至于今，复有表章之乎否也？

方今海内名士，善为山水游者，予所闻，姑苏都玄敬，天水方思道，天台蔡巨源。是三子之好为山水游也，若饥食渴饮，而病就医也。其有闻，而求必得之也，若狝搜而虞逐也。玄敬、思道之游，予未之考迹。若巨源则既知矣。

正德中，巨源参议贵州，贵州山水硗陋，鲜可游者，而巨源必游。凡一丘一壑，苟不为粪壤者，皆涉足而寓目焉。又善为大书，嘉勒名称，以纪踪迹，庶几灵运、子厚之风者。

夫巨源之游贵州亦密矣，而清平尤熟。清平者，巨源所与民同患者也。清平城东三里，所谓太极洞，又其东十一里，所谓云溪洞。云溪、太极者，皆巨源因象名之也。絜其间，去太极百步所，即今所谓天然洞也。当其时，翳于榛莽，狐狸之宅，而蝼蚁之封，不为巨源所甄录。

乃今去巨源二十余年矣。风雨涤薄，门迳呀然，弘邃虚明，可肆筵几，较其奇于云溪、太极，不啻若华屋层轩之与蓬荜伍也，晦于前而显于后，岂非数与？今夫崑山之玉，沧海之珠，千载求之尚有遗，宝物之无尽藏也如是。然则人君之求贤也，招以弓旌，聘以轻璧，焉知草泽之下，不有怀珍而稿韫者乎？何以异于此洞之不得暴白于当时也？虽然，洞之显虽后时，犹不落莫于世，吾安知外此不复更有遗者，终有能表章者之乎否也？

是岁，巡按御史宿松杨伯生，暨清平士人佥事王[1]子升、工部郎中侯汝言，游而悦之，其名则杨伯生命之，又与子升、汝言联句咏之，缙绅闻者，属而和之。钱塘田汝成记之。

---

① 王：原文作“上”，据《黔记》改。

## 王 木

### 天然洞诗引

天然洞，古无名，有之，自巡按守庵杨先生始也。洞右临官道，东望云溪仅七里，西胁太极，近才百步。门中一石，下柱如象鼻然，深约七丈，阔二丈有奇。土平如掌，可列三十席，高约阔之半。悬崖坠乳，上下错出。凤骞虬挂，云结珠流。奇怪万千，不可尽状。而青碧、玄白诸色，且离然杂传，又皆二洞所无有者。斗折而西，阔几一倍。悬崖特下，间为西北二室。自此极幽暗，非秉炬无所见。伛偻而入，数十步，崖复高起深广，奇怪亦倍于外。

贵山称佳胜可人意，其在迤东曰东坡月潭岩。又吾清诸洞，有名者三。云溪虽高阔十陪，以距城颇远，人迹罕至。太极虽中涌洌泉可爱，而石底皸隘，不可列座。视此，诚二洞之尤，月潭之偶，然以土石外塞，门不逾肩，望之仅二小穴，故未有知而游之者。

今秋，卫官辈有事于此。偶亦步出，归称奇甚。乃谕以疏锄门径，旁刈荆莽，工再举，始豁然明爽，日通宾舆矣。余独未之至也。是月日，守庵以瓜期北还，余与营缮侯郎中汝言治具其中，饮饯外堂，相与惊赏久之。既盛炬内入，导之军乐，悯民忧国，谈饮又二逾时。比复坐，不觉日西夕矣。守庵喜剧，题额云云。且命联句，遂成如左。

夫万物在天地间，废兴有时，而显晦因之。此盖开辟时物也，设卫属华，又百八十年矣。乡人之贤类出前辈，顾今始待以显，岂非数耶？是可重慨也已。守庵名春芳，字伯生，宿松人。汝言名问，号云溪，时督木蜀，便道归家者。

## 施 昱

### 《兵备道题名记》

国家统一寰宇，载奠华夷，文教诞敷，武烈斯奋。乃分藩服，乃建监临，乃设有司，乃置军卫。至于边徼夷服之地，则仍其世官以系之，从其俗宜以便之，而钱谷、甲兵、典章、刑法，各以其职事，其为斯世斯人计者至深远矣。

贵州，古之荒服，三代以上未前闻也，庄蹻王滇，道始通，汉事西南夷，其地始郡。然号称靡莫，惟事羁縻。历唐及元，声教之暨未有如今日者也。混一之初，尚以其地分隶四川、湖广、云南，相去并遥，弗便于治也。乃永乐十一年，始割三省之地，置贵州等处承宣布政使司、都指挥使司以领之，置提刑按察司以监之，于是，特为一省，与浙江等处并为十三矣。然官司之制，视他省为简，兵备、分巡之设，各二员统之，属贵宁、新镇各一道而已，屯田则提学兼理焉。是故所设既简，所统益繁，东西相距数千里而遥，往返跋涉之艰，岁不能以遍；文移应酬之达，月不能以周。故事多苟且，人无固志，其于地方利病漠如也。

嘉靖二年，副使舒公表以威清兵备带管迤西，始于戡乱定祸之余，建道于兹，而凡驻扎者有所止矣。然东西兼摄，往返之劳犹夫昔也。

岁辛卯，巡抚刘公士元始建议析贵宁为毕节、威清，新镇为思石、都清各二道，以副使、佥事各分治之，屯田则各以其地隶焉，而又各以其所近兼制川、湖、云、广之徼，而各驻扎于其要冲之地。于是天子允其议，降玺书以责成之。

其在毕节者曰整饬毕节等处兵备，分巡贵宁道，驻扎毕节，不时往来，巡历永宁、乌撒、赤水等处，兼以屯田，而以佥事领之。则合兵备、分巡、屯田之政为一矣。是故以其地，则川、云之徼皆得而治之；以其民，则汉夷之类皆得而子之；以其政，则兵马、钱粮、典章、刑法皆得而理之，厥任亦重也已。

昱猥以庸劣，钦奉玺书，职谢宏猷，才惭经济，惧无以仰承天子明命，蚤夜兢兢，欲寡过而未能也。尚赖前哲诸君子，嗣莅兹土，咸克用乂，或清寇于已乱，或消祸于未形，或以威宣，或以爱著。而余小子遵厥绪余，靡易轨辙，幸享承平之绩，不可谓非昔人之贻也。然交代匪常，案牍鲜具，既乏可稽之文，兼寡足征之献，至其姓氏亦罔闻知，可惧也哉！

援搜往牒，载访乡士，有教官马运、监生阮焘者，以舒公而下若干人来复，皆嘉靖以后耳目所及者也。正德以前，则亦莫能悉矣。是惧后之视今，犹今之视昔也。乃列诸公姓名、履籍，勒诸真石，藐予小子，亦窃附焉。盖不徒阐先哲之休光，抑以为后人之龟鉴也。自今以始，某也功，某也德，某也猛，某也明，某也廉。名以实存，实以名著，贤者人得而仰之，否者亦得而訾之矣，不亦重可惧哉！然名以毕节兵备题，而舒公以下三公则皆威清兵备带管迤西者也。其始自舒公者，以道之创自公也。若稽前诸公，则有威清之道之记云。

### 又撰《七星桥记》

贵州毕节卫之南百里而遥，有关焉，前对七峰，灿若列宿，故名曰“七星关”。关之下，两山壁立，迤逦自东，鸟道崇冈，屹然天险。而一水循其中，奔腾澎湃，汹不可犯，渡者病之。或为浮梁，架以七舟，因名之曰“应星桥”。然时雨大作，彻泛涨横流，每为所漂。及以舟济，而山水骤至，倏忽冲激，尤多覆溺，渡者愈病。

道士黄一中者，蜀人也。矢志玄风，存心利物，云游四方，将历名山大川而访焉，以及天下之观，以冀名师之遇。一旦经过其地，见渡者之艰，闻溺者之众，其心弗忍也，乃喟然叹曰："吾其已乎!"遂日步山溪，循行水浒，潜思默视，见两岸之间，山根窿起，巨石林立，可筏可墩，曰："其天生石脚，可以建桥梁矣。"然惧挠于私也，具词于前兵备吉庵赵公，许焉，行守备柳子给之疏簿，俾鸠工聚匠，化众募财，以成厥志。

一中乃遍叩多方，裒积群力，伐石为墩，镕铁为钉，错以石盾，贯以铁销，石之植者因之，缺者补之。起自山岩，突出水际，不日而桥基成矣。乃入山采木，将以为梁。适山水泛涨，大木顺流而下，一中以为材，而自取之，遂溺于水。其徒王阳玄等哀其师之志之锐，而死之速也。恐隳前功，思继厥志，矢心协力，大工用兴，众木斯集。

于是，驾于墩，以渐而出，参差枕藉，若鳞次然。上则枕以横木，压以长梁，短或丈余，长至七丈。覆之以板，以便经行。垣之以栏，以防失坠。盖之以屋，以蔽风雨。翼之以阁，以奉香火，以侈观瞻，而桥益大成矣。

始，予缪膺简命，莅任是邦。每以循方经过其地，阳玄等以桥事来白，予嘉而督成之。奉巡抚石溪韩公之命，以入官百四十金助之。至是告成，来请予言，以纪厥绪，以示永久。

予惟徒杠舆梁之成，乃王政所先。而迤西一路，尤昔通滇正途，其桥不建，匪惟商贾之艰，而四夷之来王，诸方之贡赋，亦或有自阻于声教者。斯桥之成，其所系岂小补哉！一中师弟之为是举，不但福田利益之谋，而实有裨于王政者，宜韩公、赵公皆乐劝其成也。然天下事创之固难，守之尤难，非一中无以开其端，非阳玄无以成其志。使后之人能因是而继修之，以不殒厥成。则斯桥也，可以利万世矣。予也有地方之责者，故俾仍其旧名，不辞而为之记云。

## 九、永宁卫

### 景川侯曹震

#### 《开通河道事迹记》

洪武二十三年十一月十二日，钦奉皇帝制谕："景川侯曹震前往四川永宁开通河道。合用军民，四川都司、布政司，贵州都司即便调拨，大小官军悉听节制，如制奉行。钦此。"

于洪武二十四年正月初七日到于成都，分遣官属，各任其责。永宁水陆路自泸州纳溪至摩泥驿桥道，委四川都司左同知助一、右同知徐凯，成都后卫指挥使茆正，提调卫、府、州官军、民夫以疏通之。自永宁至曲靖驿桥道路，委贵州都司同知马烨，提调永宁、赤水、毕节、乌撒等卫军夫以修理之。建昌驿铺桥道，委四川都司佥事潘永、建昌卫指挥使月暮帖木儿，提调军民以开通之。保宁驿桥道至陕西汉中府界，委成都后卫指挥佥事王清，提调军民以修治之。松茂驿铺桥道，委茂州卫指挥同知俞胜，提调松茂、威州卫所军民以平治之。贵、播驿铺桥道，委播州宣慰使司杨鏴、重庆卫千户钟洪，提调军民以开之。各府、州、县夫，整委四川布政司右参议朱福、松潘卫所镇抚任允以董督之。

其间，水之险恶者，莫甚于永宁。其滩一百九十五处，至险有名滩者八十有二。石之大者凿之，水之陡者平之，使舟楫得以通焉。

路之险者，莫甚于建昌炉古县及黎州大相公岭，虚阁险崖。于是辟取山石，从江填砌，阔三四丈。

西番箐河水九十九渡，于是新开直径。造桥五十有四，来往者便焉。

保宁千佛崖古作栈阁，连岁修葺，工费甚多。方相其山势，辟取山石，从河填砌，阔四五丈。自四川至陕者无难焉。

军夫计者，军三万五千，夫四万五千。官自二月初七日兴工，五月十五日住工歇下。秋九月初一日兴工，至洪武二十五年正月十五日工毕。通计八月，震上奉皇帝之命，下用都指挥，参议，宣慰，千、百户之官，克相有成，不敢泯而不书。于是，列石于江门大滩，以纪岁月云耳。

## 参政万虞恺撰

### 《贵州布政司新成河堤记》

贵州依群山之麓为城池，势高下错杂，少平衍。三司廨宇，皆因地湫隘，规制视中州殆多未备。来官者诎乏之苦，无敢轻议兴革。惟因循岁月，即有废缺，罔克修缉。

嘉靖甲寅，方伯玉华高公自云南按察使来任，苦心藩政，百废具兴。既改辟藩司正门，向明而治。洎各衙舍，或建或修，靡不次第就绪，而其工费之稍大者则河堤也。

司治西切贯城河，河广仅三四丈许。其西为军民居舍，又闢河为园圃，壅积粪壤，日侵河而东。频岁春夏，暴雨横流，水势冲激啮岸，既及司廨，去正堂仪门不数武矣。且外无垣墙之蔽，秋冬水涸，即与市巷为家。

玉华公目击而患之，乃谋于虞恺。将撤河西园圃，导水于外，而内设垣墙，以卫司治。犹恐咈居者，爰稽往牒，得其为马军营故地，实官物也。于是断然行之。而居者不乐其为病己，有造为飞语以谤公者。公笑曰："是乌足避？"

卜日，募蜀民佣力者百余辈，深其园圃为河，即以其土禆塞东之冲陷处。衡衍而西，六丈有奇，其纵则倍衡之十。又命工伐石为堤，基广五尺，高九尺，而上加以土墙数堵，覆以椽瓦。盖言言然峙立，水患始远，而屏蔽亦严矣。内有多植竹树，计十年之后，郁然成林，且可为僚寀公余游燕之一资也。凡为费若干，皆白诸两台，捐自公帑。

肇功于乙卯三月，讫功于九月，时同寅左参政杨皋村以入贺回，左参议赵安节、余柏坡，右参议万见湖、汪云岳诸公先后以升任至，而共嘉其成焉。玉华将入觐，谓是役惟虞恺预谋而赞其决，命记始末，以诏来者。

呜呼！公之善政，大于此者多矣，是乌足为公记哉？但今之善官者恒乐于无事，而自谓与民休息。甚至有等官舍为邮传，视公务为外事，虽有所大坏极敝，亦将苟且以安之者众矣。矧方伯位既崇而迁秩尤速，土木琐细之务，宜其所不屑。公独不厌其烦，不沮于谤而为之，固其才所优为，要非视国如家，小大不遗者不能也。彼乐无事而安坏敝者，何啻天壤哉！公将承弼国家遗大投艰之任，于凡义所当为，必能付毁誉利害于不顾，期底绩，以纪旗常，勒钟鼎，亦必犹是也，是则可记也。

玉华翀名，允升字，江西峡江人也。

# 第二章 墓表类

### 易贵撰

**《亚中大夫左参政秦颙墓表》**

亚中大夫云南布政使司左参政秦公卒于官，时余守辰，得讣，哀甚。越葬之八年，而余以老归田，公之子寿奉水部郎俞君建美状公行实，诣余告曰："不肖不幸早失怙恃，时愚幼，未能悉其先德，幸而乡先生有述焉。寿亦惧其不典也。然先人自寒进立朝，任使授牧，操存履历之素，忠爱惠鲜之政，微执友，谁详之？墓木虽柱，犹不轻属于人，而有待于今日，敢以志铭累公焉。公念先执，肯为立言，则先人必解颐地下，而贻我后无涯矣。"言既，犹哽咽，如袒括日。

余嘉寿之重亲，而思秦公之久。要也同出里闬，同席乡校，何契谊也？登甲科为儒先，署朝郎为人望，何丽泽也？官既外补，分封各天，何参商也？痛兹死生，幽明永隔，铭不可辞也！固不俟乎状而后知，亦必撮其状之实，而伸吾心之知也。

公讳颙，字士昂，别号愚庵，本秦姓。先自古汴光山之裔，祖思齐，仕宋忠亮大夫，南渡，机务常州，世为武进人。大父讳孟礼，我明洪武初坐累戍贵。烈考讳义，号冥斋，有隐德。以公贵封奉直大夫，礼部主客司员外郎，母朱氏赠宜人。

公生，端正不群，颖敏岐嶷。少受学于张孟阳之门，日背数千言，笃求义理。先生器重之。

宣德乙卯，以《诗经》中云南乡试。明年辞乙榜，卒国子业，登正统壬戌赐同进士第，拜大行人。尝奉使秦、楚王国，巡视西蜀叛夷。辞令之美，操守之坚，应事之智，足以增崇君国，翊赞皇度。

景泰辛未，以礼部主客司员外郎，奉使岭南。天顺改元，英庙复登大宝，简公赍金帛，由通州抵云南给赏。前后出使者五，藩封大镇，敬畏则象，咸曰："使职如秦公，不多见也。"每至必询民隐，归疏于朝。上多嘉纳。

庚辰，擢任四川右参议。

成化乙酉，升左参议，转云南，三年而治成。巡镇交章荐之。辛卯，迁左参政，治出大体，尤矜细行，而拳拳以忠君爱国，禁奸保民为职，夙夜在公，无少内顾。事凡难剧，资公剖割，盘根错节，迎刃而解。是皆学之精，养之熟，见之明，而行之公也。

又尝讲究孙吴，谙练武事，而于威远即戎，尤倚赖焉。如沾益、罗雄二州，酋长阿赛、适圭之世仇，流毒久矣。公则和释之，而地方以安。

铁索箐贼徒起色之攻杀英武关、马龙、寻甸，普长刁勒之烧毁长官司，为祸惨矣。公皆袭擒之，而烽火遂息。

时会御史审决，有死狱九十人，皆执案不辩。公忽摄省堂，万鸟飞集，弹挥不散，公疑有冤狱也。详谳而得不辜者三十九人，原之。

偕三司巡金齿、腾冲，舟经潞江，风涛大作。舟中悉惊怖，公独正色赋诗，有云："若受赃私并土物，任教沉向潞江中。"闻者益愕。风宁舟济，人皆谓公之忠诚仁爱，感天地而格鸟兽也。

至于清盐法，督银课，理屯田，广军储，井然条道，卓有程度。吏民怀其惠，后来守其法。此其及民之大者既已周浃，而于其细者，用心曲尽，不可枚举也。公之弟显有膂力，公以军功勉之，赡其家而督其进，显得累功正千户而卒。公惜其无子，厚葬之。亲丧葬从礼，祭奠必哀。公尝因公过贵乡里，故旧必罄欢，不有青云紫陌色鄙薄，观化称为长者。是皆公之善行表表外著，名雷于朝野，功雨于人国，勒口碑于诸藩，流汗青于百世者也。若夫天理之心，老犹赤子，势利之态，近若眼丁，目金珠于土苴，重道义于性命，语子思孝，语臣思忠，切切以圣贤自期待，而不为世俗猗那营苟者，非予孰知之乎？

## 大学士商辂撰

### 《徐处士墓表》

成化庚子春，福建道监察御史徐节闻其母陈孺人讣，号恸累日，援例解官还贵阳。将卜日奉柩，启父梅雪处士墓，合葬焉，托乡友右通政赵侃具二亲[①]事状，征予为表，刻石墓道，用图弗朽。其孝可嘉已。

按状：处士讳资，字公正，姓徐氏，别号梅雪轩。徐本严之寿昌诗书右族，公正曾祖原吉，洪武中被诖误，谪戍贵阳。祖伯逊代行，父子旭继之，子旭三子在寿昌，已生子公显。至贵，始生公正及公文。公正天资颖敏，存心仁厚。涉猎经史，游心词翰。虽处行伍，而儒言儒服，动循仪矩。事亲尽孝，亲没，哀伤尤甚，朝夕思慕不忘，因扁所居堂曰"永思"。莆田林宪使坦为记其事，文人才士竞为诗美之。

① 二亲：原文误作"三亲"，据云图本及本文末章改。

念兄公显远隔数千里。岁时音问不绝，闻公显讣，为位而哭，奠祭如礼。与公文居，友爱尤笃，先人所遗与己所有，多推让之。平生勇于为义，闻人之善，若己有之；见人患难，极力拯之；遇争论不平，以理谕之；人有假贷，倾橐济之。谦和逊顺，与物无忤。乡人无贵贱老少，咸称为长者。

正统己巳，苗寇窃发，边城告急。参将郭瑛素知公正晓畅戎事，荐之。监察御史今南京户部尚书黄公镐与语，奇之。俾参谋议，行次清平，贼势益炽。公正欲以计困之，众弗从。进至栗旦，贼奄至，公正力战死焉，时七月二十日也。

孺人陈氏，陕右名族女，母张氏戍寓贵阳，家法严整。孺人甫及笄，归徐，沉静端洁，闲于内则，精于女工，内助家政，克谨妇道。奉舅姑以孝，处妯娌以和，抚子女以慈，御婢仆以恩。相祀宴宾，躬执庖馈。及闻栗旦之变，惊讣恸哭，绝而复苏者屡矣。卜地城南之原，奉公正所遗衣冠爪发，具棺衾，招魂葬之。自是屏去华饰，服垢敝，誓死守志，躬课僮婢，力于耕绩，以给衣食。抚教二子。诲谕谆切。每出公军前所遗书戒之，谓长子鼎曰："尔父以家事付尔，非奋自卓立，何以振扬门户，绍承先业？"谓节曰："尔父遣尔游郡庠，冀光显门楣，万一立志不坚，进修少懈，何以慰尔父于地下乎？"言已，即呜咽泣下。二子感奋，鼎称克家，节领云南己卯乡荐，擢壬辰进士，出宰内乡，三载，政绩超异，晋拜今官。报至，孺人喜曰："吾今可以见吾良人矣！"未几，疾作，遂至弗起，时成化己亥九月二十五日也。

公生洪武己卯三月十八日，春秋五十有一。孺人生庚辰三月初十日，春秋八十。子男二，即鼎、节，女三，孙男二，女三。

呜乎！公正以事殒身，无负于国者也。孺人以守志全家，无愧于夫者也。无负于国，忠也；无愧于夫，贞也。忠贞之报，至于子孙盛昌，光荣显耀，天之意固有在矣。虽然，节才识老成，方兹向用，功名事业，远大未量。将来朝廷推恩锡秩，光贲九原。天之所以报于二亲者，宁有既乎？予故为之表。

## 祭酒丘濬撰

### 《赤水卫指挥使王谦墓表》

江夏王氏入皇朝，以武功显世，受戎爵凡三人焉。始自讳忠者，当奉天启运，初起家，为济州卫百户。子启嗣之，升青州卫副千户，给事齐邸。弟轸留居。故卫以舍人选侍于燕，别以靖难功授千户，仍莅济州。殒于王事。子用嗣职，以其父阵亡功，升巩昌卫指挥同知，未赴任而卒。弟杰嗣之，调贵州之赤水卫，哨守广右，卒于都匀。子谦嗣其职，以军功升指挥使。曰忠、曰轸、曰杰，君之曾大父、大父、父也。

君讳谦，字益之。父卒时，甫四岁，鞠于祖妣沈氏，自幼颖敏，识见如老成人，时其家抵赤水未久，内无期功之亲，外无纲纪之仆，凡百皆躬为之，无有所因袭，而皆整整可观。

年若干，袭职，归自京，会诸苗蜂起为乱，卫中将卒随军征调，而城中仅余老稚，而仓廪乏绝。近地禄肇，羿人亦乘机窃发，人心惶惑思窜。君誓天以死守，贼闻其有备，遂他往，城赖以全。由是，名闻一方，推掌卫事。卫界贵州永宁之间，贵州宣慰安氏居水西，永宁宣抚奢氏居禄肇，两家互争地界，相仇杀，屯兵扒飞关，多至三万。总戎以下驰至赤水，询君以方略。君请身任其事，深入夷垒，喻以礼法。因为分疆定界，乃各散去。其后遇有苗寇，以君知夷情，凡有征讨，辄以命君。会西普苗入寇，朝命大将起云南、四川兵剿之，总戎命君督水西夷兵三万，往袭其巢，成功而还。上功于朝，升指挥使。

君起自孤童，备尝艰险，而能自卓立。久任边方，蛮夷信服，故为上司所倚任。居官前后若干年，尤多善攻。盖其宅心宽厚，不事苟刻。见僚寀如手足，爱军士如子弟。虽居武弁，雅好文墨。暇时即延儒生讲论。于凡史传有涉于武事者，无不涉猎。卫学有庙而无像设，乃为之绘塑，立戟门，新堂庑，于是赤水学为诸城冠。城东溪旧有木桥，溪水涨，辄坏居，改造以石，以图经久，扁曰“镇夷”。且其路当孔道，山箐地硗陋，而军士劳窘。君一切待之以宽，上下相安，故军士惟恐君之去任也。

弘治改元，以疾告休，当道者不允。乃力疾莅事几三年，卒于任，时岁己酉十二月六日也。得寿若干。配丁氏，子四人，长泽，嗣为本卫指挥使，次涧，补卫学生，次泾，次淳。

君生禀至性，事祖母沈以孝闻，沈遘疾，朝夕悲号，吁天救代，疾果愈，以寿终。尝建堂，扁曰“寿乐”，以娱之。一时闻人多为赋之。及其终也，哀毁骨立，几至灭性。痛祖父卒于军，葬具多不备。因祖母，乃启其殡，重备衣冠，合葬焉。由是孝名闻远近，一时士夫为作忠孝流芳诗，积成卷帙，乡里传诵之。

择以某年某月某日葬君于某山之原，兹来京师，以其父治命，求予文，表其墓。始，君家起武功者三人，其一为千户，守御泰州，后调广东之昌化，与予有连，有荆州文学澄者，昌化之派也。君道荆州时，闻其言，知予在禁庭，尝以语泽，服膺不忘。故藉此以为先容，求予文。予既表其墓，复系以诗，诗曰：

繄今贵藩，古鬼方地。夷獠丛杂，山箐蒙翳。肆我文皇，众建军卫。赤水之墟，川滇之会。左安右奢，曰僰曰羿。世守其土，曰鄂王氏。惟王有子，奋自婴稚。振厥家声，慑服群类。廉而不刿，宽而有制。士爱而敬，夷悦而畏。生顺死哀，庶几无愧。我表其臧，昭示来裔。

## 徐问撰

### 《训导周升墓表[①]》

公讳升，字文举，号竹堂。其先江右庐陵人。曾大父均祥，大父彦清，永乐间游学至贵州，留家焉。父项，母彭氏。

公自幼颖悟倜傥，刻励读书，榜小学于壁，朝夕讽诵以验诸行。父尝赞事宣慰，时翁郎克渡土酋依山负固，不奉职贡。所司檄往抚之，冒林箐瘴疠，抵巴烟寨，忽病喑哑。公方弱冠，闻变，驰视之，已七日矣。人曰："不可起也。"公吁天求代，且刲左臂肉为羹[②]以进，至夜乃苏。寨长老义而来观者众，且以告诸酋长，皆感动，率九十九寨[③]椎牛歃血，誓以不叛。月余，赍所输赋，集兵送归，且乞留二矢以识。宣慰宋某拟以刲股事上于朝，公坚辞，寝之。时已补庠生[④]，乡士多来学。

正德戊辰，始应贡，授四川盐亭县学训导。蜀人闻之，喜得孝子为师。至则谕以道义礼让，皆习服。蜀多寇警，盐亭为潼川要冲，公力赞邑尹完城，植丛棘，利甲兵，以防其至。未几，贼果突至城下，乃协力厉士卒，为拒守，贼不能克。尹竟以功超升，次拟公，公辞曰："吾未尝有民社寄，岂敢徼幸掩以为功。"人服其让。自是，以老恳乞归，行李萧然，日与耆旧周旋，澹如也。每语子矿以仁义忠孝，他无所及。平生与物无兢，虽处清约，而好施与，未尝责报。有古人之遗风焉。

嘉靖甲申正月十一日卒，享年七十，以是年二月二十五日葬于社台铜鼓山祖茔之右。娶江氏，长子铏[⑤]，次子矿，乡进士，授苏州府常熟县学训导，有忠信之质，而刻苦励行，进为日新。余尝抚贵阳，矿与诸士相过从论难，及得请归，则矿已授职。过庐及岁时必造焉。每以未表墓为子道歉，出公门人潮州守汤君冔所撰志铭，拜而请之。

余慨季世士习日媮，靡丽亡质，仕则随时低昂迁化，惟以哗众取宠为资。所谓德义天闲，盖绝无而仅有者也。竹堂子初以少年士人，发于至性，身犯不测之渊，以狥父之急，讫致义动诸夷，革心向化。孔子谓蛮貊之邦行矣，信哉！及官儒秩，又赞令以完城捍患，功懋而不居，高揖而勇退。非其识达

---

① 训导周升墓表：《山堂萃稿》作"四川盐亭县学训导周公墓表"。

② 为羹：《山堂萃稿》作"羹"。

③ 九十九寨：《山堂萃稿》作"九十寨"。

④ 庠生：《山堂萃稿》作"郡庠生"。

⑤ 长子铏：《山堂萃稿》作"长子铏，先公卒"。

超然，蝉蜕富贵，弗克尔也。然年不逮时，位不满德。而子乃克崛起贤科，以道义自见，而方来事业，犹未可涯。夫乃神之福谦，天之报善，俾食实于身后，而永未竟之用于生前者也。余以疾概辞乞言，见公志而喜之，特为论著，以告贵阳之人，使有所则焉。

**编修罗玘撰**

**《詹英墓表[①]》**

予少时[②]闻正统之季，云南孟养用兵，有上言其将帅失律，张王[③]病民者，天子大嘉异之，诏即用往参其军事，事虽中止。然一时名震海内，将卒慑惧用命，克底成功，为时一助，盖校官也。而失其名。及官于朝，闻诸长老言，知为詹君，名英，字秀实也。最后，乃得其孙大理左寺副悉言之。则君也殁于甲辰六月某日，今二十年矣。

其言事时，方训导于蜀之会川，会川与云南接，而君之侨寓在贵。贵，兵入道也，害之切于肌肤，而事之熟于备尝。然孰敢出身当之？而君独言之，实奇士。先是，疏言边务十三事，皆已见诸躬行。而在职以俾夷为华为己任，会川，夷陬也，有贡与科，实自君之教始，人用是信之，知其非一旦偶然发者。

其始闻诏也，恐事掣肘非便，自诣阙，以不可状辞。公卿闻其至，皆欲识其面。或纳交，或招致为重客，或欲荐以台职处之。会己巳之变，止。归会川，满考，转云南河西教谕。虽去蜀，犹忧其患，疏荐可抚蜀者侍郎张固，上可之。蜀赖以安。其忧世不少置，多此类。

初，贵之学，以宣慰司置，戎卫限不与。君时尚少，以书抵都府，拟请如司例行之，著为令，君首事发解于云南，士蹑踵[④]起。起必曰："是由詹氏。"

詹故玉山[⑤]仕族也，宋多闻人。洪武中，始以定襄知县坐累谪戍于贵，遂为贵人。于君为王父，讳珍宝，定襄生，处士讳源，是实生君。君生三岁，处士识其非常儿，取目前器物，人伦字类，引声指训，渐及于远，引物连类，旁推曲贯。约久截中，泛抽试之，百不失一。因惊喜，知詹之将必复振。比少长，从童子师游，辄难以骈句，无不落声而应，或若天成。右文奇字，惟其目所流注，矢口纵衡，莫不如志。贵寄蛮壤为藩，庶事草草，奇童崛出，咸讶瑞降，以为兴端。时同舍生号王三遍者，三遍者，读三过之云也。后以

① 詹英墓表：《圭峰集》作"止庵詹先生墓表"。
② 时：《圭峰集》作"侧"。
③ 张王：《圭峰集》作"张皇"。
④ 蹑踵：《圭峰集》作"疏踵"。
⑤ 玉山：原文误作"土山"，据《圭峰集》改。

君偶之曰“一览”，一览云者，尤杀其数之二也，若曰过之之云也。积数岁，学益进，发为文章，气盎盎熏人。

宣慰宋侯伯仲方擅文场，壁立坚甚，独开一面纳君。王后终教授。雅有盛名，终身不昌言为敌。君葬城西原，王为营墓焉[①]。

大理又与予言，君纯孝天至，至老，岁时忌奠，悲啼如少时，散所藏以家室族之人，与其乡人往往折负偿之券，嬉笑临之。擅丘壑之趣于壶觞歌咏间，有《止庵先生稿》行于时。此则君之高也，苟不役于物者或能之。至其大节，宪宪在人耳目，有不在是乎？

於乎，已巳之先，变未衅也，而四方亦既骚动，日入于多事者矣。而疏远之小臣有能奋不顾身言天下事如君者，而天子又能听之，不徒听之，而又用之。当时大臣不徒不嫉之，而又欲荐之，是可谓不讳之朝，而言犹不壅于上闻也。故虽遭是莫大之变，而卒亦莫之能灾者，岂无自哉？

大理丐表君之墓，予于次第之末，因并载是，以志敌国外患，法家拂士之有益人国者，信夫！正所[②]旌君也。

## 徐樾撰

### 《承德郎汤轸墓志铭》

予初入贵阳，求乡先生之可与游者，而友其人。乃有阳明王先生尝过化兹土而师事者数君子，方家食焉。忻而造其庐，语旧学，亦有契宿闻者矣。太守汤君冔其一也。

寻，太守君率子弟，具币帛，登堂而陈词，曰：“碧澄先君幽室未铭也。祈贤者一言以光存殁，且以逭不孝。”

予曰：“忍违孝子之情乎哉？”

按状：君讳轸，字文耀，碧澄其别号也。世系淮北清河县，赤鲤湖籍。国初，流寓贵竹，而奕叶至今。自高祖子初也，曾祖惟德、祖鏻，将仕佐郎父濂，号信庵，母杜氏，生君于天顺六年六月之三日。少颖异，甫冠，以博雅名。游郡庠，声称度越，而有司之望，与子弟之游其门，日蓁蓁也。屡试而技不投好，信庵心嘉其沃学，不偶于时，喻其不必以一捷是荣也，何莫非举材而进用乎？

于是，以岁贡入试天子之庭，授桂阳州学训导。憾若负大志，而未之能

① 营墓焉：《圭峰集》作“志墓焉”，此后，《圭峰集》还有一段话：“君年七十二，距解官几二十年，始娶于杨，继于段。封大理评事木义官米，其二子。大理左寺副恩，程番学生惠，其二孙。适学生陆邻，适乡贡士张宇，其女与孙女。云表、云章，其曾孙也”。

② 所：《圭峰集》作“所以”。

大受也。明经训义，以身励一方之士类，而桂阳科目迄兹始。荐剡有谓其善育才也如是。

夫秩满归养，乃忘禄仕，诗曰："有怀一人，天涯有游子。"岂人情哉？笃孝友以娱天性之乐，凡信庵贻业，委群弟承之，而以余禄自给，是以汤氏之家风，至今近厚焉。

解绶以来，训子弟，集士友，而蔼然乡党之情，通于介胄，靡不得其欢心。结社恬隐，寄志意于山水诗酒之间。平生所著有《乐闲雅会》《蓉城吟稿》《秋蛩吟稿》《碧澄杂著》藏于家，其异趣流习也，卓有定见者矣。至于华藻之捷，应声成吟，道有遗金，收以相给，此固幼志之奇，亦豪宕者之细故也。

配赵氏，生二子，长巩昌，太守尋也，仲邦，滇之归化县典史。太守登杨惟聪榜进士，授南京户部主事，以是官荣封，是故诗书之荣于其子，亦于其身，而况乎言世德者哉？

君享年八十一，终于正寝，时嘉靖壬寅十有一月二十有一日，乃以次月望日，葬于城南郊龙井源北。越乙巳十月之吉，乞铭于予。因抚状而有感也，铭曰：

含辉兮而必耀，迈德兮而必芳。碧澄籍籍于文名，皇恩未艾于云仍。积庆自人，于焉永征。

**胡尧时撰**

**《越英墓表》**

嘉靖庚戌冬十一月十有六日，泸州守越公卒，越士子之季春葬且有期。诸孤子函状来请铭。

按状：公讳英，字德充，其先金台人也。曾祖讳昊，祖讳熙泰，考讳机。先是，五世祖讳端有甥李政，前参将李宗祐祖也，早孤，端育如己子，后政以武功升贵州都指挥佥事，德端不舍，乃闻于成祖皇帝。诏偕行，给亲完聚。越氏籍贵阳以此端，生男四，长讳升，宣庙时以经明行修召，将授馆佐职。会四川播州宣慰司求明经师化夷，遂授升播州学司训，寻卒于播，即昊伯兄也。暨弟二人皆以学行著于乡，诗书之泽浸淫至于公，三世矣。

公生十年余，从诸父于宦邸，已而罹横逆者，又十年，公乃图归并家属十数指之羁于楚者，间关旋之。而公贫益甚，学竟以落，年已二十有八，颀然丈夫子矣。父母乡人怜而劝之曰："子志高而数奇，性敏而时已过，将安业？医，儒者事也。曷业诸？"

公曰："吾向者从诸父于宦，不幸而有事，则急难为重。今者既免于难，则父书可读，承家学为急，不见苏老泉公乎？"于是肆力举子业，读书靡日夜，知者异之，不知者笑之。

始议聘，较年则长处子十有三岁，佥难之。处子之尊人锦独曰："此子幼时日挟书九册，过目几成诵，能社谜及曹娥诸体，雅善对句。今虽长大，攻苦如此，其无成乎？"遂归处子，是为公霍氏配也。

自是，试于有司，督学辄取先诸生。弘治甲子，领乡荐。乡之子弟，学晚与不力于学者，其父兄曰："越德充非尽人之子与？"

乙丑，试春官，不第。以亲老无以为养，请就职。得湖广衡阳县学谕。至则肃教规，严师弟子礼，任其刚方，素性不为苟合，诸弟子畏惮不敢近，第服师学问，感其有恩，相与不忍不就规矩。

时陈、蔡二公相继督学事，严群试诸教职，列公第一。间上官委署有司事，公恳辞之。上官曰："戆哉，谕也。"词若憾而中怿之。

满九载，赴吏部试，亦第一。擢四川泸州守。州故繁剧而疲，公牧之，则任慈惠而缓刑。不数月，流离者相继归，公慰遣令还故业。久之，民安而讼息，日中即空庭无事，公退食假寐。士大夫云："异时见官府多事，今公卧治我州矣。"

会有冒巡抚檄，欲发州帑，有所取者，群吏相目且信之。公独发其奸。事闻，抚台喜，欲剡荐之。因有货心，公佯不为悟，拂其意，抚台怒，乃论知泸州某才当调简。疏下，未报。公曰："可以行矣。"遂称疾浩然归。盖年方知命，殆未艾也。行李萧然，道路嗟之。

而公家食三十年，则绝迹公门，辟蔬圃于西郭门外，因号"西园"。日静坐其中，作诗文自娱，观书课子，明农莳树，酒不入唇，诸无所嗜好。巡抚熊公亲造里第，请教幼官，公应之，不受幼官礼，而悉心教事。其后武阶知兵好礼，一时盛于贵阳者，公所教幼官也。巡按王公议举开科事，公曰："此我所当与闻者。"入言甚力。

与乡人处怡怡然，及遇士夫，则一揖必较。衣冠同俗，劝之儒服，则曰："吾愧行之不能儒耳！"直言不阿，尝面斥人不平事，为雅者望而避去，至老不回，以故寡所谐合。尝云："姜桂之性，老而愈辛。"闻者亦谅之。

岁庚子，民望举于乡。丙午，民表继之。己酉，民牧又继之。公悦，且耄，间语之，曰："若曹俱得一第，不负吾教。其毋浮薄，作欺心事，勉图显扬，尚无负于先人。"又曰："吾养汝祖者十年，养祖母者二十有三年。心尚未既也，儿时赖朱氏外祖育之，德尚未报也。吾有志睦族，力尚未逮也。若曹念之。"

民望之官富民县，送之及门，执手教之曰："毋为墨吏自戕，毋戕民以媚人。否，非吾儿也。"公家训类此。嗟乎，所谓老成旧德，非公其人与？

公生于成化庚寅四月十四日，距卒之辰，享年八十有一。配即霍氏，子男三，即民望、民表、民牧。

初，予在南中，识民望于有司，谓必有家教者。比入贵阳总宪事，廉知公耆旧，乃为文办香，吊公帏次。而民望暨二仲，皆循循践礼，拜求志墓，勤渠至于再三。固辞之，不获。乃为之铭，铭曰：

越氏好义，远自伊祖。亦有令人，性刚心古。急戚之难，十年于楚。颠沛归来，一经攻苦。晚学夙成，名荐于京。儒官岂误？聊养我亲。士曰师严，尚有典刑。大夫曰谕戆，安子之贫。谓子宜简，子卧治民。台论如此，道其可行。胡不归与？以保我真。非非是是，付之乡评。姜桂之性，既老逾辛。如有罪我，亦谅予心。嗟公直德，宜而寿而宁。昭融福泽，亶在后人。

**蔡潮撰**

**《徐节墓志铭》**

正德庚辰冬，儒生汪沐者奉其师故中丞友槐徐公所遗状，偕公嗣孙隆，请铭于潮。其言曰："是岁秋八月，公过沐，自拟渊明，生作挽歌，出示所撰行状诀别，如平时，旬浃而逝。惟兹贲终昭远之托，敢以累执事，此先师治命也。"

呜呼！生死论交，有如皦日，敢不诺而铭诸？

公讳节，字时中，其先绩溪人。始祖景福，宋绍圣二年，拜寿昌命，卒于官，子孙遂家焉。曾祖伯逊谪戍贵州，祖旭，父资，皆淳谨，世守家法。父后以公贵，累赠中顺大夫，太平府知府。母陈氏，累赠恭人。

公幼敏殊异，六岁就乡塾，授书成诵。甫髫年，习《易》。巡按御史陈公鉴太奇之，遗以《易义》诸书，选入庠校。

正统己酉，痛厥考参谋戎幕，殁于战阵，侍母招魂，葬衣冠。毁瘠，几不能生。家理故贫，攻苦力学。

景泰己卯举于乡，历庚辰，迄己丑，屡不第，辄侮乡豪。益淬砺，不屑小就。

成化壬辰举进士，癸巳，授河南内乡知县。始至任，以刚正廉惠誓诸神，尽心所事。未几，而政即绪。时唐藩闻公文蝉英贤，欲聘焉。公屡启辞罢。识者韪之。部使者交章上其治行。戊戌被征，命入朝。吏民遮道悲恸，衣履为之分裂。

己亥，擢福建道监察御史，三上章，数锦衣指挥牛循罪恶，上嘉纳焉。

庚子，丁内艰，启封君衣冠，合葬忠节冈，冢茔封树，竭尽孝诚。冈之得名，由侍御杨公纯、佥宪周公孟中著封君及恭人死难守贞之义，树碣周行，而编修刘公震又刻传其上，表风数也。

癸卯服阕，入掌河南、山西二道，屡劾宰臣万安等，风裁凛若。

弘治改元，迁直隶太平知府。值郡中大疫，抚摩治疗，所全活者甚众。事集民孚，如治内乡时。观风者数才公以闻。

戊午，进云南右参政。吏民遮留，如去邑之日。先是，边夷煽祸，公至滇，运筹制胜，连破梁山、竹箐、米虏诸冠，捷闻，录功，食正二品俸。

壬戌，迁广西右布政使。治兵储饷，征思恩克捷。

甲子，转广东左布政使。

丙寅，进右副都御史，奉敕巡抚山西，提督雁门等三关。雁门地接西虏，旧尝朝夕内窥，为中国患。公至，增埤浚隍，严条教，简车徒，谨训练，蓄财谷，边鄙晏然。时方拟其显陟，以廉正，素忤逆瑾，寻被矫制削秩罢归，而不得竟其所施。

庚午，瑾诛，公奉诏复职，致仕家居。孝友恭俭，动必以礼，日与二三耆硕，觞咏泉石间，通篆、隶、行、草诸体，挥翰摛词，为乡邦楷范。后学登庸者多出其门，大夫士吏兹土者，恒礼于其闾，而问政焉。用卜，以其年十二月十三日，窆忠节冈先茔之次。

潮频年仕贵，尝从大夫后，考德问业，于公交盟乡谊，实倍常情。窃常叹公所禀赋者醇懿，所树立者卓伟，所遭际者又丰享豫大如此，既荣且寿，《洪范》所谓五福，殆兼备矣。泛观当世，奚啻遐方，难其人哉。顾独于末路而啬，其胤绩若此，岂造物者忌盈恶满，虽仁人君子，亦不蒙假借于其间邪？传称必有后，其又信然耶。斯则理之不可晓者，呜呼伤哉！铭曰：

或苗而莠，草木同朽；或秀而折，幻泡随灭。造化攸司，望乎畸觖。若公者，积学以致荣，砺行以范世。寿介耄耋之康，誉驰文武之备。虽亡不亡，此邦无二。矧兹嗣孙，业裕后昆，徽惠英爽，庶昌其门。公其同鉴盈虚之理，孰遂愿欲之全，尚其少慰于九原耶？

### 佚问撰

### 《王木墓志铭》

公卒之六月，长男学祖率诸弟，手持莫生所葺行略一通，泣走再拜于予，曰："请为先君志之，用垂永久。"

呜呼！予遽忍志铭公邪，言既，亦泣下。虽然，予与先生有同年妹甥之故，在义不得辞矣。

按：公姓王氏，讳木，字子升，别号晴溪。先世浙江嵊县人。曾祖讳敏，国初，以平定功，历官遵化卫指挥佥事，寻西拓贵州诸卫，乃调今清平。祖讳聚，才勇有为，累战克捷，升都指挥佥事。握阃符十余载，戡顽抚顺，名振西夷。以公伯考溱贵，曾祖、祖，俱赠镇国将军、都指挥同知。曾祖妣夏氏，祖妣孙氏，俱赠夫人。继高氏封太夫人。

考讳漳，字源洁，别号菊东，太夫人出也。工举子业，累试未第，贡入太学。选清苑，人至今思之，以公贵封监察御史，妣莫氏封孺人。

公生而沉毅端悫，言动不苟。稍长，游歌卫庠，苦心淬砺，博览群书。以《易经》领正德癸酉云贵乡试，甲戌、丁丑，两上春官，中乙榜，授湖广随州学正。比莅，整饬科条，正身率士。时督学今大司马甬川张公极器重之，檄署罗田、应城二县事，剔蠹振弊，豪右敛迹。巡抚今大司空凰山秦公、巡察今大司马东塘毛公尤加珍爱，乃交章荐之。

岁辛巳，铨曹上言，急缺风宪，公应征召，擢南京湖广道监察御史。感激遭逢，慨然有澄清大志，数论列事，罔顾忌畏避。

嘉靖壬午，主京闱试者，颇有遗论。公上数纠其状，时宰颔之同列，多为公危，而公不少动。

癸未甲申，江南岁歉，群盗蜂起。公奉命往巡诸郡，旌别淑慝，百度维贞，乃阅武备，授方略，恩威茂著。曾不数月，江洋肃宁，捷报。今上皇帝嘉其功，有白金、文绮之赐。

公才识精敏，每有疑狱，一案即伏。揽辔所至，虽案牍旁午，不废吟事，有《东巡集》可考也。

丙戌，优迁云南按察司佥事，分巡安普道，诸夷情吏弊，视中州为尤，公悉之以法，一时风裁凛然。或有劝公少抑以随时者，公笑曰："吾尝多病，且二老在堂，即得解绶，幸矣。"

未几，遂弃官归田，年四十有四矣。日惟奉亲教子，不复希情荣利。幼时抚自高太夫人，高年逾九十，公左右就养有方。甲午，莫孺人卒。壬寅，菊东翁卒。公殡葬咸如礼。不告艰于诸弟，更以祖宅畀之。居家每值时祭，物必丰洁，奠必涕泣。节候必冠服，叩神追远，礼成，始受诸子妇及卑幼参揖，其生平孝敬如此。处乡善善衿恶，爱老赈贫，人有难急，为援手，无间于内外亲疏。乃若及门之士，质无不言，言无不尽，其平生仁厚如此。晚集林鸠工，构精舍三楹，前植花卉，后创池亭，琴编图史，无一不具。公日坐于中，大观小嚼，优游啸歌。至于景象晴霁，可以郊游，则拉心友，载奚囊，登眺下上于云山溪水之间，且咏且觞，尽欢而散。虽性不嗜酒，而意蔼如。有《天然洞集》可考也。其诸恒言细行，可效可师者尤多。

呜呼！公生长世族，培植深厚，身发科第，历官清要。退居林下，为乡邦典刑者十有八年。况伟貌修髯，气清神爽，有道之士咸期公寿之未艾也。而今不可作已！诸郎终天之恨，其何以堪？

乃卜是岁十二月八日吉辰，安厝于洛登庄北山之原，距菊东双垅可三尺许，依祖葬也。予不敏，有兄弟之谊，遂收泪志之，而系之以铭，曰：

剡溪钟秀，笃生哲人。乃文乃武，扬名显亲。振铎湖湘，声闻朝野。应召内迁，绣衣骢马。揽辔南巡，江洋肃清。载陟贰宪，益隆令名。未老投簪，诗朋酒友。教子娱亲，光前裕后。门祚奕奕，世德发祥。子孙绳绳，凤鸣朝阳。北山之原，佳成矗矗。公灵妥斯，永昭厥福。

### 张岳撰

#### 《孙重墓志铭》

贵州清平有小山孙君，起家明经，遂为清平闻人。清平戎卫，地特悬远，去京师万里外。小山奋迹，越子若孙继之，诗书礼义之教，文物声名之华，一旦争光上国。学士大夫翕然共哗以传，然则小山君所树立与其所以泽乎后者，不可莫之传也。

君讳重，字威卿，别号小山。其先为直隶如皋人。自高祖华以神策千户调清平，历曾祖父华、祖父铎、父朝请大夫瀚，故今籍清平。君领正德庚午乡荐，明年，试春官，恩授眉州学正。迁绵竹知县，调国子学正，再调云南前卫经历司，归养。二十年，乃卒以嘉靖辛亥八月一日，距生成化庚子十二月十二日，年七十一。

初任学正也，学正职教士，君在职，耻兢浮习，行义风节，卓然有闻于时。朝请[①]大夫翁家食，君计，请愿移禄承欢。谨视诸生，贤而贫者，以其余赒给之。又檄当道，请秩祠乡先生及宦游诸贤士大夫。君持身慎自检禅，操尚大致即复娇娇如是。于是，诸台绅按部，廉君教状，交疏荐闻于朝，迁令绵竹。

绵竹，上丽会府，其民生事险隘。君将直道，不苟徇俗偃仰。悉出心力，优节罢剧，蠲横输，约杂繇，过客厨传如式不饰。铲蠹锄梗，与相戒不敢犯，

① 朝请：原文误作“朝诸”，据本文上段改。

缩首遁去。故自君居绵竹，绵竹士赖君以安。而异意之人不便私已，或竟以是而葑菲君。君于权贵平素不阿，亦多有望君者，乃遂请檄放官，以夫避谗祸也。

檄达司铨，改国子学正，后以例格再改经历任，授云南左卫。

君初结发，锐欲以功名自见，至是不遂。又痛大夫翁卒，母王恭人年高，誓念不出。恭人逼，强再起，未期，坚请谢事以归。君既得请，旦夕奉恭人宴乐。暇则携似杖屦，徜徉赋诗，垂二十年，谢绝达贵不接，惟恬淡，恶闻人过失。又弃生事不问，居官以至白首，库无余帛，廪无余粟。其所以遗子孙，则曰："若辈效吾清白，于吾足也。"

明经起家，以是课属子姓，其子若孙辅相授受，畅极旨趣，先后明经成名，滃然瀁然。君犹能以其身见之，故今言孙氏者，诗书礼义之教，文物声名之华，学士大夫翕然其哗以传，小山君之遗也。然君多孙子矣，贵且贤矣，君不色喜也。窃又自念曰："吾恐其后之侈而生祸也。"为子孙计久长，其与夫佔危徼倖愉快乎须臾者，知见久近又何如也？

呜呼！君若此，其可无传哉？君卒，君之子御史奔丧过余，持状谒铭，谓将以某月日葬君南山之原。

余按状：考君行履秩然而纤具者，大理左评李子述也。李于君为甥，言可据也。余故次而铭之，且详其出，使夫学士大夫欲知孙氏之宗，大□□□小山之遗也，又知小山之遗利逢其施，且信其后之有达也。铭曰：

君于孙子曷以遗？成都之桑株也。君于子孙曷以谷，波浴乎眉水之苏也。繄彼戎荒，煌煌乎上国之光也。绎君世德，信是幽章。曰唯外史氏之所扬也。

## 大学士李时撰

### 《田显文墓志铭》

朴庵先生，今礼科左给事田君汝力之父也。卒且七年矣。庚寅春，给事君过余言曰："秋痛惟先君墓木已拱，而遗志未继，又未能光昭潜德，久将湮晦，不孝莫大焉，敢以表请。"

给事君举进士，予时分校礼闱，知给事君名。嘉靖丁亥，予居忧于家，给事授河间推官，又得纳交焉。谊其可辞？

按状：先生讳显文，字子学，朴庵其别号也。出魏博节度田弘正之后。宋南渡时，有官于朝者，徙卢陵什乡之南园。大父永富以资雄于乡，配李氏，生五子，万高、万经、万诚、万纶、万邦，先卒。国初，游贵州思南，继娶罗氏，生万钟。先生之父也。工诗文、楷书，以《毛诗》教授于乡三十余年。

三子，显祖、显德，先生其季也。

先生生有异质，年十二，受学江右孙善述，日记千余言，为诗对有奇语，孙器之。寻以家累弃举业，然居常手未尝释卷也。性孝友，质实坦夷。事母兄恭，处家严肃，凛不可犯。乡间无少长，皆凝洽。至有过，则面折之，雅如约素，一衣履或十余岁如新。

生三子，曰谷、曰稠、曰秋。皆躬自训迪。尝曰："居家当谨身节用，入官当忠君爱民。"三子俱以家学显，谷举壬子乡试，仕至曲靖府判。稠为芦山县学教谕。秋今官。谷为新津尹时，常寄俸银为养，先生封识，俟其归，授之。

正德中，时政多舛。先生闻之，辄忧形于色。尝入山采药，徘徊巨壑中，觉心悸，寻闻有声如风，亟趋水次。回视，二大树坠崖下，正值徘徊所，触木石皆糜碎。

成化初，土俗承宣慰禁，茅茨以居，人有修怨者，率承风纵火，多所延及。偶中夜，若有呼先生于庭者，惊起出视，则中有火，亟呼家人及邻里。俄顷，火已及门，赖以全活者甚众。人以为有默相云。饮酒能多而不乱，家无余资，而急难求者辄应之，虽为所欺，不计也。

正德辛巳，遇例冠带。始，嘉靖壬子，通判及给事君俱归养，先生谓给事君曰："谷也食我。秋宜效明君，以行所志，况朝廷悬貤封之典，以待臣下。若弗出，如八十之老何？"给事君乃出。未几，而先生弗禄矣。

呜呼！读先生之状，知先生之行，虽古人何以加诸？竟不沾一命以没，所谓造物者何耶？然享有耆年，获多孙子，先生亦可无憾矣。矧有给事君为之子，当清明之朝，以公直廉慎著名于时，将来功业，殆未可量。朝廷褒恤之典，所以施及于先生者，盖未艾也。造物者其在于斯乎？敬用表之墓道，俾来者有所考云。

**陈讲撰**

**《范府墓碑铭》**

贵阳唐山范府以嘉靖壬子十一月四日卒于省城居第，厥子如岱，奉遗命，陆走三千里，缄状来乞铭，侯知予，予知侯者，幽冥忍负哉？

侯讳府，字季修，先号素渠，更唐山。上世湖广宜城人。始祖景秀归高皇帝，戍瞿塘，调征贵州，功授其卫百户，遂家贵州。高祖以上隐不仕，祖父七品散官。父讳冠，登成化戊子乡荐，累官博士。先，司教青神，继娶李氏，乃尚书余肃敏公甥也。成化丁未五月六日生侯。

侯童而灵慧，七岁晓声律，十岁读虞周书，心即了了。博士公器之，亟日夜牖迪，故早擅文名。登正德丁卯乡举高等，名次与博士公同。明年，试礼闱，中乙榜。以母老就仕巴县学谕。甫逾弱冠，拥皋抗颜，扰楚示威。士日就绳檠，骎骎有造。大贼蓝鄢起通巴，都御史见素林公受命征讨，黄少参公瓒言侯晓畅军旅，林召置戎幕，一切章奏，口授代草，抚剿机宜，预议筹画，荐授巴县尹。实欲转毂任侯也。未几，丁艰去。林公书赠"终慕"二大字。起复，赴铨部，吾遂人尚书黄简肃公询侯才名，言于部，乃尹吾遂。

遂，先为府治，故文献名区。正德来，逆瑾大辟贿门，盗起兵乱。官于土者，日穷朘削，以应诛求，上下风沿，纪纲破坏。邑三里之民，籍口避远，苦城市虐害，谋就近附籍安居。屡招谕不听，拥众揭竿，距令者几十年矣。侯将至，巡抚马公昊擒首恶十余人，一日，挞之死。侯曰："所以驱之乱者，未容偏贷也。"遂缚市虎城狐，重发遣，振纪纲，肃命令，树风声，召三里之民伏堂下，大示威福，皆稽首泣曰："吾辈今有主矣。"咸愿输租服役，罔敢携贰，呼来斥去，统御在我。十七里斯成完邑。

夫盗后，人曰："颓墉败堞，不可再恃也。"更筑石城，一劳永逸，非侯不能，三请于侯。侯曰："予职也。"于是，列状上两台，报可。遂第人户丁粮，高下摊分，城垣丈尺，转石于沿江上下，下令一日起工，块石抔土，皆侯目力所到也。越三月，竣事。高城深隍，称天险焉。

乃若学宫、坛宇、邮舍、桥梁之废简，罪人应赎者，分命责成，不费于官，不勤于民。阅岁莫竟之工，坐收顿指之下，亦神矣。既而，政通民附，城野内外，弊绝风清，雨雪应祷，时和年丰，妇子宁止。部使者荐侯治平第一。

岁丁丑，铨司首论召入，值台中不悦者指摘中止，适西蜀邛雅多难，急于得人，擢侯守雅川。属邑芦山为招讨高、杨二氏侵轹，夺其土田，忿兵仇杀，芦民死徙无算。侯至，即躬吊问，转粟赈施。两台疏请兴师，我军失利，台檄密授侯便宜区处。侯深入招讨，宣谕恩威，且行反间，计擒元恶，遂以捷闻。侯功多焉，犹不为目前计，筑芦山城，几如遂城。民立生祠祀之。

取佛中贵锦衣四十员住城，雅当孔道。先遣人络绎去来，逼雅民运茶通番，侯力拒不许，以身婴祸不避。又请发布政司羡银给沿途饩廪，民免惊窜。在雅五年。

转重庆府同知，芒部用兵，侯亦参预军事。将士取他首级，冒沙保上捷。及请改芒部为镇雄府，设流官知府。侯力言是拂夷心，咨乱不已。后果如其言。予按贵，会侯道其详，然予先已疏请革流复土，下两省会勘，专立陇氏而后定。侯言益验矣。

先是摄泸，巡夔所至，卓有惠政，名实益孚，台荐无虚岁，夸阶峻秩，可计日得。侯曰："人生贵适志耳，富贵何为？"遂振衣隐去。归，建奉先楼以祀祖考，葺先垅，树松建坊，置祀田，推其余以赒族。傍辟古大洞，扁曰"唐山洞天"。约诸荐绅，结溪山诗社。予在贵，为树"贵竹清风坊"，旌侯恬退云。

侯美丰仪，善讽议，工词翰。人一见倾倒，所交多名流。尤喜静坐观书，手不什卷。所著有《素渠集》《唐山乐府》数十卷藏家笥。侯寿六十有六。卜嘉靖癸丑十二月念一日，与先配合葬祖茔麒麟山原。侯讣至，邑中父老咨嗟流涕。士大夫撰文遣祭，复作哀挽卷，是亦可以观侯矣。

予按状，益以予所知者，序而铭曰：

地以人胜，人以才良。惟贵生侯，麟薮凤冈。惟侯雄负，杰栋修梁。唾手贤科，功名激昂。弱冠登仕，发迹巴乡。弘谟茂烈，惟遂孔彰。威克厥爱，相时弛张。霆风轰震，铲凶芟强。乃定三里，收复完疆。乃筑石城，千秋巨防。乃作泮宫，峻启门墙。百废蝟兴，颂声洋洋。骥足尔淹，如肃论庞。刺雅贰渝，天路腾骧。筹兵效谋，讨番征芒。黄肩屡试，百炼逾刚。一截尝鼎，宜鸿高翔。唐山洞天，赋诗引觞。造物忌完，一疾夭亡。麒麟之原，遗命卜藏。我铭在石，山高水长。

挽诗：

四十投簪卧白云，北山何必更移文？盖棺事已年前定，林下从来一见君。

君在西川云作霖，君还南国云归岑。贯城秋水连天白，照见当年出岫心。

彩翰人间犹寄我，玉楼天上忽修文。瓣香贵竹三千里，极目牂牱一片云。

死别缄书走嗣君，开缄忍读心如焚。百年海内谁知己，子夜挑灯撰墓文。

## 编修杨名撰

### 《范府墓表》

公讳府，字季修，姓范氏。先世居湖广宜城，始祖景秀，归附我太祖高皇帝，戍瞿塘，调征贵州，以军功授贵州卫百户，遂为贵州人。祖文，七品散官。父冠，五经博士。先任青神教职，因娶青神人女李氏，生三子，长庠，次序，次即公。

公以正德丁卯举于乡，赴试礼部，中乙榜，授巴县学教谕。历遂宁知县、雅州知州、重庆同知，谢政归隐唐山。赋诗饮酒，为老焉计，乡人称为唐山先生。以嘉靖壬子十一月初四日卒于正寝，明年癸丑十二月二十一日，嗣子如岱将奉公与厥配汪氏，合窆于麒麟原之胜。

乃公初寝疾时，自度不起。折简于余，属余表诸隧道。且手书先考诔章，并示《见怀》诸作，重命如岱致余，而为之请。

呜呼！公亦达士也乎哉！生不畏死，远不弃旧，形不遗声。揆之陶靖节、苏文忠，盖庶几尔矣！

史氏杨名曰：吾遂居蜀中，上环山带江，周展平原，程计可百余里，古云都会，今称文献。我国家政教丕洽，远域承风，疆场宁谧，县治旧惟土城。

正德中，蓝鄢寇起，触噬郡邑。余生才七八岁，先考远出，惟先祖妣与母氏居守，以余为恐。先伯考洊有胆力，语诸舍人曰："势迫矣，即寇骄猛，斩关入，必搜索公私储贮，我负儿登城，相机为计，倘不能出。西北隅多隙地，具有窟穴，可避免。"

余从伯考混匿楼堞间，极目四望，则寇自东来，千骑万卒，纵横驰骛于州原林薄中。最后，渠魁者至，鸣金张帜，导卫僭拟王者，所服多锦绮，色尚赤，日光荡映，如云霞蔽野，渡江而西，直上书台、长乐诸冈峦，立马流盼，有长驱市井意。少焉，遣人就城下，大呼城中官民索飨赂。

先是，县令邹公缜、幕史董君塘询谋佥同，与诸乡大夫士及耆硕之良，分城宿卫，力拒其请。寇大怒，纵火南关，民舍污裂，学宫喊声四起。城岌岌，人心懔懔，潜去匿崖洞者不可数计，后多被焚劫。旦夕难支，幸而典兵范宪副率调集土军。寇见范军至，宵遁去，邑竟无恙。

维寇方啸聚时，气焰烈甚，有司以闻，诏起大中丞见素林公专秉旄钺，运筹抚剿，咨讯周悉。知公才可任，征入帷幄，相与剖划，扫平之功为多。

未久，丁内艰去。铨曹用林公及俞柱史公之荐，擢令于巴，居制不果，服阕，邑先达简肃黄蕨山公力言诸当道，改令吾邑。公逐寇，日经吾邑，目惧寇之苦，以城无可恃，亟图营理。恢拓曲狭，补概洼湿，伐石鸠木择匠，合力增建城堞，创树楼舍。不数月，而大功就绪。其方如斗，其坚如壁，其伟壮嵯峨如图画。民歌大夫，士颂监司，君子奖荐。大学士东川刘公、元山席公记。城居之民恃以无恐，古有万世之功，公之谓也。

其他张政纪，贞彝度，防黠吏，抑豪右，均租平役，履亩勤农，新学兴化，以至春霖应祷，冬雪呈祯。与雅州、重庆之德政，有生祠去思纪，及中川陈中丞公碑铭，诸大夫诔咏可考。余可略云。

余惟士君子之立于斯世，与见用于吾君，苟可表著，虽一善已足，而况兼有众美。古人论不朽，其次立功。稽诸祭法，法施于民，能御大灾、捍大患，皆得祀。公之善美与功如此，合于祭法又如此，宜乎讣闻之日，邑之人士涕泣瞻望，如丧考妣，馆馈公嗣，赍奠致诔，咏歌成帙，而请入宦祠，不少忘之也。

《诗》云：有斐君子，不可谖兮。范公有之。余不佞，自成童时辱知于公，二十年来音讯不绝。且有感于乡之人士思公之切，重以贤嗣申孝奉令之笃，特纪其大者，畀如岱归。勒珉丽阡，昭示无极。使公之乡人知公之贤，以相兴感奋励，则公生死皆有裨于邦家矣。呜呼！公真达士也乎哉！

挽诗：

湛露凝从薄，玄云暗郊丘。哀雁自南来，飞绕城上楼。
口衔三尺缣，顾我鸣啾啾。展书细玩之，点画如林璆。
乃知唐山翁，已作瑶池游。读未及半则，淋浪双泪流。
吉人亶多福，神鬼或相仇。功高位不副，才大时难投。
古来事每尔，英雄奚疑忧。倚剑赋《七哀》，击案歌《四愁》。
独有百雉垣，惠泽千年留。愿以循良传，遥缄慰九幽。

## 谢东山撰

### 《范府墓志铭》

唐山范君将葬之先一月，其子如岱以其状请予铭。昔君尝为遂宁令，遂宁，射洪邻境也。予为儿童时，固已耳熟君名。及来贵阳，又得一再见。则君之贤，予既闻且见之矣，铭安得辞？

君讳府，号素渠，别号唐山，世本襄阳宜城人。国初，六代祖戍瞿塘，调征贵州，以军功升百户，因家焉。大父讳文，号竹斋，授七品散官。父讳冠，号䴏轩，五经博士。聚[①]蜀余肃敏公之甥李氏，生三子。长庠，岁贡。次序，儒学生员。次君。

生而颖敏，七岁能属对，十二能属文。随博士公在金陵，即有志立身取功名。既归，授学于仲兄序。仲兄卒，复从普定汪进士大章游，学益进，声誉益起。弱冠领正德丁卯乡荐，戊辰，登春官乙榜。以母老，就巴县儒学教谕，且学且教，早夜不休。时巴中有剧贼，聚啸通巴，朝命起见素林公抚蜀。

① 聚：当为“娶”。

公至，首询属吏贤否，得君，罗致幕下，日侍左右筹画，暇则谈古今，论人物，倡和诗章。未几，丁内艰家居。服未竟，铨曹以巡按俞疏称通巴贼冲，举堪为令者，牒下贵州，夺情起复，君辞不可。当道者为题请终制。

甲戌，服除，赴铨曹。时少司马黄简肃公知其贤，言于铨曹，补遂宁令。遂宁东去县治远，民多不驯。君为谕其善良，剪其强梗倡乱者，居民为之帖然。增修石城，不费财，不妨农，而功就绪，至今屹然。

戊寅，升雅州知州。雅州芦山县邻天全招讨司。先是，招讨使高文林，及其孙高维恩等，占芦山县土地，频年劫杀，死者如麻。朝命讨之，游击将军曹某与战不利，士兵屯雅，大为民害。君乃请于当道散之，身入招讨司，与副招讨杨世仁约兵夜攻，世仁如约与芦山土兵夹攻之。文林夜奔，缢死林莽，维恩逃入番，诱六番作乱。君行间设伏，卒擒维恩。复为芦山修城保障，其壮固亦如遂宁。

会有接佛太监刘永驻成都，威焰炽甚。差少监韩升来雅取茶。兵变后，人情汹汹，君为严戢，左右不得逞。永大怒，欲劾以阻挠皇命。巡抚马公委曲调护，乃止。芦山人建生祠曰“遗爱”，祀君云。

壬午，升重庆府同知。甲申，芒部土官陇政子争官构乱。朝命川贵夹攻之。四川巡抚汤公檄君赞画，卒之首恶就擒，地方底定。未几，浩然有归志，当道交留，不可，上疏乞休。钦准致仕，时春秋甫四十也。

既归，建奉先楼五楹，间岁时祭祀，咸依家礼。遇祖考妣忌辰，必易服，哭奠如仪。世远墓繁，且临大路。乃为垣种树，筑台建坊，碑亭石兽，焕然一新。又置墓田若干亩供祀事，及助族中婚丧贫旅者。去茔一里许，有古大洞，略加粉涤，因名唐山洞。与乡士夫耆彦能诗文者，约为溪山诗社。久而成集，因名《唐山倡和》。

先是，巡抚迁湖叶君、巡按中川陈君为立坊，曰“贵竹清风”，以表恬退之节。嗣是，养斋徐君、培庵刘君、鲤湖王君、方厓赵君咸为葺理，知其贤也。性耽书，手不释卷，诸子百家无不涉猎。动循规矩，无急步，无疾呼，不面折人，不藏宿憾。爱蓄古琴、书画、字帖。虽专门《尚书》，尤喜读《易》，善揲蓍，因扁其轩曰“玩易”。

历官廿余年，四迁皆不出蜀，大书题咏，无处无之。晚年文思不衰，有求必应。故旧及门，尊酒相欢，意豁如也。

里中子弟有好学者从，更施助之，多所成就。先年，三街被火灾，鬻田籴米，视尤贫者量赒给之，人怀其惠。

所著有《唐山楚辞》《乐府诗集》，藏于家。配汪氏，继配杨氏，皆先卒。

继配郑氏。君无子，子犹子如岱、如崵。如岱，廪膳生员。

君生于成化丁未五月六日，卒于嘉靖壬子十有一月四日。寿六十有六，卜以癸丑十二月癸巳日与汪氏、杨氏合葬于麒麟山之原。君易箦之前数日，语子如岱曰："吾历官廿余年，皆不出蜀。死之后，得蜀数君一言，吾可无憾矣。"

哀哉！往予过遂宁，中川陈公、月川席公、梓谷黄君、方洲杨君，皆因予寓书唐山。夫唐山居林下廿余年矣，数君又非轻许人者，乃独于唐山，拳拳若是。《语》云：不知其人，视其所举。矧予又素知唐山者乎？铭曰：

呜呼唐山，名留世间。归乎何憾？妥兹玄关。

### 太常寺少卿遂宁席中撰

#### 《范府传论》

论曰：三百篇，孔子手所删定。其曰雅、颂各得其所，则三诗固尤致意也已。然予读《出车》《烝民》《泮水》诸什，歌咏宣王、鲁公作城兴学事，窃疑周、鲁盛时，鸿烈巨典，不宁惟是。而铺张扬厉，陈燕享，奏清庙，拳拳于兹二者焉。孔子正乐而存之，岂不以兴教惇化，御灾扞患，尤民生大且急耶。

予每目击今时司民牧者类畏难，因陋饰文具，急章程为养交速化之计，间有注意民隐者才百一耳。然或未有利民于可久也，况兴学弘化哉？治急先务，计遗永安，若范大夫固未多见也。先是，邑人崇祀名宦，第功考德无出其右，时大夫无恙，有待今日。稽之祭法，百千世血食吾遂，岂过情哉！岂过情哉！

### 主事席上珍

#### 《挽诗》

飘飘玉树想丰神，月夜犹疑一见君。双舄只今何处去，啼猿怨鹤不堪闻。

三巴形胜数宁川，隐隐高楼百雉间。父老未忘经始意，时从城上望唐山。

登龙早入终军幕，喻蜀争传司马文。历历胸中罗北斗，丰碑到处护风云。

泽宫古木锁朝烟，不见文翁跨鹤还。重对岘山空涕泪，何时一掬荐寒泉。

### 举人章平

《挽诗》

雉蝶孤雄涪水滨，元翁文字逼星辰。闲将仙人从头数，如此风流有几人？

### 杨台

《挽诗》

每上高楼忆范公，偶传消息动悲风。唐山猿鹤还谁主？涪野桑麻似旧丛。泛海楂从莲岛入，读书台倚墨池空。却怜江县无穷思，都作哀吟托雁鸿。

### 蔡云程撰

《杨桧墓志铭》

东山杨君既殁之明年，嗣子文炳、文焕谒予，请铭其墓。未几，配王孺人卒。文炳等收泪以合葬，请其所为状，皆出巩昌太守南冈汤子笔也。汤子忠信人，其言不诬。矧二子哀诚，将不朽是图，义奚可辞？

按状：君讳桧，字布祥，别号东山。世为苏之崑山人也。始祖谷水先生道富博学，能诗。在宋景定间，与名士俞琰辈同时久善，隐居教授，竟不为元仕。洪武初，曾祖茂始隶戎籍，因家贵竹。祖思聪，父清，号朴庵，俱有隐德。

朴庵初娶楼氏，再娶曹寔，生君。君生而魁梧莹盎，德器夙成，长补学宫弟子，涉猎群书，为文多藻思，善书，得鲁公体。宪学较艺，辄裒然称首。藩臬诸公数延教其子，率有成效。母曹婴心疾，每发，昏瞶濒死。君且泣且祷，愿以身代。及曹卒，哀毁逾礼，乡邻为之感动。

弘治戊午，以《易》领乡荐。时朴庵垂老矣，日尽其心，不夸于外。古之诚于事亲者，由是也。无宁汲汲于科名，而远游京国乎？侍养十余年，朴庵竟以寿终。事前母兄裕、祐，笃爱有加，诸异母弟礼、禅、祯、禋，咸幼，昏之，教之，俾各有成立。盖其孝友大端出诸天性然也。

正德庚午，始上春官，退就太学卒业，乃数奇，五试弗售。乙亥，谒选铨部，宰蜀新宁，值寇兵残破余，邑氓逃亡者过半。君务廉俭自厉，招徕安辑，民赖以更生。邑久乏科第，君增美馆谷，课督振兴，士继以登进。察冤狱而平反之，审利弊而铲兴之，邑用大治。当道旌奖日洊加，顾赋性朴直，耻作媕阿态，为一二监司所忌。辄喟然曰："君子作于见几，尚何俟终日乎？"遂解印绶归。士氓遮留夹道，不能得。

至家，杜门罕出，日惟觞咏，为乐捐资以恤宗族不能存者，市棺以给里人不能殡者。其他匡正乡俗，从臾义举，尤未易缕数。盖其仕处大节，得诸学修者然也。

厥配王孺人，讳淑贞，出武弁世族。少闲内训，妇执妇道，相东山君，顺不忘规。育二子，慈不忘诲。工女红，格宾祭，赒贫好施，睦姻逮下。斯其余事也，亶亦贤哉。

君享年八十，孺人享年八十有四。子二，长文炳，岁贡生。次文焕，管山知县。兹乙巳十有一月一日，寔君偕孺人窀穸之期也。铭曰：

孝友时笃，孚厥邦族。履道之常，弗棘于仕。弗眩于止，惟行之方。伉俪眉寿，畴向具有。善作之祥，振振子姓。兰茁蟒定，庆积之昌。东原穆卜，铜鼓维麓，百世之藏。

嘉靖三十二年癸丑岁冬月吉刊

督工前卫镇抚龚梁

# 贵州通志卷十二终

# 后　记

几个朋友在得到了我点校的《黔记》和弘治《贵州图经新志》后，希望我把嘉靖《贵州通志》与万历《贵州通志》一并校了。其实，在校弘治《贵州图经新志》时，我就有了这个打算。刚好，吴家宽、徐万洁两位同学对此事颇感兴趣，于是，我就邀请他们一起工作。

初稿完成以后，我收到了贵州省文史馆组织点校的嘉靖《贵州通志》，本不想再继续此工作。该书点校得不错，可惜的是一些错误没有校出来，因此有必要重新点校此书。

感谢西南交大出版社一直以来对我的支持，也要感谢吴家宽、徐万洁两位同学的支持。

贵阳学院阳明学与黔学研究院
贵阳孔学堂签约入驻学者
**赵平略**
于贵阳学院明德斋
2018 年 7 月 16 日